Alkoholismus - Sucht - Kinder - Prävention

-Fachliches, wissenschaftliches, philosophisches, persönliches, Gesellschaftskritik-

Von Burkhard Tomm-Bub, M. A.

- Zufrieden abstinent seit 1989 -

2021

IMPRESSUM

Autor des Buches ist

Burkhard Tomm-Bub, M.A.
67063 Ludwigshafen
Jakob-Binder-Strasse 22
Mail: ogma1@t-online.de

Herstellung und Verlag:
BoD – Books on Demand,
Nordersted

ISBN: 978-3-7534-4041-5

INHALT

VORWORT
des Autors

Alt.

Richtig, etliche der fachlichen / wissenschaftlichen Arbeiten hier sind zeitlich älterer Natur.

Statistiken und Verbrauchszahlen werden sich also schwerlich für Zitate in eigenen Arbeiten eignen.

Dennoch.

Ich fürchte die Tendenzen und Mengen "von seinerzeit" haben sich auch heute nicht grundlegend geändert. Leider.

Mehr noch gilt dies für vorgestellte Konzepte, Kategorisierungen und ähnliches.

Zwar gab es auch da schon neueres. Aber ich bin nicht von einem hohen Mehrwert dieser Dinge überzeugt.

Die klassischen Aggregatzustände von Materie sind: fest, flüssig und gasförmig. Das war vor Jahrhunderten richtig und das ist es noch heute. Dass in neuerer Zeit der vierte, seltene Zustand "Plasma" hinzu kam: ändert nichts daran.

Erst recht gilt dies für philosophische Überlegungen sowie für soziologische und gesellschaftspsychologische Mechanismen und Abläufe, die vorzufinden waren und vorzufinden sind!

Ein freundlicher Sachverständiger verglich die in diesem Buch enthaltene Arbeit "Gesellschaft - Sucht - Sozialarbeit" (Benotung 1.0) hinsichtlich solcher Aspekte gar mit Erich Fromms "Haben oder Sein". Vielen Dank! :-)

Sehr persönliche Dinge fanden ebenfalls Eingang in das Buch. Der Verfasser ist selbst Polytoxikomane mit den Schwerpunkten Alkohol und Tranquilizer. Allerdings zufrieden abstinent und clean seit 1989.

Die überwiegend wörtliche Schilderung dieses inneren und äußeren Erlebens kann exemplarisch nützlich sein, davon bin ich überzeugt.

In diesem Sinne. Es möge hilfreich und inspirierend sein!

Burkhard Tomm-Bub, M. A.

2021

Gesellschaft
Sucht
Sozialarbeit

Die suchtkranke Gesellschaft:
Ergebnis des Leistungs- und Konsumprinzips

Mit Exkurs: Die Rolle der Medien

(von Burkhard Tomm-Bub)

1992

GLIEDERUNG (Inhalt)

Burkhard Tomm-Bub, geb. Tomm. Geboren am 25.12.1957 in Recklinghausen (nördliches Ruhrgebiet). Dort auch aufgewachsen. Besuch verschiedener Schulen. Fachhochschulreife. Ausbildung zum "staatlich anerkannten Erzieher". Studium der Sozialarbeit in Mannheim. Freizeitinteressen: Viele. Zum Beispiel: Lyrik schreiben und veröffentlichen, Computer, Schwimmen, Wandern, Lesen, Musik hören, ehrenamtliche Tätigkeit als freiwilliger Vollzugshelfer in einer Strafanstalt.
Burkhard Tomm ist Mehrfachabhängig, Schwerpunkte: Alkohol und Tranquilizer. Tiefpunkt Ende 1987, rückfallfrei abstinent seit Anfang 1989. Lebt in Rheinland - Pfalz.

WIDMUNG

Meiner Mutter
Frau Marie - Luise Tomm

Meiner Partnerin
Brigitte Bub

Allen Selbsthilfegruppen
-insbesondere im Suchtbereich-

Speziell den Gruppen:
Blaues Kreuz (BKB) Marl- Brassert,
Freiwillige Suchtkrankenhilfe e.V. Ludwigshafen

„H.S."

Den LeserInnen !

ZITATE

„Ich mißbillige das moderne erkünstelte Leben des Sinnesgenusses ,..
weil ich weiß, daß wir ohne vernünftige Besinnung auf die
Einfachheit rettungslos in einen Zustand abstürzen müssen, der noch
unter dem des wilden Tieres liegt." (1)

Mahatma Gandhi

„Zum Höchsten ist gelangt, wer da weiß, worüber er sich freut, wer
sein Glück nicht fremder Macht unterwirft." (2)

Seneca

„Wir haben die Fähigkeit und die Energie verloren, aus unseren
eigenen Handlungen zu lernen. Wir aber -nicht die Gesellschaft und
schon gar nicht die Politiker- sind letztlich verantwortlich für unsere
Handlungen und auch dafür, aus ihnen zu lernen. Und bei einem
solchen Lernen entdecken wir unendlich viel . . ," (3)

Jiddu Krishnamurti

„Meine Brüder, sucht Rat beieinander, denn darin liegt der Weg aus
Irrtum und einsichtiger Reue. Die Weisheit vieler ist ein Schild gegen
Tyrannei. Wer keinen Rat sucht, ist ein Narr. Seine Torheit macht ihn
der Wahrheit gegenüber blind, böse und widerspenstig, und er wird zu
einer Gefahr für seine Gefährten." (4)

Khalil Gibran

„Wenn)Glücklichsein(überhaupt eine Bedeutung hat, dann doch
wohl die, daß man ein Gefühl des Wohlbefindens, der Ausgeglichen-
heit, der Übereinstimmung mit dem Leben hat. Das hat man aber nur,
wenn man sich frei fühlt." (5)

A.S. Neill

==

<u>Vorwort</u>

"Die Gesellschaft ist an allem schuld !", „Und natürlich die Erziehung!"

Daß dies so nicht stimmt ist offensichtlich. Durchaus bin ich für mich und mein Verhalten verantwortlich. Insbesondere wenn ich ein bestimmtes Verhalten bei mir als selbstschädigend erkannt habe. Kann ich dieses Verhalten nicht sofort und ohne weiteres „abstellen" so trage ich doch wenigstens die Verantwortung dafür, mir entsprechende Hilfen zu verschaffen!

Manches Mal ist es nicht einfach zu erkennen, daß ein bestimmtes Verhalten schädlich ist. Oft auch ist die Hilfe die ich finde zunächst eben nicht „entsprechend". Ganz besonders gilt dieses sicher im Suchtbereich. Ein Anliegen, welches ich bei der Themenwahl hatte, war, hier Verbesserungen vorzuschlagen, Eine weitere Absicht bestand darin, weniger bekannte Fakten aus dem Suchtbereich möglichst verständlich darzustellen

Besonders wichtig war mir, bisher vernachlässigte Faktoren, die Sucht erzeugen und begünstigen, darzustellen - und hieraus praktische Folgerungen und Forderungen abzuleiten, Der letzte Grund ist meine eigene Betroffenheit. Eine Beschäftigung mit dem Thema ist eine Beschäftigung mit mir selbst. Ich lerne hierdurch. Und das tut gut! Alle folgenden Angaben beziehen sich -falls nicht anders angegeben- auf die BRD, bzw. auf Deutschland. Eine Übertragung auf den gesamten westlichen Kulturkreis liegt aber oft nahe. Selbst andere Kulturen können ggf. mit angesprochen sein, so sie zwar noch nicht gänzlich „verwestlicht" sind, eine Orientierung an westlichen Normen und Werten aber anstreben. Näheres geht aber aus den jeweiligen Textstellen hervor. Schwierigkeiten hatte ich anfangs mit der (geschlechtsneutralen) Schreibweise. üblicherweise tendiere ich dazu „man/frau" und „LeserInnen" zu schreiben. Ich habe dies hier nicht getan. Zwar maße ich mir nicht an zu entscheiden, ob die o.a. Schreibweise den Lesefluß des Lesers stört. Sie stört aber - insbesondere bei einer längeren Arbeit- meinen Schreibfluß! Lange überlegte ich alles grundsätzlich in der weiblichen Form auszudrücken. Hiervon kam ich aus einem, hoffentlich verständlichen, Grund wieder ab: ich schreibe hier nicht nur über ein Thema, ich schreibe auch über mich. Und ich bin nun einmal männlich (was immer dies auch heißen mag).

B. Tomm

(Burkhard Tomm)

<u>Einleitung</u>

Sucht hat viele Gesichter. Die Sucht nach Drogen, Alkohol und Medikamenten ist nur eines dieser Gesichter. Es ist eines das wir - wenn auch ungern- kennen, Andere haben wir erfolgreicher verdrängt, wollen sie nicht sehen, nicht kennen. Und doch sind sie da, ja beherrschen einen Großteil von uns. Und doch haben alle diese Gesichter etwas miteinander zu tun. Der „offiziell Süchtige" ist kein Exot, kein Fremder, Fremde mögen wir nicht, sie sind anders als wir, irgendwie bedrohlich. Doch es ist jetzt an der Zeit sich zu stellen, zu sehen, was Sucht wirklich ist, weiche Anteile von uns süchtig sind, viel süchtiger vielleicht als der „besoffene Penner" auf der Parkbank, Es soll hier aber nicht darum gehen, Verständnis bei „weltoffenen Therapeuten" zu wecken etwa nach dem Motto: „Ja, ja wir haben ja alle unsere süchtigen Anteile, so schlimm ist es also doch gar nicht, suchtkrank zu sein" Nein, darum geht es nicht ! Vielmehr geht es um nicht weniger, als klarzumachen, daß die Mehrheit der Bevölkerung suchtkrank ist ! Suchtkrank -natürlich- in einer besonderen Definition. Anders ausgedrückt ließe sich auch sagen, daß die Gesellschaft als Ganzes ein Suchtkranker ist (wenn man bereit ist diese sinnbildliche Darstellung hinzunehmen,
Um es klar auszudrücken:
Die Gesellschaft, bzw. der größte Teil der Bevölkerung ist süchtig. Süchtig nach Konsumgütern, Waren, materiellen Dingen. Und er ist süchtig nach Leistung. In der Verkoppelung dieser beiden Eigenschaften ist er süchtig danach, Leistung zu konsumieren, zu ver-brauchen. Genauer und ausführlicher ausgedrückt heißt dies folgendes:
Der Einzelne glaubt ernsthaft durch den Ver-brauch von Dingen seine Bedürfnisse zu befriedigen und sich die Gefühle zu verschaffen die er braucht. Weiter gibt es genügend Anzeichen für die fortschreitende süchtige Entartung dieser an sich schon unzutreffenden Einstellung.

Praktische Beispiele gibt es hier genug, etwa im Umweltbereich: zugunsten der sofortigen Befriedigung von "Komfortbedürfnissen", werden lang- und mittelfristige Schäden der Umwelt in Kauf genommen. Tschernobyl, Ozonloch, Treibhauseffekt und anderes sind hier nur die Spitze des Eisbergs. Die Erde wird VERbraucht - nur: wenn sie nicht mehr ist wie sie war, werden auch WIR nicht mehr sein. Das weiß jeder. Doch wir machen weiter, immer weiter.... „Mangelnder Zeithorizont", „Unfähigkeit zum Bedürfnisaufschub", „Unmäßigkeit", „Unfähigkeit Belastungen und Probleme zu ertragen", und „Realitätsverlust": dies alles Stichworte aus dem „Katalog" typischer Persönlichkeitsmerkmale von Suchtkranken. Und das stimmt ja auch
Soviel zunächst zum Gesichtspunkt des Ver-brauchens.
In Bezug auf „Leistung" verhält es sich ähnlich. Der Wert eines Menschen wird daran gemessen, was er leistet- viel schlimmer noch: Überwiegend messen Menschen ihren **eigenen** Wert daran **was sie leisten.**

Ob der Einzelne diese Leistung nun für sich selbst oder Andere erbringt, ist hier zunächst einmal zweitrangig. Erbringt er sie für sich selbst, mögen oft Statusbedürfnisse hinter dieser Handlungsweise stehen. Dies heißt, dieser Mensch möchte etwas gelten, mochte Ansehen bei Anderen haben. Ob dies nun durch einen angesehenen Titel, ein hohes Einkommen oder andere Dinge geschieht ist natürlich von Fall zu Fall verschieden, Hiervon unterschieden werden kann die Erbringung von Leistung für andere Menschen. Es ist dies eine verfeinerte Art des Leistungsprinzips: man „opfert sich auf", „investiert in jemanden" und dergleichen mehr, Schon die Sprache mutet hier eigentlich unmenschlich an, „investieren" das beste Beispiel: „investieren" kann ich in ein Geschäft - nicht in einen Menschen,! Berufskrankheiten von im sozialen Bereich Tätigen, wie das sogenannte „Helfersyndrom" gehören hierher. Auch eine Krankheit die oft nahestehende Personen von Abhängigen entwickeln, die sogenannte „Co-abhängigkeit" hat einen starken Bezug zum Leistungsprinzip. „Dir werd! ich helfen - ich weiß was gut für Dich ist!" Geht es bei diesen und ähnlichen Einstellungen wirklich um **Hilfe?**

Die abschließende Bemerkung zum Bereich „auch Leistung wird konsumiert / ver-braucht", ergibt sich fast von selbst: nur allzugern nehmen Süchtige (egal wie weit man diesen Begriff faßt) die Opfer anderer an! Enthebt dies doch eigener Verantwortung und vor allem mindert es doch den Druck sich (endlich) zu ändern'

Die dargestellten Prinzipien sind Grundlagen und Regeln der Gesellschaft, in der der Alkoholabhängige, der Medikamentenabhängige und andere Abhängige leben. Auch Abhängige die sich (endlich) auf den Weg machen zu einer Abstinenz, nein: einer zufriedenen ( ) Abstinenz, leben in dieser Gesellschaft. Daß die geschilderten gesellschaftlichen Zustände die Entstehung von „echten" Suchtkrankheiten (wie Alkoholismus) begünstigen und den Gesundungsprozeß erschweren, liegt eigentlich auf der

Hand Es wird hier noch einen Schritt weitergegangen und behauptet, daß diese Gesellschaftsstruktur die Entstehung von Suchtkrankheiten nicht nur begünstigt, sondern diese zwangsläufig hervorbringt! Denn der Suchtkranke ist genau wie der Durchschnittsbürger - und nur in **einem Punkt ist** er **ein wenig** konsequenter!

Die bisher aufgestellten Behauptungen sollen im Folgenden belegt und illustriert werden. Dies nicht allein, um diese Zustände zu kritisieren, sondern vor allem um Verständnis zu wecken. Verständnis für die Entstehung von Süchten und Verständnis für die Schwierigkeiten des Gesundungsprozesses. Neben der exemplarischen Vorstellung der Volksseuchen Alkoholismus und Medikamentenabhängigkeit wird auch die Mehrfachabhängigkeit (Polytoxikomanie) erwähnt werden. Insbesondere sollen in diesem Zusammenhang auch eher weniger bekannte Tatsachen über die jeweiligen Krankheiten aufgeführt werden.

Einen weiteren Schwerpunkt bildet die nähere Betrachtung der bereits erwähnten gesellschaftlichen Zustände, die Sucht begünstigen.

Der Begriff „Sucht" wird hier auf Grund seiner größeren Ehrlichkeit verwand. Eigentlich ist er nicht mehr ganz korrekt, die WHO ersetzte ihn durch den freundlicheren Begriff der „Drogenabhängigkeit".

„Sucht" - dieser Begriff klingt nach "Suchen", „auf dem Weg zu etwas sein", auch nach „Sehnsucht" -in Wirklichkeit entstammt er dem Wortstamm "siechen, krank sein"! Sucht soll in Bezug zur Erziehung und zu den Massenmedien gesetzt werden, mit einem besonderen Augenmerk auf die Übermittlung von gesellschaftlichen Normen und Werten, die Sucht begünstigen. Das politische Aspekte hierdurch dann ebenfalls einfließen, ist naheliegend. Anschließend wird der Versuch unternommen, Vorschläge zur Verbesserung des Verständnisses von Therapie zu machen. Um es ganz klar zu sagen: Andere als die hier untersuchten (möglichen) Ursachen für Sucht werden nicht geleugnet, im Gegenteil, sie werden ebenfalls Erwähnung finden!

Doch ist es mit Sicherheit an der Zeit, auch Faktoren aus dem (weiteren) Umfeld von Betroffenen mit einzubeziehen! Mit einzubeziehen in das Verständnis jedes Einzelnen von Sucht und auch mit einzubeziehen in therapeutische Prozesse.

Der Versuch Anregungen dafür zu geben wird hier unternommen.

1. SUCHT

1.1 Sucht- Allgemeines

1.1.1 Definitionen, Typen, usw.

Der Begriff „Sucht" ist -wie bereits erwähnt- eigentlich nicht mehr ganz korrekt. Die Weltgesundheitsorganisation (= World Health Organization, WHO) ersetzte ihn 1964 durch   den   Begriff „Drogen-**abhängigkeit".** Zu diesem Begriff findet sich folgende Erklärung**:**

„Drogenabhängigkeit wird als übergeordneter Begriff definiert. Er bezeichnet einen Zustand seelischer oder seelischer und körperlicher Abhängigkeit von einer Substanz mit psychoaktiver, bzw. zentralnervöser Wirkung, die zeitweise oder fortgesetzt eingenommen wird." (6)

In Bezug auf den Teilbegriff ..... -abhängigkeit" findet hier natürlich eine Erklärung eines Begriffes durch sich selbst statt. Daher bleibt zur näheren Bestimmung des Begriffs "Abhängigkeit" folgendes nachzutragen:

„Abhängig ist jemand, der einen sog.)Kontrollverlust(erleidet, D.h. er hat entweder die Kontrolle darüber verloren, wieviel er von einer bestimmte Substanz zu sich nimmt und/oder er hat keine Kontrolle mehr darüber, wie oft er wirksame Mengen einer bestimmten Substanz zu sich nimmt. Weitere Anzeichen sind die Vorläufer oder das Vorhandensein körperlicher, seelisch -geistiger und sozialer Schäden. Immer haben die Betroffenen Schwierigkeiten mit dem Aufhören."(7)

Im Wesentlichen werden heute 7 Typen von Drogenabhängigkeit unterschieden:

-Halluzinogen-Typ	(z.B. Lysergsäurediäthylami =LSD, Meskalin, Psilocybin, u.ä.)
-Cannabis-Typ	(Tetrahydrocannabinol in Haschisc und Marihuana)
-Amphetamin-Typ	(z.B. Pervitin, AN 1, auch Appetitzügler wie Eventin)
-Kokain-Typ	(Kokain)
-Alkohol -/Barbiturat-Typ	(hierzu auch: Tranquilizer wi Valium, Librium, usw.)
-Morphin-Typ	(z.B. Heroin, Morphium)
-Kath-Typ	(„catha edulis" = Blätter, gekaut oder als Tee)

Zur dieser Liste bleibt nachzutragen, daß folgende (echte) Sucht-Typen hier keine Aufnahme fanden:

a) **Schnüffelstoffe, wie Benzin, Lösungsmittel**
b) **„leichtere" Süchte, wie Coffein, Nikotin**
c) **Prozeßgebundene Süchte, wie Spielsucht, Fr-/eßsucht**

Eine andere Möglichkeit „Sucht" zu unterteilen, ist die nach dem Beschaffungsweg des jeweiligen „Stoffes", Hier läßt sich einteilen in:

■ Legal beschaffte Drogen
(z.b. Alkohol im Supermarkt, Fachgeschäft)

■ Teils legal / teils illegal beschaffte Drogen
(Z.B. Medikamente (aus der Apotheke, auf Rezept, aber auch durch Tausch und Kauf „unter Freunden" und auf dem „grauen Markt") ebenso durch Beschaffungskriminalität, z.b. Einbrüche)

■ Illegal beschaffte Drogen
(Z.B. Heroin -aber auch Haschisch- beim „Dealer" -zu deutsch: Händler)

Natürlich wird bei all diesen (und noch einigen anderen) Unterteilungsversuchen nach typisch „westlicher" Art und Weise erst einmal versucht alles „hübsch ordentlich" zu sortieren. Daß dies das Aufspüren gemeinsamer Ursachen nicht eben erleichtert ist klar. Aber es wäre ja auch „noch schöner" wenn etwa der (gesundheitsbewußte?) Tablettenkonsument oder der (genußfähige?) Kognaktrinker in einem Atemzuge mit diesen ,ekeligen Drogenfreaks" genannt würde...
Wie dem auch sei. Ganz sinnlos sind diese Aufteilungen sicher nicht, Die Einordnung nach Typen (also Kokain-Typ) Morphin -Typ) usw.) ist z.B. In Bezug auf die Entzugserscheinungen wichtig. Diese -und auch die typischen Vergiftungserscheinungen- sind ziemlich gut bekannt und können somit gezielt behandelt werden. Die medizinische Sicht ist hier angesprochen. **Wichtig:** Innerhalb eines Suchttyps ist der Betroffene automatisch **von allen Substanzen abhängig! Beispiel: Ein Alkoholiker ist auch abhängig von Tranquilizern, oder wird es zumindest sehr leicht und sehr schnell!**
Die Aufteilung nach dem Beschaffungsweg dagegen kann in therapeutischer Hinsicht interessant werden. Ob jemand Straftaten begehen mußte und / oder sich hoch verschulden, um seinen Stoff zu konsumieren, bzw. zu erwerben: diese Teilbereiche (von vornherein) mit einzubeziehen kann sicherlich von Vorteil sein.

1.1.2Verbreitung (Epidemiologie)

Während einige Sucht-Typen in Deutschland so gut wie keine Verbreitung haben (z.B. Khat-Typ) sind andere als regelrechte „Volksseuchen" zu bezeichnen, So wird die Zahl der **behandlungsbedürftigen** Alkoholkranken in Deutschland von der „Deutschen Hauptstelle gegen die Suchtgefahren" (DHS), für 1991, auf 2 ½ Millionen geschätzt. (9)

Grond schätzt) für 1990) die Zahl der Medikamentenabhängigen in der BRD auf 400 000 (10). (Dies eine doch eher niedrige Schätzung !)

Von illegalen/ harten Drogen (wie Heroin) sind hingegen „nur" einige Zehntausend Menschen abhängig.

Bedenkt man Dunkelziffern und mitbetroffene Angehörige u. ä. so ergibt sich ein erschreckendes Bild !

1.2 ALKOHOLISMUS

1.2.1 Begriffsbestimmungen

Zunächst sollen einige wichtige Begriffe erklärt, bzw. definiert werden.

Alkohol
Mit „Alkohol" ist meist der sog. Ethylalkohol (C2H5OH) gemeint. Alkohol entsteht durch die Gärung von Zucker und ist ein Stoffwechselprodukt lebender Mikroorganismen; er kann seit dem 20 Jahrhundert auch künstlich hergestellt werden. Alkohol ist leichter als Wasser und verdampft bei ca. 78 Grad Celsius. In reiner Form ist Alkohol eine wasserlösliche, farblose, brennend schmeckende Flüssigkeit, die mit blauer Farbe verbrennt und auf der Haut kühlend wirkt. Interessanterweise kommt Alkohol in der Natur höchstens in einer Konzentration von 14 % vor, bei höherer Konzentration sterben die Organismen, die Alkohol herstellen nämlich ab. Das Wort ¨Alkohol" stammt aus der arabischen Sprache und bedeutet „das Feinste". Alkohol ist eine Droge und wirkt unmittelbar verändernd auf Funktionen des Zentralnervensystems. Er erzeugt eine Abhängigkeit vom Alkohol-/Barbiturattypus. (11)

Alkoholiker
„Die Weltgesundheitsorganisation (WHO) der UNG hat 1952 bereits definiert:)Alkoholiker sind exzessive Trinker, deren Abhängigkeit vom Alkohol einen solchen Grad erreicht hat, daß sie deutlich Störungen und Konflikte in ihrer körperlichen und geistigen Gesundheit, ihren mitmenschlichen Beziehungen, ihren sozialen und wirtschaftlichen Funktionen aufweisen; **oder sie zeigen Prodrome (Vorläufer) einer solchen Entwicklung.** Daher brauchen **sie** Behandlung.(" (12)
(Hervorhebung vom Verfasser.)
„Das Bundessozialgericht hat in einem Grundsatzurteil vom 18. Juni 1968 festgestellt: "Trunksucht ist eine Krankheit im Sinne der Reichsversicherungsordnung -PVO.(" (12) Und zwar im Sinne des § 182 der RVO (BSG 28, 114). Nach diesem Urteil ist jede Sucht eine solche Krankheit. Kennzeichen von Sucht ist hier der „Verlust der Selbstkontrolle" und das „nicht - mehr - aufhören -können". (14)
Es wird für die Entwicklung der totalen Abhängigkeit, bzw. Sucht (bei Alkohol) ein Zeitraum von **bis** zu 12-15 Jahren angenommen. (Dies heißt also vom ersten Mißbrauch an gerechnet.)
Allerdings: Bei Frauen und Jugendlichen ist dieser **Zeitraum** meist **wesentlich kürzer! Auch** heißt dies **nicht,** daß vorher keine Schädigungen eintreten. Ebenso kann der
Betreffende durchaus schon vorher an den Mißbrauchsfolgen sterben (z.B. durch Unfälle in berauschtem Zustand, Folgeerkrankungen, oder auch an Suizid oder (versehentlichen) Überdosierungen.) (15)

Körperliche Abhängigkeit

Eine körperliche Abhängigkeit vorn Alkohol äußert sich vor allem in Bezug auf die Entzugserscheinungen. Hier können sehr schwerwiegende Erscheinungen auftreten, zum Beispiel Krampfanfälle und ein Delirium tremens.

Psychische (seelisch-geistige) Abhängigkeit

Diese äußert sich beispielsweise in Unruhe, Nervosität, Schlafstörungen und Angst bei Entzug des Alkohols, in der Praxis sind körperliche und seelisch-geistige Entzugserscheinungen nicht unbedingt leicht auseinander zu halten, sie treten natürlich auch oft gemeinsam auf. Es kann aber **durchaus eine** der beiden Erscheinungsformen stark im Vordergrund stehen. D.h. das „Fehlen" des einen oder anderen Entzugsanzeichens bedeutet nicht, daß der Betreffende **kein** Alkoholiker ist!

Krampfanfälle

„Krampfanfälle leiten relativ häufig (bis zu 40%) ein Delirium tremens ein und treten meist um den dritten Tag der Entzugsphase auf. Sie sind Ausdruck einer veränderten elektrischen Erregbarkeit des Gehirns in der Entzugssituation, da Alkohol ähnlich wie bestimmte Medikamente gegen Epilepsie wirkt, überdauern diese Krampfanfälle die Entzugsphase, dann spricht man von Alkohol-Epilepsie.

Delirium tremens

)Delirium tremens(ist die medizinische Bezeichnung für das nach 3 bis 5 Tagen **eventuell** auftretende klinische Vollbild der Alkoholentzugserscheinungen, das sich typischerweise durch Schlafstörungen, Händezittern, körperlicher Unruhe) Schweißausbrüche, Angst, optische Sinnestäuschungen ("weiße Mäuse") und lebensbedrohliche Herz-Kreislauf - Komplikationen äußert. Die Behandlung erfolgt heute unter intensiv -medizinischen Bedingungen,..." (16) (Hervorhebung vom Verfasser)

Zu den Grundkenntnissen bezüglich der Alkoholkrankheit gehört sicherlich auch die (schon ältere) Phasen- und Typenlehre von Jellinek.
Diese Einteilungen wurden in den letzten Jahren verschiedentlich kritisiert. Sie seien „nicht mehr aktuell" und zunehmend gäbe es „Mischtypen" und Abweichungen. Letzteres ist zweifellos richtig. Will man aber -bei allen Nachteilen- die Vorteile einer Einteilung beanspruchen, so gibt es bislang keine annehmbare Alternative zu Jellineks Modellen!

1.2.2 Phasen und Typen

PHASEN

In der Regel verläuft eine Suchterkrankung in mehreren Phasen. Deutlicher gesagt: Die Krankheit verschlimmert sich mit der Zeit und führt sehr häufig -wenn sie nicht zum Stillstand gebracht wird- zum Tode. Bestimmte Verhaltensweisen und Schäden sind hier typisch für die jeweilige Phase, Äußerst wichtig und unbedingt zu beachten ist hier aber folgendes: Keineswegs muß jede Verhaltensweise, jede Schädigung bei **jedem** Betroffenen auftreten! Gleiches gilt für die Abfolge der Anzeichen (Symptome): Diese treten nicht unbedingt „wohlgeordnet" auf, also nicht Punkt für Punkt, Phase nach Phase. Eher wird sich zeigen, daß die Anzeichen der ersten Phase (fast) alle auftreten, die meisten der Zweiten und einige der Dritten (beispielsweise). Dieses zu wissen und zu beachten ist wichtig für jede Selbst- und Fremddiagnose. Nur allzugern klammert sich der Süchtige (und teilweise auch seine Angehörigen) an jeden „Strohhalm": „Trifft dieses und jenes auf mich ja gar nicht zu, wieso sollte ich dann einer von diesen „Alkis" sein „ Diese Falle (eine von fast unendlich vielen) gilt es zu umgehen'

Als Anhaltspunkt, **um in etwa** zu erfahren wo der Einzelne steht, kann die Phasenlehre also durchaus sehr nützlich sein. Dies bei (Selbst-) Diagnosen (= etwa "Zustandsbeurteilungen") zum Beispiel mittels -ehrlich ausgefüllter- Fragebogen.

Die einzelnen Phasen mit ihren jeweiligen Anzeichen sollen nun im Weiteren dargestellt werden, Insgesamt werden drei, bzw. vier unterschiedliche Phasen angenommen.

Es sind dies:

1) Die voralkoholische Phase (auch: Vorphase)
Folgende Merkmale sind hier häufig anzutreffen:

■ Gelegentliches Erleichterungstrinken
Dies bedeutet, daß der spätere Alkoholiker den Alkohol in einer ganz bestimmten Absicht benutzt. Spannungen werden von ihm nicht in handelnder Art und Weise „angegangen", sondern in konsumierender. Die Gründe hierfür können unterschiedlich sein. So kann er es z.B. nie gelernt haben Unangenehmes aktiv zu bewältigen, oder aber das Trinken ist ganz einfach der (scheinbar) bequemere Weg. (Entspannung auf)Knopfdruck(!)

■ Erhöhte Alkoholtoleranz
Zunehmend wird nun mehr Alkohol benötigt, um das angestrebte Ziel (Entspanntheit, Lockerheit) zu erreichen. Ebenso wird aber auch (scheinbar) mehr Alkohol „vertragen". „Vertragen" heißt hier in Wirklichkeit aber nur, daß gelernt wurde mit dem eigenen alkoholisierten Zustand „besser" umzugehen. Die Folge ist, daß

Anderen der angetrunkene Zustand nicht oder kaum auffällt.("Der kann einen)ordentlichen Stiefel(vertragen !")

■ Dauerndes Erleichterungstrinken
Das Erleichterungstrinken wird langsam aber sicher zur Gewohnheit. Im Grunde eine sehr verständliche Entwicklung. Bis jetzt sind keine ernsthaften Schäden aufgetreten, auch die Umwelt reagiert nicht negativ, oft sogar mit einer Art „sportlicher" ~ Unbemerkt hat sich auch die geistig - seelische Belastbarkeit verringert. Auch dies eigentlich sehr logisch. Brauche ich keinerlei Spannungen mehr auszuhalten und/oder zu bewältigen, so komme ich „aus der Übung". Es kommt zu einem anhaltenden und zunehmenden „Formtief". Und warum auch nicht: „Das nächste Glas ist ja nicht weit!"

Wichtig ist hier, daß meist weder die Umwelt noch der Betroffene dies Verhalten als unnormal ansieht. Ein Bewußtsein dafür, daß der Alkohol hier regelrecht zu einem ganz bestimmten Zweck eingesetzt wird, ist in der Regel (noch) nicht vorhanden!

2) Die Prodromal-Phase
(auch: Anfangsphase, Frühphase)

Hier treten meist folgende Merkmale auf:

■ Heimliches Trinken
Ein unklares Gefühl, daß doch (etwas) mehr als üblich getrunken wird, kann sich nun einstellen. Dies kann dann dazu führen, daß Gelegenheiten gesucht werden auch mal „ein) Schlückchen (ohne Wissen der Anderen" zu trinken. Wichtig ist hier, daß dieses Merkmal oft auch nicht auftritt. Etwa wenn der Betreffende alleinstehend ist und wenig Kontakte zu anderen Menschen hat. Auch in einer sozialen Umgebung die stärkeres Trinken als normal, oder sogar erwünscht ansieht, entfällt die Notwendigkeit heimlich zu trinken,

■ Alkoholische Palimpseste
Nun kommt es -nicht immer, aber immer öfter- zu Räuschen mit anschließenden Erinnerungslücken (= Palimpseste). „Mensch, wie ich da gestern wieder nach Hause gekommen bin -das weiß ich ja)echt(nicht mehr !".

■ Häufigeres Denken an Alkohol
Hierzu gehört auch, daß -bewußt oder unbewusst- „vorsorglich" ein paar Gläser getrunken werden, Falls nötig wird nun auch darauf geachtet, daß „immer genug Vorrat im Hause" ist.

■ Gieriges Trinken der ersten Gläser
Dies tritt besonders auf, wenn einige Stunden oder gar Tage nach dem letzten Glas vergangen sind. Manch einer mit „feiner Lebensart"

schafft es allerdings sehr lange sich in dieser Hinsicht zu beherrschen,
Für ihn der klare Beweis, daß er keinerlei Alkoholprobleme hat.....

■ Schuldgefühle

Langsam stellt sich jetzt doch so etwas wie ein schlechtes Gewissen
wegen des Trinkens ein. Daher werden nun „Gründe" (d.h. Ausreden)
für das Trinken gesucht und „gefunden". Oft wird versucht den Alko-
holkonsum einzuschränken, was auf Dauer natürlich nicht gelingt.
Dies führt natürlich zu einem noch schlechteren Gewissen. Wie man
diese innere Anspannung „am besten" beheben kann, weiß der
Trinkende natürlich: „Schütt! Deine Sorgen in ein Gläschen Wein !"
(Wie es schon der Rhein-Wein - Sänger Willy Schneider in einem
Schlager der 50er Jahre verhieß.)
Einer der typischen Teufelskreise der Sucht beginnt !

■ Vermeidung von Anspielungen auf Alkohol

Natürlich werden nun in Gesprächen kritische(!) Anspielungen auf das
Trinken möglichst vermieden. Allerdings: wer hier weiterhin bei
seinen „Trinkkumpanen" prahlt, wieviel er verträgt, sollte nicht
meinen dieses Merkmal träfe nicht auf ihn zu !

3) Die kritische Phase

Folgende Anzeichen sind hier sehr oft zu beobachten:

■ Kontrollverlust

Wenn auch nur geringe Mengen Alkohol in den Körper gelangen und
dies vorn Trinker bemerkt wird, empfindet er ein geradezu körperlich
spürbares Verlangen nach mehr Alkohol. Der Trinker muß diesem
Verlangen nachgeben und in der Regel führt dies dann zu einem
„Rausch", also merklicher bis starker Trunkenheit. Der
Kontrollverlust kann also bereits durch eine scheinbar harmlose
Menge ausgelöst werden. Wichtig ist, daß der Kontrollverlust hier erst
dann wirksam wird, wenn der Betreffende schon etwas getrunken hat.
Vorher hat der Trinker noch die Kontrolle darüber, ob er überhaupt
etwas trinkt oder nicht.

■ „Erklärungen" für das Trinken („Alkoholiker-Alibis") Es wird
begonnen, daß Trinkverhalten irgendwie zu erklären. Der Trinker will
sich selbst und andere Überzeugen, daß er triftige Gründe hat zu
trinken. Wenn diese Gründe nicht wären, könne er ohne weiteres mit
dem Trinken aufhören, bzw. maßvoll trinken (was natürlich nicht
stimmt). Diese Ausreden geben dem Trinker die nötige
Gewissenserleichterung, um weiter zu trinken!

■ Soziale Belastungen/Widerstand gegen Vorhaltungen

Langsam entsteht ein regelrechtes „Erklärungssystem", welches sich
auch auf andere Lebensbereiche ausdehnt. Es hilft dem Trinker
Vorhaltungen seiner Mitmenschen zu widerstehen. Sein Verhalten
wird nämlich nun doch zunehmend kritisch gesehen, Menschen seiner
Umgebung beginnen zu mahnen und zu warnen. Bald geht er diesen

Menschen mehr und mehr aus dem Wege, trinkt mehr zu Hause oder in unbekannter Umgebung. Das Erklärungssystem soll alle Vorhaltungen als unberechtigt hinstellen.

■ Übertriebene äußerliche Selbstsicherheit
Trotz diese Erklärungsversuche verliert der Trinker deutlich an Selbstachtung. Häufig wird nun versucht dies durch überbetonte „Selbstsicherheit" nach außen „auszugleichen". Großspurigkeit und verschwenderisches Gehabe sollen ihm und anderen zeigen, daß es doch gar nicht so schlecht um ihn steht.
Mancher wird auch zum „Einzelkämpfer", „Steppenwolf", oder „Philosoph", der deutlich zeigt, daß er niemanden braucht und daß er „die Herde" verachtet.

■ Aggressives Benehmen
Es gehört zum Erklärungssystem, die Schuld am Trinken nicht sich selbst, sondern irgendjemand anderem zu geben. Das kann zu aggressivem Verhalten und zur Abkehr von allen Mitmenschen führen, bis hin zur Vereinsamung.

■ Anhaltendes Schuldgefühl
Die feindselige Haltung gegenüber der Umwelt läßt erneut Schuldgefühle entstehen. Während Gewissensbisse wegen des Trinkens am Anfang nur ab und zu auftraten, entsteht jetzt eine dauernde Zerknirschung mit großen Zweifeln am Selbstwert, Diese zusätzliche Belastung ist nun natürlich ein weiterer Anlaß zum Trinken und zur Aufgabe etwaiger Mäßigungsversuche.

■ Zeiten völliger Enthaltsamkeit
Auf Druck seiner Umgebung und eigener Einsicht versucht der Trinker nun meist, zeitweise ohne Alkohol zu leben. In diesen Zeiten fühlt er sich jedoch keineswegs wohl. Auf Dauer gelingen diese Versuche denn auch nicht. Je öfter dies mißlingt, desto verzweifelter oder resignierter wird er, denn er weiß nicht, was er falsch macht. Mancher glaubt nun, daß er „halt labil sei". Damit stempelt er sich selbst als schwach ab und hat damit wieder einen Grund gefunden, ernsthafte Versuche abstinent zu leben, gar nicht erst zu machen.
Oft allerdings werden auch die ohne Alkohol verbrachten Zeiten noch als „Beweis" herangezogen, daß man ja doch kein „richtiger" Alkoholiker sei.

■ Änderung des Trinksystems
Das Scheitern der Abstinenzversuche läßt ihn andere Möglichkeiten ausprobieren, das Trinken -und damit seine Schwierigkeiten- unter Kontrolle zu bekommen. Er stellt Regeln auf, z.B.: "Ich trinke nicht vor einer bestimmten Uhrzeit", „Ich trinke nur an bestimmten Orten", „Ich trinke nur Bier, keinen Schnaps", „Ich trinke nur so und so viel" und so fort. All dies sind "Selbstkontrolltechniken", die in diesem Stadium des Alkoholismus nicht mehr zum Erfolg führen.

■ Fallenlassen von Freunden/Feindseligkeiten

Oft sind es auch andere, die zu seinen Rückfällen beitragen, in dem Glauben „dieses eine Gläschen" könne doch nichts schaden. Auch dies verstärkt die feindselige Haltung gegenüber der Umgebung; er beginnt, sich von früheren Freunden abzuwenden.

- Einengung des Verhaltens auf Alkohol

Das Denken und Handeln kreist nun zunehmend um den Alkohol. Der Trinker beginnt nun eher zu überlegen, wie seine Arbeit sein Trinken stören könnte, statt zu bedenken, wie das Trinken seine Arbeit stört.

- Arbeitsplatzverlust

„Krankfeiern" und Zuspätkommen nehmen nun zu. Er verliert den Arbeitsplatz. Oftmals kündigt der Betroffene aber selbst, um einer Entlassung zuvorzukommen.

- Verlust an äußeren Interessen

Hobbys, Vereine und ähnliche Interessen verlieren auffallend an Bedeutung. Mancher vernachlässigt auch das eigene Äußere.

- Veränderte Auslegung zwischenmenschlicher Beziehungen

Der Verlust an Interessen erstreckt sich auch auf andere Menschen. Auf die Meinung anderer wird kein Wert mehr gelegt: „Die kümmern sich ja auch nicht um mich

- In Verbindung damit steht starkes Selbstmitleid

- Gedankliche/tatsächliche Ortsflucht

Da er sich selbst anscheinend nicht ändern kann, ändert der Trinker den Ort seiner Umgebung. Er sucht also andere „Freunde" (?), zieht evtl. um, geht auf Reisen, etc, ist er hierzu schon nicht mehr fähig, träumt er zumindest davon („Fernweh").

- Änderungen im Familienleben

Ehepartner und andere Verwandte von dem Trinker zurück, oder sie ganz von dem Trinker zu lösen,
ziehen sich nun oft versuchen sogar sich

- Unwille

Alle diese Entwicklungen führen zu Unwilligkeit und launischem Verhalten.

- Sichern des Alkoholvorrats

Die Angst plötzlich „ohne einen Tropfen" dazustehen, veranlassen den Trinker, sich seinen Vorrat zu sichern, zum Beispiel werden Flaschen versteckt oder einfallsreiche Täuschungsmanöver erprobt. Oft werden sogar Getränke an den ungewöhnlichsten Orten versteckt, obwohl dies eigentlich völlig unnötig wäre.

- Vernachlässigung der Ernährung

Das Trinken stillt auch Hungergefühle. Zusätzlich führt der allgemeine Interessensverlust zur Vernachlässigung einer angemessenen Ernährung. Hierdurch wird die Alkoholwirkung auf den Körper natürlich wiederum verstärkt.

■ Erste körperlich Erkrankungen
Es zeigen sich körperliche Folgen des Alkoholmißbrauches, die teilweise auch zu Krankenhausaufenthalten führen.

■ Abnahme des Sexualtriebs
Interessensverflachung und der seelisch/geistige Zustand führen zu Impotenz" und mindern das sexuelle
körperliche und zur „alkoholischen Verlangen.

■ Alkoholische Eifersucht
Eigentlich verständliches, ablehnendes Verhalten des Partners (z.B. bei Annäherungsversuche in betrunkenem Zustand) werden mit vermuteten "Nebenbuhlern" erklärt. („Ah, Du hast wohl `nen Anderen!"). Der „alkoholische Eifersuchtswahn" entwickelt sich.

■ Morgendliches Trinken
Bis jetzt war ausgesprochene Trunkenheit zumeist auf den späten Nachmittag oder den Abend beschränkt. Bald kann nun aber der Trinker keinen neuen Tag mehr beginnen, ohne sich gleich nach dem Aufstehen mit ein paar Schlucken in einen normalen Zustand zu bringen.

4) Die chronische Phase

Häufige Merkmale sind hier:

- Verlängerte/tagelange Räusche
Die völlige Einengung auf den Alkohol und das durch morgendliches Trinken geförderte Bedürfnis nach Alkohol lassen den Widerstand des Alkoholikers nun zusammenbrechen: erstmalig findet er sich mitten am Tag oder mitten in der Woche völlig betrunken, in diesem Zustand bleibt er dann mehrere Tage, bis er unfähig ist, noch irgendetwas zu unternehmen. Dies wiederholt sich jetzt häufiger.

- Ethischer Abbau
Den tagelangen Rauschzuständen folgt die Aufgabe der früheren moralisch - ethischen Maßstäbe. Werte und Prinzipien werden umgestoßen, Mögliche Beispiele sind etwa: „Ich lüge nicht, ich stehle nicht, ich will nicht angetrunken autofahren, ich prügele mich nicht!" Diese und/oder andere vorher bejahte Regeln werden nun nicht mehr eingehalten, bzw. können nicht mehr eingehalten werden,

- Denkstörungen
Die giftige Wirkung des Alkohols äußert sich in einer Schädigung des Denkvermögens, die jetzt nur noch durch lange Abstinenz rückgängig gemacht werden kann.

- Alkoholische Geisteskrankheiten
Allmählich können nun stärkere alkoholbedingte Geisteskrankheiten auftreten, Bei ca. 10% der Alkoholiker treten echte Alkoholpsychosen auf. Sie kündigen sich an durch starke Gefühlsschwankungen, Störungen des Gedächtnisses und der Merkfähigkeit, eine allgemeine Verlangsamung der Bewegung und des Denkens und durch Auffassungs- und Aufmerksamkeitsstörungen. Die gesamte geistige Leistungsfähigkeit ist vermindert,

- Trinken in anderen Kreisen
Ehemalige Wertmaßstäbe haben ihre Gültigkeit verloren, Selbstkritik „findet nicht mehr statt". Neue, früher unbekannte Verhaltensweisen treten auf z.B. Lügen, Stehlen, Bekanntschaften mit Menschen, denen es ähnlich schlecht geht wie dem Trinker, usw. Dies geht bis hin zu einem regelrechten Einfügen in eine neue, sozial schwache und schlechtere Umgebung,

- Wegfall der Alkoholverträglichkeit
Viele Abhängige können jetzt allgemein weniger vertragen, Bereits nach wenigen Gläsern stellt sich eine starke Trunkenheit ein, Allerdings ändert sich dadurch die Menge die jeweils getrunken wird nicht!

- Unbestimmte Ängste
Ängste ohne erkennbare Ursache können jetzt zur Dauererscheinung werden, Teils sind sie geistig -seelisch bedingt, etwa im Zusammenhang mit Eifersuchts- und Verfolgungsideen, teils körperlich bedingt durch die fortschreitende Schädigung des Zentralnervensystems. Derartige Zustände treten besonders zu Beginn freiwilliger oder erzwungener Zeiten der Abstinenz auf,

- Zittern und psychomotorische Störungen
Zu den Ängsten kommen nun morgendliches Zittern und große Unsicherheit in der Steuerung einfacher Bewegungen als dauernde Entzugserscheinung hinzu, sobald der Alkoholspiegel sinkt, Der Trinker kann selbst einfache Handlungen -z.B. Schnürsenkel binden- nicht mehr ohne einen Schluck Alkohol ausführen,

- Das Trinken wird zum Zwang
Der Süchtige bekämpft jetzt die Anzeichen des Trinkens - eigentlich die Entzugserscheinungen - mit erneutem Trinken. Durch diesen Teufelskreis wird das Trinken zum Zwang, zur „Besessenheit".

- Unklare religiöse Wünsche

Die Versuche den Alkoholkonsum vernunftgemäß zu begründen lassen langsam nach. Als Flucht aus der Wirklichkeit entwickeln sich bei vielen Trinkern nun religiöse Wahnvorstellungen,

- Das Erklärungssystem versagt

Das zwanghafte Trinken und die tagelangen Exzesse machen es unmöglich das Scheingebäude vernünftiger Erklärungen noch länger aufrechtzuerhalten, Das Erklärungssystem bricht angesichts der nicht mehr zu leugnenden Realität zusammen, Der Alkoholiker muß erkennen, daß er am Ende ist,

- Zusammenbruch

Meist folgt nun der totale Zusammenbruch, Selbstmorde (bzw. - versuche) sind in diesen Zeiten schwerster Niedergeschlagenheit nicht selten.

- Alkoholdelirium

Das Delirium tremens tritt recht plötzlich auf, allerdings „nur" bei ca. 15 % der chronischen Alkoholiker.

- Tod

Je weiter eine Suchtkrankheit fortschreitet desto größer ist die Wahrscheinlichkeit, daß der Betreffende daran stirbt, Dies an direkten oder indirekten Folgen der Krankheit, Verschiedene Beispiele bei Alkoholismus sind hier: Tod durch Krankheiten, die durch den Alkoholismus verschlechtert / verschlimmert wurden, durch alkoholbedingte Krankheiten, wie Lebererkrankungen, Tod durch (Verkehrs-) Unfälle in berauschtem Zustand, durch Selbstmord, gelegentlich auch Tod durch direkte Überdosierung des Alkohols, usw.

TYPEN

Soviel zu den Phasen des Alkoholismus (17). Diese geschilderten Phasen treffen aber ursprünglich und insbesondere auf einen bestimmten Alkoholikertyp zu, nämlich den „Gamma - Typ". Dieser ist im westlichen Kulturkreis allerdings auch am weitesten verbreitet. Auch auf die übrigen Typen ist die Phasenlehre übertragbar, wenn auch gelegentlich mit gewissen Abweichungen. So entfällt beispielsweise beim „Delta -Typ" oft das Merkmal sozialen Drucks, Süchtige diesen Typs sind nämlich meist nicht auffällig betrunken und oft sehr korrekt.

Die verschiedenen Typen sollen nun aber im Zusammenhang dargestellt werden,

Es sind dies der:

„Alpha -Typ:

Problem - und Erleichterungstrinker; kein Kontrollverlust; seelische Abhängigkeit, da diese Angstabwehr die Probleme vergrößert

Beta -Typ: Anpassungs - und Gewohnheitstrinker, um)mitzuhalten(mit den (Trink-) Sitten, an Situationen gekoppelt (Fernsehen, Wochenende, Arbeitswege, Hausarbeit); wenig seelische, aber später körperliche Abhängigkeit.

Gamma -Typ:
Eigentlicher Prozeß-Trinker mit seelisch - körperlicher Abhängigkeit, Toleranzsteigerung, Kontrollverlust, Abstinentzsymptome- auch wenn Abstinenz-zeiten möglich sind.

Delta -Typ:
Spiegel-Trinker; da über lange unauffällige, schleichende Gewöhnung der Alkohol-Spiegel sich langsam erhöht, bis er gebraucht wird, hat der Betroffene nie das Gefühl des Kontrollverlustes, und da er sozial überkorrekt ist, ist er bei dieser rauschlosen Dauerimprägnierung besonders schwer zu motivieren.

Epsilon-Typ:
Periodischer Trinker (früher Quartalssäufer, ,.); auch diese im Alltag überkorrekten Menschen brauchen den Ausbruch ins zerstörerische Sozial-Unerlaubte, um überbemüht sozial erlaubt leben zu können; maskiert sich lieber mit Hilfe von Ärzten mit der „feineren" Diagnose phasischer Depressionen,"(18)

Soweit die verschiedenen Typen. Wie bereits erwähnt, gibt es durchaus Abwandlungen, Insbesondere bei Abhängigen, die noch andere Suchtmittel verwenden, kann das Erscheinungsbild der Krankheit ganz unterschiedlich aussehen
Es ist noch festzustellen, daß Alpha- und Gamma- Typ Gemeinsamkeitcn aufweisen, ebenso der Beta- und der Delta - Typ, So findet tatsächlich auch oft eine Entwicklung vom Alpha- zum Gamma- und ebenfalls eine vom Beta- zum Delta -Typ statt! Sicher wäre es nicht falsch jeweils den einen Typ als (wahrscheinlichen) Vorläufer des anderen zu sehen.
Die Unterscheidung zwischen Gamma- und Epsilon - Typ kann in der Praxis evtl. Schwierigkeiten bereiten, dies zumindest in einem eher frühen Krankheitsstadium. Es sind jedoch -in reiner Form- durchaus unterschiedliche Typen! Verblüffend am Epsilon - Typ ist seine Fähigkeit zeitweise kontrolliert zu trinken. Zur zeitweiligen (unzufriedenen/verzichtenden!) Abstinenz ist anfangs sowohl der Gamma-, als auch der Epsilon - Typ fähig, im Gegensatz zum Gamma - Typ ist aber der Epsilon - Typ oft und lange Zeit fähig auch kleinere Mengen Alkohol zu sich zu nehmen, ohne die Kontrolle zu verlieren. Dies allerdings nur außerhalb seiner „Trinkperiode",
Diese Zeiten exzessiven (=ausschweifenden) Alkoholkonsums können aber zu Beginn noch recht weit auseinander liegen, Das bedeutet, der Epsilon - Typ trinkt monatelang nichts) oder wenig, um dann einige Tage „durchzusaufen", Trotzdem ist auch der Epsilon -Typ eindeutig krank! Einmal ist diese extreme Alkoholaufnahme -auch in Monatsabständen- körperlich sehr ungesund. Weiter zeigt sich, daß

sich später die Trinkphasen verlängern und immer häufiger auftreten. Auch zeigt sich durch dieses Verhalten natürlich eine geistig - seelische Störung an, Sowohl in Hinsicht auf den Delta-, als auch in Hinsicht

auf den Epsilon - Typ ist hier die Gelegenheit noch einmal folgendes klarzustellen: Der Begriff)Kontrollverlust(wird oftmals nur auf die Menge des Alkohols bezogen. Das bedeutet, es wird nur von Kontrollverlust gesprochen, wenn jemand die Kontrolle über die Menge des getrunkenen Alkohols verliert, oder, noch anders ausgedrückt: wenn der Betreffende nach den ersten Schlucken weitertrinken muß. Diese Einengung des Begriffes ist nach Ansicht des Verfassers falsch! Richtiger erscheint, den Begriff auch anzuwenden, wenn die Kontrolle über die Häufigkeit des Trinkens wirksamer Mengen verloren ging !

1.2.3 Alkoholwirkungen (Promille)

Viel wurde nun schon über (krankhaftes) Trinken gesagt. Wie aber wirkt eigentlich der "Stoff", um den es hier geht? Dies soll jetzt im Überblick dargestellt werden:

0,2-0,3 Promille:
Wärmegefühl, Nachlassen von Müdigkeit und Mattigkeit. Die höheren geistigen, moralischen und seelischen Kräfte werden beeinträchtigt.

0,3-0,5 Promille:
Selbstzufriedenheit (oder Niedergeschlagenheit), Das Blickfeld (Gesichtsfeld) wird eingeschränkt, Aufmerksamkeit, Konzentration, Selbstkritik und Urteils-fähigkeit lassen nach. Die Leistungsfähigkeit wird eingeschränkt und die eigenen Kräfte überschätzt, insbesondere das Reaktionsvermögen (Auto!),

0,5-0,7 Promille:
Geistig - seelische Entkrampfung und Enthemmung. Das Triebhafte tritt stärker hervor,

0,8-1,2 Promille:
Größere Risikobereitschaft bis hin zum Angstverlust, Großartigkeitsgefühl, verminderte Fähigkeit zur Selbstkritik, Kritikvermögen auch allgemein vermindert, Euphorische Stimmung (Sorglosphase),

1,2-1,5 Promille:
Störung des Gleichgewichtssinns, ungenaue und ungeschickte Bewegungen verzögerte nervliche Reaktionen.

1,6-2,4 Promille:
Größere Störungen bis zu totalen Ausfällen körperlicher und seelischer Funktionen,

2,5-4,0 Promille:
Vergiftungserscheinungen, Volltrunkenheit, Sinnes- und Orientierungsstörungen bis hin zur Ausschaltung des Großhirns im narkotischen Schlaf,

4,0-5,0 Promille:
Atemstillstand, fortschreitende Lähmung, unkontrollierte Ausscheidungen, Tod.

Natürlich gibt es hier -in gewissem Rahmen- individuelle Unterschiede. (19)

Weiter stellt sich nun die Frage, wieviel Alkohol -z.B. der Bundesbürger - jährlich verbraucht.

1.2.4 Alkoholverbrauch

Die „Deutsche Hauptstelle gegen die Suchtgefahren (DHS)" gibt in ihrer „Jahresstatistik `90" (Hamm / 1991 / S.7) hierzu folgende Zahlen an:

„Verbrauch alkoholischer ... Getränke pro Kopf

	1950	1960	1970	1980	1988	1989	1990
Reiner Alkohol in Liter (*)	3,1	7,3	10,8	12,5	11,8	11,8	11,8

(*) = Bier 4,4 Vol.-%; Wein/Schaumwein 12 Vol.-%;
       Spirituosen 38 Vol,-%" (20)

Es sei noch einmal betont: Es handelt sich hierbei um reinen Alkohol, also (rechnerisch) 100,00-prozentigen. Die konsumierten Getränke ergeben demnach, in Liter oder Flaschen ausgedrückt, eine deutlich höhere Zahl.

Einige Beispiele sollen dies verdeutlichen:

11,8 Liter reinen Alkohols ergeben:

-268,18 Liter Bier

-98,33 Liter Wein

-31,05 Liter Spirituosen

(Prozentumrechnung wie oben,)

Das sind:

	536,36 Flaschen Bier	(a 0,5 Liter)
oder	140,47 Flaschen Wein	(a 0,7 Liter)
oder	44,36 Flaschen Spirituosen	(a 0,7 Liter)

Soviel also wird jedes Jahr von jedem Bürger dieses Landes getrunken, Wohlgemerkt: von Jedem ! Das bedeutet, auch jedes Baby, jedes Kind und auch die vielleicht 5 Prozent Bundesbürger die (fast) keinen Alkohol trinken, sind in dieser Statistik enthalten ! in Wirklichkeit ist die durchschnittliche Trinkmenge (von Personen die tatsächlich überhaupt Alkohol trinken) also noch einmal höher anzusetzen. Zur Erinnerung: 4 Flaschen Bier a 5%, oder eine Literflasche Wein enthalten ca. 80 Gramm reinen Alkohol! Also eine Menge, die garantiert -bei täglichem „Genuß"- Gesundheitsschäden hervorruft und eine besonders deutliche Suchtgefährdung darstellt.

1.2.5 Alkoholabbau

Soviel Alkohol nimmt also der Bundesbürger zu sich,
Wie und wie schnell wird der Alkohol nun aber im menschlichen
Körper abgebaut ?

„Der wesentliche Teil des Alkohols gelangt über den Dünndarm
direkt in den Blutkreislauf. Dieser Vorgang zeigt auf, daß Alkohol
nicht verdaut wird! ... Die **gesunde** Leber baut etwa 1 Gramm Alkohol
pro zehn Kilogramm Körpergewicht pro Stunde ab. Trotz aller
möglichen)Mittelchen(und Versuche, ist dieses Abbautempo nicht zu
beschleunigen!" (21)

Soviel zum Abbau des Alkohols in Gramm. In Bezug auf die
Alkoholpromille im Blut ist die Sachlage etwas komplizierter, Die
tatsächlichen Promille, die jemand "hat", sind nämlich von mehreren
Umständen abhängig, Hier spielt nicht nur die Menge des
konsumierten Alkohols eine Rolle, sondern auch das Geschlecht, das
Körpergewicht, die Trinkgeschwindigkeit, die jeweilige körperliche
(und geistig-seelische!) Verfassung, usw.!
Allgemein wird aber davon ausgegangen, daß etwa 4 Glas Bier
durchaus schon 0,8 Promille erzeugen können (dies als Beispiel).
Pro Stunde werden etwa 0,1 - 0,2 Promille Alkohol im Blut abgebaut,
d.h. also durchschnittlich 0,15 Promille! Es läßt sich dies durch
Kaffeegenuß, körperliche Anstrengung, etc. objektiv nicht
beschleunigen! (22)

Hierzu wieder ein Rechenbeispiel:
Hat jemand einen „Gehalt" von 1,5 Promille, so dauert es
durchschnittlich 10 Stunden bis er wieder völlig nüchtern ist, ein
Stand von 0,8 Promille wäre hier nach 4 Stunden und 40 Minuten
erreicht -**durchschnittlich**. (Es kann nämlich auch wesentlich länger
dauern!) Auch bei einer Promillegrenze von 0,8 im Straßenverkehr
würde übrigens ein Unfallbeteiligter mit z.B. 0,7 Promille durchaus
bestraft werden!

1.2.6 Der Preis

Das Vergnügen (?) hat seinen Preis:

(Alle Angaben für Deutschland im Jahre 1990)

Ausgaben für Alkoholika
Diese betrugen insgesamt 37,38 Milliarden DM.
Pro Kopf waren dies durchschnittlich 591,-DM

Steuerabgaben für alkoholische Getränke
Diese beliefen sich auf 6550 Millionen DM.

Verkehrsunfälle unter Alkoholeinfluß
32823 Unfälle dieser Art gab es.

Verletzte
44529 Menschen wurden bei diesen Unfällen verletzt.

Tote
1416 Menschen starben dabei. (23)

Sonstiges

Es sind hier weiterhin mit einzubeziehen:

- Kosten die durch in alkoholisiertem Zustand ausgeführte Verbrechen entstehen, wie Sachbeschädigungen usw., aber auch die Kosten, die durch die Unterbringung, Bewachung und Verpflegung solcher „Rauschtäter" entstehen.

- Kosten durch alkoholbedingte Betriebsunfälle.

- Kosten durch die Behandlung Alkoholkranker, wie Entgiftung, Entwöhnung (ca. 10000,- DM pro Monat) und andere therapeutische / medizinische Behandlungen.

Von den direkten gesundheitlichen Schäden, die durch langen Alkoholmißbrauch, bzw. Im Laufe einer Alkoholabhängigkeit entstehen, wird im folgenden ausführlicher die Rede sein. (24)

1.2.7 Gesundheitliche Schäden

Hier nur die wichtigsten Schäden:

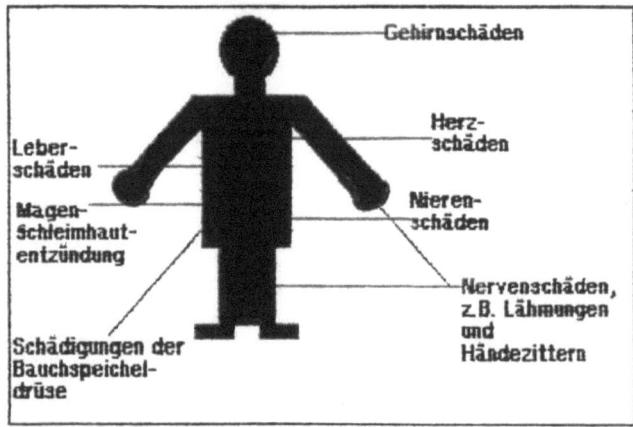

Graphik: B. Tomm

Einige Schäden werden aus der Graphik ja bereits ersichtlich. Der tägliche (oder fast tägliche) „Genuß" von umgerechnet 80 Gramm reinem Alkohol -oder mehr- erzeugt aber noch weitere Schäden.

Dies sind z.B.:
Entzündungen der Blutgefäße, Arterienverkalkung, Nierenschrumpfungen, Impotenz, Knochenmarkschäden, funktional eingeschränkte Gelenke, (bei schwangeren Frauen:) Alkoholembryopathie (das sind schwere Schädigungen des ungeborenen Kindes), Fehlgeburten. Weitere Schädigungen sind denkbar. Wann und welche Schäden genau auftreten -dies ist natürlich von Fall zu Fall verschieden.

1.2.8 Ursachen und fördernde Umstände / Ätiologie

Einige wichtige Ursachen und Umstände, die Sucht hervorbringen (bzw. fördern), werden später im Kapitel „Sucht und Gesellschaft" näher untersucht.

Andere Faktoren, hier bezüglich des Alkoholismus, sind aber -zum Teil schon seit längerem- recht gut bekannt. Diese sollen jetzt dargestellt werden.

Es lassen sich Faktoren besonders in drei Bereichen erkennen:

■ Faktoren welche die jeweilige Droge betreffen (hier also Alkohol)
■ Faktoren die den jeweiligen Menschen betreffen
■ Faktoren, die sich auf das jeweilige soziale Umfeld beziehen (also die Gemeinschaft aus welcher der Betreffende stammt und in welcher er lebt)

Diese drei Bereiche werden nun etwas anschaulicher betrachtet:

Die Droge
Ein wichtiger Begriff ist hier das sog. "Suchtpotential" Dieser Begriff sagt etwas über den Wirkungsgrad einer Droge aus, bzw. über die Stärke der abhängigkeitserzeugenden Wirkung. Bei Heroin ist z.B. das Suchtpotential sehr hoch: fast jeder (der diese Droge ein- oder mehrmals "probiert") wird auch von ihr abhängig. Aber auch bei Alkohol ist dieses Potential keineswegs niedrig. Genau meßbar ist ein Suchtpotential zwar nicht. Auch sprechen einige Schätzungen davon, daß „nur" etwa jeder fünfzehnte ”Alkoholprobierer” später abhängig werde. Aber selbst dies wäre bei der besonders weiten Verbreitung von Alkohol schon ein sehr hoher Preis. (Die Schätzung erscheint im übrigen auch als sehr niedrig.) Und auch die Schäden die bei "Nicht - abhängigen" durch Drogen wie Alkohol auftreten sind nicht eben harmlos. (25)

Ein weiterer wichtiger Begriff ist hier die Verfügbarkeit einer Droge. Dazu ist zu sagen, daß die Droge Alkohol in Deutschland legal, rezeptfrei und äußerst weit verbreitet ist. Weiterhin besteht auch keine nennenswerte gesellschaftliche Ächtung dieses Rauschmittels. Mithin ideale Bedingungen für Sucht

Weitere Begriffe, die Droge an sich betreffend, ließen sich anführen. Etwa die „chemische Struktur und Abbauwege", „physiologische Wirkung", „Art der Einverleibung" oder „Toleranzphänomen" und weitere. Die zuerst näher erläuterten Begriffe sind aber sicherlich die bedeutsamsten. Der Vollständigkeit halber soll nur noch erwähnt werden, daß Alkohol vom Drogentyp her -natürlich- zum „Alkohol-/Barbiturattyp" gehört. (26)

Der Mensch
Hier läßt sich gleich eine ganze Reihe verschiedener suchtmachender und -stützender (möglicher) Faktoren finden.

Beispiele:

■ besondere lebensgeschichtliche Faktoren, wie Lebens- und Sinnkrisen, Tod des Partners, „midlife- crisis", Trennungen, etc.

■ geistig-seelische (psychische) Erkrankungen, wie Neurosen, Psychosen, u.ä.

■ geistig-seelische Schwächen, z.B. eine sogenannte „geringe Frustrationstoleranz" (d.h. die Fähigkeit Enttäuschungen und Niederlagen zu verkraften ist schwach ausgeprägt). Auch sind viele Menschen nicht (mehr) in der Lage ihre eigenen Gefühle angemessen wahrzunehmen und zu äußern. Dies ist ebenfalls ein Faktor der sehr anfällig für Süchte macht! (Gemeint sind übrigens sowohl gute als auch „schlechte" Gefühle !)

■ körperliche Anfälligkeit gegenüber Alkoholismus.
Das bedeutet der Betreffende hat eine diesbezüglich schwache Konstitution und / oder Kondition. "Konstitution" meint hier die Gesamtverfassung und Widerstandskraft, "Kondition" die derzeitige körperliche Verfassung und Leistungsfähigkeit.

■ Lebensalter
Hier läßt sich z.B. das Jugendalter anführen. Der Wunsch „erwachsen" zu sein (bzw. zu wirken), kann zu erhöhtem Alkoholkonsum und damit zur Suchtgefährdung beitragen. Bei männlichen Jugendlichen tritt oft noch ein falsch verstandener Begriff von „Männlichkeit" hinzu.
Auch das Alter ist aber ein diesbezüglich gefährdeter Lebensabschnitt. Vereinsamung, Hilflosigkeit, Unzufriedenheit mit dem geführten Leben, usw. können sicher Sucht begünstigen, (Diese Sichtweise wird übrigens oft vernachlässigt. Warum eigentlich, „Lohnt" sich's da nicht mehr?)

■ Falsche/täuschende Lernerfahrungen des Einzelnen in Bezug auf Alkoholkonsum. Hier gibt es natürlich wieder eine ganze Menge verschiedener möglicher Lernprozesse und Erfahrungen, Dazu einige Beispiele:
Es lassen sich hier grundsätzlich drei Bereiche unterscheiden, in denen derartige falsche Erfahrungen gemacht werden.
Der erste Bereich ist der positive, gute. Dies soll bedeuten, daß auf Grund des Alkoholkonsums etwas angenehmes erwartet wird und (scheinbar) auch eintritt. Beispiele hierfür wären die Steigerung einer romantischen Stimmung, die Verbesserung des Geschmacks beim Speisen) die Vertiefung des Empfindens beim hören von Musik, usw.
Die angenehme Stimmung, bzw. Stimmungssteigerung wird (bewußt oder unbewußt) in Verbindung mit dem Alkoholkonsum gebracht,

Auf Alkoholgenuß folgen angenehme Gefühle! Dies ist es, was gelernt wird. Angenehmes wiederholt man gern. Am besten so oft wie nur möglich, Übersehen wird hierbei natürlich, daß diese Stimmungen einen entscheidenden Nachteil haben: Sie sind nicht echt! Vielmehr sind sie von außen, durch eine chemische Substanz hervorgerufen. Nicht „Herbert Meier" schwelgt in romantischen Gefühlen, sondern „Herbert Alkohol". Ein weiterer Nachteil scheint schwerwiegender: Durch diese bequeme, billige Lösung angenehme Gefühle durch Alkoholkonsum zu steigern, fallen andere Ansätze von vornherein weg! Der Einzelne wird also zunehmend unfähiger seine Gefühle auf natürliche, aktive Art und Weise auszuloten. Wozu sollte man sich denn auch noch in neue, unbekannte Situationen begeben, warum sollte man mit Mühe und Geduld Wege und Umstände ausprobieren, um die eigene Erlebnisfähigkeit zu steigern? Das alles gibt es doch zu kaufen - im nächsten Spirituosengeschäft! Der zweite Bereich betrifft unangenehmes, Dieses Unangenehme soll gemildert oder ganz unterdrückt werden. Beispiele lassen sich hier zahlreich finden. Nervosität, Ängste, „Lampenfieber", Prüfungsangst, Streß, Sorgen, usw.: all dies „schüttet man in ein Gläschen Wein", bzw. „spült es runter". Anlässe finden sich in allen Lebensbereichen, sei es im Berufs- oder Privatleben, bei Partnerschaftsproblemen, im Verein, in der Schule, bei Ärger mit der Verwandtschaft, oder sonstwo. Oft wird von wohlmeinender Seite mahnend gesagt: „Alkohol löst doch keine Probleme'" Das stimmt nicht! Und gerade das ist ja das Schlimme. Durchaus löst Alkohol Probleme. Zwar nur kurzfristig, für wenige Stunden (eben beim „fröhlichen Zechen"), zwar nur scheinbar; zwar ergeben sich wegen des (zuviel) Trinkens bald neue Probleme, aber: Alkohol löst -von dem jeweiligen Menschen aus gesehen- erst einmal seine Probleme, Man kann vergessen, abschalten, an etwas anderes denken, den Wein oder das Bier genießen. „Ein Bier und ein Korn, bringt Dich wieder nach)vorn(~", „Hast Du Ärger mit den Deinen: trink! Dir einen'" und andere Sprüche spiegeln diesen Ablauf wieder, Dies gilt es also zu berücksichtigen~ Die hier eintretende Täuschung wurde ja schon ersichtlich, Die „Langzeitwirkung" ist auch hier tragischer und ähnlich wie im Bereich „Angenehmes": Auf Dauer geht die Fähigkeit unangenehmes auch mal zu ertragen, oder aber es aktiv anzugehen, mehr und mehr verloren.

Der dritte Bereich schließlich stellt die Mischung aus dem ersten und zweiten dar₇ wobei natürlich die eine oder andere Seite überwiegen kann, So erleichtert vorheriger Alkoholgenuß subjektiv sicher die (sexuelle) Annäherung an das andere Geschlecht. Hemmungen werden scheinbar bewältigt und -im Erfolgsfall- das Erlebnis (bei richtiger Dosierung) gesteigert. Das „Mut-antrinken" vor dem entscheidenden Gespräch mit dem Chef, wegen der Gehaltserhöhung und ähnliches, ließen sich hier ebenfalls zuordnen.

Bezüglich der Nachteile eines solchen Vorgehens gilt das bisher bereits gesagte.

Allgemein ist zu diesen ganzen Lernerfahrungen noch folgendes zu bemerken: Die Erziehungslehre (Pädagogik) fand im Laufe der Zeit einige sogenannte Lerngesetze heraus, nach denen in der Regel auch das menschliche Lernen abläuft. Eines dieser Gesetze lautet: Wenn auf ein bestimmtes Verhalten unmittelbar etwas angenehmes folgt, wird dieses Verhalten in der Zukunft häufiger auftreten. **Und wenn dieses Verhalten in der weiteren Zukunft nur noch ab und zu durch das Angenehme belohnt wird, wird dieses Verhalten sogar noch beständiger, statt seltener.**

Dies ist ein Ansatz zur Erklärung eigentlich unlogisch erscheinender Tatsachen: Selbst wenn bei längerem Alkoholmißbrauch zunehmend die Nachteile überwiegen, wird ja nicht damit aufgehört. Die Erklärung hierzu findet sich sicher zum Teil in obigem Lerngesetz.

Mit einer gewissen Brutalität ließe sich zu diesem Bereich der Lernvorgänge und -gesetze noch weiteres sagen: Der Einzelne behandelt sich selbst durch die willenlose Unterwerfung unter diese Vorgänge schlimmer als die ärmste Laborratte in einem Experimentierkäfig. (Denn diese hat -leider- **keine** Wahl.) Daß dies meist unwissentlich und unbewußt geschieht, macht die Sache nicht weniger schlimm,

Der Verfasser bezieht sich übrigens -in Bezug auf die Vergangenheit- in besonders hohem Maße in diesen Vorwurf ein. (27)

Ein weiterer Faktor, der Sucht erzeugen, bzw. stützen kann und der den jeweiligen Menschen betrifft, ist seine Erbanlage. Dies meint eine mögliche angeborene Anfälligkeit für Sucht. Wissenschaftlich kann man hier von einer ‚genetischen Prädisposition! sprechen (man kann sich aber auch verständlich ausdrücken...)
Auch dieser Faktor soll wieder etwas ausführlicher dargestellt werden,
-Erbanlage
Bei einzelnen Menschen des westlichen Kulturkreises, häufiger bei Völkern wie den Indianer und Japanern, findet sich eine Art Allergie gegen Alkohol. Das bedeutet, wenn ein solcher Mensch auch nur relativ geringe Mengen Alkohol trinkt) reagiert sein Körper mit Unwohlsein, Gesichtsrötung und ähnlichen Erscheinungen. (Dies kann man sicherlich auch als eine eigentlich gesunde Reaktion ansehen) immerhin ist Alkohol ein Gift.)
Der hier interessante Umkehrschluß ist der, den einige Wissenschaftler zogen. Die Überlegungen gingen dahin, daß Alkoholiker ein zuwenig von dieser „Allergie" besitzen, so daß schon der Körper eigentlich keine warnenden Hinweise mehr bei zu hohem und zu häufigem Alkoholkonsum geben kann. Interessant war *in* diesem Zusammenhang, daß vermutet wurde, diese Eigenschaft sei vererblich, Alkoholismus sei also in diesem Sinne angeboren. Belege für diese Auffassung liegen dem Verfasser aber nicht vor.

Ein ähnlicher Hinweis findet sich bezüglich der Enzyme und Metabolismen des menschlichen Körpers:
„... nicht alle Menschen (scheinen) in gleichem Maße dazu zu neigen) alkoholabhängig zu sein. Entscheidend ist wohl die Tatsache, daß die den Alkohol im Organismus abbauenden Enzyme und Metabolisaten

von Person zu Person verschieden sind („biologische Vulnerabilität"). Bestimmte ADH-Enzyme bei manchen Menschen können mehr Alkohol oxydieren als andere bei anderen Menschen. Zudem scheint durch Gewohnheit oder Erschöpfung eine Änderung des biologischen Systems möglich zu sein, so daß jemand, der Alkohol bis dahin vertragen hat, nunmehr auf seinen Genuß mit Krankheit reagiert ! (28) Inwieweit diese Eigenschaften dann jeweils vererblich sind) wäre hier natürlich noch zu erkunden.

Zum besseren Verständnis ist wohl auch die Definition einiger Begriffe erforderlich:

„Enzyme... Gruppe   von biologischen Katalysatoren, die die Unzahl der chemischen Reaktionen, die sich im ... menschlichen ... Organismus abspielen, katalysieren, steuern und regeln. Sie bestehen im wesentlichen aus hochmolekularen Eiweißstoffen. Charakteristika der E. sind, daß sie ... von den lebenden Zellen gebildet werden .. . u. daß jedes Enzym nur ganz bestimmte chemische Reaktionen) die sich im Organismus abspielen .. . steuern kann." (29)

Metabolismen, hier: Umwandler, Veränderer.

Vulnerabilität: Verwundbarkeit / Verletzbarkeit" (...)

Oxydieren: etwa = der Prozeß, bei dem sich ein chemischer Stoff mit Sauerstoff verbindet.

Soweit dieser Hinweis, Ganz besonders interessant sind Forschungen aus neuerer Zeit, die sich mit dem sog. „A 1-Allel des Dopamin D2 - Rezeptorgens" befassen, Diese und andere Begriffe sind in hohem Maße wissenschaftlich, trotzdem soll hier versucht werden, diese Forschungsrichtung verständlich zu machen - eben weil sie besonderes Interesse verdient. Die Wissenschaftler waren auf der Suche nach einem „Alkoholismusgen".   (Gene sind   Erbanlagen, bzw. Erbfaktoren.) Ein Alkoholismusgen wäre demnach ein Gen, welches die Information: „Du wirst Alkoholiker werden" von einer Generation auf die andere vererbt. Alkoholiker und Nichtalkoholiker wurden also untersucht, ob sich in ihrem Körper bestimmte Gene befinden -oder eben nicht befinden.

Einer der Forscher, Kenneth Blum, fand nun in den Körpern von 77% der Alkoholiker das besagte „A 1-Allel des Dopamin D2 – Rezeptorgens". Bei Nichtalkoholikern fand er dies hingegen nur in 28% der untersuchten Körper. Dies würde natürlich für eine relativ starke Vererbbarkeit des Alkoholismus sprechen.

Bedauerlicherweise (für K.Blum) bestätigten andere Untersuchungen dieses Ergebnis nicht, so etwa die Untersuchung von David Goldmann, der allerdings -im Gegensatz zu Blum- **lebende** Alkoholiker und Nichtalkoholiker untersuchte.

Es gibt aber auch noch andere Forschungsansätze, so etwa den von Pickens: „Aus einer bisher unveröffentlichten Studie an   Zwillingen schloß Pickens vom Sucht-forschungszentrum in Rockville, daß Erbanlagen zu etwa 20 bis 30 Prozent zum Risiko, Alkoholiker   zu werden,   beitragen - bei bestimmten Untergruppen   des Alkoholismus war dieser Einfluß allerdings größer." (319)

Das Thema ist also alles andere als entschieden.

Es wäre jetzt möglich, bei der vorläufigen Feststellung „kann sein - kann nicht sein" stehenzubleiben und zunächst zur „Tagesordnung" überzugehen

Doch wurden bei dieser „Genjagd" einige Mechanismen im menschlichen Körper herausgefunden, die -nach Ansicht des Verfassers- einiges zum Verständnis von Sucht beitragen können. Auch könnten diese Ergebnisse in Hinsicht auf die Therapie wichtig werden.

Daher soll dieses Thema noch näher beleuchtet werden, wobei es allerdings nötig ist etwas weiter auszuholen. Zunächst ist der Begriff der sog. „Endorphine" zu erläutern, welcher im Zusammenhang mit dem A 1-Allel des Dopamin D2 - Rezeptorgens steht. Endorphine lassen sich auch als körpereigene endogene (d.h. von innen, von selbst kommende) Morphine bezeichnen. Das bedeutet nichts anderes, als daß der menschliche Körper eigene morphiumähnliche Stoffe herstellt und diese -bei **gegebenem Anlaß**- freisetzt. Diese Stoffe bewirken u.a. Euphorie, Streß- und Angstabbau und können in hohen Dosen sogar Schmerzen betäuben. Einer dieser Stoffe ist z.B. das sog. Beta - Endorphin.

Der Mechanismus dieser Endorphine bildet also sozusagen das „Belohnungssystem" des Gehirns und damit des Menschen, übrigens wäre es natürlich ein falscher und fataler Fehlschluß, hier anzunehmen „es sei doch egal, ob die Stoffe die gute Gefühle machen, nun von innen oder von außen kommen:"! (Etwa um damit Heroinkonsum zu rechtfertigen.)

Zur näheren Beschreibung bliebe noch zu erwähnen, daß die Endorphine insbesondere für die spontanen, kurzfristigen, guten Gefühle „zuständig" sind. Lang anhaltende positive Gefühle (beispielsweise der Stolz einer bestimmten Fußballmannschaft anzugehören, u.ä.) scheinen anderen Mechanismen zu unterliegen.

Nun aber zurück zum A 1-Allel des Dopamin D2 -Rezeptorgens. Es wurde gesagt, daß dieses Gen (bzw. Allel) eventuell / zum Teil die Information: „Du wirst Alkoholiker werden" weitergibt. Eigentlich ist dies aber eine doch sehr grob vereinfachte Darstellung. Denn diese Information ist nicht etwa in das Gen / Allel „einprogrammiert" und wird später „übermittelt". Vielmehr ist es so, daß dieses Gen bestimmte Eigenschaften hat. Ist nun jemand „Träger" des Gens, bewirken diese speziellen Eigenschaften, daß der Betreffende **hierdurch** besonders gefährdet sein kann z.B. Alkoholiker zu werden

Was sind dies nun aber für spezielle Eigenschaften? Es sind Eigenschaften, die die Fähigkeiten von Zellen beeinflussen, den Botenstoff Dopamin im Verhalten zur Ausprägung kommen zu lassen. Dies klingt wieder kompliziert -und ist es auch. „Botenstoff Dopamin": dies meint, daß im Gehirn Informationen von Zellen zu anderen Zellen übermittelt werden müssen, obwohl diese **nicht** miteinander verbunden sind. Man kann es sich sinnbildlich so vorstellen, daß kleine Kügelchen (die Informationen enthalten) von der einen Zelle zur anderen „hinübergeworfen" werden. Diese „Kügelchen" bestehen hier nun aus dem Botenstoff Dopamin. (Wissenschaftlich läßt sich dieses System übrigens als „Neurotransmittersystem" bezeichnen.)

Hier läßt sich nun endlich die Verbindung der Begriffe „Endorphine" und „A 1-Allel des Dopamin D2 Rezeptor-gens" herstellen. **Denn die körpereigenen Endorphine, aber auch von außen zugeführte Suchtstoffe, wirken über den Neurotransmitter Dopamin euphorisierend.** Das bedeutet: ist jemand Träger des besagten A 1-Allels, so stimmt etwas mit seinem „Belohnungssystem" nicht. Anders ausgedrückt heißt das, seine Fähigkeit gute / angenehme Gefühle zu empfinden ist beeinträchtigt. Genauer gesagt, er empfindet nicht so **häufig und nicht so stark** wie andere Menschen positive Gefühle.

Wie bereits erwähnt, läßt sich dieser Mangel aber durch die Einnahme von Drogen wie Alkohol ausgleichen. Die Tatsache, daß dies tatsächlich so oft versucht wird (bewußt oder unbewußt), legt natürlich die fast philosophisch klingende Vermutung nahe, es gäbe ein allgemeingültiges Mindestmaß an Freude welches Jeder lebensnotwendig braucht

Damit ist aber noch nicht alles gesagt. Denn die Erklärung, warum es so viele Alkoholiker gibt, ist damit noch nicht gegeben. Spontan ließe sich nämlich fragen:

„Wenn dies so ist wie beschrieben, warum trinken diese Menschen dann nicht gerade mal soviel und so oft, daß der Mangel an Freude ausgeglichen wird, also die Gefühlslage normalisiert ist ?,, Die Antwort ist eigentlich nicht schwer und läßt sich salopp so formulieren: „Weil der Mensch **insgesamt** nicht so)weise(ist, wie seine Körperchemie". Das meint, daß der jeweilige Mensch aus verschiedenen Gründen „des Guten zuviel tut", also mehr und öfter trinkt als notwendig, um den erwähnten Mangel auszugleichen. Oft entwickelt sich hieraus dann eben eine Alkoholsucht. Dies hat vor allem folgenden Grund: das „Ersetzen" der fehlenden Gefühle durch alkoholerzeugte Gefühle klappt nur, solange mäßig getrunken wird. Später läßt dieser Effekt mehr und mehr nach. Denn bei zu häufigem und zu starkem Alkoholkonsum tritt ein Schutzmechanismus des Körpers in Kraft: die bereits vorhandene Schwäche des Betreffenden verstärkt sich noch. Anders ausgedrückt: Die ohnehin schon zu geringe Menge an Stoffen im menschliche Körper die „gute Gefühle machen", wird immer geringer (weil immer weniger davon hergestellt wird). Wer also trinkt, um sich wohlzufühlen und diese Wirkung durch noch mehr des Gleichen verstärken will, verursacht genau das Gegenteil dessen, was er anstrebt. Der Grund für die Verminderung dieser Körperstoffe ist eigentlich wieder recht einsichtig: der Körper will ein „Zuviel" und „Zuoft" verhindern, damit der Mensch nicht von seinen eigenen Endorphinen abhängig wird. (Ein andauernd sich in Euphorie (=Hochstimmung) befindender Mensch wäre sicher auch auf Dauer nicht lebensfähig!

Der Körper kann hier aber eben **nicht** zwischen körpereigenen und körperfremden Stoffen unterscheiden, Dies führt dann -wie gesagt- oft zu dem Ergebnis, daß der Betreffende sich **noch mehr** und **noch häufiger** Alkohol zuführt, da er (unbewußt) diesen verstärkten Mangel spürt. Daraufhin wird wieder die Herstellung von körpereigenen Stoffen vermindert und so fort. Ein Teufelskreis.

Zahlreiche Untersuchungen haben belegt, daß die Werte des bereits erwähnten Beta-Endorphin bei Alkoholikern tatsächlich im Durchschnitt dreimal niedriger sind, als bei Nichtalkoholikern. So sind die Kenntnisse diese Mechanismen (= Abläufe) betreffend, also ziemlich gesichert.

Übrig bleibt noch die Frage, in welchem Maße das beschriebene A 1-Allel vererbbar ist. Doch hierzu wurde ja weiter oben schon ausführlich Stellung genommen !

So sei abschließend nur noch kurz die Forscherin Helga Topel zitiert: „(Der Mensch ist mehr) als nur die Summe seiner neurochemischen Prozesse.".! (32)

Weitere Gesichtspunkte zu den bis hier beschriebenen Forschungsergebnissen finden sich weiter unten, unter dem Stichwort „Therapie", Soviel zunächst zu suchtmachenden, bzw. -stützenden Faktoren auf Seiten des Menschen selbst. Der dritte Bereich betrifft das soziale Umfeld und wird im folgenden behandelt.

Das soziale Umfeld

Hierzu zunächst ein Zitat des Essener Sozialpsychologen Wolfgang Böcher, welches sich auf eher allgemeine Faktoren bezieht:

„Erscheint doch)ein Leben in unserer Gesellschaft ohne Alkohol überhaupt nicht denkbar, und einer) der nicht mittrinkt, gehört nicht ganz dazu(. Und der Professor zählt auch gleich auf, was es so an Gelegenheiten gibt:

)Bei einer Festlichkeit im Betrieb, im Verein oder zu Hause, auf den Abschluß eines Geschäfts und das Ende eines Streits, zum Willkommen wie zum Abschied, anläßlich einer Geburt wie einer Todesfeier, auf eine freudige wie eine belastende Nachricht, zur Appetitanregung vor dem Essen und als Verdauungshilfe nach dem Essen, nach einem Erfolg genauso wie aus Ärger über einen Mißerfolg) aus Freude wie aus Trauer, aus erfüllter Lebenszugewandtheit wie aus innerer Leere und Unerfülltheit, zur Abkühlung gegen den Durst und zur Erwärmung, (." (33)

Soweit diese recht anschauliche Beschreibung dessen, was dem Einzelnen von seinem sozialen Umfeld „vorgemacht" wird, (Als Stichwort ausgedrückt ließe sich sagen, daß hier die **Trinksitten** (bzw. Unsitten) unserer Gesellschaft beschrieben werden,)

Weitere, besondere Faktoren können sein:

■ Verbreitete falsche Vorurteile über die Droge

Beispiele: „Alkohol wärmt, bringt den Kreislauf in Schwung, beugt Erkältungen vor und desinfiziert den Körper und ist außerdem ein gutes Schlaf- und Beruhigungsmittel," (Wohlgemerkt: Alle diese Annahmen sind **erwiesenermaßen falsch!)**

■ Das berufliche Umfeld

Beispiele sind hier Berufe die verstärkt mit Alkohol zu tun haben, wie Winzer, Brauer, Gastwirt, aber auch andere, in denen „traditionell" viel getrunken wird, wie Bauarbeiter, mancherlei Geschäftsleute, usw.

■ Häusliche und familiäre Verhältnisse

Belastete und zerrüttete Verhältnisse können sicher ebenfalls zu verstärktem Alkoholkonsum und damit zur Suchtgefährdung beitragen, Auch sind möglicherweise alleinstehende, vereinsamte Menschen stärker gefährdet, Aber auch ein Partner, der seinerseits bereits Alkoholprobleme hat, kann unter Umständen den anderen Partner „mitziehen",

■ Religiöses Umfeld

Dies meint, daß unsere Gesellschaft mittlerweile doch recht stark säkularisiert ("verweltlicht") ist. Labile Menschen (was immer dies auch genau heißen mag) hatten in früheren Zeiten wohlmöglich an ihrer jeweiligen Religion einen gewissen Halt, der heutzutage eher wegfällt. Auch dies könnte die Suchtgefährdung vergrößern, Allgemein wurden in der Menschheitsgeschichte aber auch schon immer Drogen aller Art zu religiösen Zwecken eingesetzt, so auch Alkohol. Evtl. versuchen demnach auch einigen Menschen dieses (unterstellte) religiöse Bedürfnis (bewußt oder unbewußt ...).

Natürlich gibt es noch weitere Faktoren die das soziale Umfeld betreffen, Da diese Faktoren aber unter dem Stichwort „Sucht und Gesellschaft" näher betrachtet werden, sollen sie hier nur in eher aufzählender Form dargestellt werden,

Es sind dies Faktoren wie:

- Sozialisationsbedingungen
- Erziehung
- Vorbilder
- Haltung der Massenmedien
- sozialer Status
- und ähnliches.

Damit soll die Schilderung von möglichen suchtverursachenden, bzw. suchtfördernden Faktoren abgeschlossen werden.

Es wird darauf hingewiesen, daß diese Zusammenstellung keinen Anspruch auf Vollständigkeit erhebt, Weitere, andere Faktoren sind denkbar.

Ebenfalls wird zugestanden, daß einige Faktoren unter andere Oberbegriffe gefasst werden könnten, (Beispiel: Der Faktor „Beruf" kann auch unter „Der Mensch" eingereiht werden (statt unter „Das soziale Umfeld") , da der jeweilige Beruf ja eine Eigenschaft jedes **Einzelnen** ist.)

Die beschriebenen Faktoren verursachen und fördern zum größten Teil aber nicht nur den Alkoholismus, sondern noch eine weitere Volksseuche, nämlich die Medikamentensucht. Davon soll nun die Rede sein.

(Zunächst folgt jedoch noch ein -eher persönlicher- Anhang zum Thema „Alkohol - "Probleme")

1.2.9 ANHANG: Ein persönliches Referat

Das folgende Referat hielt ich -in meiner Eigenschaft als ehrenamtlicher Vollzugshelfer- Anfang 1992 in einer Strafanstalt in Rheinland-Pfalz. (Nähere Angaben werden aus Datenschutzgründen nicht gemacht.) Es rief angeregte und fruchtbare Gespräche mit den Gefangenen hervor.

„Wieviel und wie oft ich Alkohol trinke, daß hat nichts mit meinen Problemen zu tun ! Außerdem saufen die Anderen noch viel mehr. Viele berühmte Leute haben sehr viel getrunken - und mein Onkel Willy, der ist 87 geworden, kerngesund bis zum Schluß. Und der hat 2 Liter Wein getrunken und 10 Brasil geraucht, jeden Tag, 50 Jahre lang! Noch was: in so einer Mist - Welt und bei dem Streß den ich fast jeden Tag habe - da kann ich mir doch auch mal was gönnen, oder? Alkoholiker bin ich bestimmt nicht, schließlich habe ich schon mal 6 Wochen und einmal fast ein Jahr überhaupt nichts getrunken. Alkoholiker bin ich auch deshalb nicht, weil Alkoholiker jeden Tag von morgens bis abends besoffen sind und meistens auf der Parkbank schlafen. Das trifft auf mich nicht zu. Ich trinke halt, weils' mir schmeckt! im Moment trink! ich vielleicht etwas öfter und etwas mehr, daß ist aber nur weil meine Eltern mir jeden Tag auf den Wecker gehen. Wenn die sich nur ändern würden, hätte ich das nicht nötig. Ich könnte dann sofort aufhören!

So habe ich jedenfalls bis vor einigen Jahren gedacht. (Wenn ich auch nicht immer -wie hier- sämtliche Argumente hintereinander aufgezählt habe.)
Erst nach und nach - zum Teil sogar erst nachdem ich schon einige Zeit trocken war - habe ich einige meiner Fehler erkannt und neues dazugelernt:

1) Meine vorhandenen Probleme wurden durchaus durch mein Alkoholtrinken verschärft und durchaus entstanden durch das Trinken auch neue Probleme.
Allerdings konnte ich das damals lange nicht einsehen. Einmal, weil ich eben oft betrunken oder „verkatert! war. Zum anderen: ich wollte damals ja noch unbedingt weitertrinken, Da durfte es natürlich nicht sein, daß etwa das Trinken ein Problem ist'

2) Ob „die Anderen" noch viel mehr saufen und ob auch "viele berühmte Leute" gesoffen haben hat mich überhaupt nicht zu interessieren. Ich bin für mich zunächst mal am wichtigsten. Mir soll es gut gehen, ich will zufrieden leben !

(Außerdem gibt es *auch* „Andere" die weniger saufen als ich / gesoffen habe) und auch viele berühmte Leute, die nichts getrunken haben!)

3) Für „Onkel Willy" gilt das Gleiche: was geht er mich an ?? ich muß überlegen, ob die Trinkerei **mir** irgendwie schadet (Außerdem: 87 ist er wohl tatsächlich geworden, aber habe ich den Rest wirklich so genau mitbekommen? Hat er wirklich so regelmäßig, so lange, soviel getrunken ? War er dabei tatsächlich so gesund? Selbst wenn: war er dabei wirklich zufrieden ?)

4) Für die „Mist-Welt" und meine nervenden Eltern gilt folgendes:

a) Die ganze Welt kann ich nicht verändern oder verbessern.

b) Meine nervenden Eltern kann ich sehr wahrscheinlich auch nicht ändern, Jedenfalls nicht, wenn ich ihnen in angetrunkenem Zustand Vorwürfe mache.

Was ich aber ändern kann, bin ich selbst, ich kann **mich** / mein Verhalten ändern (wenn's auch manchmal nicht leicht ist !)
In der Welt kann ich auch das Gute sehen und genießen - aber wenn ich saufe, mache ich mir diese Möglichkeiten zunehmend kaputt
Meinen Eltern kann ich vernünftig versuchen Grenzen zu setzen, und - wenn das nicht hilft - mich so weit wie möglich unabhängig von ihnen machen.
Außerdem: was soll denn das für eine Entschuldigung sein? Wer kauft denn die Flasche Wein und trinkt sie aus: die „Mist-Welt", meine Eltern, -oder ich selbst?

5) Zum Thema: „Ich kann mir doch auch mal was gönnen !„ und: „Ich trinke halt, weil's mir schmeckt!", erkannte ich: Was hat das mit „etwas gönnen" zu tun, wenn ich Alkohol trinke ? Meist trinke ich zuviel, rede dann dummes Zeug und mache auch dummes Zeug. Am nächsten Tag ist mir das peinlich, ich habe Kopfschmerzen, Magenschmerzen und gelegentlich sogar so eine Art Angstgefühl.
Und: wenn es 10 Sorten Alkohol gibt, die mir besonders schmecken, so gibt es doch auch 10 Getränke ohne Alkohol, die ebenfalls gut schmecken.

6)   Schon bald erfuhr ich, daß es Alkoholiker in allen Gesellschaftsschichten gibt, -keineswegs nur „die auf der Parkbank". Auch lernte ich, daß es nicht nur einen Typ Alkoholiker gibt und das es eher typisch für einen Alkoholiker ist, wenn er zeitweise versucht ohne „Stoff" zu leben, (Wenn ich ehrlich bin, weiß ich auch, daß die Zeiten, in denen ich nur den Alkohol weggelassen habe, nicht unbedingt angenehm waren, Irgendwie war ich immer unsicher und hatte auch das Gefühl, ich würde regelrecht auf irgendetwas verzichten. Heute weiß ich, daß ich an mir arbeiten/mich verändern muß. Das ist oft anstrengend, bringt aber auch Erfolg und ist interessant (manchmal macht es sogar richtig Spaß).

7) Daß ich „sofort ohne Probleme aufhören könnte" „„ - wenn das so einfach gewesen wäre: warum habe ich das dann damals nicht einfach

gemacht ? Es hatte ja dann doch zunehmend Probleme gegeben mit dem Trinken, so nach und nach ... und trotzdem habe ich es mir zwar oft vorgenommen, aber nie **geschafft** aufzuhören.......

Alkoholismus ist seit 1968 in der BRD als Krankheit anerkannt, seitdem wird auch die Behandlung bezahlt (Krankenkasse B.f.A., LVA).
Es gibt mehrere Alkoholikertypen, z.B. den „Spiegeltrinker" („nie richtig betrunken, nie richtig nüchtern") und den „Quartalssäufer" (wochenlang (fast) nichts, dann aber tagelang ,"richtig"), 80 Gramm reiner Alkohol täglich sind auf Dauer mit Sicherheit für den Körper schädlich / krankmachend, 80 Gramm Alkohol entsprechen etwa 2 Liter Bier (a 5%), also 6 normalen Dosen Bier, Anders ausgedrückt:80 Gramm Alkohol = 1 Liter Wein (a 10%). (Für Frauen gelten wesentlich niedrigere Werte !) Auch weniger ist aber durchaus schon schädlich !
Wer sich näher informieren will (oder Hilfe sucht), kann das bei einer Suchtberatungsstelle oder einer Selbsthilfegruppe tun. Dies selbstverständlich auch völlig anonym.

Soweit das Referat, von welchem übrigens nur der erste Teil regelrecht „verlesen" wurde, der Rest wurde mehr gesprächsweise vorgetragen.

1.3 MEDIKAMENTENSUCHT

1.3.1 Allgemeines / Schwierigkeiten

Der Begriff „Medikamentensucht", bzw. -in der neueren Sprachregelung- „Medikamentenabhängigkeit" läßt sich eigentlich nicht besonders gut handhaben

Dies liegt vor allem daran, daß der Begriff „Medikamente" ein Oberbegriff ist. Schon die Zuordnung zu den 7 WHO - Suchttypen ist schwierig denn es gibt hier mehrere Möglichkeiten (siehe unter „SUCHT'). So ließe sich ein Abhängiger, je nach dem besonderen Medikament von dem er abhängig ist- zu folgenden Typen zuordnen:

-Amphetamintyp

-Barbiturat-/Alkoholtyp

-Morphintyp

Früher einmal wurde auch Lysergsäurediäthylamid 25, also LSD, als Medikament hergestellt und verwendet (z.B. zur Erzeugung sog. Modellpsychosen), so daß damals auch eine Zuordnung zum

-Halluzinogentyp

möglich gewesen wäre.

Es gibt deutlich unterschiedliche Teilgruppen von Medikamenten, die teils recht verschiedene Wirkungen, Nebenwirkungen und Schädigungen hervorbringen. So sind auch die typischen Vergiftungserscheinungen und Entzugssymptome (= -anzeichen) keineswegs bei allen Medikamenten gleich, oder auch nur ähnlich. Selbst unter dem Gesichtspunkt der Therapie können sich daher Unterschiede ergeben.

Trotz dieser Schwierigkeiten soll versucht werden, einige verständliche Informationen zu diesem Thema zu geben.

Die erste Frage die sich stellt, ist wieder die nach der Definition- also die nach der Beantwortung der Frage: „Was ist Medikamentensucht" (bzw. „-abhängigkeit", gelegentlich auch: „Arzneimittelab-hängigkeit") ?"

1.3.2 Begriffsbestimmungen

Die Bestimmung des Begriffs „Medikamentenabhängigkeit" folgt
weitestgehend den allgemeinen Definitionen von (Drogen-)
abhängigkeit. Das heißt hier also:
„Medikamentenabhängigkeit als übergeordneter Begriff bezeichnet
einen Zustand seelischer oder seelischer und körperlicher
Abhängigkeit von einer Substanz mit psychoaktiver, bzw.
zentralnervöser Wirkung, die zeitweise oder fortgesetzt eingenommen
wird, Abhängig ist jemand, der einen sog.)Kontrollverlust(erleidet,
D.h. er hat entweder die Kontrolle darüber verloren, wieviel er von
einem bestimmten Medikament zu sich nimmt und/oder er hat keine
Kontrolle mehr darüber, wie oft er wirksame Mengen eines
Medikaments zu sich nimmt, Weitere Anzeichen sind die Vorläufer
oder das Vorhandensein körperlicher, seelisch - geistiger und sozialer
Schäden, Immer haben die Betroffenen Schwierigkeiten mit dem
Aufhören," (Quellenangaben siehe unter „SUCHT")
Weiter ist eine Unterscheidung von körperlicher (=physischer) und
geistig-seelischer (=psychischer) Abhängigkeit möglich, obwohl sich
diese beiden Ausprägungen auch hier in der Praxis oftmals mischen,
bzw. überschneiden.
Körperliche Abhängigkeit ist hier gekennzeichnet durch das
Verlangen des Abhängigen, unangenehme körperliche
Entzugsbeschwerden durch eine erneute Einnahme des Mittels zu
verhindern.
Geistig-seelische Abhängigkeit dagegen bezeichnet das Bedürfnis
des Abhängigen, sich das Medikament wegen seiner angenehmen
psychischen Wirkung (bzw. zur Vermeidung unangenehmer geistig -
seelischer Entzugserscheinungen) zuzuführen, (34) Zum Begriff des
Kontrollverlusts fand sich noch ein interessanter Hinweis, der
zumindest zum Teil Hintergrundinformationen zu diesem Begriff
geben könnte. Ursprünglich betrifft dieser Hinweis den Alkoholismus,
er ist aber auch wichtig, wie zu sehen sein wird. „Langfristiger
Alkoholmißbrauch führt dazu, daß zum üblicherweise Alkohol
abbauenden Vorgang (ADH= Alkoholdehydrogenase) das
sogenannte MEOS (= mikrosomales ethanol-oxydierendes System) in
Gang gesetzt wird, das schließlich für die Hälfte bis zu Zweidrittel des
vermehrten Alkoholabbaus verantwortlich werden kann. Dadurch
können Alkoholiker größere Mengen Alkohol abbauen und)mehr
vertragen(... Auch nach längerer Abstinenz tritt die Aktivierung des
MEOS sofort wieder ein, wenn man Alkohol trinkt. Dies könnte
erklären, warum ab einer von Person zu Person schwankenden, oft
schon ganz geringen Menge an ein starkes Verlangen nach)mehr(
entsteht- was den Rückfall beschleunigt, ..." (35)
Für den Medikamentenabhängigen ist hier folgendes interessant: „Das
MEOS ist übrigens auch verantwortlich für den Abbau von
Beruhigungs- und Schlafmitteln." (36)
So kann -zumindest für die erwähnten Medikamente- hier wohl von
den gleichen Mechanismen (= Abläufen) ausgegangen werden.

Soweit also einige Versuche „Medikamentensucht" als Begriff zu definieren. Andere Erklärungsansätze gehen z.B. davon aus, daß Medikamentensucht dann vorliegt, wenn fortgesetzt oder häufiger Arzneimittel ohne medizinischen Grund eingenommen werden.

Auch dies sicher ein wichtiger Gesichtspunkt.

Eine weitere Ergänzung soll noch angefügt werden: Unter dem Stichwort „SUCHT" wurde schon etwas über die Verbreitung der Medikamentensucht gesagt- die Schätzung lag dort bei ca. 400 000 Abhängigen für die BRD, 1990. Ebenfalls wurde aber schon angedeutet, daß diese Schätzung eher sehr niedrig anmutet. Es gibt hier auch eine recht hohe Dunkelziffer (d.h. unbekannte und in der Statistik nicht erfaßte Fälle). So sprechen auch verschiedene andere Quellen von etwa doppelt sovielen Süchtigen, also von ca.
800 000.
Bedenkt man dann die große Zahl der mitbetroffenen Angehörigen, Partner, engen Freunde, etc. so wird die Tragweite dieser Volksseuche erst richtig klar,

Diese Süchtigen verteilen sich aber natürlich auf doch recht unterschiedliche Gruppen von Medikamenten. Welche dies sind, soll jetzt beschrieben werden.

1.3.3 Aufschlüsselung der Medikamentengruppen

Es gibt mehrere Möglichkeiten Medikamente in Gruppen zu unterteilen. Sinnvoll wäre z.B. eine Unterteilung nach der Art der jeweiligen Wirkung.

So lassen sich im Bereich süchtigmachender Medikamente folgende Untergruppen erkennen

- Schlafmittel (Hypnotika)

diese wieder unterteilt

in:
-Bromueride, wie z.B.
Adalin, Betadorm.

-Bromide, wie Z.B:
Busedon, Vitanerton.

-Barbiturate, wie z.B. Vesparax, Veronal.

-Barbitural-Mischpräparate, wie z.B. Optalidon, Cibalgin.

-Andere, wie z.B. Contergan, Betadorm N

-Beruhigungsmittel wie z.B. : Valium,

(Tranquilizer, auch: Ataraktika) Librium, Lexotanil, Tavor.

- Schmerzmittel (Analgetika)
wie z.B.: Gelonida, Treupel, Novalgin, Dolviran.

- Aufputschmittel (Psychostimulantia,-analeptika) wie z.B.: Katovit, AN 1, Captagon, Pervitin, aber auch Appetitzügler wie: Eventin, Mirapront.

- Betäubungsmittel (Morphintyp, u.ä. wie z.B.: Polamidon, Jetrium, Dilaudid, aber auch sog. Antagonisten wie: Fortral. Valoron,

- Abführmittel

Diese spielen allerdings in gewissem Sinne eine Sonderrolle unter den süchtigmachenden Medikamenten, was aber nicht heißt, daß sie ungefährlich sind.
(37)

Eine andere Möglichkeit die Medikamente (insgesamt) Gruppen zu ordnen, ist die Unterscheidung zwischen:

-rezeptpflichtigen

und

-nicht rezeptpflichtigen

Medikamenten.

Das bedeutet ein Teil (auch süchtigmachender) Medikamente ist frei verkäuflich. Andere Medikamente müssen vom Arzt verschrieben werden, genauer gesagt: die Unterschrift eines Arztes auf dem jeweiligen Rezept ist erforderlich Dafür gibt es diese Medikamente dann aber auch (fast) kostenlos, bzw. zumindest preiswert.
Rezeptpflichtige Medikamente sind allerdings durchaus auch ohne Rezept erhältlich. Dies als Geschenk, durch Kauf oder Tausch von Freunden, Verwandten und Bekannten oder auf dem „Schwarzmarkt"

Eine weitere Unterteilungsmöglichkeit ist die nach:

-Medikamenten mit einer Wirksubstanz (= mit nur einer Komponente)

und

-Medikamenten mit mehreren Wirksubstanzen
  (sog. „Mischpräparate")

„Mischpräparate" sind in gewissem Sinne besonders gefährlich. Eine Möglichkeit ist, daß man Wirkstoffe „mitschluckt", die eigentlich gar nicht erforderlich wären. Die andere Gefahr liegt darin (vorausgesetzt es ist von der Krankheit her tatsächlich sinnvoll mehrere Wirkstoffe einzunehmen), daß die einzelnen Bestandteile nicht mehr auf den Einzelfall „zugeschnitten" verabreicht werden können. Denn der prozentuale -und damit auch der tatsächliche- Anteil jedes Wirkstoffs pro Tablette ist ja bereits vorgegeben.
Soweit einige Möglichkeiten eine gewisse Übersicht herzustellen. Natürlich gibt es auch Medikamente die ein geringes oder sogar kein Suchtpotential haben (jedenfalls nicht im engeren Sinne).
Alle diese Unterteilungen können sich natürlich wechselseitig überlappen, d.h. es gibt etwa rezeptfreie Schlafmittel mit einem, aber auch andere mit mehreren Wirkstoffen. Bei rezeptpflichtigen

Schlafmitteln ist es aber genauso, auch hier gibt es Mittel mit einer Komponente und andere mit mehreren. Auch andere Überschneidungen gibt es, so kann z.B. ein Schmerzmittel in Wirklichkeit zu den Betäubungsmitteln gehören, eben wenn es als Wirkstoff auch Morphium enthält, usw., usf.

Wichtig: Die Zugehörigkeit eines Medikamentes zu der einen oder anderen Untergruppe sagt in der Regel nichts über die jeweilige Gefährlichkeit aus (etwa in Bezug auf die Nebenwirkungen und das Suchtpotential)!

1.3.4 Phasen und Typen

Die unter dem Stichwort „Alkoholismus" (siehe dort) aufgeführten Phasen und Typen (nach Jellinek) sind auch auf die Medikamentensucht übertragbar. D.h. es lassen sich hier ebenfalls drei, bzw. vier Phasen der Sucht-Krankheit unterscheiden (Vorphase, Prodromalphase, kritische Phase sind chronische Phase).
Genauso ist die Typenlehre übertragbar, so findet sich auch hier der Alpha-, Beta-, Gamma-, und Deltatyp.
Natürlich bestehen aber auch gewisse Unterschiede.

Einige wichtige Besonderheiten bezüglich der Medikamentensucht sind etwa:

a) Die leichtere Rechtfertigung
„Alle nehmen doch Medikamente", „Der Arzt hat mir das doch verschrieben", „Ich tue halt was für meine Gesundheit", „Es ist doch vernünftig, wenn man)fit(ist", „wenn ich mir selber Medikamente kaufe, entlaste ich doch sogar die Krankenkasse" und ähnliche Sprüche gehören hierher.

b) Leichtere/schnellere Vereinsamung (Isolierung)
Die zerstörerische Isolationswirkung setzt schneller als beim Alkohol ein. Dieser wird zum Teil in der Öffentlichkeit konsumiert, z.B. Im Restaurant, in der „Disco", bei Festen, etc. DerMedikamentenkonsum hingegen findet fast immer allein, unbeobachtet und heimlich, also einsam statt.

c) Größere Verheimlichung
Anders als beim Alkoholkonsum fällt man unter Medikamenten-einfluß durch keine „Fahne" auf, auch das eigene Verhalten wird (zunächst) nicht so stark beeinflußt. Ein Medikament läßt sich auch wesentlich leichter transportieren und verstecken als selbst die kleinste Flasche Alkohol. All dies erleichtert die Verheimlichung natürlich ungemein.

d) Die „ehrwürdige Tradition"
Sich selbst Medikamente (früher Kräuter und Tees) zu verschaffen und zu verordnen, hat einen recht ehrenwerten „Anstrich", Erinnert dies doch an Sitten wie „Volksmedizin" und „Selbsthilfe". Das derlei im Zeitalter der (teils lebensgefährlichen) Chemie aber so keine Berechtigung mehr hat, wird leicht übersehen. (38)

e) Geringeres Problembewußtsein
Diese und andere Besonderheiten erzeugen eine weitere: Der Medikamentensüchtige ist oft schwerer zu einer Therapie zu bewegen, als z.B. ein Gamma- Alkoholiker (der auf Grund seiner „Sucht-karriere" doch einen deutlicheren Leidensdruck verspürt).

1.3.5 Medikamentenwirkungen

Auch hier ist eine Beschreibung wieder wesentlich schwieriger als beim Alkohol. Denn wie zu sehen war, gibt es viele verschiedene Arten von ganz unterschiedlichen Medikamenten.
Trotzdem soll versucht werden, wenigstens eine grobe Übersicht über die häufigsten und wichtigsten Wirkungen von Medikamenten zu geben.

„Schlafmittel" (Hypnotika)

Natürlich gibt es verschiedenartige Schlafmittel (siehe dazu unter dem Stichwort: „Aufschlüsselung der Medikamentengruppen"). Dennoch ließe sich allgemein folgendes sagen: Schlafmittel sind „Arzneimittel mit allgemein dämpfender Wirkung, die Müdigkeit und Schlaf erzeugen, indem sie auf bestimmte Teile des Gehirns direkt eine Wirkung ausüben .. Schlafmittel schalten sich ein, indem sie die Aktivität des Aktivierungszentrums in der Formatio reticularis vermindern, ... Das hat aber zur Folge, daß auch eine Verkürzung der Traumphasen stattfindet ...,". (30)
Auch diese Effekte sind -je nach Medikament- unterschiedlich, beispielsweise in Bezug auf die (kürzer wirkenden) Einschlafmittel - im Gegensatz zu den sog. Durchschlafmitteln.

Beruhigungsmittel (Tranquilizer -auch:Ataraktika)

Hier sind insbesondere Mittel angesprochen, die Wirkstoffe aus der chemischen Gruppe der Benzodiazepine enthalten.
Beispiel: Valium, mit dem Wirkstoff Diazepam (= eines der Benzodiazepine). „Alle Mittel, die der chemischen Gruppe der Benzodiazepine zugeordnet werden, wirken qualitativ gleich:
- angstlösend
- dämpfend, bewußtseinstrübend, ermüdend
- muskelentspannend
- und krampflösend" (40)
Durchaus kann sich aber auch ein angenehmes Gefühl der „Wurstigkeit", Gelassenheit und scheinbaren Zufriedenheit einstellen- dies natürlich ein künstliches Gefühl, welches sich selbst einstellt, wenn es äußeren Ereignissen gar nicht   angemessen   ist   (also z.B. in tatsächlich bedrohlichen oder gefährlichen Situationen).

Schmerzmittel (Analgetika)

Schmerzen sind in der Regel ein Anzeichen für eine Schädigung des Körpers.   Wir   empfinden   diese   Schmerzen   dadurch,   daß schmerzerregende Reize in den äußeren Bereichen des Körpers auf schmerzempfindliche Nervenendigungen (Schmerzrezeptoren, Nozizeptoren) einwirken, „Gemeinsam scheint allen diesen Einwirkungen zu sein, daß sie im Gewebe die Freisetzung von Mittlersubstanzen ... zur Folge haben, die ...u.a. zu einer Erregung der Schmerzrezeptoren führen. An dieser Erregung der schmerzempfindlichen Nervenendigungen, am)Startschuß(für den Schmerzimpuls, ist eine weitere Klasse von)Gewebshormonen(beteiligt, die sog. Prostaglandine, besonders PGE ... ,das die Empfindlichkeit der Schmerzrezeptoren für die Mediatoren" (=Mittlersubstanzen) „... .wesentlich erhöht.

Daraus ergibt sich ein erster Angriffspunkt für schmerzstillende Stoffe (Analgetika): Die schmerzvermittelnden Prostaglandine werden durch die Wirkung zweier Enzyme frei, der Phospholipase A2 und der Cyclooxygenase, ...die leichten Analgetika (hemmen) die Cyclooxygenase, unterbinden den Nachschub an Prostaglandinen und wirken dadurch schmerzlindernd." (41)

Insbesondere wenn es sich um Mischpräparate handelt, können aber auch bei „leichten" und freiverkäuflichen Schmerzmitteln noch andere Wirkungen hinzukommen, Etwa eine anregende Wirkung (z.B. durch beigefügtes Coffein), oder auch eine beruhigende (z.B. durch Beimengung von sog. Antihistaminen). Ein besonders gutes (bzw. schlechtes) Beispiel gibt hier etwa das Präparat „Wick MediNait Erkältungs- Saft für die Nacht". (In der Reklame wird das Mittel auch als wirksam gegen „Kopf- und Gliederschmerzen" angepriesen, daher soll das Beispiel an dieser Stelle erwähnt werden.) Außer Alkohol enthält das Medikament noch ein (beruhigendes) Antihistamin und einen anregenden Wirkstoff, nämlich Ephedrinsulfat. Neben weiteren Inhaltsstoffen ist auch noch ein Schmerzmittel enthalten. Der zugesetzte Farbstoff soll -nach unbestätigten Berichten- gesundheitlich ebenfalls nicht ganz unbedenklich sein. (41) Schon mit dem doppelten der vorgeschlagenen Dosierung dieses Medikaments läßt sich ein eindrucksvoller „Mischrausch" erzielen - die möglichen (besser: wahrscheinlichen!) Schäden die hierdurch entstehen können, sind allerdings noch wesentlich eindrucksvoller! Wie gesagt: „MediNait" ist überall rezeptfrei erhältlich

Wolfgang Poser (=Herausgeber eines Medikamentenratgebers) teilte dem Verfasser im April 1990 übrigens schriftlich mit, daß bis dahin nicht vor „Wick MediNait" gewarnt werden konnte, weil „der Hersteller nicht dem Bundesverband der Pharmazeutischen Industrie angehört" und das Mittel daher in einschlägigen Publikationen nicht auffindbar war! Die Firma „Wick" wird wissen, warum sie sich so verhält ....

Aufputschmittel (Psychostimulantia. -analeptika)

Diese Mittel werden zum Teil unmittelbar als „Anregungsmittel", "Energetika", u.ä. verkauft. Andererseits sind aber die entscheidenden Wirkstoffe auch in Mitteln enthalten, die als „Schlankmacher", „Essbremse", usw. angeboten werden. Die chemischen

Wirkstoffgruppen sind vor allem "Coffein", „Amphetamin" und auch „Ephedrin". Diese Stoffe oder deren Derivate (=Abkömmlinge, bzw. Abwandlungen) erzeugen also die entscheidenden Wirkungen und zwar durch einen unmittelbaren Einfluß auf bestimmte Gehirnzentren. Folgende Auswirkungen zeigen sich:

Antriebssteigerung, Müdigkeitsunterdrückung, Schlafhemmung, allgemeine Anregung, Zunahme der Aufmerksamkeit und Konzentrationsfähigkeit, Steigerung der Muskelaktivität, Erhöhung des Blutdrucks und des Herzschlags und eine Verringerung des Hungergefühls. Aber auch Reizbarkeit und innere Unruhe kann auftreten. Natürlich können die körperlichen Wirkungen sehr gefährlich werden, auch ist es so, daß nach und nach sämtliche Reserven des Körpers aufgezehrt werden - und das bei meist verminderter Nahrungszufuhr!

Betäubungsmittel (Morphintyp)

Bei dieser Gruppe fällt zunächst wieder auf, daß sich Überschneidungen nach verschiedenen Seiten ergeben.

Einerseits werden die Betäubungsmittel auch als ‚starke Analgetika" bezeichnet - so gehören sie eigentlich zu den Schmerzmitteln. Andererseits sind Stoffe wie Heroin (die ja auch zu dieser Gruppe gehören) eigentlich gar keine Medikamente mehr, sondern illegale, harte Drogen.

Der wichtigste Vertreter dieser Gruppe (als Medikament betrachtet) ist das Morphin, der Hauptwirkstoff des Opiums. Durch Morphin lassen sich selbst schwerste Schmerzzustände unterdrücken. Diese Wirkung beruht auf einer gezielten Abstumpfung des Schmerzbewußtseins in bestimmten Zentren der Hirnrinde, Stoffe wie das Morphin verbinden sich dabei im Bereich von Nervenkontaktstellen (Synapsen) mit sog. Opiatrezeptoren und blockieren so die Überleitung der Erregung auf die nächste Nervenzelle. Alle übrigen Sinneswahrnehmungen bleiben dabei erhalten. Morphin wirkt zusätzlich beruhigend, in stärkeren Dosen schlaffördernd, häufig löst es auch ein Gefühl allgemeinen Wohlbefindens (Euphorie) aus. Oft fühlt man sich hier zwar träge, doch sehr sicher und selbstbewußt, wie unangreifbar („cool"). Schmerzen, aber auch Ängste sind wie ausgelöscht. Eine gewisse „Wurstigkeit" läßt einen die Umwelt nur noch mit einem milden, eher „wissenschaftlichem" Interesse wahrnehmen.

Die körperlichen Auswirkungen bestehen vor allem in einer stecknadelkopfförmigen Pupillenverengung, nachhaltiger Verstopfung und manchmal Erbrechen. Einige Menschen sollen auf Morphin auch mit Unruhe und Erregung reagieren. Bei Heroin treten die beschriebenen Wirkungen gegenüber Morphin verstärkt auf. (42)

Alle legalen Betäubungsmittel unterliegen in Deutschland in besonderer Weise der Rezeptpflicht.

Abführmittel

Dies sind Mittel, die den menschlichen Stuhlgang erleichtern und beschleunigen sollen, Oftmals werden sie auch „selbstverordnet" eingesetzt, um schlank zu sein, bzw. zu werden. Wieder gibt es eine

Menge unterschiedlicher Präparate, so „Füll- und Quellmittel",
„Abführsalze", osmotisch wirksame Abführmittel" und „hydragoge
Abführmittel", usw. Alle diese Mittel erfüllen im Prinzip ihren oben
angesprochenen Zweck. Gefährliche Wirkungen können -je nach
Medikament- sein: Funktionsstörungen des Verdauungstraktes, zu
hohe Verluste von Natrium, Kalium und Calcium, Eiweißverluste, etc.
Wichtig ist, daß durch die Einnahme von Abführmitteln der
Verdauungstrakt (noch) schlechter arbeitet als vorher. Auf die Dauer
ist es also nötig, mehr desselben Mittels einzunehmen, zumindest aber
wird ein Absetzen des Medikamentes immer schwieriger. Daher auch
die Einreihung in die suchtbildenden Medikamente. Eine geistig-
seelische Abhängigkeit entsteht allerdings in der Regel im üblichen
Sinne nicht, diese liegt gelegentlich indirekt vor, wenn -irrtümlich- -
geglaubt wird „man könne ohne gar nicht mehr".

1.3.6 Medikamentenverbrauch

Soviel zunächst zu den Wirkungen der unterschiedlichen Medikamente.
Wie hoch ist nun aber (in der BRD) insgesamt der Verbrauch an diesen Medikamenten?

Die „Deutsche Hauptstelle gegen die Suchtgefahren (DHS)" gibt hier folgende Zahlen an:

„Medikamentenstatistik

Arzneimittelverbrauch in der Bundesrepublik Deutschland

Jahr	in Packungen	in Einzeldosen
1983	1,169 Mrd.	58,614 Mrd.
1984	1,168 Mrd.	60,366 Mrd.
1985	1,161 Mrd.	60,777 Mrd.
1986	1,198 Mrd.	63,321 Mrd.
1987	1,288 Mrd.	65,992 Mrd.
1988	1,288 Mrd.	68,805 Mrd.
1989	1,270 Mrd.	67,600 Mrd.
1990	1,300 Mrd.	70,000 Mrd.

" (43)

Dies aber -wie gesagt- die Zahlen alle Medikamente betreffend. Die meistverkauften Arzneimittel 1990 waren:

1. Thomapyrin (22,8 Mio. Packungen)
2. Spalt N (13,6 Mio. Packungen)
3. Aspirin (10,3 Mio. Packungen)

Übrigens alles **nicht** rezeptpflichtige Präparate, von denen demnach die meisten „selbstverordnet" eingenommen wurden. (44)
Das erste rezeptpflichtige Arzneimittel taucht hier erst auf Platz 7 auf (=das Rheumamittel „Voltaren" mit 7,0 Mio. Packungen). Platz 8 bis 16 werden wieder von „Selbstverordneten" belegt, erst dann folgen wieder drei „Rezeptpflichtige". Platz 20 schließlich „hält" das Mittel „Vivimed" (ein nicht verschreibungspflichtiges Schmerzmittel).
In dem wissenschaftlichen Werk „Bittere Pillen" taucht übrigens sowohl der „Spitzenreiter" „Thomapyrin", als auch „Vivimed" unter der Rubrik „Abzuraten" auf. Bei beiden Mitteln wird hier von einer „nicht sinnvollen Kombination" gesprochen (= beide Präparate sind Mischpräparate). Verschiedene schwere Nebenwirkungen sind möglich, etwa Nierenschäden, bei „Vivimed" auch lebensbedrohliche Schockformen. (45) (Siehe: „Bittere Pillen"/ K. Langbein, H.P. Martin, et alii/ Kiepenheuer & Witsch/ Köln/ 22.Aufl./ 1983 S.5O/51.)
Eine besonders große Rolle in Bezug auf Sucht spielen aber die Beruhigungsmittel (Tranquilizer, auch: Ataraktika). Diese sind vom

Suchttyp her dem Alkohol- / Barbiturattyp zuzuordnen. Die DHS gibt hier folgende besonders aufgeschlüsselte Zahlen an:

„Verbrauch von Benzodiazepinderivaten

Einzeldosen insgesamt:

      1987: 1, 55 Mrd.
      1988: 1,48 Mrd.
      1989: 1, 20 Mrd.
      1990: 1,31 Mrd.

Damit werden statistisch gesehen im Schnitt immerhin rd. 20 Dosierungen solcher Schlaf- und Beruhigungsmittel von jedem Bundesbürger pro Jahr geschluckt. Die Menge reicht aber auch aus, um 3,5 Mio. Menschen täglich eine Dosierung zu verabreichen." (46) Eine andere Untersuchung stellte schließlich noch das Wissenschaftliche Institut der Ortskrankenkassen (WIdO) an: (47) Nach Altersgruppen unterteilt wurde ermittelt, wieviel verschriebene Medikamente pro Jahr jeder Versicherte insgesamt einnimmt. („Selbstverordnete" Medikamente blieben hier außer Betracht.) Die Ergebnisse im Einzelnen:

Altersgruppe:	Tagesdosen an Medikamenten:
Unter 5	358
5 - 14	137
15 - 29	119
30 - 39	161
40 - 49	257
50 - 59	452
60 - 69	748
70 - 79	1098
80 u. älter	1178

1.3.7 Medikamentenabbau

Wieder lassen sich hier keine allgemeingültigen Angaben machen, Die Art und Geschwindigkeit des Wirkstoffabbaus ist -je nach Medikament- sehr unterschiedlich.
Jedoch gibt es bei (fast) allen Medikamenten Gemeinsamkeiten, die sie deutlich etwa vom Alkohol unterscheiden -

Wichtige Begriffe sind hier z.B.:

Halbwertzeit
Kumulation
Gegenregulation
und
Toleranzentwicklung

Diese Begriffe bedeuten folgendes:

Unter Halbwertzeit wird die Zeit verstanden, in der jeweils die Hälfte eines Wirkstoffs im Körper abgebaut wird. Beispiel: eine Person nimmt 40 Milligramm des Wirkstoffs Diazepam ein (=Wirkstoff von Valium). Nach 30 Stunden befinden sich immer noch 20 Milligramm Diazepam im Körper dieser Person, Die Halbwertzeit beträgt also 30 Stunden (Tatsächlich liegt die Halbwertzeit bei 30 – 50 Stunden, bei älteren Menschen oft noch höher.)
Dies bedeutet übrigens nicht, daß nach weiteren 30 Stunden kein Wirkstoff mehr im Körper vorhanden ist1. Wie gesagt handelt es sich bei diesen 30 Stunden um die Halbwertzeit, nach weitere 30 Stunden ist also **wieder die Hälfte** abgebaut. Mit anderen Worten: nach 60 Stunden finden sich immer noch 10 Milligramm in diesem Körper, usw. Die typische Wirkung des Medikaments wird natürlich von der Person selbst schon nach wenigen Stunden nicht mehr empfunden - was aber nichts daran ändert, daß der Wirkstoff noch im Körper ist,
Interessant ist hier der Unterschied zum Alkohol, Einmal wird Alkohol schneller abgebaut als viele Medikamente, zum anderen ist die Abbaugeschwindigkeit von Alkohol immer (fast) gleich (0,1 - 0,2 Promille pro Stunde). Und zwar unabhängig von der konsumierten Menge ! Bei Medikamenten ist dies absolut nicht der Fall: Nehmen wir wieder eine Halbwertzeit von 30 Stunden an, Hat die betreffende Person zum Zeitpunkt „X" 40 Milligramm eingenommen, so wurden nach 30 Stunden demnach 20 Milligramm abgebaut. Nimmt dieselbe Person aber zum Zeitpunkt „X" 80 Milligramm Wirkstoff ein, **so finden sich nach 30 Stunden nur noch 40 Milligramm im Körper!** Das bedeutet nichts anderes, als daß in 30 Stunden 40 Milligramm abgebaut wurden, anders ausgedrückt: **doppelt** soviel Milligramm wie im ersten Beispie., Ein zweifellos faszinierender Mechanismus.

Kumulation

Kumulation bedeutet „Anhäufung" bzw. die „vergiftende Wirkung kleiner, aber fortgesetzt gegebener Dosen bestimmter Arzneimittel." (48)

Es ist leicht einsichtig, daß eine solche Anhäufung, bzw. Ansammlung von Wirkstoffen schnell zustandekommt. Zumindest wenn man sich die vorhin erörterten Fakten bezüglich der Halbwertzeit vor Augen führt. Wie oft werden Medikamente täglich, oder sogar mehrmals täglich eingenommen! (Sicher ist dies in Bezug auf bestimmte Krankheiten oft medizinisch notwendig, doch hiervon ist jetzt nicht die Rede.)

Um bei dem Beispiel Diazepam (=Wirkstoff des Beruhigungsmittels Valium) zu bleiben: Schon bei nur einmal täglicher Einnahme ergibt sich - bei einer Halbwertzeit von nur 30 Stunden gerechnet - eine immer höher ansteigende Wirkstoffmenge im Körper. Bei einer täglichen Gabe von nur 10 Milligramm, sind nach 24 Stunden noch mehr als 5 Milligramm vorhanden, „aufgefrischt" also mindestens 15 Milligramm. Am dritten Tag sind hiervon noch mehr als 7,5 Milligramm im Körper, durch die folgende Dosis sind es dann mindestens 17,5 Milligramm und so weiter .

Daß diese Kumulation für die Gesundheit auf Dauer sehr schädigend ist, ist klar.

Der einzige Grund, warum die Anhäufung des Wirkstoffs nach jahrelanger Einnahme nicht ins Uferlose wächst, besteht in einem Mechanismus, der nach einiger Zeit im Körper in Kraft tritt, es ist dies die sogenannte:

Gegenregulation

Ganz allgemein ausgedrückt, läßt sich von Gegenregulation sprechen, wenn der Körper „Maßnahmen" trifft, um ein Zuviel (hier: von Wirkstoff, bzw. Wirkung) auszugleichen, konkret können diese „Maßnahmen" je nach Medikament unterschiedlich aussehen.

Das Ergebnis einer Gegenregulierung ist in der Regel eine Toleranzentwicklung. Umgangssprachlich ließe sich hierbei auch von einer)Gewöhnung(sprechen: trotz gleichbleibender Dosierung wird -mindestens vom persönlichen Empfinden her- nicht mehr die übliche Wirkung verspürt. Ist es bereits einmal soweit, kann für gewöhnlich das Medikament nicht mehr ohne Entzugsbeschwerden abgesetzt werden. Es muß nun also mindestens die bisherige Dosis beibehalten werden (um Entzugsbeschwerden zu vermeiden) oder sogar die Dosis erhöht werden, um wieder die alte Wirkung hervorzurufen.

Übrigens: bei Beruhigungsmitteln (Tranquilizern) beträgt der Zeitraum bis zur Toleranzentwicklung etwa 2 - 3 Wochen! (49)

„Die Entwicklung einer Toleranz kann zwei Ursachen haben:

zum einen kommt es zu einem schnelleren Umbau und Abbau des Arzneimittels, was man bei der Einnahme von Barbituraten findet: zum anderen kommt es zu einer Abnahme der Empfindlichkeit der Nervenendigung des Erfolgsorgans (Bez. für das Organ auf das das Arzneimittel einwirkt), was man bei der Zufuhr von Morphin oder morphinähnlichen Stoffen feststellen kann. So erklärt sich z.B., daß ein an Morphin Gewöhnter das Mehrfache der sonst tödlichen Dosis ;verkraften kann." (50)

Zwar wurde hier unter anderem von einem „schnelleren Umbau und Abbau des Arzneimittels" gesprochen. Dies bedeutet jedoch natürlich nicht, daß die Kumulation bei regelmäßiger Einnahme hierdurch etwa völlig ausgeglichen werden könnte Auch ist es mit Sicherheit für die Nieren, die Leber, usw. äußerst schädlich und krankmachend, wenn der Körper ständig „auf Hochtouren" entgiftet werden muß

Damit wären einige der wichtigsten Begriffe im Zusammenhang mit dem Medikamentenabbau im Körper erklärt. Hingewiesen werden soll noch auf das gefährliche Zusammenspiel von Medikamenten und Alkohol. Wenige Medikamente „vertragen" sich mit Alkohol. Bei vielen Arzneimitteln hingegen beeinflussen sich diese und Alkohol wechselseitig. Es kann zur Wirkungsaufhebung des Medikaments kommen, eher aber zu einer Addierung der Alkohol - und Medikamentenwirkung, bzw. sogar zu einer Multiplikation (Vervielfachung) der Wirkungen. Daß dies gefährliche Folgen zeitigen kann, ist klar. Oft unterschätzt werden die Gefahren im Zusammenhang mit der sog. Halbwertzeit (s.o.) . Werden abends Schlaf- oder Beruhigungsmittel eingenommen, so kann das eine Glas Bier zum „Frühschoppen" leicht schon zuviel sein. Schwere Verkehrsunfälle sind (beispielsweise) die Folge.

1.3.8 Der Preis (Gesundheitliche Schäden)

Auch das Gesundheitsbewußtsein (7) hat seinen Preis:

Finanziell

Die DHS erhob für Deutschland im Jahre 1990 Daten über den
Umsatz aller Arzneimittelgruppen.
Dieser Umsatz betrug ohne Apothekenaufschläge (d.h. also
in Bezug auf die Herstellerabgabepreise)
16.160 Mio. DM (excl. Mwst.)
Mit Apothekenaufschlägen betrug dieser Umsatz
29.600 Mio. DM. (51)

Nebenwirkungen

Nicht nur Langzeitfolgen wie Sucht und nicht wieder heilbare
Organschäden gehören zu dem Preis, den der Ver-braucher für den
Medikamentenkonsum zu zahlen hat. Auch die möglichen
kurzfristigen Nebenwirkungen von Medikamenten sind zahlreich und
schwerwiegend. Es ist nicht möglich, an dieser Stelle alle Schäden
vollständig aufzuführen. So sei nur erwähnt, daß angefangen von der
Verlangsamung des Reaktionsvermögens, über allergische
Reaktionen, bis hin zu lebensbedrohlichen Schocks hier eigentlich
alles Unerfreuliche auftreten kann.

Mißbrauchsfolgen

Auch hier gilt eigentlich dasselbe wie beim vorherigen Punkt. Allerlei
verschiedene Schädigungen können auftreten. Grundsätzlich können
alle Schäden, die Alkohol
auf Dauer auslöst, auchdurch viele Medikamente
hervorgerufen werden (siehehierzu:,,ALKOHOLISMUS-Gesund-
heitliche Schäden").

Je nach Medikamentengruppe gibt es aber Schwerpunkte:

a) Schlafmittel
Bei Mißbrauch können hier auftreten: Antriebsverminderung,
Interesseverlust, Gleichgültigkeit, Verlangsamung der Denkabläufe,
Stürze mit teils schweren Verletzungen, bei Entzug Delirien und
Halluzinationen.

b) Beruhigungsmittel (Tranquilizer)
Verlangsamung, rauschartige Zustände, starke seelische Abhängigkeit,
lebensbedrohliche Zustände im Zusammenhang mit Alkohol und
stärkere Entzugserscheinungen als bei Schlafmitteln stehen hier im
Vordergrund.

c) Schmerzmittel

Hier sind sehr zahlreiche Mißbrauchsfolgen möglich, wie Gefühlsschwankungen, Unruhe, Reizbarkeit, Aggressivität, Magenschmerzen, Übelkeit, Erbrechen, Gliederschmerzen, Kopfschmerzen, Nierenschäden und bei Entzug: epileptische Anfälle, Delirien, Schlaflosigkeit, Verfolgungswahn, Unruhe, etc.

d) Aufputschmittel

Jeweils nach Abklingen der Wirkung kann die Stimmung traurig bis depressiv sein.

Bei Mißbrauch kann Antriebslosigkeit und Verfolgungswahn eintreten, Halluzinationen (besonders „Stimmen hören") und verschiedene körperliche Schäden gehören ebenfalls zu den möglichen Schäden.

e) Betäubungsmittel (Morphintyp)

Beispiele für Schäden sind Intelligenzabnahme, Gehirnschäden, Wahnideen, Verfall, verschiedene Organschäden, Leberschäden, Gelbsucht, usw.

f) Abführmittel

Durchfall, chronischer Wasser- und Salzverlust, Verschlechterung der Darmfunktionen und damit eben die Abhängigkeit von Abführmitteln, gehören hier zu den Gefahren. (52)

Langzeitfolgen

Die Langzeitfolgen bestehen -grob gesagt- in einer Verschlimmerung und Verfestigung der unter „Missbrauchsfolgen" aufgeführten Schäden.
Je nach dem besonderen Medikament können noch andere Schäden hinzukommen, so etwa Schäden des Blutbildes und des Kreislaufs bei Schlaf- und Beruhigungsmitteln, Kollaps und Herzversagen bei Aufputschmitteln und so weiter und so fort,„.„,
Eine direkte oder indirekte Folge einer Medikamentensucht ist selbstverständlich auch oft der vorzeitige Tod des Betroffenen,
abschließend ist noch festzuhalten, daß Mißbrauchsfolgen und Langzeitfolgen natürlich am Anfang der Krankheit (also der Medikamentensucht) noch nicht so stark und deutlich erkennbar sind- wie in einem späteren Krankheitsabschnitt- in Bezug auf Schäden im geistig - seelischen Bereich sei auf die Schilderung der Phasen des Alkoholismus verwiesen, hier gibt es doch viele Gemeinsamkeiten, auch im sozialen Bereich lassen sich bezüglich der Schäden Ähnlichkeiten ausmachen, allerdings sind Medikamentensüchtige nach außen hin oft sozial unauffälliger.

Unfälle aller Art

Medikamentensucht geht mit einem erhöhten Unfallrisiko einher.
Genaue Zahlen über Betriebsunfälle, Autounfälle (und die dabei
erzielten Toten und Verletzten) liegen allerdings nicht vor. Sicher ist
die Zahl aber hoch und damit auch die sich daraus ergebenden Kosten.
Auch sich selbst gefährdet den Süchtige, etwa durch Stürze in
berauschtem Zustand. Ebenfalls wird eine erhöhte Kriminalisierung
(durch. Enthemmung) beobachtet (53). Schließlich gehören noch
Todesfälle durch versehentliche Überdosierungen hierher. (Natürlich
können diese Überdosierungen auch bewußt- d.h. In
Selbstmordabsicht- vorgenommen werden)

Sonstiges

auch bei der Medikamentensucht fallen - ähnlich wie beim
Alkoholismus- noch verschiedene weitere Kosten an. Finanzielle
Mittel für die Behandlung der Folge- und Begleitkrankheiten gehören
hierher, ebenso die Kosten für die Entgiftung und Therapie der
Medikamentensüchtigen. (Die Entgiftung ist hier meist langwieriger
und damit teurer als beim Alkohol.)
Welche Kosten durch vorzeitige Todesfälle, also die Nicht-erbringung
von Beiträgen zum Bruttosozialprodukt entstehen, läßt sich natürlich
nur schwer schätzen. Insgesamt ist der Preis (wie bei allen Süchten !)
das Leben ! Entweder durch den frühzeitigen Tod, mindestens aber
durch die immer erdrückendere Einengung des verbleibenden Lebens.
Das Suchtmittel allein ist wichtig und wird immer wichtiger - bis
nichts anderes mehr wirklich zählt ...

1.3.9 Ursachen / fördernde Umstände (Ätiologie)

Einige der hier möglichen Faktoren gehen bereits aus dem Abschnitt „MEDIKAMENTENSUCHT" – „Phasen und Typen" hervor (siehe dort).
Viele Ähnlichkeiten ergeben sich auch zum Alkoholismus, so daß hier ebenfalls auf den Abschnitt „Alkoholismus: Ursachen und fördernde Umstände /Ätiologie" verwiesen wird.

Wieder ist eine Aufteilung in drei Bereiche Anlässe, Auslöser oder fördernde Umstände möglich, in denen Gründe für Sucht gegeben sein können:

1)   Die Droge

Sowohl bezüglich des Suchtpotentials, als auch in Bezug auf die Verfügbarkeit von Medikamenten ist zu sagen, daß dies
-je nach dem besonderen Medikament- recht unterschiedlich ist. Ganz grob gesagt, haben aber viele Medikamentengruppen ein mittleres bis hohes Suchtpotential. Die Verfügbarkeit ist allgemein gut bis sehr gut. Eine gesellschaftliche Ächtung von Medikamenten schließlich gibt es in keiner Weise.

2)   Der Mensch

-Lebenskrisen (wie der Tod eines Angehörigen oder Trennungen)

-geistig- seelische Schwächen (wie Schwierigkeiten mit den eigenen Gefühlen umzugehen, geringe geistig -seelische Belastbarkeit, u.ä.)

- Lebensalter (hier - im Gegensatz zu Alkohol - allerdings eher höhere Altersstufen)

-Falsche Lernerfahrungen in Bezug auf das Suchtmittel („mit" geht Schlechtes besser, Gutes noch besser; „ohne" zunehmend aber alles schlechter)

-Bei einigen Medikamentengruppen sind möglicherweise auch Erbanlagen sucht-begünstigend (insbesondere bei Tranquilizern / Barbituraten)

-Geschlecht (Frauen wird in der Öffentlichkeit ein Alkoholrausch noch immer nicht so leicht verziehen, wie einem Mann. Dies sicher mit ein Grund dafür, daß Frauen bei den Medikamentensüchtigen „in Führung liegen".)

3) Das soziale Umfeld

- Berufliche Umgebung
Ein gutes Beispiel wären hier Krankenhaus- und Pflegeheimmitarbeiter. Aufgrund der besonderen Belastungen, aber auch Beschaffungsmöglichkeiten liegt hier der Anteil der Aufputschmittelkonsumenten besonders hoch (z.B. AN 1, Captagon, usw.).

-Häusliche / familiäre Verhältnisse
Menschen,die in belasteten / zerrütteten Verhältnissen leben, aber auch alleinstehende, einsame Menschen, sind sicher stärker suchtgefährdet.
Ebenfalls kann natürlich das Verhalten eines „pillenschluckenden" Partners sozusagen „abfärben".

-Religiöse Bedürfnisse
Auch durch verschiedene Medikamente kann sicherlich versucht werden, ein –unterstelltes- religiöses Bedürfnis zu befriedigen, welches anderswo in unserer „verweltlichten Welt" keine Nahrung mehr findet.

Soweit die Einteilung in die drei Bereiche.
Weitere Faktoren können natürlich auch hier sein:

-Sozialisationsbedingungen
-Erziehung
-Vorbilder
-Haltung der Massenmedien
-sozialer Status und ähnliches

Auch hier wird aber auf später behandelte Stichworte wie „Sucht und Gesellschaft", bzw. „Sucht und Medien" verwiesen.

Es gibt aber auch noch einige Faktoren, die ganz speziell bei Medikamenten zum Tragen kommen:

-Unverantwortliche Ärzte/Mediziner
Leicht läßt sich heutzutage fast jedes Rezept bei fast jedem Arzt telefonisch bestellen und dann bei der Sprechstundenhilfe abholen. Warum auch nicht ? Sind doch die armen Ärzte -wegen der vielen hilfesuchenden Patienten- so furchtbar überlastet (Außerdem: laut Gebührenordnung gibt es für eine Rezeptunterschrift ebensoviel Honorar, wie für ein 20-minütiges Gespräch...)
Sollte tatsächlich einmal ein Arzt diesbezüglich „nicht spuren", so spricht es sich unter „Pillen -freaks" sehr schnell herum, welcher andere Arzt diesbezüglich besser „funktioniert" !

-„Suchteinstieg" im Krankenhaus
Fast jede Nachtschwester darf eigenverantwortlich z.B. Tranquilizer ausgeben- und tut es auch reichlich !

Dies ist (ohne Ironie!) kein Wunder: bei der heutigen Situation im Pflegebereich kann es tatsächlich nicht verwundern, wenn die Nachtschwester ihre „Kunden" Nachts ruhigstellt. (Gemeint sind hier skandalöse Zustände bezüglich der Ausstattung, der Ausbildung, insbesondere aber des Stellenschlüssels, der Arbeitsbelastung und der völlig unzureichenden Bezahlung.) Für den Patienten aber hat dies Folgen: Nach seiner Entlassung ist er (oft) alsbald bei seinem Hausarzt zu finden: er braucht dringend ein Medikament gegen „Unruhe und Schlafstörungen" !

-„Hängenbleiben" aus einer echten Krankheit heraus. Hier ist z.B. an schmerzhafte Krankheiten zu denken, nach deren Ausheilung etwa eine Schmerzmittelsucht „übrig bleibt".

-Falsche (Selbst-) behandlung psychosomatischer Krankheiten
Ein gutes Beispiel wären hier streßbedingte Kopfschmerzen: statt den Streß „abzustellen", wird der daraus entstehende Schmerz immer wieder mit Medikamenten „abgeschaltet" - bis es ohne „Pille" nicht mehr geht !

-„Umsteigen" aus anderen Süchten
Auf Alkohol verzichtende Alkoholiker, die auf Mittel wie Distraneurin oder Tranquilizer ausweichen, wären hier beispielsweise zu nennen.

Besondere Gründe speziell Aufputschmittel (auch)Weckamine(genannt) einzunehmen, nennt Klaus Thomas:

„Alle diese Medikamente vermindern Ermüdungsgefühle und Schlafbedürfnis, sie steigern den Antrieb, den Tatendrang und das Kraftgefühl. Sie regen das Denken an, beseitigen unerwünschte (gesunde und krankhafte) Hemmungen und vermindern das Hunger-gefühl.

Dementsprechend werden sie zu folgenden Zwecken eingesetzt:

1. Wenn Sportler ihre Leistung steigern wollen ... (das verbotene sogenannte)Doping( );
2. wenn Gymnasiasten und Studenten sich zu Prüfungen vorbereiten;
3. wenn Frauen (wesentlich seltener Männer) an Gewicht abnehmen wollen;
4. wenn Männer (wesentlich seltener Frauen) ihren Alkoholkater bekämpfen;
5. wenn stimmungslabile und ehrgeizige Persönlichkeiten mit überdurchschnittlichem Geltungsstreben ihre geistige und körperliche Leistungsfähigkeit steigern möchten;
6. wenn Männer ihre erotische Phantasie anregen und zugleich die Ejakulation verzögern wollen;
7. wenn Frauen ihre Libido zu steigern suchen; -deshalb verwenden besonders Prostituierte mit Vorliebe Preludin, wobei sie zugleich ihrer Müdigkeit Herr werden." (54)

„Motive und Auslöser für Rauschmittelmißbrauch" ganz allgemein nennen schließlich noch die)Freundeskreise für Suchtkrankenhilfe(: „psychosomatische Störungen, ... , Depression / Angst / Suicid, ... , Eltern – Kind Konflikte, ... , Kommunikations- und Partnerschafts- probleme, ... , Schule und Beruf, ... , sonstige seelische Störungen". (55)
Damit soll dann auch diese Übersicht abgeschlossen werden.

1.4 Mehrfach-Süchte (Polytoxikomanie)

1.4.1 Allgemeines / Definitionen

Polytoxikomanie, oder Mehrfachabhängigkeit „bezeichnet im weitesten Sinn den Mehrfachgebrauch von Drogen und anderen Stoffen, die zur Abhängigkeit führen; der Begriff schließt den Alkoholmißbrauch mit ein. Im Rahmen dieses Begriffes ist zu unterscheiden zwischen Mehrfachmißbrauch, etwa in der Probierphase jugendlicher Drogenkonsumenten und Mehrfachabhängigkeit (echte P.), wobei wahllos alle Drogen genommen werden, um einen gewünschten leichten oder schweren Rausch zu erzeugen. (56)

Diese Definition ist allerdings zum Teil noch zu ergänzen, bzw. zu ändern. Auch mehrere nebeneinander bestehende Süchte, wie Alkoholismus und Medikamentensucht (oder auch ganz andere „Zusammenstellungen" von Süchten) sind, ebenso wie das wahllose Einnehmen aller Drogenarten, als Mehrfachsucht einzuordnen.
Wie hier teilweise schon anklingt, ist der Begriff „Mehrfachsucht" eigentlich als Oberbegriff so gut wie gar nicht mehr handhabbar. Eine unüberschaubare Anzahl von Suchtmittelkombinationen ist hier möglich. Versucht man allein die 7 von der WHO aufgestellten Suchttypen in jeder Anordnung miteinander zu kombinieren, ergibt sich bereits eine äußerst hohe Zahl sehr verschiedener Ausprägungen von Mehrfachsüchtigen
Daher wird hier auch darauf verzichtet, auf Punkte wie „Ursachen von Mehrfachsucht", „Schäden durch Mehrfachsucht", usw., usf., einzugehen. Dieses läßt sich einerseits (teilweise) unter den Stichworten „ALKOHOLISMUS" und „MEDIKAMENTEN-SUCHT" nachlesen, andererseits ist hier -wie gesagt- die mögliche Vielfalt zu groß, um auch nur andeutungsweise dargestellt zu werden.
Dennoch ist Polytoxikomanie ein wichtiges Thema, So findet sich in Bezug auf Alkohol und andere Drogen folgender Hinweis: „Sie werden in zunehmendem Maße kombiniert oder im Wechsel eingenommen. Schon rund 25 Prozent aller Suchtkranken sind mehrfachabhängig. Am weitesten verbreitet ist die folgenschwere Kombination von Alkohol mit Schlaf- und Beruhigungs- oder Schmerzmitteln." (57)
Wie aus verschiedenen Quellen hervorgeht, soll dieser prozentuale Anteil im Steigen begriffen sein.
Sicher ist es nicht möglich, eine Fachklinik nach der anderen zu begründen, um jeden dieser verschiedenartigsten Süchtigen ganz speziell zu behandeln.
So stellen auch diese geschilderten Tatsachen -nach Ansicht des Verfassers- eine weitere Aufforderung dar, nach Ursachen und Umständen zu suchen, die (fast) alten Süchtigen gemeinsam sind - denn nur so werden sich noch praktikable Ansätze zur Therapie finden lassen !

Im folgenden soll nun noch versucht werden, ein etwas konkreteres Bild von)Mehrfachsucht(zu ‚zeichnen", obwohl es hier, wie bereits mehrfach erwähnt, große Unterschiede gibt.

Polytoxikomanie (Mehrfachsucht) kann ganz verschiedene Auswirkungen haben, auch die Erscheinungsbilder der Betroffenen können sich sehr voneinander unterscheiden, Beispiele sind also hier nie typisch für die gesamte Gruppe! Trotzdem soll nun ein solches Beispiel dargestellt werden. Dies, um einmal anschaulich klar zu machen, wie ein solcher Fall in etwa aussehen kann

Zu diesem Zweck wurde Anfang 1992 ein Interview mit einem Betroffenen geführt. (Für den journalistisch interessierten Leser: es handelt sich um ein sog. „weiches, nur grob strukturiertes" Interview, Nähere Angaben -wie Ort des Interviews, etc.- können hier auf „Herrmanns" Wunsch hin nicht gemacht werden.)

Der Betroffene ist männlich, Mitte Dreißig und lebt zur Zeit -nach längerer Berufsausübung- als alleinstehender Student in einer deutschen Kleinstadt. Er ist dem Autor seit längerem persönlich bekannt und bezeichnet sich selbst als Polytoxikomanen, beziehungsweise hat er keine Einwände gegen diese Bezeichnung

1.4.2 Das Interview

F. : „Herrmann (*), ich danke Dir für Dein Vertrauen und Deine Bereitschaft dieses Interview mitzumachen! Erste Frage: Was nimmst Du in etwa pro Tag zu Dir? Also: was ist Dein Durchschnittsverbrauch an Alkohol, Tabletten und illegalen Drogen? Was genau nimmst Du?"

A. „Also, normal nehme ich tagsüber 20 mg Diazepam, das entspricht zwei Valium 10. Abends trinke ich etwa fünf normale Gläschen Schnaps, bzw. Rum, dazu eine Flasche (0,5 l) Starkbier und eine Flasche „light" Bier, ich rauch` dann auch ein paar Ziga-retten dazu, was ich tagsüber normalerweise nicht tue."

F. : „Wie sieht denn das in der Praxis aus, hast Du Dir bestimmte Regeln gesetzt, wann Du was nimmst?"

A. : „Ja, ich habe da genaue Regeln. Die Tabletten nehme ich nur tagsüber, trinken tue ich nur abends, ab einer bestimmten (Uhrzeit, im Moment ab 19.45 Uhr."

F.: „Man sagt ja, daß sowas nie lange funktioniert.
Wie ist das bei Dir? Hast Du oft „Einbrüche", wo Du mehr nimmst ?

„In Gesellschaft trinke ich mal ein Bier mehr. ich bin aber kein Kneipen- und Fetengänger.
Ansonsten ist es so, daß dieses System schon seit Jahren klappt, ich habe ja sogar in letzter Zeit den Alkohol etwas reduziert.

Dadurch schlafe ich etwas schlechter und kürzer, aber der Körper wird sich schon dran gewöhne !
Vor etlichen Jahren (-mittlerweile verjährt -) hatte ich etwas mit Heroin zu tun, da bin ich aber seit Jahren von weg.
Ach ja, ich hatte eine Zeitlang gelegentlich am Wochenende stärkere Beruhigungsmittel genommen, mit Codein, aber das mache ich jetzt nicht mehr! Habe auch nicht vor, wieder damit anzufangen!"

F.: „Das ist interessant. Entsprichst Du eigentlich dem Bild, daß man sich leicht von Dir machen könnte, wenn man als Außenstehender hört: Polytoxikomane ? Also, daß man denkt der ist unzuverlässig, leicht verwahrlost, chaotisch, unordentlich, et cetera ?"

A. : „Nein, auf keinen Fall! Zwar sehe ich wohl nicht völlig harmlos aus. Ich bin aber sehr ordentlich, pünktlich und sauber, jedenfalls keineswegs verwahrlost."

F.: „Hm. Was glaubst Du in Bezug auf Deine Verwandten, Nachbarn und Studienkollegen - wissen die von Deinem Konsum, oder würden die Dich als „so jemand" einschätzen?"

A. : „Meine Verwandten wissen nichts. Nachbarn und Studienkollegen auch nicht. Ich glaube auch nicht, daß mich jemand so einschätzt. Wissen tun das nur einige, wenige Leute, mit denen ich regelrecht befreundet bin."

F.: „Wenn Du Dir etwas wünschen könntest: Wie sollte Dein Leben sein? ich meine jetzt vor allem in Hinsicht auf Deine Gefühle ?"

A. : „Ich wünsche mir Zufriedenheit im zwischenmenschlichen Bereich."

F. : „Hat sich in den letzten Jahren an diesen Wünschen für Dein Leben etwas geändert ? Wenn ja was ?"

A. „Bei mir hat sich in den letzten Jahren nichts geändert, außer daß ich glücklicherweise endlich meine langjährige Freundin losgeworden bin, Für die habe ich nur noch extrem negative Gefühle, jetzt."

F. : „Möchtest Du von Dir aus noch etwas sagen, was Dir wichtig ist (egal in welcher Hinsicht) ?"

A. „Ja.: ich finde, daß Du mit dem Interview stark in mein Privatleben eindringst. Ich weiß auch nicht, was die ganzen unsinnigen Fragen sollen. Ich hab das Ganze nur Dir zuliebe mitgemacht!"

F. : „Hm, ja. Dann danke ich Dir deshalb noch mal ganz besonders, daß Du mitgemacht hast !"

Zu dem Interview ist noch zu bemerken, daß Herrmann (*) von mir strikte Anonymität zugesichert wurde. Da mir seine Lebensumstände aber bekannt sind, kann ich bestätigen, daß alle Angaben wahrheitsgemäß sind, wenn auch in einem Punkt nicht ganz vollständig. Diese „Unschärfe" entwertet aber, meiner Ansicht nach, das Interview nicht. Es wird doch ein recht deutliches und realistisches Bild gezeichnet, anhand dessen einiges verdeutlicht werden kann.

(*)   Name geändert

1.4.3 Bemerkungen zum Interview

Zunächst einige Hinweise zum körperlichen, bzw. medizinischen Gesichtspunkt: Die konsumierten Mengen -sowohl bezüglich des Alkohols als auch der Medikamente- erscheinen hier als nicht sehr hoch. Tatsächlich werden auch von anderen Süchtigen teilweise wesentlich höhere Dosen verbraucht. Dennoch ist auf Grund der bisherigen Kenntnisse eindeutig davon auszugehen, daß schwere körperliche Schäden auftreten werden (zumindest bei weiterem Konsum). Möglich -eher sehr wahrscheinlich- ist auch, daß bereits deutliche Organschäden usw. vorliegen, die Herrmann (*) nur noch nicht (als solche) wahrgenommen hat.

Diese Vermutung ist z.B. damit zu rechtfertigen, daß die angegebene tägliche Alkoholmenge -trotz Reduzierung- immer noch bei ca. 80 Gramm reinem Alkohol liegt. Damit ist der mit Sicherheit schädliche Grenzwert erreicht (siehe hierzu z.B. unter dem Stichwort: „ALKOHOLISMUS", „Gesundheitliche Schäden"). (Anzumerken ist hier, daß dieser Grenzwert eine Obergrenze angibt. Verschiedene Quellen setzen mittlerweile diesen Grenzwert auch schon deutlich niedriger an, einige bereits bei 40 Gramm pro Tag und Person.)

Weiter ist bezüglich des Diazepams die Kumulation des Stoffes im Körper (und damit die schleichende Vergiftung) zu berücksichtigen (siehe hierzu unter dem Stichwort: „MEDIKAMENTENSUCHT", „Medikamentenabbau"). Beide Faktoren zusammengenommen ergeben ein erhebliches Risiko für den Betroffenen. Von den gerauchten Zigaretten wird hierbei noch abgesehen, auch ist es -obwohl aus dem Interview natürlich nicht hervorgehend ja durchaus möglich, daß noch andere schädigende Faktoren hinzukommen.

Welche konkreten Krankheiten usw. hier auftreten werden, soll an dieser Stelle nicht naher beschrieben werden -hierzu wird auf die entsprechenden Stichworte bezüglich des Alkohols und der Medikamente verwiesen.

Abgesehen vom medizinischen Gesichtspunkt lassen sich -selbst anhand des kurzen Interviews- viele Verhaltensweisen, Vermeidungen, Fehlhaltungen, etc. erkennen, die typisch für Suchtkranke sind. Zumindest ist es möglich die Angaben von Herrmann so auszulegen. Auch auf Grund der persönlichen Beziehung des Verfassers zu dem Betroffenen, sollen diese Punkte aber jetzt hier nicht ausführlich behandelt werden. eine „in - Bezug - setzung" von Herrmanns (*) Äußerungen etwa zu Jellineks Phasenlehre ist für den Leser aber sicherlich lohnend (siehe: „ALKOHOLISMUS", „Phasen und Typen")! Auch ein Vergleich mit den unter „MEDIKAMENTENSUCHT", „Phasen und Typen" geschilderten Verhaltensweisen ist zu empfehlen, etwa bezüglich der Abschnitte „b)" und „c)".

Damit soll dieser Punkt abgeschlossen werden.

(*) = Name geändert

2. SUCHT UND GESELLSCHAFT

> „Aufrichtig zu sein, kann ich versprechen,
> unparteiisch zu sein aber nicht." (Goethe) (£8)

> „Der Mensch will glückselig sein,
> ohne doch so zu leben, daß er es sein kann."
> (Augustinus) {~q)

2.1 Der Zustand der Gesellschaft:
Ansichten Beschreibungen Meinungen

Es soll versucht werden, folgendes klarzumachen:
Die Gesellschaft der BRD (bzw. Deutschlands) -in größeren Zusammenhängen der gesamte amerikanisch / westliche Kulturkreis- ist süchtig.
Komplizierter ausgedrückt: Die Strukturen in diesem Kulturkreis sind identisch mit den Strukturen „richtiger" Drogenabhängiger (wie z.B. Alkoholiker).
Verschiedene Eigenschaften, Verhaltensweisen, Vermeidungen, Verleugnungen, usw. kennzeichnen einen Süchtigen. Nicht jeder Betroffene hat alle diese Eigenschaften, nicht Jeder hat sie in gleichstarker Ausprägung. Dennoch gibt es stets viele Gemeinsamkeiten. So auch hier.
Wie sich „richtige" Süchtige verhalten, wurde anhand der Alkohol- und Medikamentensüchtigen ja bereits beschrieben. Wie aber ist es mit unserer Gesellschaft / Wie ist der (heutige) Zustand ?
Anhand einiger, ganz verschiedenartiger Zitate soll versucht werden, diese Fragen zu beantworten, oder doch einige „Schlaglichter zu werfen".
Einige der aufgezeigten Tatsachen sind sicher älter als etwa die Bundesrepublik
Schon die Erfindung des Geldes (vermutlich durch die Phönizier) setzte sicher einige Akzente.
Die Unmäßigkeit und Gier europäischer Eroberer im Mittelalter zeigte sicherlich auch schon deutlich die süchtige menschliche Eigenschaft des „Alles -verschlingen – Wollens".
Gefährlich für die gesamte Menschheit und den ganzen Planeten wurden derlei süchtige Tendenzen aber wohl erst ab der sog. „industriellen Revolution"
Zur Erläuterung: Der Begriff „industrielle Revolution" läßt sich recht gut über das Stichwort „Industrialisierung" erklären. Hierzu findet sich folgender Hinweis:

„Industrialisierung .. . Auf- und Ausbau der Industrie; meist spricht man bei einem Staat von 1 , in dem bislang Land- u. Forstwirtschaft vorherrschten. Mit der 1 verändert sich der wirtschaftliche und soziale Aufbau (Heranbildung von Arbeitskräften, Ausbau des Verkehrsnetzes, Erschließung bzw. Sicherung von Rohstoffen, Ausweitung des Handels u.a.). - Der Prozeß der I. hat   gegen Ende des   13. Jahrhunderts in Großbritannien eingesetzt. Der Prozeß verlief unter sozialen Krisen u. Umwälzungen, die man unter dem Begriff industrielle Revolution zusammenfaßt." (60) Trotz dieser doch etwas verharmlosenden Definition klingt hier schon an, daß sich seit diesem Zeitpunkt die Ausbeutung des Menschen durch den Menschen und die Ausbeutung der Natur durch den Menschen ungemein steigern. Ausbeutung aber ist nichts anderes als Verbrauch, mit dem Fremdwort: Konsum !

Speziell in Deutschland findet sich noch ein besonderer Anlaß, der die Betonung eines materiell – orientierten Lebensstils begünstigte,

gemeint ist das „Wirtschaftswunder" nach dem zweiten Weltkrieg. Doch hiervon wird noch in einem späteren Zitat die Rede sein,

Zunächst soll versucht werden, unsere Gesellschaft sozusagen von „Außen" zu beschreiben.

Der Indianer „Lame Deer" äußert sich folgendermaßen über die (amerikanische) Gesellschaft:

„Die Amerikaner wollen alles hygienisch haben, ohne Gerüche, ... bald werdet ihr Menschen züchten, die keinerlei Öffnungen mehr am Körper haben, ... Ihr lebt in Schachteln, die die Hitze des Sommers abhalten und die Kälte des Winters nicht durchlassen. Ihr lebt in einem Körper, der nach nichts mehr riecht, Ihr lauscht der Hi-Fi-Anlage statt den Klängen der Natur. Ihr beobachtet im Fernsehen einen Schauspieler, der glaubhafte Erfahrungen macht, anstatt die Erfahrungen selbst zu machen. Ihr eßt Lebensmittel ohne Geschmack -das ist euer Stil. Das ist nicht gut

Ihr behandelt eure Nahrung wie euren Körper, nehmt ihr alle natürlichen Eigenschaften, den Geschmack, den Geruch, die Frische. ,.wenn alles weg ist, kommt ihr mit künstlicher Farbe und künstlichem Geschmack. Das ist nicht gut. ... Ihr Weißen verbreitet den Tod. Ihr kauft und verkauft Tod." (61)

Ein anderer Indianer der heutigen Zeit, „Rolling Thunder", deutet bereits kurz das dahinterstehende Prinzip und die daraus hervorgehenden Folgen an

„Der moderne Mensch spricht von der Nutzbarmachung der Natur, davon, sich die Natur untertan zu machen. Das allein beweist, daß der moderene Mensch nicht die leiseste Ahnung von der Natur und den natürlichen Vorgängen hat. Und der Zustand unserer Umwelt beweist diese Tatsache nur allzu deutlich." (62)

Farbiger drückt es der Südseehäuptling Tuiavii aus Tiavea aus, dies in einer Rede an seinen Stamm nach längerem Aufenthalt in mehreren europäischen Ländern:

„Je mehr einer ein rechter Europäer ist, desto mehr Dinge gebraucht er. Darum ruhen die Hände des Papalagi nie im Machen von Dingen Deshalb sind die Gesichter der Weißen oft so müde und traurig, und darum kommen auch nur die wenigsten unter ihnen dazu, die Dinge

des großen Geistes zu sehen, auf dem Dorfplatz zu spielen, frohe Lieder zu dichten und zu singen oder an den Sonntagen im Lichte zu tanzen und sich vielfach ihrer Glieder zu freuen, wie uns allen bestimmt ist. ... Es ist eine große Armut, wenn der Mensch viele Dinge braucht; denn er beweist damit, daß er arm ist an Dingen des großen Geistes. Der Papalagi ist arm, denn er ist besessen auf das Ding. Er kann ohne das Ding nicht mehr leben. .. . So glaubt mir, daß es in Europa Menschen gibt, die sich das Feuerrohr an die eigne Stirn halten und sich töten, weil sie lieber nicht leben wollen als ohne Dinge. Denn der Papalagi berauscht auf vielfache Weise seinen Geist, und so redet er sich auch ein, er könne nicht ohne die Dinge sein, wie kein Mensch sein kann ohne ein Essen." (63)
(Papalagi = „Der Fremde", also hier: der Europäer.)

Soweit die „Ansichten von Außen".
Doch nicht nur „Außenstehende" können wertvolle Hinweise für die Beschreibung einer Gesellschaft geben. Oft sind es die eigenen Lyriker, Liedermacher und Schriftsteller, die hier „hellsichtiger" sind, als so mancher „Fachmann". Einen Beitrag leistet hier der amerikanische Poet Lawrence Ferlinghetti, ein Dichter in der Nachfolge der sog. „Beat - Bewegung" und übrigens ein Gefährte von Schriftstellern wie Allan Ginsberg und Jack Kerouac. (Zur Erläuterung:)Macys(ist ein großes Kaufhaus in den USA.)

„Direktor der Entfremdung

In die Spiegel bei)Macy's(blickend
denk ich das ist ein unterirdisches Komplott

...warum sehn alle
so ernst oder unglücklich aus als wären sie von irgendwas
oder irgendwem entfremdet von der ganzen Erde gar
und dem grünen Land
unter den lauten entrüsteten Vögeln

All die langen Spiegel
damit du möglichst mies aussiehst so daß du richtig deprimiert wirst
und deine alten Sachen von dir wirfst
und auf der Stelle neue Klamotten kaufst

(*)

Also Kaufe Kaufe Kaufe nur hereinspaziert
Hol dir 'ne Ladung von diesem Kram
Du willst dazugehören
Du mußt das haben
reiß dich zusammen

Konsumier dich durch nach oben bis du konsumiert bist davon
ganz oben

Dann spring vorn Dach
(*=) ...
Was aber ist diese Ruine der Zivilisation in die ich gefallen bin
Dies muß das Ende von etwas sein ... „ (64)

Auch der deutsche Liedermacher Konstantin Wecker hat zu diesem Thema einiges zu sagen. (Erfolgreich war dieser etwa mit antifaschistischen Liedern wie "Willy" und „Sturmbannführer Meier") Wecker war übrigens selbst zeitweise aktiver Kokainabhängiger, was auch im folgenden Text mit angesprochen wird:

„Hohes Gericht
sehr geehrte Damen und Herren von der Presse
ich bin zwar nur ein haft- und hilfsbedürftiger Süchtiger
aber erlauben Sie mir bitte dennoch in Ihre zwar über mich
doch weder für mich geführte
noch mir irgendwie verständliche Diskussion einzugreifen.
Was mich dazu trieb und treibt
mich derart einer Droge hinzugeben
können weder Sie noch ich restlos klären.

Ihre Wirklichkeit
ist staatlich sanktioniert
unsere wird als Flucht oder Verbrechen bemitleidet oder verteufelt.
Als gäbe es eine wirklichere
oder wahrhaftigere Wirklichkeit, Manchmal glaube ich
unsere Sucht ist weniger unser Problem als das Ihre.
Wir sind eine Gesellschaft von Süchtigen
denn wir bedienen uns nicht mehr der Dinge sondern die Dinge haben
uns in der Hand.
Wer würde schon unseren Bürgern
die Entzugsqualen eines fernsehfreien Samstagabends zumuten 9*'
Später heißt es:
„Und indem Ihr uns zur Lüge zwingt
vermehrt Ihr nur unsere tägliche Dosis und nehmt uns schließlich jede
Chance mit uns selbst abzurechnen.

Das einzig bewußtseinserweiternde Moment das allen Drogen eigen
ist und gleich
ist der Entschluß aufzuhören." (65)

Schon hier werden ja einige Strukturähnlichkeiten in Bezug auf „Sucht" einerseits und „Gesellschaft" andererseits deutlich.
Der sicherlich in Bezug auf seine Darstellungen von Pornographie und Gewalt abzulehnende amerikanische Schreiber Charles Bukowski zeigt in seiner surrealen Kurzgeschichte „Die Couragemangel" einen typischen gesellschaftlichen Teufelskreis auf, der eine verblüffende Ähnlichkeit zu ebensolchen Teufelskreisen der „richtigen" Süchtigen hat.

„Na schön, na schön, haben Sie ihn durch die Mangel gedreht?"
„Schon ZWEIMAL! ich habe jegliche Courage aus ihm raus. Sie
werden sehn."

„Na schön, führ'n Sie ihn vor. Testen wir ihn."

„Hermann?" fragte Bagley „Ja, Sir?"
„Was fühlst Du? Oder wie fühlst du dich?" „Ich fühle gar nichts, Sir
...
So, und nun - machst du bei der Arbeit gerne Überstunden?"
„Oh ja, Sir! Wenn's nach mir ginge, würd` ich 7 Tage die Woche
arbeiten und 2 Jobs machen, wenn möglich."
„Warum?"
„Geld, Sir. Geld für Farbfernsehn, neue Autos, Bausparvertrag,
seidene Schlafanzüge, 2 Hunde, elektrischen Rasierapparat,
Lebensversicherung, Kranken-versicherung, oh, alle möglichen
Versicherungen, und Hochschulbildung für meine Kinder, falls ich
welche habe, und automatische Garagentüren und feine Anzüge und
45 - Dollar - Schuhe und Fotoapparate, Armbanduhren, Ringe,
Waschmaschinen, Kühlschränke, neue Sessel, neue Betten,
Spannteppiche, Spenden für die Kirche, thermostatische Heizung und
„Schön. Halt mal. Und wann willst du dieses ganze Zeug benutzen'?
„Ich verstehe nicht, Sir."
„Ich meine, wann willst du diesen ganzen Luxus genießen, wo du
doch Tag und Nacht arbeitest und Überstunden machst?"
„Oh, der Tag wird schon kommen, Sir, der Tag wird schon
kommen!"

„Ausgezeichnet. Nun noch ein paar abschließende Fragen." „Ja, Sir."
„Meinst du nicht, daß diese ständige Plackerei schädlich für
Gesundheit und Geist, für die Seele, wenn du so willst ... ?"
„Ach, du liebe Güte, wenn ich nicht ständig arbeiten würde, würd
ich doch bloß rumsitzen ... oder Ölbilder malen ... oder in den Zirkus
gehen oder im Park sitzen und den Enten zugucken; irgendsowas halt
„Und meinst du nicht, daß es ganz angenehm ist, im Park zu sitzen
und den Enten zuzugucken ?,"
„Aber damit kann ich kein Geld verdienen, Sir."
„Okay,..." (66)

Soweit also die Schriftsteller, bzw. Liedermacher und Lyriker.
Die immer stärker werdende Konzentration auf den materiellen /
finanziellen Aspekt des menschlichen Lebens stellten aber auch
Philosophen fest. So äußert sich der in seinen letztendlichen
Folgerungen und Forderungen sicher nicht zu befürwortende
Friedrich Nietzsche (1844-1900) über die Wege des Volkes und der
Völker so:
„ ... -dunkle Wege wahrlich, auf denen auch nicht Eine Hoffnung
mehr wetterleuchtet!
Mag da der Krämer herrschen, wo alles, was noch glänzt -Krämer-
Gold ist! . . Seht doch, wie diese Völker jetzt selber den Krämern

gleich tun: sie lesen sich die kleinsten Vorteile noch aus jedem Kehricht!

Sie lauern einander auf, sie lauern einander etwas ab, das heißen sie)gute Nachbarschaft(. Raubtiere sind es: in ihrem)Arbeiten(- da ist auch noch)Rauben in ihrem)Verdienen(-da ist auch noch)Überlisten(!"(67).

Andere (auch spätere) Philosophen äußerten sich dann ja durchaus ähnlich kritisch und eindeutig.

Um nun noch einen Moment bei den eher exotischen Persönlichkeiten zu bleiben, sei jetzt der amerikanische Schriftsteller W.S. Burroughs zitiert, der in einem Interview mit Daniel Odier folgendes aussagte:

„Wissen Sie, mit dem ganzen Begriff des Geldes stimmt etwas nicht. Man braucht immer mehr davon, um immer weniger dafür zu kaufen. Geld ist wie Junk". (=Heroin) „Die Dosis, die noch am Montag reicht, ist am Freitag bereits zu schwach. ... Die Reichen legen verzweifelt Vorratslager an: Gold, Diamanten, Antiquitäten, Gemälde, Erstausgaben, Briefmarken, Nahrungsmittel, Spirituosen, Arzneimittel, Werkzeug und Waffen. ... Und was frißt die Geldmaschine, ... ? Sie frißt Jugend, Spontaneität, Leben, Schönheit und vor allen Dingen Kreativität. Es gab eine Zeit, da fraß die Maschine nur mäßig aus einer vollen Speisekammer, und was sie fraß, wurde alsbald ersetzt. Jetzt frißt die Maschine schneller, viel zu schnell, als daß das, was sie frißt, ersetzt werden könnte." (68)

Burroughs sollte eigentlich wissen, wovon er spricht. Warum dies so ist, geht aus den Hinweisen hervor die sich zu seiner Biographie finden: „William S. Burroughs, geboren 1914 in St. Louis, Missouri, als Erbe einer der reichsten Familien der USA (Burroughs Addiermaschinen). Studium der englischen Literatur, Ethnologie, Archäologie und Medizin in Harvard und Wien. Arbeitete nach seiner Rückkehr in die Vereinigten Staaten zeitweise als Barmixer, Privatdetektiv, Kammerjäger, Farmer und Reporter und verfiel dem Rauschgift. Es folgten Reisen durch Europa und Südamerika, lange Aufenthalte in Tanger. William S. Burroughs ... lebt heute vorwiegend in London." (69)

Die Entwicklung hin zu dieser konsumierenden Haltung beschreibt grob Herbert Gruhl:

„In der Vorgeschichte haben die Menschen ihre ganze Kraft und Zeit darauf verwenden müssen, um ihr materielles Leben zu sichern. Dann kam die geschichtliche Periode, in der interessierte Menschen soviel Zeit erübrigten, um sich der Pflege der Kultur und des Geistes zu widmen. Heute leben wir in der dritten Periode, die im Grunde eine Wiederholung der ersten ist. Die Menschen verwenden wieder die gesamte Zeit und Kraft für ihr materielles Leben auf einer viel höheren Basis, die sich durch wirtschaftliche und technische Vielfalt und Differenziertheit von allen anderen Epochen unterscheidet und jeden so in Anspruch nimmt, daß für Geist und Kultur wiederum wenig Zeit und Sinn übrigbleibt." (70)

Weiter beschreibt Rudolf Affemann Gründe, die für eine Betonung des „Lustprinzips" (mittels materieller Güter) maßgebend sind:

„Dazu bedurfte es einer sich immer stärker automatisierenden Wirtschaft, die ein Übermaß von Gütern zum ständigen Lustgewinn produzieren kann und produziert. Der Überfluß dieser Produktion kann nur abgesetzt werden, wenn der Mensch immerwährenden Lustgewinn mit Hilfe des Konsums dieser Güter anstrebt.

... im Dienste des Absatzes der Erzeugnisse wurde folglich die in Ansätzen bereits vorhandene Lustfreundlichkeit kräftig ausgebaut und in den Dienst des Konsums gestellt." (71)

Auch hier deutet sich ja einer der verhängnisvollen Kreisläufe an, bei denen Ursachen teilweise zu Wirkungen werden und umgekehrt.

Die geistig - seelischen Auswirkungen des Konsumprinzips beschreibt sehr gut Erich Fromm:

„Konsumieren ist eine Form des Habens, vielleicht die wichtigste in den heutigen)Überflußgesellschaften(. Konsumieren ist etwas Zweideutiges. Es vermindert die Angst, weil mir das Konsumierte nicht weggenommen werden kann, aber es zwingt mich auch, immer mehr zu konsumieren, denn das einmal Konsumierte hört bald auf, mich zu befriedigen. Der moderne Konsument könnte sich mit der Formel identifizieren: *Ich bin, was ich habe und was ich konsumiere.*"

„Der Konsumentenhaltung liegt der Wunsch zugrunde, die ganze Welt zu verschlingen, der Konsument ist der ewige Säugling, der nach der Flasche schreit. Das wird offenkundig bei pathologischen Phänomenen wie Alkoholismus und Drogensucht. Es scheint fast, als werteten wir diese ab, weil ihre Wirkung die Betroffenen hindert, ihre gesellschaftlichen Verpflichtungen zu erfüllen." (72)

Die mindestens sehr enge Verwandtschaft von „Sucht" und „Konsumprinzip" wird auch durch diese Schilderung wieder recht gut verdeutlicht', Doch zunächst noch einmal zurück zu Beschreibungen allgemeinerer Art.

Denn auch aus materialistisch - marxistischer Sicht gibt es interessante Stellungnahmen, So schreibt Gerhard Vinnai in seinem Buch „das elend der männlichkeit":

„Die bürgerliche Gesellschaft hat die Menschen aus angestammten persönlichen Abhängigkeiten befreit, sie hat sie als einzelne zu)freien(Eigentümern gemacht -zumindest dürfen sie Eigentümer ihrer

Arbeitskraft sein -, die in die Konkurrenz miteinander geworfen werden. Diese Freisetzung trägt weitgehend scheinhaften Charakter, weil sie eine Freisetzung unter dem Diktat ökonomischer" (etwa= wirtschaftlicher, finanzieller) „Zwänge ist die die Menschen als Agenten" (hier etwa= Anbieter, Verkäufer) „ihrer Waren -zu denen auch die Ware Arbeitskraft gehört- zu vollstrecken haben. ... Der Kapitalismus macht die Menschen zu Anhängseln von Waren -zu denen nicht zuletzt die unter ihm zur Ware gewordene Arbeitskraft gehört -, die in ihrer Beziehung zueinander, die die gesellschaftliche Teilung der Arbeit verlangt, zugleich voneinander isoliert sind. ... Die Verwandlung von Gebrauchswerten in Waren, die Enteignung der unmittelbaren Produzenten von Produktionsmitteln -verkürzt formuliert die Eigentumsverhältnisse - setzen objektiv eine Gleichgültigkeit gegenüber Dingen, die nicht für die individuelle Konsumtion bestimmt sind. Der erzwungenen Gleichgültigkeit gegenüber den Objekten korrespondiert die Negation" (etwa= Verneinung) „der eigenen Sinnlichkeit. Die Anforderungen, die die Ökonomie an die Menschen stellt, bleiben diesen keineswegs äußerlich, sie prägen ihre kognitiven Strukturen" (hier etwa: Wahrnehmungsweisen) „und werden auch in ihren Bedürfnissen, in ihrer Sinnlichkeit, in ihren Emotionen" (=Gefühlen) „verankert: Der Kapitalismus geht durch die Menschen hindurch, er ist in ihnen. ... Die Menschen, die sich in Anhängsel von Waren, in Anhängsel ihrer Besitztümer verwandeln, müssen zwischenmenschliche Beziehungen zumeist in Hinblick darauf taxieren," (=bewerten) „ob sie den eigenen borniert individuellen Interessen dienlich sind. ... Der Einsatz des Körpers als Arbeitsinstrument in der industriellen Produktion hat seine Beschädigung- wie die Beschädigung der Beziehung des Subjekts zu ihm- zur Konsequenz. ... Er muß dazu entsensibilisiert, enterotisiert werden; spontanes Tun, spielerisches Verhalten, der Genuß einer unreglementierten Sinnlichkeit muß den Individuen, die ihre Arbeitskraft vom toten Kapital aufsaugen lassen müssen, ausgetrieben werden. ... Die vom Kapitalismus verdorbene Produktion verleiht -wie Marx aufgezeigt hat- den Aktivitäten im Konsumbereich tierische Züge." (73)
Trotz des manchmal etwas schwer verständlichen Stils werden hier einige Gesichtspunkte gut herausgearbeitet, Wichtig scheint vor allem, daß (mittlerweile) die angesprochenen gesellschaftlichen Prinzipien - leidernichts „Äußerliches" mehr sind. Die Menschen haben sie verinnerlicht, sie sind in ihnen!
Einen recht umfassenden Überblick gibt auch Fritjof Capra:
„Das alte Paradigma" (etwa= Muster) ..... hat unsere Kultur seit mehreren Jahrhunderten dominiert, unsere westliche Gesellschaft geprägt und den Rest der Welt erheblich beeinflußt. Dieses Weltbild setzt sich aus verschiedenen Ideen und Wertvorstellungen zusammen, wie dem Gedanken, das Universum sei ein aus Grundbausteinen zusammengesetztes mechanisches System, dem Bild des menschlichen Körpers als einer Maschine, der Überzeugung, das Leben in der Gesellschaft sei nichts als ein Konkurrenzkampf ums Überleben, dem Glauben an unbegrenzten materiellen Fortschritt durch ökonomisches und technisches Wachstum und nicht zuletzt dem

Glauben, die allgegenwärtige Unterordnung der Frau unter den Mann in der Gesellschaft beruhe auf einem grundlegenden Naturgesetz."

„Die skrupellosesten globalen Ausbeuter sind die riesigen multinationalen Konzerne. ... Ihre Aktivitäten zeichnen sich durch Konkurrenzkampf, Gewalt und Ausbeutung aus. Der Hauptgrund für diese Amoralität liegt nicht etwa im Charakter einzelner Unternehmensleiter, sondern in dem Zwang zu immer weiterem Wachstum und weiterer Expansion, der fest in der Unternehmensstruktur verwurzelt ist." (74)

Deffarge / Troeller betonen neben dem patriarchalischen (etwa= männerherrschaftlichen) Gesichtspunkt auch den von Capra und Vinnai bereits geäußerten Gedanken der „Entpersonifizierung" der Prinzipien:

„Mittlerweile haben die Nationalstaaten an Macht eingebüßt. Regierungen können über die Zukunft ihrer Völker nicht mehr entscheiden. Das System ist zu groß geworden Sein Motor, das Recht des Stärkeren, jenes unerbittliche Prinzip der Männerherrschaft, ist außer Kontrolle geraten Weltweit diktieren Gesetzmäßigkeiten
- und nicht mehr Menschen - den Ablauf der Geschichte. Die Vaterfigur ist etappenweise entmenschlicht worden:
vom Landesvater über den Staat bis hin zu jener abstrakten Gewalt, die engmaschig die Welt umspannt und unser aller Leben beherrscht. Wie eine neue Art Gottvater im Himmel unsichtbar und doch allgegenwärtig. ... Totaler denn je hat die patriarchalische Ordnung jeden von uns im Griff, nur festmachen, personifizieren kann man sie nicht mehr. Das System ist entmenschlicht worden. Es funktioniert blindlings nach den Gesetzen, die es einst schufen." (75) Auch William Faulkner äußert ähnliche Ansichten, obwohl er die dahinterstehenden Kräfte noch nicht als so vollständig anonym empfindet:

„Was uns heute bedroht, ist Furcht. . . . Die Gefahr sind die Mächte in der Welt, die heute die Furcht des Menschen dazu ausnützen, ihn seiner Individualität und seiner Seele zu berauben: die da versuchen, ihn durch Einschüchterung und Bestechung zu einer gedankenlosen Masse zu degradieren- ... Ideologien oder politische Systeme oder wirtschaftliche Theorien." (76)

Auf die speziell in der BRD bestehenden Gründe für die Überbetonung eines materiellen Lebensstils macht mittlerweile bereits sogar die „Bundeszentrale für gesundheitliche Aufklärung" aufmerksam:

„Das ausgeprägte Nachholbedürfnis der Kriegs- und Nachkriegsgeneration an materiellen Dingen ließ einerseits die Wirtschaft wieder aufleben, andererseits entstand eine Haltung, die Lebenserfüllung gleichsetzte mit dem Erwerb von Konsumgütern und materiellem Wohlstand. Einem Teil der Jugendlichen erscheint der stark an materiellen Werten orientierte Lebensstil ihrer Eltern nicht mehr im gleichen Maße nachahmenswert. Sie machen sich Sorgen um die zunehmende Zerstörung der natürlichen Lebensgrundlagen." (77)

Folgerichtig wird in der Broschüre dann später auch ein Bezug der geschilderten Tatsachen zu Suchterkrankungen gesehen.

Selbst die sonst sicher nicht als sonderlich gesellschaftskritisch bekannte katholische Organisation „Caritas" findet inzwischen recht progressiv anmutende Argumente:

„Die Phänomene der Suchterkrankung müssen auf dem Hintergrund der gesellschaftlichen und kulturellen Wandlungsprozesse betrachtet werden. Informationsüberflutung, fortschreitende Arbeitsteilung, Technisierung und Rationalisierung sowie eine auf exzessive Leistung ausgerichtete Ökonomie erzwingen Anpassungsleistungen, die die physische und psychische Kraft des Einzelnen oft überfordern, Auf der anderen Seite werden durch den gesellschaftlichen und ökonomischen Wandel immer mehr Menschen aus dem Arbeitsprozeß ausgegliedert mit allen damit verbundenen Folgen wie sozialer Isolierung, psychischer Instabilität, Identitätsverlust und materieller und seelischer Verarmung. Zudem hat der mit den gesellschaftlichen Veränderungen einhergehende kulturelle Wandel zu einem weitgehenden Schwinden traditioneller Formen des Zusammenlebens und bewährter Werte geführt. Dieser Verlust an tragfähigem sozialen und geistigen Halt kann beim einzelnen Menschen zu erheblicher Angst, Unsicherheit, Ohnmacht und Sinnentleerung führen und damit Einbruchstellen für Süchte schaffen." (78)

Bisher war zumeist überwiegend von allgemeinen Gesichtspunkten, bzw. vom „Konsumprinzip" die Rede. Das Prinzip „Leistung" ist aber untrennbar verzahnt mit dem züchtigen Ver-brauchen von Dingen, Menschen, letztlich Allem. Erste Andeutungen hierzu macht K.P. Stender:

„In unserer auf Jugendlichkeit und Leistungsfähigkeit ausgerichteten Gesellschaft sehnt sich eine Wunschphantasie nach totaler unendlicher Gesundheit. Im Sinne magischer Wunscherfüllung sollen Krankheiten, Schmerzen, Leiden, bestenfalls der Tod ausgegrenzt und eliminiert werden.

Die ständigen Grenzüberschreitungen wissenschaftlicher Erfolge, die verführerischen, offenbar unbegrenzten Triumphe der Naturbeherrschung durch die Naturwissenschaften haben den Blick verstellt für die Begrenztheit, Anfälligkeit und natürliche Abhängigkeit der menschlichen Existenz." (79)

Doch bevor nun näher auf das „Leistungsprinzip" eingegangen wird, sei noch ein Zitat von Hoimar v. Ditfurth angeführt. Interessant ist hier, daß auch Ditfurth feststellt, daß die „Messung in Geldeswert" mittlerweile auf Bereiche übergreift, die sich -eigentlich - einer solchen „Messung" naturgemäß entziehen:

„Auch bei uns gibt es haufenweise heilige Kühe, mit genau denselben folgenden Konsequenzen, wie in anderen Ländern. Man erkennt sie nur immer auf eine bestimmte Mindestdistanz hin erst. Auch bei uns werden die heiligen Kühe zugedeckt von Vorurteilen, Tabus usw. usw. Das sind unsere nationalistischen Empfindungen, das ist unsere anscheinend unkurierbare Neigung, alles, was es gibt, von Dingen bis zu menschlichen Beziehungen, in Geldeswert auszudrücken und einzuschätzen, soweit sind wir ja längst." (80)

Soweit von Ditfurth.

Nun aber zurück zum Prinzip „Leistung" und damit zu Herbert Gruhl, den einige Zusammenhänge deutlich macht:

„Unsere gesamte Gesellschaft ist auf die Art von Leistung aufgebaut, die als Ware verkäuflich ist. Wer dabei mehr leistet, verdient mehr. Das hat andererseits zur Folge, daß derjenige, der viel leistet, auch viel verbraucht." (81)

Folgerichtig fährt Gruhl fort:

„Das Rennomierbedürfnis des Menschen ist noch immer seine schwächste Stelle. Tag für Tag schuftet er für Dinge, zu deren Genuß er kaum Zeit haben wird. Klaus Müller sagt zugespitzt:)Das Subjekt wird dazu überwältigt, glücklich zu werden durch objektiv kontrollierbare Befriedigung objektiv zu erhebender Bedürfnisse. In Erfüllung dieses Programms wird die objektiv ausweisbare Leistung zum beherrschenden Maß:

Leistung in der Produktion bedingt Leistung im Konsum, Leistung im Konsum bedingt Leistung in der Produktion.

Damit schließt sich der totalitäre Kreis: Die Leistungsmonomanie läßt die Subjektivität der Subjekte verdampfen("

„Diese totale Einbindung aller Kräfte in ein System ist nur mit dem Einsatz der Menschen in einem Krieg vergleichbar; ..." (82)

Gruhl spricht hier von einem Krieg. Doch wer führt diesen Krieg und gegen wen ? Die Antwort kann wohl nur lauten, daß der Mensch diesen Krieg führt, und zwar -letztlich- gegen sich selbst. Dies tut er in einer unbarmherzigen Art und Weise. Damit aber nicht genug:

bedenkt man die gewaltigen Umwelt- und Naturschäden die der Mensch anrichtet, muß gesagt werden, daß er diesen Krieg ebenso grausam gegen den gesamten Planeten führt mit all` den Geschöpfen, die sich außer ihm dort noch aufhalten und die -eigentlich- das gleiche Recht haben dort zu leben wie er.

Ist es tatsächlich ein so eigenartiger, exotischer Gedanke, diese Selbst- und Fremdmißachtung und -vernichtung (zugunsten kurzfristigen, künstlichen Lustgewinns) gleichzusetzen mit den Prinzipien sog. „echter Süchtiger" ?

Wohl nicht unbedingt. So heißt es auch im Vorwort zum „Greenpeace-Magazin 1/1992":

„Nennen Sie doch mal zehn Erlebnisse, die ihnen Spaß machen und nichts kosten! Geschafft? Dann sind Sie wirtschaftsfeindlich. Ohne Ihre Kaufkraft kann unsere Wirtschaft nämlich nicht wachsen. Und da Sie eigentlich alles schon haben, verkauft man Ihnen Erlebnis- ersatzstoffe aller Art. Muße, Natur und Erotik:

Nichts geht mehr ohne die nötigen Accessoires." (=etwa: Zubehörteile, Verzierungen) „Liebesleben ohne Designer- Unterwäsche? Lächerlich! Der Natur zuliebe hat der Müll einen)Grünen Punkt(, AKWs retten das Klima, und der weltgrößte FCKW - Hersteller Du Pont bekämpft das Ozonloch mit FCKW -Light!

)Verleugnung im entscheidenden Jahrzehnt(, diagnostiziert das World Watch Institute die Lage der Welt und vergleicht uns mit Alkoholikern, die der Realität nicht ins Auge sehen wollen. Eine globale Umweltrevolution von der Tragweite der industriellen Revolution sei nötig - und machbar. Wird der Umweltgipfel `92 deren Auftakt? Keiner der mächtigen)Alkoholiker(, die im Juni dorthin Jetten und auf der eigens für sie gebauten Autobahn über die

Armenviertel von Rio gleiten werden, versucht ernsthaft, trocken zu werden. Es bleibt an uns..." (83)

Abschließend soll noch einmal ein Philosoph zitiert werden. Dieser, es ist Epikur, ist zwar nicht direkt ein Philosoph unserer Zeit, doch macht er einen weiteren Teufelskreis recht gut deutlich. Die Strukturen und Prinzipien unserer Gesellschaft machen die Menschen zunehmend krank, körperlich, vor allem aber auch geistig - seelisch. Wie verhält sich aber wiederum jemand, der „mit seiner Seele schlecht daran ist" ? Epikur sagt es:

„Wie die Fiebernden wegen ihrer Krankheit stets Durst empfinden, so sind auch jene, die an ihrer Seele schlecht daran sind, dauernd arm an allen Dingen und verfallen wegen ihrer Unersättlichkeit auf die verschiedensten Begierden." (84)

Damit soll diese Übersicht von Ansichten, Beschreibungen und Meinungen abgeschlossen werden.

Ein Bild unserer Gesellschaft hat sich geformt, genauer gesagt: ein Bild wichtiger, grundlegender Strukturen und Prinzipien in dieser Gesellschaft.

„Höher - schneller - weiter": Das „goldene Kalb" hat zwei Namen: Leistung und Konsum !

Was die Menschen zunehmend glauben und „verinnerlichen" (also zu ihrer „eigenen" Meinung machen) ließe sich grob so beschreiben: Der Wert eines Menschen ist eine veränderliche und veränderbare Größe. Bloße Existenz entspricht einem Wert von Null. Ich bin nur etwas wert, wenn ich etwas leiste. Je mehr ich leiste, desto mehr bin ich wert. Je mehr ein Anderer leistet, desto mehr ist auch er wert. Wenn ich mehr leiste, kann ich mehr konsumieren (was ja stimmt). Konsumieren bedeutet Glück. Unangenehmes gehört nicht zum Leben. Es ist ganz natürlich und richtig, meine Gefühle durch Konsum (also durch Ver-brauchen) von Etwas zu beeinflussen (also: zu manipulieren).

Einige Zahlen und Untersuchungen werden diese Tatsachen im folgenden belegen.

2.2 Zahlen und Untersuchungsergebnisse

Einige Fakten sollen das vorhin Geschriebene illustrieren und belegen. Viele Untersuchungen und Befragungen ließen sich heranziehen, hier können natürlich nur einige Beispiele ausgewählt werden
So führte etwa der Soziologe Lewis Yablonsky von der California State University (USA) eine Untersuchung über den „persönlichen Geld-Stil" durch. (Also über den Umgang des Einzelnen mit Geld.) Bei dieser Befragung gab es folgende Ergebnisse

„Die)heißen(Karrieristen
)Ich versuche mit allen Mitteln, ein ideales und so hoch wie nur möglich anzusetzendes Niveau finanziellen und beruflichen Erfolges zu erreichen, wobei ich im Falle eines Scheiterns mit ernsthaften emotionalen und persönlichen Problemen zu kämpfen habe.(in dieser Aussage erkannten sich 14 Prozent der Befragten wieder."

Die Unersättlichen
)Die nächste Stufe an Einkommen, Nacht und Erfolg, die ich anstrebe, ist gleichzeitig die nächste Stufe auf der Karriereleiter. Es scheint aber immer eine Lücke zu geben zwischen dem, was ich möchte, und dem, was ich habe. im allgemeinen fühle ich mich unzufrieden und leide ständig unter dem Gefühl, versagt zu haben unabhängig davon, was ich tatsächlich erreicht zu haben scheine.(
16 Prozent aller Befragten fühlten sich dieser Kategorie zugehörig."

)Ich versuche, alles mir an Macht, Geld und Erfolg Mögliche auch zu erreichen, allerdings werde ich nicht zulassen, daß sich Mißerfolg, in welcher Form auch immer, negativ und belastend auf mein Gefühlsleben auswirkt.(Dieser Kategorie ordneten sich 21 Prozent der Befragten zu." (85)

Zwei Anmerkungen wären hier noch zu machen. Erstens äußern die Befragten der letzten Kategorie hier zwar, sie „würden es nicht zulassen", daß Mißerfolge sich negativ auf ihr Gefühlsleben auswirken. Jedoch ist dies zunächst einmal lediglich eine Absichtserklärung. Wie dies dann in der Realität tatsächlich aussähe, ist sicher eine andere Frage. Die Wertschätzung materieller und äußerlicher Dinge ist jedenfalls auch in dieser letzten Rubrik sehr hoch.
Zweitens scheint es, als seien die insgesamt erreichten Prozentsätze gar nicht einmal so sehr hoch. Allerdings ergeben alle Kategorien zusammengerechnet immerhin 51%. Weiter ist es nicht so, daß den Menschen, die sich keiner der Kategorien zuordneten, Geld, usw. etwa völlig gleichgültig wäre. Auch ist noch folgendes zu berücksichtigen: Die Personen, denen Geld, Macht, etc. (sehr) wichtig ist, sind diejenigen, die „höher aufsteigen" mehr Einfluß erringen, usw. Letztlich werden sie damit ja auch zu

„Meinungsmachern" oder „Trendsettern", die ihre Normen und Werte in verstärktem Maße an die Umwelt weitergeben.

Doch nun zu einen weiteren Erhebung, die die „Bundeszentrale für gesundheitliche Aufklärung" Vom „IJF" durchführen ließ:

„Die Befragung wurde vom 24.11.1989 bis zum 20.03.1990 durchgeführt. ... Befragt wurden 12- 25jährige Jugendliche der (damaligen) Bundesrepublik Deutschland und West - Berlins . . . (Zufallsstichprobe)"

„Rund zwei Drittel der Jungen und drei Viertel der Mädchen" (bzw.: ... „ähnlich viele"...) ... möchten auch eine berufliche Karriere anstreben."

„Rund drei Viertel der Jugendlichen teilten die Meinung, daß)wir . . . auf dem besten Wege (sind), uns durch die zunehmende Umweltbelastung selbst zu vernichten(."

„Festzustellen ist ebenfalls, daß selbst unter Jugendlichen gesundheitliche Störungen wie Müdigkeit und körperliche Zerschlagenheit, Nervosität, Hautkrankheiten, Kopf- und Rückenschmerzen sowie Schlafprobleme keineswegs selten sind." (86)

Auch dies wieder Fakten, die sicherlich gut ins Bild passen.

Helmut Fend weist auf eine Untersuchung von KATZ (1964) hin:

„Die meisten Jugendlichen definieren in seiner Untersuchung Erfolg nach den Kriterien)Reichtum und Besitz(. Reichtum ... Ist aber zugleich als Symbol für Leistungstüchtigkeit interpretierbar (McCLELLAND 1966, 226).)Ein Mann mit hohem Einkommen gewinnt Achtung -nicht wegen des Einkommens selbst, sondern wegen der Annahme, daß sein Einkommen ein Index" (etwa= Anzeiger) „seiner Wichtigkeit oder Fähigkeit ist(." (87)

Auch Untersuchungen, die ursprünglich thematisch andere Fragestellungen hatten, können wertvolle Hinweise geben. So stellte die Psychologin Anna Schoch eine Untersuchung an, die sich mit dem „Streßmanagement" bei zunehmendem Alter befaßt. Einige Ergebnisse sind zu interessant, um sie hier nicht zu erwähnen. In einem Bericht über diese Untersuchung heißt es:

„Für ihre Doktorarbeit befragte die Münchnerin an den psychologischen Abteilung des Max-Planck-Instituts für Psychiatrie 500 Männer aus Deutschlands gehobenen Schichten ... Schoch verweist darauf, daß sich ein ‚Mann heute meist über seine Karriere definiert. Mit 40 ist abzusehen, ob er es geschafft hat oder noch schaffen wird. ... (Weil unser Staat nur wenig an öffentlich sanktionierten" (hier etwa= belohnten, geförderten) „Werten anzubieten hat, die über rein materielle Zielsetzungen hinausgehen, wagen es nur wenige, zur Lebensmitte die Lebensinhalte zu überarbeiten. Es besteht die Gefahr, in hektische Aktivitäten zu verfallen, um die expansiven" (hier etwa nach außen gerichteten, sich ausdehnenden) „Werte den ersten Hälfte hinüberzuretten. ... Eine weitere Quintessenz" (etwa: Grundsatzergebnis) „: Leute, die sich nun an materiellen oder äußeren Werten orientieren, werden nie glücklich.

)... Ein sinnbezogenes Leben und die Fähigkeit, glücklich zu sein, das sind Dinge, die von Status und Wohlstand weitgehend unabhängig sind.(" (88)

Soweit Anna Schoch.

Damit soll dieser Punkt bereits abgeschlossen werden. Es handelt sich bei den dargestellten Untersuchungs- und Befragungsergebnissen - wie schon erwähnt- nur um einige, wenige Beispiele. Weitere Zahlen und Untersuchungen, die die besondere Wertschätzung von Leistung und Konsum belegen, ließen sich sicher leicht finden.

Eine Tatsache -die so offensichtlich ist, daß sie leicht vergessen werden kann- sei noch angeführt: Die BRD, bzw. Deutschland gehört nicht nur zum „reichen Norden", sondern ist immer noch eines den reichsten Länder den Weit - in materieller Hinsicht.

2.3 Leistung und Konsum: Die "edleren" Formen

Bei den hier angestellten Überlegungen nur die direkten Formen der Leistungs- und Konsumbezogenheit zu berücksichtigen, wäre sicherlich „zu kurz gegriffen". Durchaus mag sich mancher durch die bisher geäußerte Kritik nicht persönlich angesprochen fühlen. Es gibt aber auch viele Formen etwa der Leistungsbezogenheit, die -scheinbar und äußerlich betrachtet- einen sogar sehr uneigennützigen „touch" haben. Dennoch wird auch hier eine Leistung erbracht, deren Erbringung für den Betreffenden (unbewußt, die wichtige Aufgabe hat, sich selbst den eigenen Wert zu beweisen. Daher neigen solche Verhaltensweisen auch dazu, sich selbst auf Dauer unentbehrlich zu machen - mit oft durchaus tragischen Folgen für alle Beteiligten
Es soll nun eine diesen Verhaltensweisen näher untersucht wenden, es handelt sich um die sog. „Co-Abhängigkeit" (beispielsweise also den „Co-Alkoholiker"). Eine Definition und erste Hinweise gibt folgendes Zitat:
„Ein Co - Alkoholiker macht niemanden zum Alkoholiker. Ein Co - Alkoholiker ist auch nicht unbedingt jemand, der zusammen mit dem Alkoholiker trinkt, also kein Trinkkumpan. ... Er ... Ist ... ein unwissentlicher Verbündeten des Abhängigen und ein doppelter Teilhaben an der Krankheit: Er kriegt)seinen Teil ab(und er trägt ungewollt seinen Teil dazu bei, daß die Abhängigkeit sich verfestigt. Zum Co- Abhängigen können Arbeitskollegen oder Vorgesetzte, Vater und Mutter, Ehefrauen und -männer, Ärzte und Therapeuten, Freunde und Geschwister und sogar die eigenen Kinder werden, solange sie: -Verantwortung für den Abhängigen übernehmen, -sein Verhalten entschuldigen oder rechtfertigen, -ihm ... Belastungen abnehmen oder ersparen wollen, -das Verhalten des Abhängigen kontrollieren, indem sie Verstecke suchen, ihn von Alkohol und Trinkanlässen fernhalten, ihn beim Lügen ertappen wollen, usw., -selbst unaufrichtig dem Abhängigen, anderen Personen oder sich selbst gegenüber sind, was die Tatsachen und Gefühle bezüglich den Abhängigkeit betrifft.
Daß den Co - Alkoholiker selber Schwierigkeiten mit sich hat und Hilfe braucht, ist ihm meistens genausowenig klar wie dem Abhängigen in Bezug auf seine Person. Der Co - abhängige ist nämlich in seinem Wohlbefinden abhängig von einigen seiner oben beschriebenen Verhaltensweisen. Er hat das Gefühl, er könne damit nicht aufhören. Und er hat meist vernünftig klingende Begründungen dafür, warum er sich so verhalten)muß(, genau wie den Alkoholiker es für sein Trinken tut. Und je mehr Kummer den Alkoholiker dem Co- Abhängigen bereitet, desto mehr kümmert sich dieser um ihn, so daß sich die Spirale den Co-Abhängigkeit immer enger dreht."
(89)
Soviel zunächst zur Co-Abhängigkeit.

Dies ist aber bei weitem nicht die einzige Form „verfeinerter" Leistungs- und Konsumsucht.

So gibt es beispielsweise ganze Berufsgruppen, deren Aufgabe es ist, anderen Menschen zu helfen. Vom Helfen -mit und ohne „Anführungsstriche"- war ja auch bei den Co-Abhängigen die Rede. Nun, Fachleute sollten aber doch wohl über die bisher geschilderten Abläufe „erhaben" sein Doch sind sie es wirklich ? Nicht unbedingt, wie zu sehen sein wird. Begriffe wie etwa der des „Burn -out - Syndnoms" können hier hilfreich sein. (Syndrom etwa: Bündel von Symptomen, Symptom Anzeichen). Dieses Syndrom tritt vor allem bei im sozialen Bereich Tätigen auf und ließe sich vereinfacht und natürlich völlig unwissenschaftlich mit dem Begriff „fix und fertig" ins deutsche übersetzen. Die Betreffenden haben sich in ihrem helfenden Beruf völlig „aufgerieben", so daß sie in der Regel in Zukunft nicht mehr im selben Bereich tätig sein können, sie sind diesbezüglich „ausgebrannt". Auch hier liegt der Verdacht zumindest nahe, daß diese Menschen ihre Tätigkeit als „Beweis" ihres eigenen Wertes gebraucht (mißbraucht) haben.

Ein weiterer Hinweis aus diesem Bereich findet sich bei Wolfgang Schmidbauen. Er stellte bei vielen beruflich Helfenden das sog. „Helfen-Syndrom" (HS) fest. Der HS- Helfer hat (oft unbewußt) seinen Beruf aus ganz bestimmten Gründen ergriffen, bzw. übt er ihn in einer ganz bestimmten Art und Weise aus. Schmidbauer beschreibt dies so:

„Der HS-Helfer hilft anderen, um seine eigenen Gefühle und Bedürfnisse nicht wahrzunehmen. Er bekämpft durch sein Verhalten seine Unfähigkeit, etwas für sich zu tun. Er füllt eine innere Leere aus, die durch Angst vor spontanen Gefühlen entstanden ist .. . Die Über-Ich und Ich-Ideal Identifizierung geben seinem Helfen den Charakter des Zwanges. Sie machen es unfroh, aber zuverlässig, mürrisch, aber aufopfernd, unbarmherzig gegen das eigene Selbst und pflichtbewußt gegenüber den anderen." (90)

Hier stellt sich sofort die Frage, welche Gefühle denn die Betroffenen nicht wahrnehmen wollen und warum sie denn eine innere Leere verspüren. Die Vermutung liegt mehr als nahe, daß diese Gefühle Gefühlen der Wertlosigkeit entsprechen und daß die innere Leere mit einem „Beweis" des eigenen Wertes „aufgefüllt" werden soll - eben über die berufliche Tätigkeit Natürlich gelingt dies nur in unzureichender Weise: süchtig nach der wenigstens gelegentliche gegebenen Anerkennung „schuften" die Betroffenen also immer weiter und weiter ...

Die innere Verwandtschaft zur „Co-Abhängigkeit" und zu allgemeingesellschaftlichen Leistungssüchten ist auch hier wieder kein Zufall.

Als abschließende Erkenntnis läßt sich folgendes formulieren: Das Leistungs- und Konsumprinzip hat eine wesentlich weitere Verbreitung als auf den ersten Blick erkennbar. Selbst viele Menschen die die offensichtliche Leistungs- und Konsumorientierung ablehnen, können -unwissentlich- diese Prinzipien ebenso stark verinnerlicht haben.

2.4 „Klimatische" Bedingungen in der Gesellschaft

Durch die bisherigen Schilderungen ergibt sich bereits ein gutes Bild unseres Kulturbereiches. Durch die starke Überbetonung des Leistungs- und Konsumprinzips werden nicht nur „echte" Suchtkrankheiten erzeugt und gefördert, sondern das Leistungs- und Konsumprinzip ist selbst ein „Suchtsystem". Dies zeichnet sich immer klarer ab.

Es gibt nun aber einige Faktoren, die die Erzeugung und Erhaltung beider Suchtsysteme zusätzlich fördern. Diese Faktoren sind teilweise unabhängig von den betreffenden Suchtsystemen, teilweise haben diese Systeme diese Faktoren aber auch erst hervorgebracht. (Im Nachhinein sorgen dann aber diese Faktoren wiederum für die Aufrechterhaltung der jeweiligen Suchtsysteme - wieder ein verhängnisvoller Kreislauf.)

Einige dieser Faktoren lassen sich unter dem Stichwort „das emotionale (=gefühlsmäßige) Klima in der Gesellschaft" zusammenfassen. (Möglich wäre auch die Umschreibung „emotionale Atmosphäre".)

Hier soll zumindest schlagwortartig versucht werden einige Stichworte zu geben. Dies sind Stichworte wie:

-Sich abzeichnender Nord/Süd - Konflikt
 (Arme gegen reiche Völker, bzw. Länder)

-„Null-Bock-Mentalität"
 (Punks und ähnliche)

-Umweltprobleme
 (wie Ozonloch,Klimakatastrophe, u.v.m,

-Flüchtlingsproblematiken
(verbunden mit Fremdenhaß)

-Relative geographische Kriegsnähe
 („Yugoslawien")

-Weltweite Religionskonflikte
 (Islam)

-Weltpolitischer Umbruch
 („UdSSR")

-Steigende Überbevölkerung
 (Dritte Welt)

-Arbeitslosigkeit

-Wiedervereinigungsprobleme
 (DDR - BRD)

                              -und ähnliche Faktoren

Natürlich stehen diese (beispielhaften) Faktoren auch untereinander in Verbindung, So mag das Bestehen von Gruppen wie den „Punks" -mit ihrer "No - future"- Ideologie und einem Glaubensbekenntnis, welches sich hauptsächlich am „Karlsberger Dosenbier" orientiert- durchaus zum Teil eine Auswirkung aller übrigen genannten Faktoren sein.

Ein anderes Beispiel wäre diesbezüglich der Zusammenhang zwischen „Arbeitslosigkeit" und „Fremdenhaß": Wer sich von Arbeitslosigkeit bedroht sieht (womit er ja auch nichts „nützliches mehr leisten dürfte" und der Erwerb „edler" Statussymbole in Frage stände) - der, ja der ist sicher auch empfänglicher für dummdreistes Geschwätz rechtsgerichteter Polit - Verbrecher, die ihm einreden, er sei etwas „Besseres" allein auf Grund der (zufälligen) Tatsache, daß er „Arier", Verzeihung, „Deutscher" ist. Und das die Ausländer schuld sind an der Arbeitslosigkeit und ähnliches dummes Zeug ! (Der Verfasser bittet für den gefühlsreichen Tonfall um Entschuldigung, sieht aber keinen Anlaß umzuformulieren.)

Soviel zu den Verzahnungen der Faktoren untereinander (natürlich waren dies nur einige Beispiele)

Inwiefern unterstützen die aufgezählten Faktoren nun aber Sucht (gleich in welcher Ausprägung) ?

Es ist festzustellen, daß das Bestehen all dieser Umstände sicherlich ein -teils verdrängtes, unbewußtes- Klima der Angst erzeugt. Angst ist ein unangenehmes Gefühl. Auch können viele der Faktoren vom Einzelnen nur in sehr geringem Maße aktiv „angegangen" / bearbeitet werden. Auch dies ist vielen (halb) bewußt. Unsere Konsumgesellschaft hat jedoch hierauf die passende" (immer gleiche) Antwort: „Ver-brauche und Du fühlst Dich wohl !" Einer konsumierenden Lebenshaltung wird aktiv und massiv Vorschub geleistet. Zudem wird immer wieder und wieder bekräftigt, daß Unangenehmes nicht zum Leben gehört und daher -wenn es auftritt- unverzüglich (durch Konsum von z.B. Produkt „XYZ") zu beseitigen ist. Ob es sich bei dem Produkt nun um Alkohol, eine Beruhigungspille, oder etwas ganz anderes handelt, scheint ziemlich egal - und ist es auch. Der Unterschied ist höchstens der, daß eine „richtige" Droge ein wenig zuverlässiger wirkt ...

Am Beispiel der katastrophalen Umweltverschmutzung sei einer der Anfangs erwähnten verhängnisvollen Kreisläufe illustriert: Bekomme ich nun doch langsam Angst vor dem Ozonloch und den damit verbundenen gefährlichen Hautkrankheiten - was läge denn da näher, als sich eine neue Markise, einige Extra-Tuben Sonnenöl, neue Sonnenhüte und stärkere Sonnenbrillen, und und und zu kaufen. Damit mir ja nicht bewußt wird, daß durch Herstellung und spätere „Entsorgung" all dieser Produkte die Umweltverschmutzung (das Ozonloch) noch verstärkt wird - was könnte ich denn da zur Ablenkung machen? Nun, vielleicht einen Einkaufsbummel ? (Übrigens: Nichts gegen die geschilderten Schutzmaßnahmen - es ging hier lediglich um die Aufzeigung gewisser Kreisläufe.)

Soweit dieses Beispiel.

Es soll hier noch verwiesen werden auf die Ergebnisse der Umfrage des IJF's (siehe unter Stichwort „Zahlen und Untersuchungsergebnisse"). Die dort stark erkennbaren Tendenzen von Jugendlichen (Karrierestreben, große Umweltsorgen und gesundheitliche Beschwerden) passen ebenfalls gut ins Bild.

Eine vom Verfasser erlebte persönliche Begebenheit soll diesen Punkt abschließen:

(Es ist bekannt, daß Suchtkranke ihr Verhalten unbedingt beibehalten wollen und daher auf die interessantesten Argumente verfallen, um diese Beibehaltung zu rechtfertigen. So auch hier.)

Ein Jugendlicher erzählte dem Verfasser von seinem Wunsch, später ein ganz bestimmtes Auto zu besitzen - es handelte sich hierbei um das mit dem sogenannten „guten Stern". Auf die bei einem größeren Auto auch größeren Umweltschäden angesprochen, äußerte sich der Jugendliche sinngemäß folgendermaßen: „Ach, weißt Du -entweder haben die recht, die sagen das ist alles halb so wild mit der Umwelt: uns ist doch noch immer was eingefallen Dann ist es doch egal, was ich für ein Auto fahre. Oder die Anderen haben recht, die sagen: das ist alles ganz furchtbar mit der Umweltverschmutzung. Dann kann man ja bald sowieso nix mehr machen ich hoff` dann, daß ich mein Leben noch gut zuende leben kann, bis es soweit ist. Kinder will ich ja sowieso nicht haben. Dann ist es also auch egal, was ich für'n Auto fahre - im Gegenteil: Wenns` später schlimm wird, dann will ich mir solange wenigstens was Gutes leisten !"

Der Verfasser war sprachlos.

2.5 Die Gesellschaft: Eigenschaften, Eigenarten

Die bis jetzt bereits recht gut beschriebene Gesellschaft, bzw. ein Großteil ihrer Mitglieder, entwickelt (im Laufe der Zeit) natürlich gewisse Eigenschaften, die manchesmal sicher schon eher als Eigenarten zu bezeichnen sind.
Auch bei „richtigen" Suchtkranken werden regelmäßig ganz bestimmte Eigenschaften entdeckt.
Nach den bisherigen Schilderungen nimmt es wohl nicht mehr allzusehr wunder, wenn sich auch hier zahllose Parallelen erkennen lassen.
Einige dieser in beiden Fällen vorhandenen Eigenschaften sollen jetzt etwas näher betrachtet werden. (Natürlich können wieder nur einige Beispiele herausgegriffen werden.)

Unmäßigkeit
Zur Unmäßigkeit Süchtiger ist folgendes zu sagen: Je weiter die Sucht fortschreitet, desto mehr (und/oder öfter) führt der Süchtige sich sein ‚1Mittelchen" zu. Dies zunehmend „ohne Rücksicht auf Verluste" und gleich ob dieses Verhalten Mittlerweile selbst- und/oder fremdschädigend (geworden) ist. Auch läßt sich oftmals in der Gesamtpersönlichkeit von Süchtigen ein gewisser Hang zur Unmäßigkeit und Maßlosigkeit finden, der sich auf die verschiedensten Lebensbereiche richten kann. (Der Verfasser stellt solches selbst heute noch bei sich fest - etwa wenn er sich (meist unbewußt) bei sportlichen Aktivitäten mal wieder überfordert hat.)
Die gesellschaftliche Unmäßigkeit läßt sich so beschreiben: Trotz der Verarmung des größten Teils der Weltbevölkerung (und Teilen der eigenen Bevölkerung) und trotz sehr bedrohlicher Zunahme der Umweltverschmutzung wird konsumiert - immer mehr, immer etwas Neues, immer etwas Besseres, komfortableres, luxuriöseres.
Die „Deckungsgleichheit" ist mehr als offensichtlich.

Unehrlichkeit
Natürlich lügen Süchtige. Sie haben etwas zu verbergen, vor sich selbst und den Anderen: ihre Sucht. Es gibt aber noch einen weiteren Grund aus dem sie lügen und dieser ist mindestens so wichtig wie der erstgenannte:
Lügen ist oft der Weg des geringsten Widerstandes, es ist erst einmal bequemer. Das jeweilige Problem wird in die Zukunft verschoben. (Insofern ist dies ein kurzsichtiges Verhalten, sicherlich - aber erst einmal ist das Lügen entlastend !)
In der Gesellschaft gibt es Begriffe wie „Höflichkeit" und „Takt" (= klingt übrigens irgendwie nach „Taktik" wie im Krieg, nicht wahr ?).
Auf die Gefahr hin, rührselig zu werden: Gegen „von Herzen" kommende Höflichkeit (und Takt) ist sicher nichts zu sagen !
Jedoch werden diese Begriffe zunehmend mißbraucht- schlicht als gleichbedeutend mit „Lüge"- es ist halt bequemer so !
Auch kursiert des öfteren der Begriff „(kleine) Notlüge".
(Welche Not wird hier eigentlich von wem „weggelogen", fragt sich ??)

Durch eine vom Verfasser erlebte Begebenheit mag derlei illustriert werden:

Eine Klientin rief bei ihm im Jugendamt an. Sie wünschte eine bestimmte Sachbearbeiterin zu sprechen. Darüber informiert, äußerte sich diese Sachbearbeiterin sinngemäß: „Ach, die schon wieder - mit der hab` ich jetzt gar keine Lust zu sprechen: Sag` ihr, ich sei nicht im Hause.

Wohlgemerkt, handelte es sich hier um eine ganz normale Mitarbeiterin höchstens mit der Besonderheit, daß sie Sozialarbeiterin ist. Ein Berufsstand der seinen Klienten ja durchaus auch Werte wie Ehrlichkeit nahebringen soll - und auch die Fähigkeit, sich unangenehmen Dingen zu stellen. Auf eine vorsichtige Nachfrage in dieser Richtung erntete der Verfasser aber lediglich Verwunderung - auch bei den umstehenden Kollegen.

Doch nicht nur durch einzelne Beispiele, sondern auch durch nüchterne Zahlen läßt sich einiges zur Unehrlichkeit in der Gesellschaft darstellen.

Die Fachzeitschrift „PSYCHOLOGIE HEUTE" führte 1991 eine Leserbefragung zu diesem Thema durch. Hier einige Ergebnisse:

-nur ein Siebtel kommt ohne Höflichkeitslügen durch den zwischenmenschlichen Alltag

-37 Prozent betrügen ihren Partner,

-von zehn Leuten betrügen sieben das Finanzamt,

-60 Prozent lassen Gegenstände von ihrem Arbeitsplatz mitgehen,

-35 Prozent würden auf jeden Fall einen Freund decken, der ein außereheliches Verhältnis hat. ...

Einige konkrete Beispiele für . ... Doppelmoral:

- 49 Prozent geben zu, im letzten Jahr ihren besten Freund oder ihre beste Freundin über wichtige Dinge getäuscht zu haben.

ABER:

Wären sie selbst getäuscht worden, dann würden 76 Prozent)ärgerlich(oder sogar ,)sehr ärgerlich(reagieren. Nur ein Prozent würde sich)überhaupt nicht(ärgern

-81 Prozent verurteilen Menschen, die sich alkoholisiert ans Steuer setzen, als)unmoralisch(

ABER:

50 Prozent wären bereit, es selbst zu tun." (91)

Viel kann man dazu nicht mehr sagen. Außer vielleicht, daß hier nicht etwa „verdächtige" Bevölkerungsschichten befragt wurden, sondern Leser von „Psychologie Heute". Menschen wie Psychologen, Therapeuten, Sozialarbeiter, u,ä. waren hier mit 28 % vertreten; Lehrer, Dozenten, Wissenschaftler, u.ä. machten hier 18 % aus; Journalisten, Redakteure, u.ä. waren mit immerhin 2 % dabei. Dies macht zusammen 48%: alles sog. „Vorbilder" ...

(Übrigens wurden 1637 Fragebogen ausgewertet.) (92)

Wie zu sehen war, ist es gar nicht erforderlich, etwa sog. Volksvertreter zu zitieren, um etwas über die Unehrlichkeit in der Gesellschaft zu schildern. Auch hier wäre natürlich ein „weites Feld"

„Ich gebe Ihnen mein Ehrenwort !" - diese Lüge des ehemaligen Ministerpräsidenten von Schleswig Holstein Barschel z.B. Ist sicherlich (?) noch nicht vergessen. (Er gab dieses Ehrenwort

öffentlich bei einer Pressekonferenz ab -eine Lüge, wie sich alsbald herausstellte!)
Und ebensowenig wie es in den neuen Bundesländern „irgendjemand schlechter, aber vielen besser" ging, durch die Wiedervereinigung - ja „ebensowenig", wurden ja auch anschließend die Steuern erhöht.

Selbstbezogenheit

Das Leben eines Süchtigen engt sich mit der Zeit immer mehr ein. Der Süchtige ist zunehmend mit Fragen beschäftigt wie: „Wie komme ich an den Stoff ? Habe ich genug Vorrat ? Wie gestalte ich meinen Tagesablauf so, daß mein Suchtmittelkonsum nicht gestört wird ?" u.ä. Dies stellt eine große Selbstbezogenheit dar. Andere Fragen und andere Menschen treten mehr und mehr in den Hintergrund.
In der Gesellschaft wären hier Stichworte wie etwa „zunehmende Rücksichtslosigkeit (etwa im Straßenverkehr)", „Vereinsamung (z.B. Im Alter)", „Konkurrenzkampf im Beruf" und „Ellenbogengesellschaft" anzuführen, die eine ganz ähnliche Tendenz aufweisen.

Kontrolle

Viele Süchtige sind auch „kontrollsüchtig", sie versuchen zeitweilig ihren Konsum zu kontrollieren (z.B. „Trinksystem"), sie entwickeln gegenüber dem Partner einen „Eifersuchtswahn", auch die bereits erwähnte „Vorratshaltung" bez. des Suchtmittels gehört sicher hierher. Andere Menschen möchten die Süchtigen am liebsten so kontrollieren, daß sie selbst möglichst ungestört (z.B.) weitertrinken können.
Unsere Gesellschaft ist aber mindestens ebenso stark auf das „Prinzip Kontrolle" aufgebaut. Organisationen wie die Polizei hier anzuführen, wäre sicher etwas (zu) oberflächlich. Doch auch im Berufsleben ist Kontrolle allgegenwärtig: Verträge, Vorgesetzte, Vorschriften und Paragraphen sind hier beispielhafte Stichworte.

Es wäre durchaus möglich, diese vergleichende Liste von Eigenschaften noch wesentlich weiter fortzuführen. Die Psychotherapeutin Anne Wilson Schaef führt in ihrem Buch „Im Zeitalter der Sucht" beispielsweise noch viele dieser Eigenschaften auf. Es sind dies solche wie:
„Gestörte Denkprozesse", „Verwirrung", „Verleugnung", „Verteidigung", „Perfektionismus (!), „Gefühlsstarre" und „Ethische Verwahrlosung", u.a.. (93)
All dies sehr stichhaltige Vergleiche !
Die bis hier ausführlich dargestellten Eigenschaften mögen aber als Beispiele genügen.

2.6 Zwischenbilanz

Alles was bisher gesagt wurde läßt sich -unter einem bestimmten Gesichtspunkt folgendermaßen zusammenfassen:
Die Gesellschaft (Deutschlands, bzw. des gesamten westlich- / amerikanischen Kulturkreises) ist süchtig.
Anders gesagt: Die weit überwiegende Mehrzahl der Mitglieder dieser Gesellschaft ist ebenso abhängigkeitskrank wie ein Alkoholiker oder ein Medikamentensüchtiger
(Das Zusammenleben von Menschen in einer Gesellschaft orientiert sich an einen Vielzahl von Mustern und Abläufen. Diese bilden sich im Laufe der Zeit zum Teil neu, andere wieder verfestigen sich mehr und mehr. Da der Großteil der Menschen jedoch süchtige Verhaltensweisen praktiziert -und verinnerlicht hat -bekommen auch diese Muster (Strukturen) und Abläufe (Mechanismen) zunehmend ein -unpersönliches ! – süchtiges Gepräge: So ist es eigentlich in der Tat genauer die Gesellschaft als Ganzes als einen Suchtkranken zu bezeichnen.
Einiges bleibt klarzustellen:
Die Suchtmittel der „richtigen" Suchtkranken sind bekannt: Alkohol, Medikamente, illegale Drogen.
Doch wie -ganz konkret- heißt das Suchtmittel der Gesellschaft ?
Ebenso genau wie bei Alkoholikern und anderen Drogensüchtigen läßt sich diese Frage wahrscheinlich nicht beantworten.
Der Versuch einer Antwort kann aber so aussehen:
Die (meisten) Menschen sind süchtig nach materiellen Dingen allgemein, insbesondere nach von anderen Menschen hergestellten oder bearbeiteten Dingen. Sozusagen in der „abstrakten" Form tritt natürlich oft das Geld (zum Teil) an die Stelle der Dinge.
Die Antwort erscheint noch unzureichend denn ein gewisser Bestand an Materiellem ist nun einmal für jeden Menschen (über-) lebenswichtig !
So muß ergänzt werden:
Die eigentliche Sucht liegt hier in der Art und Weise des Umgangs mit materiellen Dingen.

Wie sieht dieser Umgang aus ?

a) Die Dinge werden nicht ge-braucht (als Werkzeuge benutzt), sondern ver-braucht.
(Selbst wenn einige Dinge nicht tatsächlich funktionsuntüchtig werden: Dennoch werden sie ver-braucht neue Moden bestimmen, was zukünftig „unbrauchbar" ist, oder aber man kann sich „endlich" das „nächsthöhere Statussymbol" leisten, womit das alte „unbrauchbar" geworden ist.

b) Das eigene Lehen wird auf materielle Gesichtspunkte hin eingerichtet.
(Nicht andere Werte wie Solidarität, Hilfsbereitschaft, Zufriedenheit, Kreativität, oder auch Gesundheit (Arbeitssucht) stehen im

Mittelpunkt von Lebensplanung und -führung, sondern solche wie: Leistung, Karriere, Geld, „Erfolg", u.a.

c) Ernsthaft und mit vollem Einsatz aller Kräfte wird versucht, daß eigene Gefühlsleben durch den Konsum materieller Dinge zu beeinflussen. Dies mit dem Ziel sich möglichst immer möglichst „gut" zu fühlen -niemals aber „schlecht" !

(Obwohl (bzw.: weil !) dies nur unzureichend und sehr selten in wirklich zufriedenstellender Weise gelingt, macht man damit weiter, und immer weiter. Es ist dies -grundsätzlich betrachtet- eine zutiefst passive, also „mit - sich machen - lassende" Lebenshaltung.

(Eine Anmerkung noch am Rande: es ist hier nur von materiellen Dingen die Rede. Natürlich tritt im Einzelfall manchmal auch eine Dienstleistung an die Stelle dieser Dinge, die aber genauso ver-braucht wird. Beispiele für solche Dienstleistungen wären etwa die Gestaltung des eigenen Gartens durch einen „Land-schaftsarchitekten", das „Styling nach der neuesten Mode" im „Gard - Haar Studio" und die (Dienst-) leistungen eines eleganten Obers in einem exklusiven Restaurant. Ebenso wie „richtige" Dinge sind auch dies sicher „Waren", die ver-braucht werden. Doch zum Thema Leistung später mehr.

Eine bestimmte (äußerst weit verbreitete) Lebenshaltung wurde beschrieben. Worin unterscheidet diese sich eigentlich grundsätzlich von der eines „richtigen" Suchtkranken, etwa eines Heroinsüchtigen ? Die Antwort kann nur lauten: in Nichts.

Eine weitere Anmerkung muß hier gemacht werden: Jeder kann ohne Heroin, Alkohol, etc., leben, niemand jedoch völlig ohne materielle Dinge -das ist richtig! ist also deshalb ein Vergleich doch nicht so recht statthaft ? Durchaus ist er es: auch bei den „richtigen" Suchtkrankheiten gibt es ein Beispiel, welches dies verdeutlicht, gemeint ist die sog. „Fr-eßsucht". Jeder muß essen, doch der „Fr-eßsüchtige" verpaßt es regelmäßig, vor dem sog. „Suchtbissen" aufzuhören: genauso die Gesellschaft in Bezug auf den Umgang mit materiellen Dingen !

Um mit dem Vergleich fortzufahren:

Was ist die Botschaft, die jeder Hersteller, Verkäufer, Werbefachmann (die Werbung allgemein) bezüglich aller Waren verkündet ?

Sie lautet:

„Verbrauche mich, dann geht es Dir gut!"

Der erste Teil der Botschaft „Verbrauche mich", lautet ganz bewußt und absichtsvoll so und nicht anders:

Die Ware muß ver-braucht werden (und nicht etwa -als Werkzeug- ge-braucht), denn wie sonst könnte die „nächstfolgende" Ware verkauft werden ? Hier deutet sich auch schon der zweite Grund für speziell diese Formulierung an: Es wird sofort und unmittelbar das Verbrauchen angesprochen- an den vorher ja zwingend nötigen Akt des Kaufens wird bewußt nicht erinnert. Dies könnte schließlich die unangenehme Tatsache ins Bewußtsein bringen, daß für jeder Ware auch ein Preis zu bezahlen ist

Der zweite Teil der Botschaft lautet: „..... dann geht es Dir gut!". Dies kann -je nachdem- unterschiedlich formuliert sein:

„ ... dann geht es Dir (noch) besser!"

„ ... dann geht es Dir (viel) weniger schlecht !"

„ ... dann geht es Dir gut, weil etwas Neues, Interessantes, Aufregendes passiert !"

So die Botschaft.
Doch damit nicht genug.

Es muß nicht nur ver-braucht werden, es muß <u>jetzt</u> ver-braucht werden!
„I love Genuß sofort ,, verkündete vor nicht langer Zeit eine Werbekampagne (Interessant ist hier unter anderem auch folgendes: Der Verfasser kann sich nicht mehr an das konkrete Produkt erinnern. Die tiefere Botschaft war aber offensichtlich so geschickt formuliert, daß sie im Gedächtnis haften blieb!).
Was aber, wenn gerade nicht genug Geld vorhanden ist, für den „Genuß sofort !", ? Auch das ist natürlich „kein Problem". Die Hausbank von HORTEN weiß die Antwort:
„Sofort: Bargeld . . . Sie brauchen es ? Wir haben es !"
„...Die kleinen Raten zahl` ich doch mit links ! (EFGEF - Bank Die Bank für Ihre Wünsche"
(Originalzitat aus: „GELD Nr. 2/92" / EFGEB - Bank / Düsseldorf /-/ 1992 / - Seite 1 und 3.)
Begriffe wie „Zielkauf", „Leichtkauf", „Jetzt kaufen -später zahlen !" u.ä. bringen ähnliche Tendenzen zum Ausdruck
Auch dies eigentlich eine verständliche Zusatzbotschaft: Ob der Kunde über seine Verhältnisse lebt, interessiert nicht. Was aber interessiert ist, daß so schnell wie möglich so viel wie möglich Waren verkauft werden.
Soweit die Botschaften alle Waren (und auch die meisten Dienstleistungen) betreffend.
Worin unterscheiden diese Botschaften sich nun von den Botschaften, die etwa Brauereien, Pharmaunternehmer und Heroindealer verkünden?
In Nichts, denn die Botschaften sind identisch, also völlig gleich !
Denn auch hier heißt es bezüglich des jeweiligen „Stoffs":
„Verbrauche mich, dann geht es Dir gut!"
(Also: „. . noch besser!" / „...(viel) weniger schlecht!" „ ... gut, weil etwas Neues, Interessantes, Aufregendes passiert!")
Und:
„Tue es sofort" !
Auch hier gibt es natürlich Gründe, warum diese Botschaften so und nicht anders formuliert werden. Diese Gründe sind -natürlich- mit den Gründen die für alle Waren genannt wurden, völlig identisch, es sind also dieselben.
Abschließend ist hierzu nur noch zu ergänzen, daß (in beiden Fällen) diese Botschaften zunehmend geschickter und einfallsreicher formuliert und „an den Mann gebracht" werden. Rationale und

emotionale Argumente werden gefunden - oder schlicht: erfunden, Anders gesagt: es wird auf „Herz und Verstand" gezielt - die Wahrheit spielt hierbei keine Rolle. (Doch dazu mehr unter dem Stichwort „Sucht und Medien", Ein unwesentlicher Unterschied zwischen „richtigen" Süchtigen und „allgemein Konsumsüchtigen" wäre eventuell festzustellen: Die „richtigen" Suchtkranken stehen gleichzeitig eine „Stufe" höher und eine „Stufe" niedriger als die „Konsumsüchtigen". (Die Definition von „Stufe" ist hier außerordentlich schwierig und soll daher offengelassen werden.)

Gemeint ist folgendes:

„Niedriger" stehen die Drogensüchtigen, weil sie die Aufforderung „Verbrauche mich, dann geht es Dir gut'" und „Tue es sofort!" auf die Spitze treiben. Mit Macht und ohne „Rücksicht auf Verluste" werden diese Aufforderungen befolgt - um den Preis der (schnelleren) Selbstschädigung und letztlich der Selbstvernichtung.

„Höher" stehen Suchtkranke (Alkoholiker / Medikamentensüchtige, usw.), weil sie -nicht selten unbewußt- den Betrug Konsumgüter betreffend durchschaut haben. Diese Süchtigen wissen oder ahnen zumindest, das die Anschaffung eines „Luxusautos" eben nicht wirklich glücklich macht. Auch von daher greifen sie dann zu stärkeren, „richtigen" Drogen. (Speziell bei Abhängigen von illegalen Drogen ist ja oftmals eine sehr bewußte Ablehnung der offensichtlichen Leistungs- und Konsumgesellschaft vorhanden.)

Drogen, Alkohol und viele Medikamente bringen zwar auch nur eine scheinbare und kurzfristige Befriedigung, jedoch ist diese in der Regel doch stärker, körperlicher und zuverlässiger (!) erfahrbar, als der „Rausch durch Konsum" allgemein. (Ein Zitat aus früheren Zeiten fällt dem Verfasser hier noch ein: „Wenn ich genug saufe, dann weiß` ich wenigstens: ich wird` besoffen !".)

Diese Zwischenbilanz kann aber hier noch nicht abgeschlossen werden, Denn mit dem Prinzip „Konsum" ist ja ein weiteres Prinzip, das „Prinzip Leistung" untrennbar verbunden

Wie durch die vorherigen Ausführungen zu erkennen war, ist es notwendig, eine gewisse menschliche (Arbeits-) leistung zu erbringen, um Waren herzustellen. Dies ist selbstverständlich. Wichtiger ist hier, daß auch in hohem Maße Leistung erbracht werden muß, um sich aus dem überreichlichen Warenangebot „bedienen zu dürfen". Bei der maßlosen Überschätzung die Konsumgüter heute genießen, ist es so eigentlich wieder kein Wunder, daß auch Leistung eine ungeheuer große Wertschätzung erfährt.

Zunehmend kommt es aber zu einer -in Wirklichkeit völlig unzulässigen- Übertragung von Werten: Der Einzelnen mißt mittlerweile den Wert des Menschen an seiner Leistung.

Dies schließt dann -logischerweise- mit ein, daß er seinen eigenen Wert ebenfalls daran mißt, was er selbst leistet.

GRAPHIK: "LEISTUNGSBEZOGENE WERTESKALA"
(Direkte "Aufeinanderbezogenheit" zweier Faktoren, welche eigentlich nichts miteinander zu tun haben)

(Folgt:)

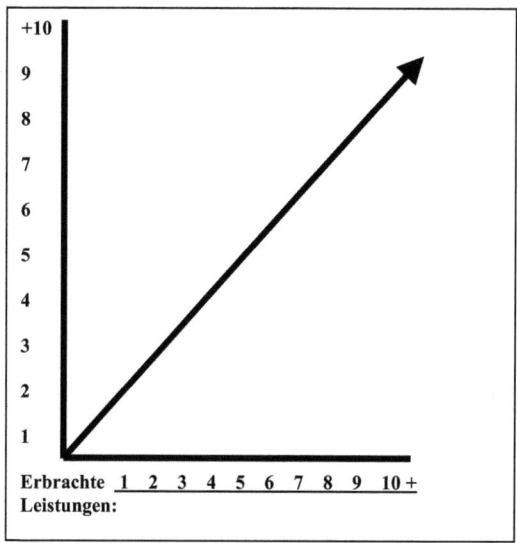

(Welcher Art je nach Mensch verschieden auch „selbstlose" Leistungen!) Nullpunkt: Bloße Existenz = Wertlos.

(Quelle: eigene Anfertigung)

Die vorhergehende graphische Darstellung macht die Zusammenhänge anschaulich deutlich.

Sicher ist es (noch) nicht so, daß Jeder diese Werteskala in vollem Maße als für sich und Andere zutreffend bezeichnen würde. Sehr starke Tendenzen in diese Richtung sind aber ganz klar auszumachen.

Das „Prinzip Leistung" hat in gewissem Sinne eine noch weitere Ausbreitung als das „Prinzip Konsum". Denn auch viele Menschen mit dem (durchaus echtem) Bedürfnis etwas „Gutes zu tun", verfallen -wider Willen- dem Leistungsprinzip. (Näheres hierzu siehe unter: „Leistung und Konsum: Die)edleren(Formen") Stichworte sind hier Begriffe wie „Co-abhängigkeit" und „Helfersyndrom". Ein geradezu klassisches Beispiel für die Entartung des Leistungsprinzips ist natürlich die „Arbeitssucht". Von manchem belächelt, stellt sie -in ihrer voll entwickelten Form- selbstverständlich eine echte Suchtkrankheit dar !

Welche Bezüge im engeren Sinne bestehen nun aber zwischen Leistungsprinzip und Sucht ?

In Hinblick auf die Konsumsucht ist der Zusammenhang folgender: Niemand kann immer leistungsfähig sein. Jeder erleidet hin und wieder auch Niederlagen. Immer werde ich jemand finden, den noch leistungsfähiger ist als ich. Dies sind Selbstverständlichkeiten (die übrigens auch einen Sinn haben) - doch gerät dies nach und nach in Vergessenheit.

Weiter ist es schlicht falsch und unnatürlich, den Wert eines Menschen an seiner erbrachten Leistung zu messen. Manch einer spürt dies auch (unbewußt).

Doch diese Realitäten passen einfach nicht zu einer Gesellschaft in der behauptet wird, Unangenehmes gehöre nicht zum Leben. Was aber bietet die Leistungs- und Konsumgesellschaft denen an die Unbehagen empfinden ? Konsum als Trost und Lebensglück !

Und wieder schließt sich ein Kreis.

In Bezug auf „richtige" Suchtkrankheiten bestehen ebenfalls starke Bezüge. Wer in der „harten Realität" „versagt" hat, wer nicht genug leisten konnte, wer nichts leisten „durfte" (Arbeitslosigkeit) und ähnliche Fälle: was bleibt ihnen ? „Reichtum und Erfolg" sind für diese Menschen in (zu) weite Ferne gerückt. Doch ein Rezept, eine Flasche Whisky (oder auch das Marihuana -Pfeifchen) : diese Dinge bleiben in unserer Gesellschaft auch für diese Menschen noch erreichbar. Sogar recht leicht erreichbar .

Auch wer (noch) kurz vor dem Zusammenbrechen auf Grund zu hoher Leistungsanforderungen steht, kommt oft schon „auf den Geschmack". Das beste (aber nicht das einzige!) Beispiel sind hier sicher Aufputschmittel und auch Schmerzmittel. Um dies zu verdeutlichen, soll abschließend ein Zitat von Angelika Nette angeführt werden:

„Welche Funktionen haben psychotrope Medikamente bei Frauen ?

Qualitative Interviews, die im Rahmen der Forschungsarbeit (vgl. Ellinger et al., 1987) mit Verwaltungsangestellten und Krankenschwestern durchgeführt wurden, zeigen, daß der Gebrauch psychotroper Medikamente folgende Funktionen hat:

-Beschwerden und Befindlichkeitsstörungen, die aufgrund restriktiver Arbeitsbedingungen entstehen, zu dämpfen bzw. zu beseitigen ...

-die Leistungsfähigkeit trotz Beschwerden und Befind-lichkeitsstörungen aufrecht zu erhalten ...

-Distanzierung und Abgrenzung gegenüber familiären und beruflichen Anforderungen zu ermöglichen." (94)

2.7 Wem nützen Suchtmittel ?

Vom Allgemeinen (also gesamtgesellschaftlichen   Gesichtspunkten) soll nun wieder zum Besonderen (also Suchtkrankheiten wie Alkoholismus und Medikamentensucht) zurückgekommen werden.
Durch den bestehenden Aufbau unserer Gesellschaft wird Sucht gefördert. Die indirekte, mittelbare Förderung ergibt sich aus den existierenden Strukturen (Mustern) und Mechanismen (Abläufen) die in dieser Gesellschaft bestehen. Es sind ja selbst Suchtstrukturen und Suchtmechanismen. Diese bringen natürlich und konsequenterweise „echte" Suchtkrankheiten hervor, stellen diese doch nur eine (leichte) Zuspitzung der (in dieser Gesellschaft) „normalen" Strukturen / Mechanismen dar.
Soviel zur indirekten Förderung.
Doch auch direkt wird Sucht gefördert, während die Maßnahmen die sich gegen süchtiges Verhalten (und gegen Suchtmittel) richten, doch eher als bescheiden zu bezeichnen sind.
Wie diese direkte Suchtförderung vorgenommen wird, soll später näher untersucht werden (u. a. am Beispiel „Werbung").
Hier wird zunächst der Frage nachgegangen, warum diese direkte Suchtförderung stattfindet.
Damit stellt sich die Frage:
„Wem nützen Suchtmittel und warum ?"
Zunächst einmal nützen Suchtmittel den Süchtigen, dies ist klar. Sie benötigen die jeweiligen Mittel zur Befriedigung ihrer Sucht. Auch häufig Mißbrauchtreibende -die noch (!) nicht als Süchtige zu betrachten sind -stellen hier eine nicht eben kleine Gruppe dar.
Doch wem nützen Suchtmittel noch ? Schließt man den „gewinnträchtigen" Gesichtspunkt (also den Profit durch Suchtmittel) mit in die Überlegungen ein, so ist besonders an drei „Gruppen" zu denken:

a) Die Suchtmittelhersteller und -Händler

Am Beispiel Alkohol / Medikamente wären dies hier:

> -Brauereien, Spirituosenfabriken, u.ä
> -generell alle Alkohol verkaufenden Geschäfte
> (Getränke(groß)handel, Lebensmittelhandel, etc,)
> -der Staat (Steuereinnahmen)

bzw.:

-Pharmaunternehmen
-Apotheken (teils auch Drogerien)
-Ärzte (u.ä. medizinische Berufe)
-Pharmareferenten (= -vertreter), u.ä.
-der Staat (über verschiedene Steuereinnahmen)

b) Zahlreiche Bevölkerungsgruppen, die wirtschaftlich (ganz oder teilweise) von Herstellung, Vertrieb und Verkauf von Suchtmitteln abhängig sind.
Beispiele wären hier:
-Arbeiter und Angestellte in Brauereien, Spirituosenfabriken, u.ä.
-Verkäufer im Getränke- und Lebensmittelhandel
-Transportarbeiter (scherzhaft: "Bierkutscher")
-Gastwirte
-Kellner, Ober, u.ä. Werbetexter, -fachleute (bez. Alkoholwerbung)
-Sonstige

bzw.

-Arbeiter und Verkäufer in Pharmafabriken
-Verkäufer in Apotheken, Drogerien, u.ä.
-Lager- und Transportarbeiter (bez. Arzneimittel)
-Mitarbeiter in Arztpraxen
-Mitarbeiter in Krankenhäusern, Altenheimen, u. ä.
-Werbetexter und -fachleute (bez. Medikamentenwerbung)
-Sonstige

Außerdem sind hier die Angehörigen dieser Personengruppen zu berücksichtigen, die ja oft (wirtschaftlich) von diesen abhängig sind.
Auch von allen diesen Personen nimmt natürlich der Staat noch einmal Lohn- und andere Steuern ein und profitiert somit ein weiteres mal.
(Ein „atmosphärischer" Gesichtspunkt soll am Rande erwähnt werden: Diese von der Zahl her ja wirklich nicht unbedeutenden Bevölkerungsgruppen entwickeln mit der Zeit sicherlich eine innerlich nicht unfreundliche Einstellung zu den jeweiligen Suchtmitteln. Zumindest sind solche Tendenzen äußerst wahrscheinlich. Daß die jeweiligen Mittel hierbei natürlich nicht als „Suchtmittel" wahrgenommen werden, ist klar. Eher werden sie wohl als „Genußmittel" (Alkohol), oder „Heilmittel" (Medikamente) gesehen werden. -Außer Frage steht hier natürlich, daß bei einigen Medikamente die Bezeichnung „Heilmittel" durchaus zutreffend ist.)

c) Der Staat

Wie der Staat am Drogenhandel verdient, wurde ja schon klar (gemeint sind natürlich legale Drogen wie Alkohol und mancherlei Medikamente). Verschiedene Ansätze ermöglichen Steuereinnahmen aus unterschiedlichen Quellen, „böse Zungen" sprechen hier zum Teil auch von „Schutzgeldern". . .

Doch der Staat spielt an dieser Stelle in gewissem Sinne eine besondere Rolle, denn er profitiert von Sucht und Suchtmitteln noch in ganz anderer Hinsicht.

Denn: Wieviel Aggression, Mißmut und Aufbegehren gegen gesellschaftliche Mißstände wird von Menschen (teils auch unbewußt) gedämpft, betäubt, "geschluckt" - mit Hilfe von Alkohol, Medikamenten und anderen Drogen ? So stellen Drogen aller Art - im wahrsten Sinne des Wortes- das "Opium fürs` Volk" dar.

Oft sind in diesem Falle aber auch besonders empfindsame, intelligente Menschen betroffen. (So jedenfalls die Erfahrungen des Verfassers in Therapie, Selbsthilfegruppen, etc.)

Auch Menschen die (zum Teil völlig unverschuldet) einen sogenannten "niederen Status" in der Gesellschaft haben, sind möglicherweise in Bezug auf Sucht anfälliger. Auch diese Personengruppen könnten dem Staat sicherlich unbequem werden. Sind sie aber durch Suchtmittel "ruhiggestellt", sind sie leichter „handhabbar". In diese Richtung ließe sich denn auch das folgende Zitat des Soziologen Jakobus Wössner auslegen:

"In unserer modernen Gesellschaft ist die Statusunsicherheit weit verbreitet, und Statusverlust ist nicht selten. Daraus resultieren Aggressionen gegen die Welt im allgemeinen, gegen einzelne Menschen oder Dinge oder gegen sich selbst im besonderen. Gerade der Druck in der modernen Gesellschaft, bestimmte berufliche und materielle Leistung erbringen zu müssen, erhöht die Gefahr des Statusverlustes - Man hat nicht umsonst von einer)Gesellschaft der Statussucher(gesprochen.

Flucht vor dem niederen Status.

Das kann äußerlich oder innerlich geschehen. Äußerlich, indem man z.B. auswandert oder in eine bessere Gegend zieht; innerlich entziehen kann man sich dem niederen Status etwa durch Kinobesuche, Bücher, **Alkohol**, Phantasien usw." (95) (Hervorhebung vom Verfasser.)

Drogenkonsum allgemein stellt in gewisser Hinsicht lediglich eine Zuspitzung des Konsumprinzips dar. Insbesondere Medikamente (aber teilweise auch Alkoholika) werden zudem oftmals als "Nothelfer" bei zu hohen Leistungsanforderungen herangezogen. Die heutige Gesellschaft, bzw. der Staat braucht nun aber Bevölkerungsgruppen, die entweder das eine oder das andere schwerpunktmäßig praktizieren. (Dies natürlich ohne Rücksicht auf die Interessen der jeweiligen Menschen selbst.) So also ist auch die Zuschreibung die Legewie / Ehlers machen, durchaus schlüssig:

"... (Der) vom Wirtschaftssystem geforderte (...) Menschentyp: in der Unterschicht Menschen, die zu gehorchen und zu konsumieren gelernt haben, in der Mittelschicht und der Oberschicht Menschen, die im Rahmen des Systems relativ selbständig zu denken und Karriere zu machen gelernt haben." (96)

So also können Mittel wie Alkohol und Medikamente in sogenannter (noch) "normaler" Dosierung wieder den Interessen des gesamten Systems (Gesellschaft / Staat) dienen. Dies über eine Unterstützung und Stabilisierung der jeweiligen aufgeführten Eigenschaften (also: Leistung hier - Konsum da).

Um es sehr grob, aber plastisch an einem Beispiel klarzumachen:
Der Ingenieur bleibt trotz Überforderung "fit" (z.B. durch morgendliche Einnahme von Aufputschmitteln und abendliche

Einnahme von Beruhigungsmitteln; ersteres "um in Schwung zu kommen", letzteres "um zur Ruhe zu kommen" und schlafen zu können).

Der "Zechenkumpel" (=Bergarbeiter) dagegen bleibt ein "braver Konsument": damit er nach der "Maloche" (=Arbeit) nicht zuviel über sein Leben nachgrübelt, "geben" wir ihm seinen täglichen halben Kasten Bier (und die "Sportschau'").

Daß durch Solcherlei ein nicht eben geringer Prozentsatz von Alkohol- und Medikamentensüchtigen entsteht, wird in Kauf genommen, und dies möglicherweise nicht einmal ungern.

Warum ?

Das Bestehen eines "süchtigen Bodensatzes" hat durchaus "nützliche" Funktionen:

- Die Suchtkranken können als Abschreckung für die Masse dienen.

(Würden zuviele Menschen zuviel Suchtmittel konsumieren, so wäre dies sicherlich ein "Verlustgeschäft", dies käme - wirtschaftlich- einfach zu teuer ! Denn mit der Zeit gäbe es ja dann doch zuviele krankheitsbedingte Arbeitsausfälle und auch Behandlungskosten würden dadurch anfallen.)

- Aus dem "Bodensatz" der Süchtigen können durchaus noch "wertvolle" Kräfte erwachsen:

Wer bei sich selbst eine Suchtkrankheit überwinden kann, zeigt damit in der Regel doch gewisse besondere Fähigkeiten. Gelingt es, diese Fähigkeiten im Sinne des Gesamtsystems einzusetzen, hat man sicher noch ein "Geschäft gemacht".

Diese letzten Überlegungen klingen kalt und unmenschlich - und sie sind es tatsächlich !

So würde sicherlich auch kein "offizieller Repräsentant" oder "Volksvertreter" offen zugeben, jemals derartige Überlegungen angestellt zu haben. ....

im Gegenteil: halbherzig (!) wird von offizieller Seite ja gegen jede Art von Sucht Stellung genommen. Nur zu verständlich allerdings, daß tiefere Ursachen für Sucht hier sehr selten Erwähnung finden !

Ein Ausweg diese Halbherzigkeit ein wenig zu kaschieren (also von Ihr abzulenken), wurde gefunden:

Mit großem Elan und teils mit doch recht hohem finanziellem Aufwand werden die sog. illegalen Drogen bekämpft. Sicher sind Stoffe wie etwa das Heroin tatsächlich äußerst schädlich und gefährlich, doch manchesmal sind diese Drogen ganz einfach nur kulturunüblich!

Ein Beispiel hierfür wäre das Haschisch (Wirkstoff: Tetrahydrocannabinol / THC):

Eine Gefährlichkeit die über der des Alkohols läge, ist -nach Kenntnis des Verfassers- bis heute nicht erwiesen- obwohl es ja eine Menge diesbezüglicher Nachweisversuche gegeben hat.

(Selbstverständlich ist eine Gefährlichkeit, die mit der des Alkohols gleichzusetzen ist, immer noch eine sehr hohe Gefährlichkeit !)

in Bezug auf "Sucht allgemein" besteht hier jedoch kein nennenswerter Unterschied.

Der einzige größere Unterschied besteht also lediglich in der andersartigen kulturellen Herkunft des Haschisch (Indisch - asiatischer Raum).

Unter Berücksichtigung dieser Überlegungen werden so manche öffentlich geführte Diskussionen etwas verständlicher.....

Vor nicht langer Zeit fand eine solche öffentliche Diskussion wieder einmal statt:

-Ein Richter des Lübecker Landgerichts hatte es gewagt, die Verurteilung eines Haschischbesitzers abzulehnen.

"Nach seiner Auffassung ist es verfassungswidrig, daß Alkohol ohne Strafandrohung getrunken werden kann, während der Konsum weicher Drogen verboten ist." (97)

Eine öffentliche Diskussion um die Freigabe von Haschisch entbrannte: Natürlich wurde Haschisch nicht legalisiert, und natürlich "drehte" niemand, wirklich niemand, diese Frage öffentlich "um": ob nicht -wenn Haschisch verboten sei- auch Alkohol verboten sein müsse!

Soviel zur Frage "Wem nützen Suchtmittel und warum ?".

Die Versuche diese Frage zu beantworten, haben weitere "Schlaglichter" auf unsere Gesellschaft geworfen.

Es ist die Gesellschaft in der heute Suchtkranke leben -und zwar nicht wenige.

Es ist ebenso die Gesellschaft in der einige Suchtkranke versuchen ihre Krankheit zu überwinden.

Und genauso ist es auch eine Gesellschaft, in der Kinder leben. Kinder, von denen ein nicht geringer Teil morgen süchtig sein wird. Von diesen wiederum wird ein großer Teil an der Sucht sterben. An Heroin, Medikamenten und auch an Alkohol.

Es ist dies kein schöner Tod.

2.8 Werte, Normen, Sozialisation: Tradierung von Sucht

Neben der Vererbung gibt es insbesondere zwei weitere Faktoren, die Suchtkrankheiten (aber auch süchtiges Verhalten allgemein) von einer Generation auf die nächste "überliefern".

Zum Einen sind das gesamtgesellschaftliche Einflüsse, die auf Kinder, Jugendliche, aber auch Erwachsene einwirken.

Zum Anderen ist es der Einfluß der Herkunftsfamilie. also die unmittelbare Erziehung (durch die Eltern).

(Da die jeweiligen Eltern aber selbst zu einem großen Teil ein Produkt Ihrer eigenen Erziehung und von Umwelteinflüssen sind, Iit Ihre "Chance" etwas "falsch zu machen" natürlich recht hoch.)

Beide Bereiche überschneiden sich also.

Die genannten gesellschaftlichen Einflüsse lassen sich unter dem Fachbegriff "Sozialisation" zusammenfassen. Dieser Begriff läßt sich folgendermaßen genauer definieren:

"Unter Sozialisation sind sämtliche Umgebungseinflüsse zu verstehen, die während der frühen Kindheit ... und nach der Pubertät (Gruppe der Gleichaltrigen) in persönlichkeits- und verhaltenssteuernder Welse auf den Menschen einwirken und somit seine Persönlichkeitsentwicklung bedingen. Auch eine spätere Suchtgefährdung wird häufig durch die besondere Art der Sozialisation eines Menschen mit)programmiert(." (98)

In einer anderen (Kurz-) definition liest sich dies so:

"Mit Sozialisation bezeichnet man jenen Teilbereich in dem die Werte und Normen der betreffenden Gesellschaft bzw. Gruppe gelernt werden." (99)

Hieraus ergibt sich die Notwendigkeit, auch die Begriffe "Werte" und "Normen" zu definieren:

"Unter Werten versteht man im sozialwissenschaftlichem Sinne)Konzeptionen des Wünschenswerten(, ... Überzeugungen darüber, was als erstrebenswert gilt.

Normen sind Werte mit Sollenscharakter, also verbindliche Verhaltensmuster, die eine soziale Bedeutung haben, das Tun und Lassen der Mitglieder einer Gesellschaft bzw. Gruppe regulieren und ihm dadurch eine gewisse Regelmäßigkeit verleihen." (100)

Beispiele für Normen wären etwa Gepflogenheiten, Bräuche, Sitten, Gebote, Verbote und juristisch fixierte Gesetze.

Sehr wichtig ist, daß durch Sozialisationseinflüsse nicht nur Verhaltensweisen weitergegeben werden, die ganz direkt Suchtkrankheiten begünstigen, sondern auch

solche, die "nur" indirekt das "Fundament legen" für Suchtanfälligkeit ! (Vergleiche hierzu unter dem Stichwort "Zwischenbilanz".)
Zur Illustration der direkten Einflußnahme auf die Entwicklung von Sucht sollen nun einige Zitate aus dem sog. "Lebensbericht" des Verfassers angeführt werden.

Dieser Lebensbericht wurde 1989 während der stationären Entwöhnung (Alkohol / Medikamente) in der Fachklinik "Burgfrede" (*) in "Bergschmallen" (*) verfaßt. (Alle Patienten wurden zu Beginn der dortigen Therapie sehr dringlich aufgefordert, einen solchen Bericht zu schreiben. Dieser wurde dann später in Klein- und Groß- gruppen verlesen und besprochen.)
Die Übernahme der Zitate erfolgt in wortwörtlicher Form, einschließlich also auch aller (Schreib-) fehler.
Insgesamt umfaßt der Bericht acht Din A 4 Seiten. Auf Seite eins heißt es:
(Grundschulzeit) ". . . Übrigens erinnere ich mich, das meine Oma einen großen Kasten mit allerlei Medikamenten hatte mit dem sie sich oft beschäftigte. Ein Mittel für Jederlei Krankheit war darin. ..."
Dies sicher ein erster Hinweis auf eine Lernerfahrung bezüglich des Umgangs mit Medikamenten.
Auch auf Alkohol finden sich frühe Hinweise (Seite 2):
" ... Etwa in diese Grund- und Hauptschulzelt fiel auch die erste persönliche Begegnung mit Bier. Tapezierer arbeiteten im Hause und gaben mir einen Schluck. Nach des Geschmack gefragt, machte ich eine lustige Bemerkung und alle lachten freundlich anerkennend. ..."
Diese Begebenheiten erscheinen auf den ersten Blick recht belanglos. Als alleinige Erklärung späterer Fehlentwicklungen reichen sie sicher auch nicht aus. Immerhin sind es Kindheitserlebnisse, die lange Jahre und sehr deutlich im Gedächtnis haften blieben !
Sehr prägend scheint auch ein Erlebnis aus der Jugendzeit (Seite 3):
" ... Die Obertertia habe ich 2 X gemacht. Ich weiß nicht, ob es beim ersten oder zweiten Mal war, als es anfing.
In diese Zelt fiel nämlich meine zweite (bzw. erste richtige) Begegnung mit Alkohol. Ich war mit 2-3 Schulkameraden in einer Kneipe schräg gegenüber des Recklinghäuser Hauptbahnhofes. Dort trank ich ca. 1 1/2 Glas Bier. In der Music-box lief gute Musik)back home(von Golden Earring z.B. Da war Kameradschaft und als wir nach draußen gingen, war der schöne, warme Sommertag noch mal so schön. Wir gingen dann zum Marktplatz. Dort traf ich ein Mädchen, das ich flüchtig von den Jesus Peoplen her kannte (dort hatte ich mit ca. 13 Jahren für ein Jahr mitgemacht, aber nie den richtigen Kontakt

gefunden), ich plauderte mit dieses Mädchen ein wenig, und irgendwann fragte sie mich, ob irgendwas mit mir los sei. ich antwortete:)Och, hab ein bischen Bier getrunken .... (Darauf sie ganz lieb:)Ach. Du bist aber süß wenn Du blau bist !("
Interessanterweise findet sich gleich anschließend schon folgender Kommentar:
"Irgendwie war's das wohl schon: ich glaube später habe ich dann genau das alles immer wieder im Suchtmittel gesucht –

(*) = Namen aus Datenschutzgründen verändert

Freundschaft, Wärme, Kontakt und Beziehungen zu Frauen, Anerkennung, Gemeinschaft mit Gruppen von Leuten, lustig und originell sein, Verstärkung des Genusses beim Musikhören und Tanzen usw. Auch wollte ich Schmerz (seelisch), Enttäuschung, Leid, Zurückgewiesen fühlen, Angst, Unsicherheit betäuben. "
Soweit einige persönliche Zitate, die als Beispiel für Einflüsse aus Kindheit und Jugend genügen mögen.
Praktische Beispiele für die indirekte Förderung von Sucht (also die Weitergabe des Leistungs- und Konsumprinzips) lassen sich ebenfalls leicht finden. In Bezug auf "Leistung" ist etwa der schulische Bereich zu nennen: Belohnung und Strafe (Zensuren!) sind hier besonders eng an die Erbringung von Leistung gekoppelt. Daß jeder Menschen auch einen eigenen Wert hat -der von seiner Leistung unabhängig ist- gehört hingegen nicht zum "Lehrplan".
In gewissem Sinne gibt es auch in dieser Richtung Hinweise im Lebensbericht des Verfassers. So heißt es auf Seite eins:
(Grundschulzeit) "... in der Grundschule hatte ich Schwierigkeiten mit einem strengen Lehrer, der mich auch vor der Klasse erniedrigte. Meine Eltern sorgten dafür das ich in eine Paralellklasse umgeschult wurde. "
Später (Seite vier) heißt es:
(Gymnasialzeit) "... Trotzdem schaffte ich die Obertertia im zweiten Anlauf, nach der Untersekunda mußte ich gehen, bekam aber -aufgrund eines Sondererlasses- noch die Fachoberschulreife. Anschließend wurde ich ... überredet die Höhere Handelsschule zu besuchen. Dort schaffte ich es nicht, war etwa 1/2 Jahr dort, bis ich mich abmeldete, weil ich inzwischen volljährig war. ..."
Schließlich findet sich noch auf Seite sechs ein Hinweis:
(Erste Studienzeit) "... bemühte mich um einen

Studienplatz für Sozialarbeit, den ich auch schnell
bekam. Allerdings nicht, wie von mir gewünscht, in der
Nähe, sondern in Mönchengladbach. Trotzdem behielt ich
meine Wohnung in Marl und fuhr stundenlang mit dem Zug
bin und her. Allerdings zunehmend seltener. ... Nach
einem Semester war mir klar, das ich es nicht schaffen
würde, ..."
Soweit diese Hinweise. Sicherlich sind dies alles
Erlebnisse des sog. "Versagens", die (ohne Aufarbeitung)
das Gefühl vermittelten "nichts wert zu sein".
Auch aus anderen Lebensbereichen ließen sich
möglicherweise noch Beispiele finden, doch mögen die
bisher vorgebrachten genügen.
Konkrete Hinweise zum Prinzip "Konsum" sind wohl
ebenfalls entbehrlich. Allgemein wäre hier unter anderem
an die gesamte Süßwaren- und Spielzeug- Industrie zu
denken, deren Werbeeinflüssen ja bereits Kinder und
Jugendliche massiv ausgesetzt sind. Schon hier wird ja
die ewig gleiche Botschaft "Verbrauche mich, dann geht
es Dir gut !" lautstark verkündet!
Soviel zunächst zum Begriff der "Sozialisation".

Der zweite prägende Bereich betrifft die unmittelbare
Erziehung in der Herkunftsfamilie.
Oft wird hier Sucht ganz direkt "weitergegeben", zu
denken wäre etwa an die Kinder von Alkoholikern, die
später selbst zu Alkoholabhängigen werden. So schreibt
z.B. "DIE ZEIT":
"Wie Kinder damit leben, wenn Ihre Eltern trinken oder
Pillen schlucken ... Viele der)vergessenen Kinder(
werden später selber abhängig" (101) und schätzt den
Prozentsatz der später selbst süchtigen Kinder auf
sechzig Prozent !
Das diese Kinder so oft selbst abhängig werden, scheint
auf den ersten Blick nicht unbedingt einsichtig, haben
sie doch z.B. Alkohol eigentlich eher als etwas
Unangenehmes kennengelernt. ist also die Vererbung
verantwortlich zu machen ? Wohl eher nicht. Denn
folgendes ist zu bedenken: Diese Kinder haben nie
Alternativen zum (Alkohol-) konsumierenden Verhalten
(kennen-) gelernt. Von daher ist Ihnen dies Verhalten
doch "nahe" - trotz aller unangenehmen Erlebnisse damit.
Auch ist das Gefühlsleben dieser Kinder allgemein sehr
"in Unordnung". Verbunden mit der Tatsache, daß sie oft
schon sehr früh sehr viel leisten mußten
(Verantwortungsübernahme!) , bedeutet dies mit Sicherheit
eine stark erhöhte Suchtanfälligkeit.
Doch gibt es auch noch ganz andere Möglichkeiten.
Denn selbst Kinder von Eltern, die (relativ) vernünftig
mit Alkohol und Medikamenten umgehen, werden oft
suchtkrank.

Am Beispiel illegaler Drogen kann einer der hierfür verantwortlichen Mechanismen deutlich gemacht werden. Folgende -tatsächlich oft vorliegende- "Anordnung" wäre sich hier vorzustellen:

-Die Eltern gehen mit Alkohol und Medikamenten (relativ) vernünftig um.

(So bieten sie einerseits kein "schlechtes Beispiel", andererseits werden von den Kindern auch keine negativen Auswirkungen von Suchtmittelmiß- brauch wahrgenommen.)

- Die Eltern betonen sehr die materiellen und leistungsbezogenen Gesichtspunkte des Lebens.

(Zu denken wäre hier an Eltern mit einem "eigenen Geschäft", etwa (Klein-) Unternehmer, aber auch an die Leistungsträger des "Wirtschaftswunders" in der BRD allgemein. Folge ist meist, daß die Kinder materiell gut versorgt, aber gefühlsmäßig vernach- lässigt sind.) -

- Das jeweilige Kind erfährt und lernt hier, daß Konsum und Leistung (allein) seine Bedürfnisse NICHT befriedigen !

- Das Kind lernt jedoch keine grundsätzlich anderen Lebenshaltungen als die seiner Eltern kennen. Die Gefühlsbeeinflussung durch Konsum ist ihm also -trotz Unbehagens daran- das einzig wirklich Vertraute.

Aus diesen Faktoren heraus kann es dann in Pubertät und Jugend zu ganz bestimmten (Fehl-) entwicklungen kommen:

- Die Lebensweise und -Orientierung der Eltern wird zunehmend abgelehnt.

- Diese Ablehnung erfolgt jedoch mit recht unklarer und undeutlicher "Untermauerung", d.h. echte Alternativen sind dem Jugendlichen nicht deutlich ! (Woher auch ?)

Eher durch Zufälligkeiten bestimmt, bieten sich nun dem Jugendlichen scheinbare Alternativen an: die "Spät- Hippie - Szene". Teile des "Punk - Milieus" oder ähnliche Subkulturen, in denen unter anderem illegale Drogen konsumiert werden. Es wirken diese "Szenen" (und Drogen) faszinierend auf den Jugendlichen, da ja zumindest äußerlich eine große "Andersartigkeit" vorliegt.

Als wichtige Zwischenbemerkung bleibt an dieser Stelle festzuhalten: Aus der puren Negation ("Verneinung") einer Lebensführung entsteht noch lange keine eigene, wirkliche und echte Alternative !

Doch kann der jeweilige Jugendliche dies natürlich in seiner Situation nicht erkennen. Er "lebt" zunächst nur seine (berechtigte!) Ablehnung dessen, was er als unzureichend erkannt (bzw. "erfühlt") hat.

Doch gerade (auch) diese Jugendlichen werden nun schnell abhängig, "Schnüffelstoffe" (wie Benzin, u.ä.), oder (später) Heroin, sind hier Beispiele.

Natürlich tritt auch hier das Konsumprinzip "Verbrauche mich, dann geht es Dir gut!" in Kraft - ja sogar in stark zugespitzter Form. Doch wird dies nicht (oder zu spät) erkannt - kommt doch dieses Konsumprinzip in einem völlig "anderen Gewand" daher, als das der Eltern !

- Eigentlich ist es aber kein Wunder, daß diese Jugendlichen besonders gefährdet sind: wie bereits erwähnt, kennen sie kein wirklich anderes Verhalten als das des Konsumierens. So ist ihnen dieses Verhalten grundsätzlich doch sehr "nahe" und vertraut - und wird dann von ihnen auch praktiziert.

Mit einem Unterschied: der Rausch ist kein "Konsumrausch", sondern ein Drogenrausch und (noch) schädlicher als der der Eltern !

Eine andere mögliche Entwicklung ist natürlich, daß der Jugendliche sich (z.B. mangels anderer äußerer Anreize) "in seine Rolle einfindet". Das bedeutet hier, er versucht ebenfalls über materielle Dinge und die Erbringung von Leistung glücklich zu werden. Bleibt er längere Zeit bei ausschließlich dieser Lebenshaltung, so ist es natürlich nicht unwahrscheinlich, daß er später einen "guten Kandidaten" für Alkohol- oder Medikamentensucht abgibt.

Damit soll dieser Punkt abgeschlossen werden.

3. EXKURS: Die Rolle der Medien

3.1 Die Rolle der Medien

Einiges wurde schon über Sozialisationseinflüsse geschrieben. Diese auf Menschen einwirkenden Einflüsse haben unterschiedliche Quellen, oder Ursprünge. Andere Menschen, bekannte oder auch unbekannte, können solche Quellen sein (siehe vorheriger Punkt). Wie bereits erläutert, sind Sozialisationseinflüsse oft maßgeblich dafür verantwortlich, welche Normen und Werte der Einzelne sich "zu eigen macht".

Eine wichtige Rolle haben hier neben den Mitmenschen aber auch die Medien, insbesondere die sog. Massenmedien. Auch sie prägen dem Einzelnen in starkem Maße Werte und Normen ein und beeinflussen damit letztendlich sein Verhalten. Dies kann ganz direkt geschehen (d.h. das Verhalten des Einzelnen wird unmittelbar durch die Medien verändert, bzw. geformt), oder auch indirekt. Indirekt heißt hier die Medien wirken Norm- und Wertebildend auf die Mitmenschen einer bestimmten Person und diese Menschen beeinflussen dann (bewußt oder unbewußt) den Einzelnen. Ein Beispiel wäre hier die sog. "peer - group" (also die "Gleichaltrigengruppe") die das Verhalten des einzelnen Jugendlichen beeinflußt (in diesem Beispiel wäre dann davon auszugehen, daß zumindest einige der Normen und Werte in dieser Gruppe durch die Medien geprägt sind).

Ein anderes Beispiel wäre die sog. Bezugsgruppe. Dies bedeutet, einzelne Menschen ahmen das von ihnen vermutete Verhalten einer Gruppe von Menschen nach, zu der sie zwar selbst nicht gehören, zu der sie aber gern gehören <u>würden</u>. Konkreter sähe dies so aus: Die sogenannte "Mittelschicht" glaubt den Beteuerungen der Medien, es sei ungeheuer wichtig, teure und elegante Autos zu fahren. Die sogenannte "Unterschicht" bemerkt dies und strebt nun daher ebenfalls den Besitz teurer, eleganter Autos an. (Interessanterweise funktioniert dieser Mechanismus selbst dann, wenn die "Unterschicht" auch nur glaubt, die "Mittelschicht" führe teure, elegante Autos -und es in Wirklichkeit gar nicht so ist!)

Dies als Beispiel.

Interessant, bzw. gefährlich wird es hier sicher immer dann, wenn ein Suchtverhalten durch die Medien gefördert wird (absichtlich, oder -seltener- auch unabsichtlich) !

Der Begriff "Suchtverhalten" kann sich dabei natürlich sowohl auf Leistungs- und Konsulnsucht, als auch auf Drogen direkt beziehen.

Wie erkennbar wurde, lohnt eine nähere Betrachtung des Bereichs "Medien" sicherlich.
Deshalb sollen nun zunächst einige Begriffe genauer definiert werden.

3.2 Begriffsbestimmungen

Medien
"Medien" ist die Mehrzahl von "Medium" und bedeutet.
"Mittler, vermittelnde Elemente".
"Medium" läßt sich folgendermaßen näher erklären :
"Einrichtung für die Vermittlung von Meinungen,
Informationen od. Kulturgütern Insbesondere eines der
Massenmedien Film, Funk, Fernsehen. Presse ..." (102)

Massenmedien
Dieser Begriff wurde an und für sich schon unter
"Medien" miterklärt. Wichtig ist, daß Massenmedien in
unserer Gesellschaft äußerst weit verbreitet sind und
damit eben "Massen" von Menschen tagtäglich "erreicht"
werden.

Medienverbreitung (BRD)
"Ausstattung mit Geräten der Unterhaltungselektronik
1982:　　　　Von 100 Haushalten verfügten über:
mind. ein Fernsehgerät　96,6 %
mind. ein Radiogerät　97,0 %
PKW mit Autoradio　54,7 %
Quelle: ARW, Sonderzählung der Media-Analyse AG.MA Media
- Micro - Census 1983" (103)

Mediennutzung (BRD)

"Zeitbudget für Mediennutzung pro Tag 1981/82 in Minuten:

Mediennutzung insgesamt	379
Radio	151
Fernsehen	132
Lesen ... Zeitschrift	24
Bücher	14

Quelle: ABW / Media Marketing, teleskopie - Struktur-
erhebung 1981/82" (104)

Zum Vergleich einige neuere Zahlen (von 1991):
"Einschaltdauer der Fernsehgeräte in Min./Tag ...
Bundesdurchschnitt ... 1991: 263"

"Hörfunknutzung ... Hördauer der Hörer pro Tag \
\ (Verweildauer) in Min.: 199" (*)

((*)= Quelle: "Media Perspektiven" / (Verantwortlich.:
K.Berg) / AG d. ARD - Werbegesellschaften (Hrsg.) /
Frankfurt / 1991 / Seiten 70 u. 73).

Soweit die Zahlen vergleichbar sind, eine doch recht deutliche Steigerung !
Die bei den letzten beiden Begriffen erwähnten Zahlen sind teils schon etwas älterer Herkunft. Dies ist jedoch kein Nachteil.
Interessant ist bei diesen älteren Zahlen nämlich die Überlegung, wie viele Kinder demnach seit 1981 dem massiven Einfluß der aufgeführten Massenmedien ausgesetzt waren. (Alle diese Kinder sind jetzt Jugendliche, oder sogar bereits Erwachsene !)

Medienarten (Unterteilungen)
Es ist möglich viele Arten von Medien aufzuzählen. Film, Fernsehen, Funk und Presse wurden bereits erwähnt. Wichtig wären sicher auch noch die Illustrierten und (Fach-) Zeitschriften, weiterhin die sog. "Romanhefte" (wie "Krimis", Liebesromane, Zukunftsromane, u.a.); dies auf Grund ihrer doch recht hohen Verbreitung.
Auch lassen sich die Medien vielfach unterteilen, etwa in "Auditive Medien" (Funk), "Audio - visuelle Medien" (Film, Fernsehen) und die "Print - Medien" (alles "Gedruckte").
Doch soll hierauf jetzt nicht näher eingegangen werden. Das bisher Geschriebene reicht sicherlich völlig aus, um verschiedene Gesichtspunkte weiterverfolgen zu können.

Werbung
Medien übermitteln verschiedenartige Inhalte. Einer dieser Inhalte ist "Werbung". Dieser Begriff läßt sich folgendermaßen näher bestimmen:
"Mit Werbung bezeichnet man allgemein Bemühungen, Personen zum Kauf bestimmter Waren oder Dienstleistungen zu bewegen. ... Dabei wird versucht, die Kaufentscheidung durch gezielte Information, durch Appelle an vorhandene Interessen oder durch das Ansprechen verborgener Triebe und Wünsche herbeizuführen. Häufig ist jedoch zu beobachten, daß versucht wird, durch Werbung erst bestimmte Wünsche und Bedürfnisse zu erzeugen, die vorher nicht vorhanden waren." (105)

Soweit einige Definitionen.

Reine Begriffsbestimmungen und theoretische Überlegungen sind oftmals etwas "trocken", sie fördern nicht sonderlich den Prozeß sich etwas in der Realität vorzustellen. Daher soll jetzt versucht werden, anhand einer "Geschichte" zu verdeutlichen wie der „Medienalltag" eines Menschen aussehen kann. Es wird dabei natürlich keinerlei Anspruch auf Objektivität, Vollständigkeit, etc. erhoben.

Der "Herr" um den es hier geht -nennen wir ihn "Dietmar Michel"- soll knapp mittleren Alters und Einwohner der Bundesrepublik Deutschland sein.

Folgendermaßen könnte dieser einen ganz normalen Wochentag Anfang der `90er Jahre unseres Jahrhunderts verbringen:

3.3 Ein Tag im Leben des Dietmar Michel

Früh am Morgen erwacht Herr Michel durch die Klänge aus seinem Radiowecker. Sanfte Musik ist es nicht gerade, die Ihn "umschmeichelt", "Jeans on" ist eher ein modernes, flottes Stück. (Diesen Song hatte er doch schon irgendwo mal gehört, war da nicht so irgend etwas mit einer Hosenreklame ?) Doch Herr Michel ist momentan zu träge, diesen Gedankengang weiter zu verfolgen. Schließlich wird die Musik dann auch von einer richtigen Werbeeinspielung unterbrochen. Herr Michel räkelt sich aus dem Bett, und nach einem Aufenthalt in Bad und Küche sitzt er endlich am Frühstückstisch. Nebenher "läuft" ein wenig das Kabelfernsehen, die Nachrichten und so: man will ja Informiert sein ! Zwischendurch kommt hier zwar öfters Werbung, aber nun ja, die "Privaten" müssen sich schließlich auch irgendwie finanzieren ...

Anschließend verläßt Herr Michel seine Wohnung, um mit dem Wagen zur Arbeit zu fahren. "First time", ein eher romantischer Song erklingt im Autoradio (warum nur muß er gerade jetzt an ein ganz bestimmtes Getränk denken ? Auch diese Musik kommt ihm irgendwie bekannt vor ...). Schon wieder ein Stau ! Und auch alle Ampeln scheinen heute mal wieder total "auf Rot programmiert" zu sein. Gedankenverloren studiert D. Michel die Plakatwände am Straßenrand - doch nun geht es endlich weiter !

Bald ist Herr Michel auf seiner Arbeitsstelle angelangt, doch auch hier geht der Streß weiter: Mal wieder "unheimlich viel los" heute ! Schon um halb Zehn braucht er eine Aspirin, doch dann "gehts" bald wieder. Nun ist auch endlich Frühstückspause und man plaudert ein wenig "unter Kollegen". Neben dem üblichen "Büroklatsch" geht es um die neuesten Automodelle und -natürlich- um die Fußballmeisterschaft : "Der neue Stürmer hat ja echt nix geleistet, den sollten sie schleunigst wieder verkaufen, den Mann !", meint Klaus - Peter Ehrlich, der Büronachbar von Michel, und lacht verächtlich. Herr Michel nickt zustimmend.

Nachmittags hat er frei, wegen eines Arzttermins. Wenn nur die ewigen Magenschmerzen nicht wären ! Als wenn er

nicht schon genug Ärger im Büro hätte... Die Wartezeit
verkürzt er sich mit dem Blättern in einigen
Illustrierten, wobei Ihm (ganz zufällig) einfällt, daß
er den Arzt doch gleich auch auf ein Stärkungsmittel
ansprechen könnte. (Im Moment ist auch wirklich zuviel
los "im Geschäft" !)
Später, "endlich daheim", ißt Herr Michel zu Abend und
macht es sich dann mit einigen Flaschen Bier vor dem
Fernseher bequem. "Endlich mal abschalten !", denkt er,
und drückt auf Taste "9" seiner Fernbedienung: bei "RTL
plus" ist immer "was los" ! Nach dem Genuß einiger
"Action-" und Unterhaltungssendungen geht Herr Michel zu
Bett. Ein paar Zeilen aus seinem Romanheft liest er dort
noch: doch kaum hat "Jerry Cotton" seinen ersten Whisky
getrunken und seine erste "Lucky Strike" geraucht, sinkt
Michel ermattet das Heft aus der Hand. Hierdurch noch
einmal kurz aufgeschreckt, dreht D. Michel sich herum
und denkt verschwommen: "Na, macht nix, morgen ist auch
noch ein Tag ! "
Das Licht verlöscht und Finsternis herrscht.
Bis zum Erwachen.

3.4 Medien: Inhalte

Verschiedene Sachverhalte bezüglich der Medien wurden
bis hierher schon klarer.
Wichtig scheint jetzt, näher zu untersuchen was diese
Medien denn nun eigentlich "transportieren", bzw.
übermitteln. Damit stellt sich die Frage nach den
Inhalten.
Eine grobe Aufteilung, welcher Art diese Inhalte sind,
könnte so aussehen:

- Informationen, Nachrichten
- Kultur (Lieder, Gedichte, Geschichten, etc.)
- Unterhaltung (verschiedener Art)
- Werbung

Die Grenzen sind natürlich fließend. Was ist noch
Kultur, was Unterhaltung ? Dies läßt sich natürlich oft
nicht restlos klären...
Andere Aufteilungen wären selbstverständlich möglich.
Zum Bereich "Informationen, Nachrichten" läßt sich
sagen, daß auch hier Werte, Normen und Verhaltensweisen
von Menschen beeinflußt werden (können). Auch "reine
Informationen" "können lügen". Dies durch die Art und
Welse wie Informationen formuliert, dargestellt und
kommentiert werden, und -insbesondere- dadurch, daß
manche Informationen eben nicht, (weiter-) verbreitet
werden.
Doch soll auf diesen Bereich hier nicht näher
eingegangen werden.
Schwerpunkte sollen dagegen im folgenden die Bereiche
"Kultur" und "Unterhaltung" sein und auch der Bereich
"Werbung". Auf die Förderung des Leistungs- und
Konsumprinzips in unserer Gesellschaft soll nicht so
sehr "abgehoben" werden, wie auf die unmittelbare
Förderung der direkten Drogensucht, dies hauptsächlich
anhand der legalen Droge Alkohol. Mit absoluter
Sicherheit ließen sich aber mindestens ebenso viele
Beispiele für die "Leistungs-/ Konsumsucht" finden, wie
für den Bereich "Alkoholsucht"! Das bedeutet hier, die
Prinzipien des allgemeinen gesellschaftlichen Sucht-
systems werden durch die verschiedenen Medien sicherlich
ebenso stark transportiert / übermittelt, wie die
konkrete Botschaft "Trinke Alkohol, dann geht es Dir
gut ! ".

3.5 Medien und Sucht am Beispiel Alkohol

In Medien wie z.B. Büchern, Zeitschriften und
Illustrierten ist häufig von Alkohol die Rede. Tragen
die Medien hierdurch nicht auch eine gewisse
Verantwortung? Zu diesem Thema findet sich ein Hinweis
bei Josef Schenk -den der Verfasser für sehr zutreffend
hält, im Gegensatz zu vielen anderen Ansichten Schenks:
in den Massenmedien werden die traditionellen
Drogen entsprechend u.a. auf der Wirtschaftsseite als
Teil des wirtschaftlichen Lebens voll akzeptiert,
während die Modedrogen auf der "Bunten Seite" ebenso
konsequent problematisiert und kriminalisiert werden..."
" ... Es ist üblich, daß für Tabak und Alkohol geworben
wird, daß der Alkoholkonsum in Zeitungen als Teil
unseres Lebensstils positiv erwähnt wird, ... daß
Schriftsteller den Wein verherrlichen ... und daß in
Filmen Alkohol- und Tabakkonsum als Teil eines
genießenden Lebensstile vorgeführt wird. Die
Verantwortung der Medien kann daher nicht geleugnet
werden. " (106)
Schenk deutet hier bereits an, daß Alkohol in vielerlei
Hinsicht verherrlicht wird. Diesbezüglich sollen nun
verschiedene Beispiele genannt werden.
So ist etwa an die bekannten Ansichtskarten zu denken,
mit "lustigen" Sprüchen wie: "Zwischen Leber und Milz
paßt immer noch ein)Pils(", u.a.
Der Sänger W. Schneider, ("Schuütt` Deine Sorgen in ein
Gläschen Wein !") wurde ja schon früher einmal erwähnt.
Andere Beispiele aus dem Bereich "Liedgut" wären hier:
"Bier her, oder ich fall um, juchhe !", "Schnaps, das
war sein letztes Wort ...", usw.
Es finden sich jedoch, etwa im Bereich der Print-
Medien (Bücher, Zeitschritten, u.ä.), durchaus auch
ernstzunehmendere Botschaften. So äußert sich z. B. der
Schriftsteller und Lyriker Theodor Storm:
"Der Nebel steigt, es fällt das Laub;
Schenk ein den Wein, den holden !
Wir wollen uns den grauen Tag
Vergolden, Ja vergolden!" (107)
Selbst das sog. "Buch der Bücher", die Bibel, läßt sich
von findigen Alkoholfreunden mißbrauchen:
"In Sprüche 31, 6 und 7 heißt es:)Gebt starkes Getränk
denen, die am umkommen sind, und Wein den betrübten
Seelen, daß sie trinken und ihres Elends vergessen und
ihres Unglücks nicht mehr gedenken.(" (108)
..... und wer wäre schließlich nicht ab und zu mal

"betrübt", nicht wahr?

Abschließend noch einige Zitate aus dem Führer "Die Deutsche Weinstraße":

Ludwig Heinrich C. Hölty hat hier offensichtlich bereits Schwierigkeiten, bei nur einer Flasche Wein zu bleiben, wobei ihm gewisse andere Dinge zwischenmenschlicher Natur schon zunehmend gleichgültiger werden:

"Trinklied . . .

Ich geh es zu, ein Kuß ist süß,
Doch süßer ist der Wein. ...
Was kümmert mich die ganze Welt,
Wenn's liebe Gläslein winkt,
Und Traubensaft, der mir gefällt,
An meiner Lippe blinkt ?
Dann trink ich, wie ein Götterkind,
Die volle Flasche leer,
Daß Glut mir durch die Adern rinnt,
Und tauml', und fordre mehr." (109)

Eine regelrechte "Sinnlichkeit" gegenüber dem "Stöffchen" wird hier erkennbar. Doch hat der Alkohol auch "härteren Burschen" etwas zu bieten:

"Wir wollen nun nach Männerart
Mit Rebenblut den Tag beschließen
Und den in unserem Kreis begrüßen,
Der trinkfest ist und Sitte wahrt.
Nehmt Platz, es gilt dem deutschen Wein,
Schenkt ein! Laßt uns das Glas erheben!
Stoßt an! - Wer wacker ist soll leben!
Trinkt aus! - wir wollen Brüder sein." (110)

In Klöstern hingegen scheint man mehr dem "Spiegeltrinken" (Suchttyp: "Delta") zugeneigt zu sein:

"Den Leib und Geist erhält gesund
der Wein an Vormittagen,
es stärkt ein Trunk zur Mittagsstund
die Leber und den Magen.
Zur Vesperzeit ist aus dem Krug
ein Trünklein anzuraten,
am Abend kann ein frischer Zug
und auch bei Nacht nicht schaden.
Klosterspruch" (111)

Zur Darstellung des Alkohols als "tröstendem Freund" wird schließlich noch Horaz bemüht, der "diese Sache" allerdings auch ziemlich genau "auf den Punkt bringt":

"Siehe, dem Nüchternen
erscheint alles in Grau.
Einzig im Wein allein
weichen Sorgen und Angst,
Kummer und Leid
als süßes Geschenk von Gott." (112)

Hier klingt sogar ein regelrecht religiöser, "überirdischer" Akzent mit an. "Gottvater selbst" schenkt also gewissermaßen den Alkohol aus - nicht etwa der Wirt in der Kneipe "Nebenan".....
Doch damit soll es der Beispiele genug sein !

3.6 Medien als Vorbild

Medien sind in unserer Gesellschaft sehr weit verbreitet
und tragen damit eine große Verantwortung, soviel wurde
schon klar. Viele Botschaften direkter und indirekter
Natur werden verbreitet. So wird das Leistungs- und
Konsumprinzip bejaht, aber auch der Konsum von
Suchtmitteln wie Alkohol und Medikamenten "angepriesen".
Die Medien bieten Meinungen und Vorbilder an, etwa in
Spielhandlungen (z.B. In Romanen, Fernsehfilmen, etc.)
und -auch und vor allem- in der Werbung !
Haben diese Botschaften aber wirklich einen Einfluß auf
die Menschen und -da dies ziemlich offensichtlich so
ist- wodurch haben sie diesen Einfluß ?
Um hier "klarer zu sehen", soll zunächst einiges zum
sog. "Beobachtungslernen" gesagt werden:
"Wenn es darum geht, komplexe Verhaltensmuster auf dem
Gebiet des sozialen und sprachlichen Verhaltens zu
übernehmen, spielt das Beobachtungslernen (auch
Modellernen oder Imitationslernen) eine große Rolle. ...
Ausgangspunkt ist die Tatsache, daß man nicht nur durch
Unterweisung oder aus eigener direkter Erfahrung lernt,
sondern auch bei bloßer Beobachtung des Verhaltens einer
anderen Person. ... Die Person, die beobachtet und
nachgeahmt wird ist das Modell. ... Zentrale Bedeutung
beim Beobachtungslernen hat das Konzept der
)stellvertretenden Verstärkung(. Darunter versteht man,
daß es schon genügt, wenn der Beobachter sieht, wie das
Modell für ein bestimmtes Verhalten belohnt wird, um es
zu übernehmen. Eigene Verstärkung ist nicht
erforderlich. ... Untersuchungen haben ergeben, daß der
Einfluß eines Modells auf die Entwicklung neuer
Werthaltungen sehr groß ist. Aber auch unerwünschtes
Verhalten wird vielfach durch Imitation gelernt.
Heutzutage bietet das Fernsehen die Gelegenheit, eine
Vielzahl von Verhaltensweisen zu beobachten. ... Die
pädagogische Bedeutung solcher Ergebnisse sollte nicht
unterschätzt werden. ... Empirische Untersuchungen
konnten bisher belegen, daß nicht nur Verhalten, sondern
auch Gefühle, Interessen, Motive und Werteinstellungen
von Vorbildern übernommen werden." (113)
Viel braucht hier eigentlich nicht mehr hinzugefügt
werden. Berücksichtigt man auch alles andere, was bisher
geschrieben wurde, so nimmt es nicht Wunder, daß
Leistungs- und Konsumfixierung immer mehr zunehmen und
auch die Zahl der Abhängigkeitskranken keineswegs sinkt !
Erwachsene, Jugendliche und Kinder sind einem täglichen
"Bombardement" ausgesetzt: Produkte und Vorbilder (die
diese Produkte konsumieren) werden ihnen durch die
Medien "vorgesetzt" -und aufgedrängt - mit Erfolg: Alles

wird zur Ware, schließlich auch die Vorbilder und damit
der Mensch selbst .....

Waren aber (auch die "Ware Mensch") ver-braucht "man":
Wäre dies nicht auch eine mögliche Erklärung für die
steigenden Scheidungsziffern? "In guten, wie in
schlechten Zeiten ..." - dies hat ja in der heutigen
Zeit schon längst keine Gültigkeit mehr. Unangenehmes
gehört nun mal schlicht nicht zum Leben: "Funktioniert"
der Partner nicht mehr "richtig", so wird er halt
"ausgewechselt"...
Doch mit dieser kleinen Abschweifung soll der Punkt
"Medien als Vorbild" nun abgeschlossen werden.
Anschließend wird aber noch die ausführliche
Untersuchung eines konkreten Beispiels vorgenommen. Das
Thema ist hier: "Alkohol in Illustrierten".

Alkoholwerbung

in

Illustrierten

(K)eine Anzeige von Burkhard Tomm

Eine Untersuchung

3.7.1 Die Untersuchung: Alkohol in Illustrierten

Um verschiedene der bisher aufgestellten Behauptungen deutlich zu machen und zu belegen, wurde die Untersuchung eines Beispieles vorgenommen.
Der Arbeitstitel dieser Untersuchung lautet:

"Alkohol in Illustrierten"

WAS WURDE UNTERSUCHT?

Untersucht wurden 50 unterschiedliche Anzeigen für verschiedene alkoholhaltige Getränke. Die Anzeigen wurden 7 verschiedenen Illustrierten entnommen. Im Einzelnen handelte es sich dabei um folgende Blätter:

- STERN (Nr.l2/'91, Nr. 25/'91, Nr.28/'91, Nr.30/'91)

- DER SPIEGEL (Nr.23/'91, Nr.28/'91, Nr.29/'91)

- TEMPO (Nr.1/ `90)

- JOURNAL (Nr.6/'91)

- ADAC- Motorwelt (Nr.4/'91, Nr.5/'91, Nr.6/'91)

- COSMOPOLITAN (Nr.3/'90)

- WIENER (Nr.8/'91)

Da die Anzahl der jeweils entnommenen Anzeigen eher vom Zufall bestimmt war, soll hier nicht näher darauf eingegangen werden, in welcher Illustrierten mehr oder weniger relevante Anzeigen vertreten waren.
Unter den Anzeigen befanden sich 43 (=86%) ganzseitige Anzeigen, 7 (=14%) hatten ein kleineres Format.
45 (=90%) der Anzeigen waren farbig, 5 (=10%) waren schwarz/weiß gestaltet (wobei in einem Fall letzteres ausdrücklich als Stilmittel eingesetzt wurde = "BLACK & WHITE").
Insgesamt wurden 39 Sorten alkoholhaltiger Getränke erfaßt, d.h. von einigen Produkten wurden auch mehrere -wenn auch unterschiedlich gestaltete- Anzeigen ausgewertet (welche dies im Einzelnen waren, wird später noch dargestellt werden).

ERHEBUNGSZEITRAUM
Der Erhebungszeitraum begann im Januar 1990 und erstreckte sich bis zum August 1991.
Auch dieser Zeitraum wurde zufällig gewählt, wobei lediglich darauf geachtet wurde, daß die Illustrierten kein allzulange zurückliegendes Erscheinungsdatum hatten.

AUFSCHLÜSSELUNG EINIGER ZAHLEN

Wie bereits erwähnt, wurden 37 Sorten alkoholhaltiger Getränke erfaßt. Nimmt man eine Aufschlüsselung in "Unterarten" vor, so ergibt sich hierbei folgendes Bild:

- BIERE:	20 Anzeigen (=40%)
- WEINE,SEKTE:	17 Anzeigen (=34%)
- "HARTE SACHEN" (z.B.Schnaps):	8 Anzeigen (=16%)
- SONSTIGE (?):	5 Anzeigen (=10%)

Im Einzelnen waren dies folgende Marken:

BIERE: Licher leicht (2), Bit, Einbeck Ur-Bock, Remmer Light, Warsteiner, Krombacher (2), Flensburger Pilsener, Tuborg, Gräflinger Leichtes Pils (3), Erdinger Weißbier, Heidelberg 1603, Karlsberg, Eichbaum leichter Typ, Veltins, Jever, Franziskaner Weissbier.

WEINE, SEKTE: Toscanello (2), Rheinhessenwein, Faber light, Bricout, Asti - Cinzano, Martin Schongauer, Henkell trocken (2), Badischer Wein (2), Schloss Wachenheim, Kabinettwein, Feist (2), Fürst von Metternich, Galestro.

"HARTE SACHEN": Ouzo, Cointreau, Black & White, Gordon's (3), Dimple, Grand Marnier.

SONSTIGES (?): Baileys Irish cream (2), Martini, Campari, Tio Pepe extra dry.

Unter "SONSTIGES" wurden Getränke zusammengefaßt, bei denen aus der Anzeige nicht hervorgeht wo sie zuzuordnen sind.

Wenn mehrere -verschiedene- Anzeigen derselben Marke ausgewertet wurden, wurde die entsprechende Anzahl in Klammern ( ) nachgestellt.

WEITERE AUSWERTUNG

In Bezug auf die Anzeigen stellen sich nun folgende
Fragen: "Welchen Eindruck hat der potentielle (d.h.
mögliche) Käufer und Konsument ? Was soll hier
(scheinbar) verkauft werden ?"
Nach einer groben Übersicht fanden sich 8 Kategorien
denen sich jeweils der (erste) Eindruck zuordnen
ließ (plus die Kategorie "SONSTIGE"). Daraufhin wurden
alle Anzeigen in zwei Arbeitsgängen "ausgezählt". Beim
ersten Durchgang wurde nur der erste und wichtigste
Eindruck von der jeweiligen Anzeige berücksichtigt.
Mehrfachnennungen waren also nicht möglich.
Beim zweiten Durchgang wurden diese Mehrfachnennungen
jedoch zugelassen, d.h. jede Anzeige konnte in mehreren
Kategorien auftauchen (was aber durchaus nicht immer der
Fall war!).

Die Ergebnisse sahen wie folgt aus:

RUBRIK	ANZAHL DER ANZEIGEN	PROZENT
"Das gönn` ich mir !" (Genuß/Entspannung)	4	8 %
"Natur pur!" (Frühling/Natur)	5	10%
"Daheim und unter Freunden!" (Geineinschaft/Heimatliches)	3	6%
"Zeit für Gefühle- Sex inklusive!" (Kontakte,Sex,u.ä.)	12	24%
"Starke Typen !" (Stark sein,Männlichkeit)	4	8%
"Sportlich, sportlich!" (Sport und Abenteuer)	3	6%
"Nobel, nobel !" (Kennertum, Erfolg, Besonderheit)	12	24%
"Fernweh !" (Fremde Länder, Exotik)	4	6%
„Sonstige"	3	
Gesamt:	**50 Anzeigen**	**= 100%**

Wurden Mehrfachnennungen zugelassen,
änderte sich das Bild teilweise:

RUBRIK	ANZAHL DER ANZEIGEN	PROZENT
"Das gönn` ich mir !" (Genuß/Entspannung)	14	8 %
"Natur pur!" (Frühling/Natur)	8	10%
"Daheim und unter Freunden!" (Geineinschaft/Heimatliches)	5	6%
"Zeit für Gefühle- Sex inklusive!" (Kontakte,Sex,u.ä.)	17	24%
"Starke Typen !" (Stark sein,Männlichkeit)	5	8%
"Sportlich, sportlich!" (Sport und Abenteuer)	4	6%
"Nobel, nobel !" (Kennertum, Erfolg, Besonderheit)	21	24%
"Fernweh !" (Fremde Länder, Exotik)	10	6%
„Sonstige"	3	
Gesamt:	**87 Nennungen**	---

Zu berücksichtigen ist hierbei, dass sich die Prozentangaben auf die ursprüngliche Anzahl der Anzeigen beziehen (=50). Die Prozentangaben sagen also (nur) etwas darüber aus, ob die jeweilige Kategorie von der jeweiligen Anzeige überhaupt (!) angesprochen wird. Sei es "auf den ersten Blick" oder erst "auf den Zweiten"!

Je mehr du dich selbst liebst, je mehr
Henkell Trocken trinkst du !

Oder:

Je mehr Henkell Trocken du trinkst,
je mehr Freunde hast du !

(Ob die Freifrau das gemeint hat ?)

D I E   K U N S T
D E S   L E B E N S. (1 8 4)

Je mehr du dich
selbst liebst, je mehr
bist du dein eigener
Feind.

Marie Freifrau
von Ebner-Eschenbach

Je mehr Henkell Trocken
du allein trinkst, je mehr Freunde
wirst du verlieren. Teile lieber.
Cheers!

HENKELL
TROCKEN

Anzumerken ist hier noch, daß eine Sortierung der Anzeigen in die verschiedenen Kategorien zwangsläufig nach subjektiven Kriterien geschehen mußte. Wie bereits angedeutet, entschied bei der ersten "Auszählung" nur der erste Eindruck, der sich beim Betrachten der jeweiligen Anzeige einstellte. Beim zweiten "Durchgang" wurde genauer hingesehen und auch Textpassagen gelesen die in unauffälligerem Schriftbild gestaltet waren.
Um die Zahlenkolonnen anschaulicher zu machen, soll im Weiteren aus jeder Rubrik eine Anzeige näher beschrieben werden.

"Das gönn` ich mir"'
(Genuß/Entspannung)

Als Beispiel soll hier die Anzeige von "faber Light Line" dienen (=Weine, Sekte).
Die ganzseitige, farbige Anzeige zeigt unter dem großen Schriftzug "faber" eine sportliche, schlanke. junge und hübsche Frau (leicht verfremdetes Foto). Die junge Dame trägt eine Sonnenbrille und lächelt. Das Foto ist leicht gekippt, so daß der Weg der Dame (unaufhaltsam ?) aufwärts geht. Neben dem Foto findet sich in wörtlicher Rede der Text: "Genuß den ich mir gerne gönne: 80 Prozent weniger Alkohol, 60 Prozent weniger Kalorien, aber voller Geschmack." in der rechten unteren Ecke der Anzeige ist noch -unter dem Schriftzug "NEU"- eine Flasche "faber LIGHT LINE" zu sehen. Auf die Flasche zu führt schließlich noch der Schriftzug: "Bewußt geniessen auf leichte Art". Der Untergrund ist ganz in Weiß gehalten. Die Angabe der Alkoholprozente läßt sich bei gutem Sehvermögen auf der Flasche erkennen (l,8%), in Bezug auf die Kalorien findet sich jedoch nirgends ein Hinweis! Wovon soll man nun also 60 Prozent subtrahieren, um die tatsächliche Kalorienzahl zu erfahren ??

"Natur pur!"
(Frühling/Natur)

Das Beispiel ist hier "Krombacher Pils" (Biere).
Auch diese Anzeige ist ganzseitig und farbig.
Den Untergrund bildet hier das Foto eines bewaldeten Sees. Nichts als Wasser, Bäume, blauer Himmel sind zu sehen. Träumerisch ziehen ein paar Wolken ihre Bahn. In der linken, oberen Ecke ist ein Wappen zu sehen, daneben

sehr groß - der weiße Schriftzug "Krombacher".
Darunter -wesentlich kleiner- "MIT FELSQUELLWASSER
GEBRAUT". Die rechte, untere Bildhälfte schließlich wird
vollständig von zwei großen Biergläsern eingenommen, von
denen eines von einer Hand   gehalten wird. Weitere
Informationen finden sich nicht!

```
------------------------------------
 Also!
 Wenn Gefühle: Dann von "Baileys" !

 (Immerhin: "Baileys" wird hier
  als unwiderstehlich bezeichnet :
  Ein zarter, aber offener Hinweis
  auf    spätere    Suchtkrankheit ?)

------------------------------------
```

BAILEYS.

ZEIT FÜR GEFÜHLE.

Baileys Original Irish Cream.

Sinnlich und unwiderstehlich.

"Daheim und unter Freunden!"
(Gemeinschaft/Heimatliches)

Beispiel: „Kabinettwein" (=WEINE, SEKTE).
Auch diese Anzeige ist wieder ganzseitig und -zum Teil-
farbig gestaltet.
Der Untergrund dieser Anzeige ist weiß. Die Seite trägt
sozusagen die "Überschrift": DEUTSCHE WEINE NEU
ERLEBEN.
Den größten Teil der Seite nimmt ein Foto ein, auf dem
drei lachende, junge (!) Menschen abgebildet sind. Ein
männlicher Jugendlicher steht hier übrigens zwei
hübschen, jungen Damen gegenüber. Die drei befinden sich
anscheinend auf einem Fahrradausflug, machen gerade
Pause und sind bestens gelaunt. Daß das Foto bis hierher
in schwarz/weiß gestaltete ist, tut dem positiven
Eindruck keinerlei Abbruch. Außerdem kommt ja auch doch
noch Farbe ins Spiel: zwei Flaschen Wein -eine davon
bereits "angebrochen"- und auch die Weingläser sind
farbig gestaltet. Über den Rand des Fotos
hinausgeschrieben findet sich der Schriftzug: "Auf
leichte Art den Sommer feiern." Dieser Schriftzug wird
in simulierter Handschrift dargestellt. Darunter findet
sich in normaler Druckschrift der Text: "Sommer in der
Stadt oder auf dem Land. Zu zweit oder mit Freunden.
Leichte Sommerweine machen Laune. Die deutschen
Kabinettweine sind mit ihrem relativ geringen
Alkoholgehalt von 8 bis 10% überaus bekömmlich und
spritzig. Schmecken angenehm erfrischend. Einfach
passend zum Sommer. Damit Sie den Sommer feiern können
mit allem, was dazugehört, gibt's jetzt 3 FAHRRAD-
COUPES UND 33 PICKNICK - KOFFER MIT AUSGESUCHTEN
KABINETTWEINEN ZU GEWINNEN"
Es folgen die Anweisungen für ein Preisausschreiben.
Neben dem entsprechenden Coupon rechts unten, liest man
noch die Bildunterschrift: "VIELFALT NACH UNSEREM
GESCHMACK".
Weitere Produkt-Informationen werden nicht gegeben.

"Zeit für Gefühle - Sex inklusive !"
(Kontakte, Sex, u.ä.)

Als Beispiel dient hier die ganzseitige, farbige Anzeige
von "Grand Marnier" (=HARTE SACHEN).
Bildbeherrschend sitzen an einem Zweipersonentisch eine
Frau und ein Mann (wobei dieser allerdings einen
Tigerkopf hat). Beide sind festlich gekleidet und auch
der Tisch ist "gediegen" arrangiert (Blumen, Kerzen.,
etc.). Es befindet sich allerdings nichts zu essen, o.ä.
auf dem Tisch, sondern nur eine Flasche "Grand Marnier"

und zwei Gläser.

An schriftlicher Information (?) findet sich in der Anzeige als wörtliche Rede der hübschen, jungen Dame: "Wenn Sie damit andeuten wollen, daß Sie auf ein Abenteuer aus sind, Monsieur Pascal, dann seien Sie auf eine gefährliche Liebschaft vorbereitet."

Im unteren Bildteil (quasi über das weiße Tischtuch geschrieben) ist noch zu lesen: "GRAND MARNIER Die charmante Provokation." Und - deutlich kleiner: "Grand Marnier Cordon Rouge. Der extravagante Geschmack von karibischen Bitterorangen und edlem, alten Cognac." Weitere Informationen finden sich nicht.

"Starke Typen !"
(Stark sein, Männlichkeit)

Die hier herangezogene Anzeige stammt aus der "Unterart" BIERE und ist von "Karlsberg Ur-Pils".

Sie ist wiederum ganzseitig und farbig gestaltet.

In einem grau-braun marmoriertem Rand befindet sich ein großes Foto. oben auf dem Rand ist zu lesen: "Man schmeckt den feinen Unterschied." Auf dem unteren Rand ist vermerkt: "Karlsberg Ur-Pils. Das Bier für den Mann im Mann."

Im rechten unteren Rand zeichnet sich noch ein Glas "Karlsberg" ab, welches relativ weit in das Foto hineinreicht.

Auf dem Foto schließlich ist ein Herr mittleren Alters zu sehen, der relativ vornehm gekleidet ist. Er lehnt an einen Stehtisch, offenbar in einem Lokal. Dieses ist aber wohl auch zu den relativ vornehmen zu rechnen, wie aus der Hintergrundgestaltung zu erkennen ist. Der Herr hält ein Glas "Karlsberg" in der Hand - und SPUCKT FEUER! (Was dem Ganzen natürlich einen skurril-heiteren Anstrich gibt.)

Weitere Informationen finden sich wiederum nicht.

"Sportlich, sportlich!"
(Sport und Abenteuer)

Hier wurde wieder ein Beispiel aus dem Bereich BIERE gewählt, genau handelt es sich um "Franziskaner Weissbier".

Das ganzseitig-farbige Foto eines Surfers in "voller Aktion" bildet Hintergrund und Hauptinhalt der Anzeige. Die "Überschrift" lautet hier: "Franziskaner Weißbier" und -etwas kleiner-: "Der bayrische Hochgenuß." Mehr rechts und unten erblickt man ein Tablett mit einer Flasche und einem gefüllten Glas des Produktes. Links

daneben und untereinander   die Worte: "schäumend
spritzig frisch". In einem weißen Kästchen (neben dem
Glas, am äußersten rechten Bildrand) wird noch darauf
hingewiesen, daß der Hersteller ein Sponsor ist und
zwar: "Offizieller Sponsor der Olympiamannschaft der BRD
Albertville und Barcelona 1992". Ende der
Produktinformation!

"Nobel, nobel !"
(Kennertum, Erfolg, Besonderheit)

Das Beispiel ist hier "Veltins Pilsener" (=BIERE).
Wiederum ist die Anzeige ganzseitig und farbig.
Das Mittel der Fotographie wird hier allerdings nicht
eingesetzt, dafür findet sich eine gemalte, farbige
Abbildung. Diese stellt -die Anzeige dominierend- drei
Herren dar. Diese sitzen -skurrilerweise- auf einer
Stange, wie man sie wohl vor manchen Gaststätten findet
(zur Befestigung eines Wappens etwa).
Diese Stange ragt, etwas unterhalb der Bildmitte, von
links ins Blickfeld. Nach unten hin hängt daran noch ein
schmales Schild mit der Aufschrift "Veltins". Oben auf
der Stange sitzen, wie gesagt, die drei Herren. Diese
sind "In Frack und Zylinder", tragen z.T. schmale,
gezwirbelte Schnurbärte usw. Insgesamt machen die Drei
-mit Ihrer Kennermine- einen sehr eleganten, seriösen
Eindruck. Natürlich hält jeder der Drei ein großes Glas
"Veltins" in Händen.
Die sehr große, schwarze "Überschrift" lautet
Dementsprechend: "Über Geschmack läßt sich nicht
streiten. Frisches Veltlns."
Außer dem Wappen und der Anschrift der Brauerei in der
unteren, rechten Ecke finden sich keine weiteren
Informationen.

"Fernweh"
(Fremde Länder, Exotik)

Das Beispiel ist hier "Toscanello" (=WEINE, SEKTE).
Und wieder ist die Anzeige ganzseitig/farbig.
Diese Anzeige ist sozusagen ein Musterbeispiel für die
Anzeigen, in welchen zwei wichtige Botschaften enthalten
sind. Warum, wird aus der weiteren Schilderung klar
werden.
Die Anzeige hat einen weißen Rand, der oben und unten
größer als an den Seiten ist.
Es finden sich zwei große Fotos im Querformat, die die
Anzeige dominieren, also beherrschen.
Das erste Foto trägt die "Überschrift": "MITTWOCH MITTAG
IN BERLIN." Darunter das Foto eines Mannes und einer
hübschen Frau. Beide sind heiter und ausgelassen. Die
noch eher jüngere Dame hat Ihr Glas TOSCANELLO schon
weiter geleert als der Herr. Offenbar hierdurch
ermutigt, zieht sie den Herrn an seinem langen Schlips.
Was diesem wohl auch nicht unrecht scheint.
Nun folgt ein weißer Balken, auf des steht: "ABER EIN
GEFÜHL WIE in DER TOSCANA." Es folgt das Foto einer

schönen Toscana - Landschaft, in das von rechts unten
zwei Flaschen "TOSCANELLO" hineinragen. Darunter steht
noch: "TOSCANELLO So schön kann das Leben sein."

VOLLER GESCHMACK AUF FRISCHE LEICHTE ART. NUR 2% ALKOHOL.

Wer wollte diesem hübschen Paar widerstehen?

(Immerhin finden sich Angaben zu Alkohol-
  und Kaloriengehalt. Leider die Ausnahme !)

"Sonstiges"

Ein Beispiel aus diesem Bereich kann natürlich nur
bedingt für die ganze Rubrik stehen. Die jeweiligen
Anzeigen sind individuell recht unterschiedlich.
Gemeinsam ist Ihnen eigentlich nur die "Nicht-
Eindeutigkeit".
Das konkrete Beispiel ist hier die ganzseitig/farbige
Anzeige für "BITburger Pils" (=BIERE).
Die gesamte Anzeige besteht aus einem Farbfoto. Auf
diesem erkennt man links unten {relativ groß) eine
Flasche "BIT". Weiter ist ein lachender Mann zu
erkennen, der an einem Tisch sitzt und "natürlich- ein
BIT trinkt. Auch das Glas ist relativ groß -und auch gut
erkennbar- abgebildet. Alles andere ist unscharf
fotographiert. Besonders der Hintergrund ist kaum
erkennbar. Es könnte sich aber um ein Schiff handeln,
bzw. um Teile davon. Der Mann ist etwas besser zu
erkennen, bleibt aber seltsam anonym, da er nur bis zur
Oberlippe erkennbar ist (der Rest wird durch die
Bildoberkante abgeschnitten).
Über das Foto geschrieben läßt sich noch -in simulierter gelber Handschrift- lesen:"Bitte ein Bit".
Rechts unten steht noch, in goldener Schrift: "BITburger
Pils". Weiterer Informationsgehalt: gleich Null.
Soweit die Schilderung von Beispielen. Es sei noch
versichert, daß keineswegs absichtlich besonders
"schlimme" Beispiele ausgewählt wurden !

ALKOHOLPROZENTANGABEN
Der allgemeine Mangel an echten Informationen wurde ja
schon bei der Schilderung der Beispiel - Anzeigen
angedeutet. Eine konkrete Zahl sei aber noch einmal
hervorgehoben;
Nur bei 17 Anzeigen (gleich 34 Prozent!) wurde
angegeben, wieviel Prozent Alkoholgehalt das
jeweilige Getränk hat.
Bei 33 Anzeigen gleich 66 Prozent war dies NICHT der Fall!
Dabei wurden hier keinesfalls strenge Maßstäbe angelegt:
oft wurde minutenlang gesucht, um die (oft sehr klein
geschriebene) Prozentangabe irgendwo zu entdecken !

Geselligkeit

und

gute Laune

Dein guter
Freund in aller
Lebenslagen !

Alkohol

139

3.7.2 Bemerkungen zur Untersuchung

Viel soll hier nicht mehr angemerkt werden, die Untersuchung "spricht" im Wesentlichen wohl für sich ! Auffällig ist der Mangel an Fakten, also an echter Produktinformation. Dies betrifft z.B. die Nichtangabe von Alkoholprozenten und das Verschweigen des Kaloriengehaltes bei sehr vielen der Alkoholika. Auf irgendwelche Risiken oder Gefahren durch das Produkt wird in keinem Falle hingewiesen! Hier wäre die Forderung zumindest mit den Informationen des Beipackzettels (bzw. GI`s = Gebrauchs- Informationen) bei Medikamenten "gleichzuziehen", sicherlich nicht unangebracht! Zu Medikamenten findet sich nämlich unter anderem folgender, berechtigter Hinweis:
"Rechtlich ist die Arzneimittelgabe ebenso wie eine Operation ein Eingriff in den menschlichen Körper, der im Prinzip nur nach hinreichender Aufklärung des Patienten und mit seinem Einverständnis gerechtfertigt ist." (114)
Hierdurch ergibt sich bei Medikamenten die Herstellerpflicht, ausführlich und richtig über ihr Produkt zu Informieren- Es ist nicht einsehbar, daß dies bei Alkohol nicht gelten sollte: ist sein Einfluß auf den menschlichen Körper doch mindestens ebenso groß wie der vieler Arzneimittel !
Weiterhin fällt bei der Untersuchung eine doch recht große Skrupellosigkeit auf: Selbst in Fachzeitschriften für Autofahrer (!) wird für Alkohol (!) geworben und auch Jugendliche (!) werden ganz direkt angesprochen, etwa in der Werbung für "Kabinettwein" (siehe das Beispiel für die Kategorie "Daheim und unter Freunden!") Nicht Alkohol wird "angepriesen", sondern mancherlei ganz andere Dinge, besser: Gefühle! Diese sind es, die der Konsument angeblich "käuflich erwerben" kann. Das ist es, woran der Käufer glauben soll -und, leider: es funktioniert !
Das Ministerium für Arbeit, Gesundheit, Familie und Sozialordnung in Baden - Württemberg ließ 1987 / 1988 eine Repräsentativerhebung unter Jungen Menschen durchführen. Zwar ging es hierbei eigentlich um illegale Drogen, doch ist es wohl keineswegs zu gewagt anzunehmen, daß die Motive für den Gebrauch legaler Drogen (wie Alkohol) zumindest recht ähnlich aussehen:

"Einstellungen zum Drogenkonsum / Verwendungsmotivation
...Zustimmung zu folgenden Einzelmotiven. . . :
(Drogenerfahrene Gesamt)

-Um mal was Neues. Aufregendes zu erleben:	**36%**
-Ich kann dann mal den Alltag vergessen und total abschalten:	**27%**
Weil ich manchmal ein unbeschreiblich tolles Glücksgefühl erlebe:	**16%"**

(115)

Diese Ergebnisse der Erhebung bedeuten nichts anderes, als daß den "Verheißungen" der Drogenverkäufer geglaubt wurde. Denn: die genannten Einzelmotive sind sicherlich legitim (also berechtigt) : Jeder hat wohl das Bedürfnis auch einmal "abzuschalten", sich zu entspannen, Glück zu empfinden, bzw. etwas Neues und Aufregendes zu erleben.

Der verhängnisvolle Irrtum besteht lediglich darin, daß tatsächlich geglaubt wird, diese Gefühle seien käuflich.

Drogenkonsum wird in der Folge als der "beste" Weg angesehen, diese Zustände zu erreichen. Danach richtet sich das Verhalten aus - mit oft furchtbaren Folgen.

Damit wird der Exkurs "Die Rolle der Medien" beendet.

4. THERAPIE

4.1 Therapie

Suchtentstehung und -Ursachen, suchtbegünstigende Faktoren, Schäden durch Sucht und ähnliches waren bisher Thema. An dies Alles schließt sich die Frage an: "Was kann man dagegen tun ?" (Oder -noch besser-: "Was kann ich dagegen tun ?")
Möglichkeiten lägen hier im Bereich der sog. Prävention, also der Vorbeugung. D.h. Maßnahmen wären zu überlegen, die verhindern sollen, daß Menschen im Laufe ihres Lebens süchtig werden.
Davon wird -später- die Rede sein.
Ein anderer Ansatz ist der, zu überlegen, wie bereits süchtige Menschen "geheilt" werden können. (Wobei der Begriff "geheilt" im Bereich "Sucht" ein problematischer ist -wie noch zu erkennen sein wird.)
Hiervon soll zunächst die Rede sein.
Es war bisher von verschiedenen Süchten die Rede. Alkoholismus und Medikamentensucht bildeten aber Schwerpunkte. So soll auch die Darstellung von Therapie ihr Hauptgewicht in diesem Bereich haben. (Alkohol- und Medikamentensüchtige gehören oft zum gleichen Sucht-Typ = "Alkohol- / Barbiturattyp" und werden in der Praxis auch meistens gemeinsam therapiert.)
Auf die Therapie der anderen und sehr vielfältigen Mehrfachsüchte kann nicht konkret eingegangen werden.
In Bezug auf die Therapie bei illegalen Drogen gibt es durchaus Parallelen zur Therapie des Alkohol- / Barbiturattyps. Ganz allgemein ausgedrückt liegen unterschiede hier (manchmal) in der Schwere der Schädigung, (oft) in der Kriminalisierung und auch in der längeren Dauer der Therapie.
Ein Therapiekonzept für die gesamte "westliche" Gesellschaftsordnung aufzustellen ist hier natürlich nicht möglich. (Stichworte: "Leistungs- und Konsumsucht".) Doch durchaus wäre es möglich, zumindest einige der therapeutische Elemente die bei "richtigen" Suchtkrankheiten verwand werden, gleichsam zu übertragen auf die Krankheit der Gesellschaft! Denn: allzu schwerwiegend sind die Unterschiede hier nicht ! Als einzige Besonderheit wäre zu beachten, daß Leistungs- und Konsumsucht nicht speziell mit Süchten verglichen werden darf, bei denen ein völliges Abstinenzgebot gilt.
Doch gibt es ja nicht nur solche Süchte: ausgezeichnete Übertragungen in Bezug auf Diagnose und Therapie wären ganz sicher in Hinblick auf die sog, "Fr-eßsucht" möglich! Auch hier ist eine Abstinenz naturgemäß nicht machbar -trotzdem können die Betroffenen gesunden.
Es wird versucht werden, eher herkömmliche und übliche

Informationen anzuführen und später speziellere und persönliche Erfahrungen zu berichten. Diese Trennung ist nicht immer leicht.

Konkrete Alternativ- und Ergänzungsvorschläge schließlich werden erst später, unter einem anderen Stichwort, gemacht werden.

4.2 Therapie am Beispiel Alkohol-/Medikamente: Begriffsbestimmung und Ziele

"Therapie" kommt als Fremdwort aus dem griechischen und bedeutet "Krankenbehandlung" oder "Heilbehandlung". Etwa ein Alkoholiker wird in diesem Zusammenhang also zutreffend als Kranker betrachtet. Das Ziel wäre demnach ihn zu heilen.

Der Begriff "Hellung" ist aber, wie bereits angedeutet, im Bereich der Suchtkrankheiten etwas problematisch. Denn was würde das -um bei dem Alkoholiker zu bleiben- hier bedeuten? Genau genommen hieße dies doch, der Alkoholiker müßte -nach seiner Therapie- wieder Alkohol trinken können, wie "alle anderen auch". Anders ausgedrückt, er müßte kontrolliert trinken können, d.h. nicht "zuviel" und nicht zu "oft". Genau dies aber ist nicht möglich! Der "Kontrollverlust" den der Alkoholiker entwickelt, ist nicht mehr rückgängig zu machen, er bleibt lebenslang erhalten. Damit ist Alkoholismus (und natürlich auch Medikamentensucht) letztlich unheilbar. Immer wieder einmal verkünden verschiedene Menschen -leider gelegentlich auch "hochrangige" Fachleute- es sei "doch möglich": der Alkoholiker könne "lernen" wieder kontrolliert zu trinken. Der Verfasser wendet sich schärfstens gegen diese Auffassung, dies aus mehreren Gründen. Erst einmal: wie viele Alkoholiker haben sich wohl an dieser "frohen Botschaft" "festgeklammert", bis zum -im wahrsten Sinne des Wortes bitteren- Ende? Das ist es doch was jeder Süchtige nur zu gern glauben möchte: das er es doch noch "schaffen" könnte seine Sucht "unter Kontrolle" zu bekommen -und wenn dies angeblich tatsächlich möglich ist: dann versucht er es eben. Immer wieder, wieder und wieder.....

Weiter vermag der Verfasser bei genauer Prüfung absolut nicht einzusehen, was am gesellschaftlich (noch) erlaubten Alkoholkonsum derart erstrebenswert sein soll. Fachleuten die "gesellschaftlich erlaubtes Trinken" als Therapieziel "ins Auge fassen" ist hier tatsächlich ein Vorwurf zu machen: Verkünden sie doch oft für Ihre "schweren Fälle" (diese sollen weiterhin die Abstinenz anstreben!) wie schön das Leben "ganz ohne" wäre -ihren sogenannten "leichteren Fällen" bieten sie aber das "kontrollierte Trinken" als erstrebenswerteres Ziel an. Offenbart sich hier nicht eine Doppelmoral? ist die persönliche Rangfolge dieser Therapeuten nicht folgende:
- Das "schönste" Leben ist es, wenn man in gesell- schaftlich erlaubtem Rahmen trinken kann/darf.
- Am "zweitschönsten" ist die Abstinenz.
- An unterster Stelle: der "Säufer".

Falls diese vermutete Reihenfolge tatsächlich so vorliegt, kann der Verfasser sich nur dahingehend äußern, daß diese nach seinen theoretischen Kenntnissen und seiner praktischen Erfahrung unzutreffend ist!

Denn: um wieviel "bestiehlt" sich auch der, der "nur" in gesellschaftlich (noch) geduldetem Maße trinkt ? "Bestiehlt" meint hier folgendes: Die "Gläschen" Abends zur Entspannung oder auf Festen und Feierlichkeiten zur Steigerung der Erlebnisempfindung -sind nicht auch sie schon zumindest Ansätze zur "seelischen Verkrüppelung"? Können Menschen die sich so verhalten schon nicht mehr auf gesunde, natürliche Welse entspannen, bzw. sind sie gefühlsmäßig bereits derart "verformt", daß sie sich nicht mehr richtig und intensiv freuen können -ohne die "chemische Krücke" Alkohol ? Doch dies nur als Beispiel und Denkanstoß.

Das kontrollierte Trinken hätte nämlich für "ehemalige" Alkoholiker noch weitere Nachteile: müßten diese sich doch ununterbrochen selbst überwachen. Stets müßten sie sich beobachten, ob es nicht doch wieder "zu viel", oder "zu oft" wird/geworden ist, mit dem Trinken.

Wo blieben hier Ungezwungenheit, Spontaneität, usw. ? Wäre damit der "Genuß" (der hier ja angeblich auf der "Haben- Seite" stehen soll) nicht doch sehr geschmälert? Um einen weiteren diesbezüglichen Nachteil klarzumachen soll Hans Klein zitiert werden -ein Fachmann, allerdings einer aus der praktischen Arbeit mit Suchtkranken:

"Dabei kann man zu der Schlußfolgerung kommen, daß wieder kontrolliert trinken zu können das Schlimmste wäre, was dem abstinent lebenden Alkoholiker passieren kann. ... (Dies) hat seinen Grund ... in den Veränderungen, die mit dem Alkoholkranken vor sich gehen, ... Er ist einfach anders. Er verhält sich anders, ... Er wirkt nicht echt. ... Wir ahnen, daß die Selbstsicherheit, die Ungezwungenheit, die Gelöstheit, ja die frohe Stimmung nur da ist, solange die Alkoholwirkung anhält und daß danach wieder ein ganz anderer Mensch zum Vorschein kommt, und das irritiert. ... Er verunsichert, weil man nicht weiß, wie er morgen ist, ... vor allem: Veränderungen, die er in der Abstinenz an sich schaffte, waren echte Veränderungen, die Bestand hatten, weil sie nicht von der Alkoholwirkung abhängig waren. ... Durch Trinken, auch wenn es nur mäßig ist, bleiben viele Kräfte brach liegen." (116)

Soviel zum "Therapieziel kontrolliertes Trinken". Nicht bestritten werden soll, daß einige (Schein-) Erfolge hier durchaus möglich sind: Manch ein Alkoholiker schaffte das kontrollierte Trinken schon "zeitweise"!

Andere schafften dies sogar längere Zeit. oder sogar
tatsächlich auf Dauer. Nur waren dies keine Alkoholiker
im wirklichen Wortsinn, sondern bestenfalls Personen die
oft und/oder häufig Mißbrauch mit Alkohol "getrieben"
hatten. Könnte man diesen Personenkreis also zumindest
in Richtung "kontrolliert trinken" therapieren? Es wäre
möglich. Einwände, warum diese Anstrengungen nicht
besonders sinnvoll erscheinen, wurden weiter oben schon
angeführt. Außerdem: zumindest der Verfasser möchte
keinesfalls in der Rolle eines Therapeuten sein, der
hier zu beurteilen hat, ob die betreffende Person noch
Mißbrauchtreibender, oder schon richtiger Alkoholiker
ist! Ein Irrtum kann hier nämlich für den Betroffenen
durchaus tödlich sein!

Soviel zum Thema "kontrolliertes Trinken".

Als Therapieziel bietet sich damit also die Abstinenz
an, genauer und besser ausgedrückt die zufriedenen
Abstinenz. Abstinenz heißt übersetzt Enthaltsamkeit, was
bedeutet, der Alkoholiker trinkt zukünftig nichts mehr.
Nichts allerdings wirklich im Wortsinn, d.h. auch das
"erste Glas" bleibt stehen !
(Gleiches gilt natürlich auch für "nur diese eine"
Tablette bei Medikamentensüchtigen.) Nur so kann ein
Rückfall wirklich verhindert werden.
Um das "erste Glas" hat es in den vergangenen Jahren
allerlei Verwirrung gegeben. So scheinen Ausführungen zu
diesem Thema sehr wichtig.
Vor längerer Zeit schon vertraten verschiedene
Selbsthilfegruppierungen die These "Wenn der Alkoholiker
auch nur ein einziges Glas Alkohol trinkt, wird er
sofort und in jeden Falle rückfällig. Er wird sich
gleich anschließend völlig betrinken !" (Zumindest wurden
diese Selbsthilfeorganisationen in der Öffentlichkeit so
verstanden / interpretiert. Ob diese These tatsächlich
so formuliert worden war, oder nicht, läßt sich hier
nicht mehr genau feststellen.)
Natürlich ist diese These so falsch. Nicht jeder
Alkoholiker wird nach dem ersten Glas vollständig
rückfällig. Mancher schafft es dann doch noch
innezuhalten und diesen "Fast-Rückfall" ernsthaft
aufzuarbeiten. Noch häufiger allerdings geschieht
folgendes: Die "Sache mit dem einen Glas geht gut".
Einige Tage oder Wochen später sind es dann zwei oder
drei Gläser, usw. Langsam steigt erst wieder die
Trinkmenge, bis sie dann doch wieder eine enorme Höhe
erreicht. Einige Trinker schaffen es sogar eine Zeitlang
(z.B. mehrere Monate) kontrolliert zu trinken. Früher
oder später erreichen aber alle wieder ihr "altes

Level", d.h. zu gut deutsch sie "saufen wieder"!
Leider entstand in der Öffentlichkeit zeitweise ein
falsches Bild: Mancher Alkoholiker, der trocken lebte
und dann doch "mal ein Glas probierte" stellte fest, daß
er -am selben Tag- nicht weitertrinken mußte.
"Messerscharf" schloß er daraus, er sei "also doch kein
Alkoholiker" und verhielt sich dementsprechend
leichtsinnig. Das sich der Rückfall dann hierdurch
-später- doch noch einstellte ist klar.
Mindestens ebenso bedauerlich ist ein weiteres
Mißverständnis, welches einige Menschen -auch in der
Öffentlichkeit- verbreiteten: Regelrecht gespottet wurde
über die Selbsthilfegruppierungen, die eine "derart
falsche These" verbreiten. (Gemeint ist hier die These
des sofortigen Rückfalls jedes Alkoholiker nach dem
ersten Glas.) Dieser Spott war in der Sache ja nicht
völlig unberechtigt, hatte jedoch zum Teil schlimme
Folgen. Mancher "Trockene" legte dies irrtümlich so aus,
daß "ein Glas" ab und zu nichts schaden könnte. Wenn das
doch sogar "in so einem Buch stand". Die traurigen
Folgen sind wohl sehr leicht zu erahnen .....

Was mit dem Begriff "Abstinenz" gemeint ist, wurde klar.
Will der Süchtige nicht wieder in seinen alten Zustand
zurückfallen, muß er diese Abstinenz lebenslang
beibehalten. Sucht "heilt nicht aus" - eher im
Gegenteil: Jeder Süchtige wird -auch nach längerer Zelt
der Abstinenz- an dem Punkt weitermachen, an dem er
ehemals aufgehört hat, wenn er rückfällig wird. Und
sofort wird die Krankheit wieder weiter voranschreiten,
deutlicher: sich verschlimmern!
Für -beispielsweise- manchen noch "nassen" Alkoholiker
ist dieses "lebenslänglich" eine sehr bedrückende
Vorstellung -unnötigerweise. Dies führt automatisch zu
dem Begriff der "zufriedenen Abstinenz". Was ist sich
darunter vorzustellen?
Zunächst einmal, daß der Verzicht auf das Suchtmittel
eben nicht (mehr) als Verzicht empfunden wird. Für einen
Süchtigen ist dies wohl zunächst ein eigenartiger
Gedanke. Klarer wird dieser Sachverhalt, wenn man sich
folgendes vorstellt: Ein beliebiger Bürger, der nie
irgendetwas mit illegalen Drogen zu tun hatte, wird
gefragt: "Sagen Sie, ist es nicht eine entsetzliche
Vorstellung für Sie, Ihr ganzes restliches Leben ohne
Heroin auskommen zu müssen?" Der Mann wird sicherlich
die Frage (verwundert) verneinen.
Es scheint schwer zu glauben, aber die Praxis beweist es
täglich mindestens tausendfach: Für jeden Süchtigen ist
eine solche Einstellung auch in Bezug auf "sein" Mittel
durchaus erreichbar!

Zur näheren Erklärung des Begriffs "zufriedene Abstinenz" seien noch zwei Zitate angeführt, die hier recht hilfreich sind. Zunächst Bernd Budde:
"...)zufriedene Abstinenz(... Dieser Zustand wurde etwa so beschrieben: es ist nicht wichtig, daß man keinen Alkohol trinkt - das fällt einem kaum auf, und man fühlt sich wohl in dieser Situation, Die Frage nach dem Alkohol stellt sich eher anders herum: warum sollte ich welchen trinken?" (117)
Der zweite Hinweis findet sich bei Matthias Gottschald:
"Eigene Erfahrungen bei über 1200 Patienten zeigen, daß das Einhalten einer dauerhaften Abstinenz (bei erreichter Unabhängigkeit vom Suchtmittel) mühelos gelingt und keineswegs zu lebenslanger Selbstbeherrschung zwingt.
Abgesehen davon erhöht sich, quasi als)Nebeneffekt(der Therapie, die Fähigkeit, mit der eigenen Emotionalität umzugehen, sie zu diagnostizieren und ggf. (mittels hier erlernter Methoden) zu korrigieren.
Folge davon ist, daß bei den Behandelten der Umgang mit der eigenen emotionalen Lagebefindlichkeit auch dazu führt, mit emotionalen Situationen anderer besser umzugehen. So erhöht sich die persönliche Authentizität." (Etwa: Glaubwürdigkeit). "Nach Angaben der so Behandelten bringt das eine entsprechend positive Reaktion der Umwelt mit sich." (118)
Wie hier schon anklingt, ist zufriedene Abstinenz nichts, was sich automatisch nach kurzer Abstinenzzeit einstellt. Suchtkranke durchlaufen einige verschiedene Phasen, bis sie sich diesen Zustand "erarbeitet" / "er-lebt" haben.

Doch vor der Schilderung dieser Phasen, oder "inneren Stationen" soll noch einmal ergänzt und zusammengefasst werden:
- Sucht ist grundsätzlich nicht heilbar, jedoch kann die Krankheit vollständig zum Stillstand gebracht werden.
- "Kontrolliertes Trinken" (bei Alkoholsucht) ist kein sinnvolles Therapieziel.
- Vorbedingung für jede echte Therapie ist die Abstinenz (=Enthaltsamkeit), Ziel der Therapie ist die zufriedene Abstinenz.
- Zufriedene Abstinenz hat nichts mit Verzicht zu tun, ebensowenig mit "Genußfeind-lichkeit" (eher das Gegenteil ist der Fall) !
- Rückfälle können zwar sehr gefährliche Auswirkungen haben, es ist jedoch möglich sie sinnvoll in Richtung des Gesundungsprozesses aufzuarbeiten. (Rückfälle müssen zwar nicht

sein, aber sie "gehören zur Krankheit"')
- Das "erste Glas" (bei Alkoholikern) muß
keinen Rückfall bedeuten. Die Gefahr, daß
sich (sofort oder später) ein solcher daraus
entwickelt, ist aber sehr groß. Unnötige
Risiken sollten hier unbedingt vermieden
werden !
- Zufriedene Abstinenz ist ein Prozeß.
Sie tritt nicht sofort- und nicht von allein ein.
Entwicklung ist hier not-wendig.

Soweit die Zusammenfassung.

Im folgenden werden die angedeuteten Entwicklungsstufen
näher beschrieben.

4.3 Therapie: "Innere Stationen"

Die Schweizer Ärztin und Psychotherapeutin Elisabeth Kübler-Ross beschrieb in einem ihrer Bücher, wie es Menschen gelingen kann, ihr eigenes unmittelbar bevorstehendes Sterben anzunehmen. Diese "Ablaufbeschreibung" bezog sie dabei aus der direkten praktischen Arbeit mit entsprechenden Personen. Dieses Modell ließ sich bisher schon allgemein auf die Bewältigung von schweren Lebenskrisen übertragen. Der bereits erwähnte Bernd Budde, ein Praktiker in der Suchtkrankenhilfe, übertrug dieses Modell nun ebenso auf Suchtkrankheiten. Die weiteren Beschreibungen lehnen sich teilweise an seine Ausführungen an, (119)
Zur Darstellung der Phasen ist noch vorzubemerken, daß auch hier nicht Jeder alle diese Phasen durchläuft und auch nicht zwingend in der beschriebenen Reihenfolge. Häufig ist jedoch tatsächlich folgender Ablaut festzustellen:

1. Nicht wahrhaben wollen / Isolierung
2. Zorn
3. Verhandlung
4. Depression
5. Zustimmung

Dies läßt sich näher erläutern:

1. Nicht wahrhaben wollen / Isolierung
Hiermit ist gemeint, daß der Süchtige sich weigert die Diagnose, z.B. "Alkoholiker" anzunehmen. Er will vor sich und anderen nicht zugeben, daß er wirklich "einer von diesen Süchtigen" ist. Gefühle wie etwa der Stolz werden hier berührt (doch ist dies in gewisser Weise auch kein Wunder in einer Gesellschaft, in der jede Schwäche -und sei es eine Krankheit- als Versagen und Beweis der Wertlosigkeit angesehen wird).
Der Süchtige wehrt die Realität so lange wie möglich ab, obwohl oft schon überdeutlich Anzeichen auf seine Sucht hinweisen. Er will alles verheimlichen und isoliert sich damit auch von anderen Menschen.
Bei einer erfolgreichen Bewältigung dieser Phase steht am Ende die "Kapitulation", d.h. er kann endlich zugeben, daß er krank ist. Gelingt dies nicht, schreitet die Sucht weiter fort und führt letzten Endes zum vorzeitigen Tod.

2. Zorn
Nach dem Annehmen der Diagnose folgt oft eine Zeit der Wut, des Zornes und auch des Neides. "Warum gerade

Ich ?", "Warum nicht die Anderen, z.B. der)XY(?" sind
hier typische Fragen, die der Süchtige sich und anderen
stellt. Mit dem eigenen Schicksal wird gehadert, andere
"die es nicht getroffen hat" werden beneidet. Häufig
treten in dieser Zelt stärkere, unangenehme Gefühlsschwankungen auf.
Irgendwann erkennt er dann aber die Sinnlosigkeit dieser
Einstellung.

---

3. Verhandlung

Wird erst einmal die Erfolglosigkeit und Sinnlosigkeit
von Zorn und Neid eingesehen, folgt oft eine
"Verhandlungsphase". D.h. der Kranke versucht zu klären,
ob er "wirklich" süchtig ist, Manches Mal finden hier
Versuche statt, wieder "kontrolliert" zu trinken, was
natürlich mißlingt. Auch "Heilungsversuche" bei,
"Wunderheilern" und ähnliche Anstrengungen können hier
vereinzelt auftreten. Das dahinterstehende Motiv ist
etwa: "Wenn ich nur nicht wirklich süchtig bin! Ich
werde dann auch ganz bestimmt dieses oder Jedes tun,
bzw. lassen !"
Leicht können in dieser Phase also Rückfälle
stattfinden. Auseinandersetzungen mit dem Thema z.B. in
einer Selbsthilfegruppe können aber durchaus zu einer
rückfallfreien Bewältigung dieser Entwicklungsstufe
beitragen.

4. Depression

Diese Phase kann oft eine ganze Zeitlang andauern. Da
nun endgültig klar ist, daß es kein "Zurück" mehr gibt,
muß jetzt "Abschied genommen werden". Abschied von
vielen früheren Lebensgewohnheiten und auch von den
anfangs ja durchaus schönen Zelten mit dem Suchtmittel.
Die Zukunft dagegen scheint noch ungewiß. Auch wird
dem Süchtigen immer klarer, was er da eigentlich sich
und auch anderen angetan hat, im Verlaufe seiner
"Suchtkarriere" (oft hat dies tatsächlich die
Bezeichnung "verheerend", o.ä. verdient!). Dies alles
führt natürlich zu einer traurigen und deprimierten
Stimmuneslage, die aber ebenfalls aufgearbeitet werden
kann. Wichtig ist jedoch sicherlich, diese Gefühle erst
einmal wirklich zuzulassen. Sie sind berechtigt! Daher
dürfen sie nicht "unter den Teppich gekehrt werden" !
Selbst manche Selbsthilfegruppen stellen sich (unbewußt)
solchen Gefühlen ungern. Hier ist zu wünschen, daß nicht
zu schnell eine zu große Betonung der neuen und besseren
Möglichkeiten durch die Abstinenz vorgenommen wird !
"Trauerarbeit" muß geleistet werden, denn die Trauer ist
echt!

5. Zustimmung

Wurden die bisher geschilderten Phasen angemessen bewältigt, schließt sich nun die Phase der Zustimmung an. Hiermit ist wesentlich mehr gemeint, als eine notgedrungene Einverständniserklärung mit der Diagnose "Süchtig" und den daraus hervorgehenden Konsequenzen! Der Süchtige stimmt seinem Leben zu, er erkennt die Chance zu einem besseren Neuanfang. Ein neuer Sinn erschließt sich. Durch seine andere Lebensführung kommt er sich selbst näher, lernt sich selbst besser kennen.

Die eigenen Gefühle werden wahrgenommen, eine oft regelrecht faszinierende Erforschung der eigenen Persönlichkeit kann beginnen. Selbst die Suchtkrankheit kann im Nachhinein als sinnvoller Teil des ganzen Lebens verstanden werden. "Ich bin froh, Alkoholiker geworden zu sein.", ist also weder ein sinnloser noch ein unverständlicher Satz.

Soviel zum "Fünf-Phasen-Modell".
Natürlich gibt es hier verschiedene mögliche Schwierigkeiten und Probleme.
So sind in der Praxis beispielsweise verschiedene Persönlichkeitstypen anzutreffen, die besondere Problematiken aufweisen.

Einige hiervon sollen geschildert werden.

Folgende Bezeichnungen werden gewählt:

- **"Die Ich-darf-nicht - Typen"**

- **"Die Schnelldurchläufer"**

- **"Die Spieler"**

- **„Die Kämpfer"**

Diese Persönlichkeiten sollen näher beschrieben werden.

"Die „Ich-darf-nicht - Typen"
Diese Menschen sehen z.B. ihr Nicht-trinken noch immer als Verzicht. Leider sind in der Praxis Personen anzutreffen, die selbst noch nach vielen Jahren der Abstinenz in diesem Stadium verharren. Ihr Verzicht scheint lediglich auf einer Art "Abschreckungseffekt" zu beruhen, die Vorteile des neuen Lebens werden nicht wahrgenommen, oder doch zumindest nicht "voll ausgekostet" / gefühlsmäßig erfahren.
Die Stationen "Ich kann/darf nicht trinken", "Ich will nicht trinken" und "Ich brauche nicht trinken" wurden

hier also noch nicht bewältigt.

"Die Schnelldurchläufer"
Diese finden sich überdurchschnittlich oft unter besonders intelligenten Menschen, bzw. auch unter "anspruchsvollen" Berufsgruppen, wie Lehrern, Sozialarbeitern, Journalisten, u.a. Oft absolvieren sie "Kurzzeittherapien" und ähnliche therapeutische Angebote. Vernunftgemäß wird in Bezug auf Sucht alles sehr schnell verstanden und am besten gleich "weitergegeben" an andere Betroffene. Weil der gefühlsmäßige Teil dabei wesentlich zu kurz kommt, ist es kein Wunder, daß es bei Belastungen hier oft zu Rückfällen kommt.

"Die Spieler"
"Spieler" verhalten und äußern sich oftmals in fast kindlicher Art und Weise. Sie verharmlosen gern, schmollen und entschuldigen sich. Diese Verhaltensweisen legen sie etwa in Bezug auf Rückfälle an den Tag ("Ich bin schon zwei Jahre trocken, na ja ab und zu hatte ich mal nen` kleinen Rückfall, aber meistens war es ja nicht viel was ich getrunken habe, hi, hi !"). Da ein -oft sehr genaues- Wissen über Sucht bei diesen Menschen durchaus vorliegt verwundern diese Einstellungen doch sehr. Oft sind diese Menschen auch leicht verletzlich und neigen dazu sich bei Konflikten zu entziehen. Das macht den Umgang mit ihnen nicht einfach. Der Eindruck entsteht, daß sie sich selbst bei weitem nicht wichtig genug nehmen.

"Die Kämpfer"
"Kämpfer" finden sich besonders häufig unter männlichen Süchtigen. Sie wissen meist vieles über Sucht und "sehen das auch ein". Doch "auf sich selbst könnte man das denn doch nicht anwenden!" Haben sie bereits mehr oder weniger akzeptiert, daß auch sie selbst süchtig sind, bekommen sie oft Schwierigkeiten mit dem "Hilfe annehmen". "Willenskraft" und "Disziplin" sind Ihre zentralen Begriffe ("Eines Tages schaffe ich das schon -allein !"). Wenn sie es tatsächlich "schaffen" so allerdings bestenfalls in Form einer Entwicklung zum "Ich-darf-nicht - Typ" (s.o.). Mit dem -zugegeben anfangs paradox klingenden- Satz "Nur Du allein schaffst es - aber: Du schaffst es nicht allein!", können diese Menschen nichts anfangen, sie glauben mit dem Suchtmittel "kämpfen" zu müssen um es zu "besiegen" –was unmöglich ist!

Soviel zu einigen vom Verfasser in der Praxis wahrgenommenen Menschentypen, Keinesfalls war beabsichtigt diese Menschen in irgendeiner Weise

verächtlich zu machen, eine besondere "Sorge" um diese
Personen ist hier sicher das angemessenere Gefühl. Zudem
rechnete sich der Verfasser -nach jetziger Beurteilung-
zeitweise selber zum "Schnelldurchläufer - Typ".
Abschließend ist demnach auch noch zu bemerken, daß sich
keiner der geschilderten Typen an einer wie auch immer
gearteten "Endstation" befindet, Wachstum und
Weiterentwicklung sind auch hier zweifellos möglich !
Die Darstellung der "Inneren Stationen" soll damit
vorläufig beendet werden.
Zu den "äußeren Stationen", sprich therapeutischen
Institutionen, soll im folgenden einiges ausgeführt
werden.

4.4 „Äußere" therapeutische Stationen (Einrichtungen)

Glücklicherweise besteht mittlerweile eine doch recht
große Anzahl von therapeutischen Einrichtungen, oder
Institutionen, in der BRD. Diese sind auch fast überall
auffindbar. Schwerpunkte liegen hier wieder bei der
Alkohol- und Medikamentensucht.
Wieder einmal ist zu sagen, daß nicht jeder Süchtige
zwingend jede Station "durchlaufen" muß und das hier
ebenfalls unterschiedliche Abläufe vorliegen können,
d.h. der "Einstieg" ins Hilfesystem kann an
unterschiedlichen Punkten erfolgen.

Mögliche therapeutische Stationen können sein:

- **Selbsthilfegruppe**
- **Suchtberatung**
- **körperliche Entgiftung**
- **Entwöhnung**
- **Arzt**
- **Psychotherapeut**
- **Sonstige Beratungsstellen**
- **Selbsthilfegruppe**

Diese Einrichtungen sollen nun etwas näher beschrieben
werden.

Selbsthilfegruppe
Selbsthilfegruppen sind nach Ansicht des Verfassers ein
besonders wichtiger "Baustein" der Therapie.
Hier treffen sich Betroffene (also: Süchtige) und -bei
vielen Gruppen- zum Teil auch deren Angehörige. Die
Zusammenkünfte erfolgen freiwillig und in der Regel
einmal wöchentlich (manche Gruppen bieten aber häufigere
Treffen an). Die Dauer einer "Sitzung" liegt bei etwa
zwei bis drei Stunden. Damit sind die Gemeinsamkeiten
allerdings schon fast erschöpft. Inhaltlich wird hier
(glücklicherweise!) äußerst unterschiedlich gearbeitet.
Auch die äußeren Umstände und die Teilnehmerzahlen
weisen eine große "Spannbreite" auf.
So gibt es Gruppen, bei denen Kaffee und Kuchen verzehrt
wird, Gruppen bei denen geraucht werden darf und andere,
bei denen dies nicht gestattet ist. Von etwa 8 bis zu 25
Teilnehmern reicht die Zahl der Jeweils Anwesenden.
Diese Unterschiedlichkeiten sind sehr zu befürworten, da
so jeder Süchtige "seine" Gruppe suchen und finden (!)
kann, vorausgesetzt er gibt nicht gleich nach dem ersten
Gruppenbesuch auf, etwa nach dem Motto:
"Also wenn das Selbsthilfe ist, dann ist das nichts für mich !"

Interessanterweise besteht bei diesen Verschiedenheiten eigentlich keinerlei Bezug dazu, welche Organisation Träger der jeweiligen Gruppe ist, d.h. also Gruppengröße, äußere Gestaltung, usw. haben nichts damit zu tun ob eine Gruppe der evangelischen Kirche, der katholischen Kirche, der AWO, etc. angeschlossen ist.
Das "Blaue Kreuz (BKE)", "(BKD)", die "Anonymen Alkoholiker (AA)", die "Freundeskreise", der "Kreuzbund" und "freie" Gruppen ("Freiwillige Suchtkrankenhilfe") sind weitere Beispiele für Trägervereine.

Suchtberatung

Suchtberatungsstellen werden von Städten und Gemeinden, aber auch von Caritas und Diakonie (also von den Kirchen) angeboten. Sie stehen Süchtigen und ihren Angehörigen offen (natürlich ist hier, wie bei den Selbsthilfegruppen, der Besuch kostenlos).
Große Unterschiede bestehen nach den Erfahrungen des Verfassers nicht. Bei kirchlichen Beratungsstellen wird z.B. in der Regel nicht versucht "kirchliche Inhalte" zu vermitteln.
Der Suchtberater verfügt über weiterführende Adressen, etwa von Selbsthilfegruppen, kann in einzelnen Punkten beraten und ist für die Erstellung des sog. "Sozial-berichts" zuständig. (Möglicherweise wird dieser Bericht regional unterschiedlich bezeichnet.)
Dieser Bericht ist wichtig, wenn eine stationäre Entwöhnung geplant ist, doch dazu später mehr.

Körperliche Entgiftung

Diese kann beispielsweise in einem normalen Krankenhaus durchgeführt werden (etwa auf der psychiatrischen Station). Ziel ist, unter medizinischer Aufsicht den Körper zu entgiften, d.h. das Suchtmittel wird abgesetzt, eventuelle Entzugssymptome werden beobachtet und ggf. behandelt.
Es gibt allerdings (zentrale) Einrichtungen, die u.a. auf solche Entgiftungen spezialisiert sind (Psychiatrisches Zentrum, o.a.). Diese sind unbedingt vorzuziehen! Selbst Krankenhausärzte geben offen zu, daß "Krankenhausentgiftungen" nicht optimal organisiert sind (und wohl auch nicht sein können). Unter anderem ist kaum eine persönliche Beziehung zwischen Pflegepersonal und Patient möglich, auch ist die Aufsicht über die Patienten wesentlich geringer.
Die Dauer einer solchen Entgiftung beträgt ca. 14 Tage, im Einzelfall 10 Tage bis 3 Wochen. Dies gilt für Alkoholiker, für Medikamentensüchtige gilt meist eine (wesentlich) längere Verweildauer (ungefähr bis zu 6 Wochen). Das hat seine Ursache in den möglichen

schweren Entzugserscheinungen bei diesem
Patientenkreis, vor allem aber darin, daß fast alle
Medikamente "ausgeschlichen" werden müssen.
"Ausschleichen" bedeutet als Fachbegriff folgendes: auch
in der Einrichtung bekommt der Patient noch "sein"
Medikament, allerdings in "fallender" Dosierung, d.h.
jeden Tag etwas weniger. Es ist dies, eben wegen der
größeren Gefahr lebensgefährlicher Entzugserscheinungen
nicht anders möglich.

Entwöhnung
Entwöhnung bedeutet, -im Gegensatz zur Entgiftung- vor
allem die geistig - seelische Entwöhnung vom jeweiligen
Suchtmittel. Auch soziale (d.h. auf die Gemeinschaft
bezogene) Therapieelemente sind wichtig, ein Beispiel
wären hier Hilfen bei der beruflichen (Neu)orientierung.
Die inhaltliche Arbeit der verschiedenen Fachkliniken
ist wiederum recht unterschiedlich gestaltet.
Die Schwerpunkte der Therapie werden je nach Klinik:
verschieden gewichtet. So kann eher die Arbeitstherapie
im Vordergrund stehen, oder auch die therapeutischen
Gespräche im engeren Sinn. Diese finden als Gruppen-
gespräche (Klein- und Großgruppen) statt, gelegentlich
auch als Einzelgespräche (nur ein Patient mit einem
Therapeuten).
Angebote im Kreativ-, Sport- und Freizeitbereich werden
gemacht. Eine medizinische Überwachung findet natürlich
auch während der Entwöhnung statt. Weitere Stichworte
aus dem therapeutischen Angebot sind "Partnerseminare",
"Urlaubs -/Heimattag", "Informationsvorträge", "Erlernen
von Entspannungstechniken wie Autogenes Training", usw.
Die Dauer der Behandlung betrug früher in der Regel für
Alkohol- / Medikamentenabhängige 6 Monate. (Für
Abhängige von illegalen Drogen gelten wesentlich längere
Zeiten, etwa 9-18 Monate). Auch heute kann eine solche
Therapie noch auf 6 Monate verlängert werden, eigentlich
werden aber grundsätzlich nur noch 4 Monate
"veranschlagt". Außerdem kommen zunehmend sog.
"Kurzzeittherapien" auf, die Dauer beträgt hier 6 - 12
Wochen.
Die Zahl der Plätze in den stationären Einrichtungen
variiert ca. zwischen 50 und 500.
Die Kosten einer solchen Therapie sind recht hoch.
Mindestens 10 000,- DM pro Monat sind hier anzunehmen.
Der Kostenträger ist die zuständige
Versicherungsanstalt, also die LVA, oder die B.f.A.
Tragen bei bestimmten Fällen diese Anstalten die Kosten
nicht, und findet sich auch kein anderer Kostenträger,
so übernimmt diese das zuständige Sozialamt,
(Kostenträger für eine körperliche Entgiftung ist im
Gegensatz dazu üblicherweise die jeweilige

Krankenkasse,)

Voraussetzung für die Aufnahme in eine Suchtklinik ist, neben einer vorliegenden Suchtkrankheit, der sog. "Sozialbericht" (evtl. wird dieser regional auch mit anderen Begriffen bezeichnet). Diesen erstellt normalerweise der zuständige Suchtberater anhand (mehrerer) Gespräche mit dem Patienten. Viele Kliniken stellen weitere Bedingungen, etwa eine vorher abgeschlossene Zahn- / Gebißbehandlung, eine schriftliche Bewerbung, u.a.

Abschließend ist noch folgendes zu bemerken:

Mancherlei Vorstellungen und Gerüchte sind über stationäre Therapien in Umlauf. Zwei davon lauten etwa:

- "Da machen sie mit Dir eine)Gehirnwäsche(!"
- "Das sind moderne, helle Einrichtungen mit hohem Freizeit- und Erholungswert !"

(Letzteres der Tenor einer filmischen Selbstdarstellung einer solchen Klinik, ersteres ein Satz "draußen)aufgeschnappt(".)

Beides stimmt natürlich so nicht. Verführerisch wäre es zu behaupten, es sei von bei dem etwas, doch auch dies wäre sicherlich nicht hundertprozentig zutreffend.

Natürlich kann der Verfasser zu diesem Thema lediglich subjektiv Stellung nehmen, trotzdem sollen einige Anmerkungen gemacht werden.

Wie bereits erwähnt, verbrachte der Verfasser mehrere Monate in der Fachklinik "Burgfrede" (*) in dem Ort "Bergschmallen" (*).

Beispiele für hilfreiche und sinnvolle Aspekte waren dort unter anderen:

- Die Entfernung vom bisherigen Wohnort, bzw. vom vorher üblichen Lebensmittelpunkt.
- Das Erlebnis, sich mit hunderten von anderen Patienten in einer Klinik aufzuhalten, die in jeder Hinsicht unterschiedlich waren (Alter, Geschlecht, Beruf, usw., usf.) -jedoch alle dasselbe Problem hatten.
- Die medizinische Betreuung.
- Der (mehr oder weniger) sanfte Druck, sich sportlich und kreativ zu betätigen.
- Das Informationsangebot über Suchtkrankheiten (obwohl dies noch ausbaufähiger wäre).
- Die Gespräche mit Mitpatienten.
- Die Begegnung mit selbst betroffenen, jetzt trockenen, Therapeuten und Ärzten die dort arbeiteten. (Auch hier gab es natürlich dem Verfasser unterschiedlich sympathische Persönlichkeiten, jedoch war bei allen diesen Menschen eine große Ernsthaftigkeit, Menschlichkeit, in jedem Falle aber

Glaubwürdigkeit vorhanden. Insbesondere ein Doktor "Groß" (*) -eigentlich "nur" für medizinische Dinge zuständig- beeindruckte hier außerordentlich -im Gegensatz zu manch` "richtigem" Therapeuten!
- Das Vorhandensein einer strengen Hausordnung mit teils vollkommen unsinnigen Regeln. (Es mag paradox klingen, dies in der Rubrik "Positiv" zu verbuchen. Tatsächlich führte diese Hausordnung aktuell zu allerlei "Reibereien". Doch ließ sich, insbesondere durch die vollständig sinnlosen Regeln, sehr gut erlernen, auch einmal etwas Unangenehmes und nicht sofort Veränderbares zu ertragen. Was -wie gesagt - nicht immer einfach war. Der Satz eines Therapeuten: "Sie sind nicht hier, damit es Ihnen gut geht, sondern damit es Ihnen hinterher gut geht!", ist dabei dem Verfasser noch gut im Gedächtnis.)

Als im Sinne der Therapie schädlich und hinderlich wurde folgendes empfunden:

- Die Gesprächsführung des Klinikleiters Doktor "Odnanrew" (*), welcher seine enormen rednerischen und argumentativen Fähigkeiten oftmals vollkommen gnadenlos und ohne Jedes Mitleid gegen Patienten einsetzte.
- Die ewig lächelnde oder lachende Art und Welse eines bestimmten Therapeuten (Herrn "Reese") (*), welche sich nach und nach als nicht "echt" herausstellte. Dies tat dem Vertrauensverhältnis zu dieser Person zunehmend Abbruch.
- Der in Patientenkreisen unter der Bezeichnung "Burgfrede-Koller" bekannte Zustand, welcher sich darin äußerte, daß man sich ständig beobachtet fühlte (im Zweibettzimmer durch den "Zimmergenossen", in der Klinik durch das Personal, im Wald und in der Ortschaft -mindestens- durch Mitpatienten).
- Der unter Patienten als "Denunziationsparagraph" bekannte Punkt der Hausordnung. Dieser schrieb zwingend vor, bei Übertretungen beobachtete Patienten dem Personal zu melden, wollte man nicht selbst eine Strafe riskieren. Natürlich stand von Seiten der Klinik ein "edles" Motiv hinter dieser Vorschrift: "Co - abhängiges Verhalten" sollte damit verhindert werden. Doch sicherlich heilt nicht immer der Zweck die Mittel.
- Das Verhalten eines Therapeuten gegenüber einer bestimmten Patientin, (Dieser Therapeut ist soweit bekannt heute nicht mehr in dieser Klinik tätig.) Zu der Patientin die den Hergang berichtete, ist zu sagen, daß sie von besonderer Glaubwürdigkeit ist. Sexuelle Kontakte unter Patienten waren in dieser

Klinik vollkommen untersagt. Fiel dergleichen dennoch vor, erfolgte eine "unehrenhafte" Entlassung.
Besagter Herr "Kniz"(*) hatte nun bereits Kenntnis von einem solchen Vorfall. Sehr "angelegentlich" glaubte dieser nun, sich über die genauen Umstände des "Vergehens" Informieren zu müssen -was er in einem Gespräch unter "vier Augen" mit der Patientin tat. Eine striktere Beachtung der Menschenwürde wäre hier sicherlich zu wünschen.
Soweit einige subjektive Eindrücke aus der stationären Kliniktherapie.
An dieser Stelle sollen Informationen über die Erfolgsaussichten von Therapie angefügt werden.
Es ist allgemein zu sagen, daß diese sich sehr steigern, wenn der Patient eine eigene Motivation besitzt, sich behandeln zu lassen. Eine Therapie auf "Druck" des Arbeitgebers oder Partners hin, ist sicher eine schlechtere Voraussetzung. Allerdings besteht in solchen Fällen natürlich immer die Chance, daß sich die Einstellung des Patienten noch während des Therapie-prozesses wandelt, er also zu der Erkenntnis kommt, daß er die Therapie letztlich für sich selbst macht.
Sehr schwierig ist es konkrete Zahlen zu nennen. Allgemein lautet die "Faustformel" (bei Alkohol und Medikamenten): 1/3 wird (fast) sofort rückfällig, 1/3 später, 1/3 bleibt abstinent. Von dem Drittel der später Rückfälligen schaffen es 50% dies aufzuarbeiten und anschließend abstinent zu leben, so daß die Chancen damit auch insgesamt "50 : 50" stehen.

((* = Namen aus Datenschutzgründen geändert !))

Arzt
Auch Ärzte, Fach- und Zahnärzte können ein Element von Therapie sein. Dies in mehrerer Hinsicht.
So könnte so mancher Hausarzt -wenn er sich die Zeit dazu nimmt- sicher einige seiner Patienten darauf hinweisen, daß für sie eine Therapie angebracht wäre.
Auch kurz vor und nach einer Therapie -gleich welcher Art- können Ärzte nützlich sein. So z.B. In Bezug auf die von manchen Kliniken verlangte Zahnbehandlung.
Aber auch die allgemeine Behandlung von Suchtfolge- und Begleiterkrankungen ist natürlich wichtig.
Selbst die Behandlung anderer Krankheiten, die (möglicherweise) nichts -oder wenig- mit der Suchtkrankheit zu tun haben, kann ein therapeutisches Element sein. Denn auch diese Behandlungen können zumindest zum Wohlbefinden beitragen und so die Therapie stützen.
Nach einer Therapie ist es wichtig mit dem Arzt zu besprechen, daß bestimmte Medikamente (beruhigende,

anregende und alkoholhaltige) nicht mehr verschrieben werden dürfen. Hier gilt: die Einnahme bestimmter Medikamente muß nicht, aber kann einen Rückfall, bzw. "Suchtumstieg" auslösen. Unnötige Risiken sollten vermieden werden !

Auf die medikamentöse Behandlung von Alkoholismus Wird später noch näher eingegangen.

Psychotherapeut

Der Psychotherapeut kann mit dem Patienten verschiedene bis dahin nicht ausreichend bearbeitete Punkte näher "in Angriff nehmen".

Auch treten nicht selten lange Zeit durch die häufige Einnahme des Suchtmittels gleichsam "überdeckte" geistig-seelische Probleme zutage. Beispiele wären u.a. verschiedene neurotische Erscheinungen, Angstzustände, usw. (z.B. Klaustrophobie = Angst sich in engen Räumen aufzuhalten, etc.).

Wie bei vielen Dingen gilt auch hier natürlich, daß es manchesmal einige Zeit dauert, bis man "seinen" Therapeuten gefunden hat (also einen, mit dem man auch "arbeiten kann").

Sonstige Beratungsstellen

In Hinblick auf verschiedenartige spezielle Problematiken kann es sehr sinnvoll sein, spezialisierte Beratungsstellen aufzusuchen.

Beispiele wären hier Familien-, Ehe- und Lebensberatungsstellen, auch Berufsberatungs- und Schuldenberatungsstellen kämen in Betracht (je nach Fall-lage).

Selbsthilfegruppe

Die Selbsthilfegruppe wurde aus dem Grunde ein Zweitesmal in die Liste aufgenommen, um noch einmal zu betonen, daß diese (hat man "seine" Gruppe gefunden) zu jedem Zeitpunkt der Therapie -und auch anschließend- unschätzbare Dienste leisten kann und auch die Gelegenheit gibt, etwas von sich selbst an Andere weiterzugeben.

4.5 Medikamentöse Behandlung des Alkoholismus

Wie bereits angedeutet, soll hier noch auf ein
spezielles Thema eingegangen werden, nämlich die
Alkoholismusbehandlung mit Arzneimitteln.
Dies scheint angeraten, well es weit verbreitete
Mißverständnisse in diesem Bereich gibt.
Drei Medikamente, bzw. Wirkstoffe sind diesbezüglich
besonders wichtig:

- Distraneurin (Wirkstoff: Clomethiazol)
- Antabus (Wirkstoff: Disulfiraal)
- Dopergin (Wirkstoff: Lisurid)

und die sog. amethystoiden Medikamente.

Alle drei Medikamente werden gelegentlich als
"Arzneimittel gegen die Alkoholsucht" bezeichnet. Was
nicht unbedingt zutreffend ist, wie zu erkennen sein
wird. Die angeführten Medikamente (bzw. auch andere die
dieselben Wirkstoffe enthalten) haben ganz unterschiedliche Ansatzpunkte.
Näheres soll jetzt dazu ausgeführt werden.

Distraneurin
In der Gebrauchsinformation dieses Arzneimittels findet
sich folgender Hinweis:
"... Anw.: ... 2. Alkoholismus: Alkoholentzugserschei-
nungen nach chron. Alkoholabusus" (Abusus = Mißbrauch)
Prädelir. u. Delirium Tremens. 3. ... Unruhe- u.
Krampfzustände ... Bei Alkoholikern u. Medikamentenabhängigen sollte die Behandlung unter ausschleichender
Dosierung in 10 - 14 Tagen abgeschlossen werden, da sich.
-wie auch bei anderen Sedativa u. Hypnotika- eine
sekundäre Abhängigkeit entwickeln kann." (120)
Eigentlich könnte hiermit alles gesagt sein:
Distraneurin ist kein Mittel, daß Alkoholismus "heilt",
wichtiger noch: es hat selbst ein hohes Suchtpotential!
Als Arzneimittel, daß gefährliche Entzugserscheinungen
wie Krampfanfälle und Delirien verhindert, hat es sicher
seine Berechtigung. Dies jedoch ausschließlich unter
stationären Bedingungen, sprich in Krankenhäusern,
Kliniken, u.ä.! Leider gibt es allerdings immer noch
niedergelassene Ärzte, die dieses Mittel ihren Patienten
auf Wunsch auch ambulant verschreiben. Besonders wenn
der betreffende Patient keine weitergehenden Hilfen hat,
ist die Gefahr eines Rückfalls trotz Distraneurin sehr
groß. Situationen- eines kombinierten Alkohol- /
Distraneurinrausches können entstehen, was recht
gefährliche Auswirkungen haben kann. Auch bleibt nicht

jede verordnete Packung beim jeweiligen Patienten! Unter Abhängigen von illegalen Drogen sind "Distras" (=Szenen- Jargon) recht beliebt. Viele Fachleute sprechen davon, daß die ambulante Verordnung von Distraneurin in jeden Falle ein ärztlicher Kunstfehler sei. Dem ist nichts hinzuzufügen !

Antabus

Antabus können als Tabletten mit unterschiedlicher Wirkungsdauer eingenommen, aber auch unter die Hautoberfläche implantiert werden. Der Wirkstoff wird in diese» Fall nach und nach freigesetzt, so daß die Wirkung bis zu mehreren Monaten anhalten kann.
Antabus "wirken" selbst überhaupt nicht, d.h. es entstehen nach der Einnahme keine fühlbaren "Effekte". (Dies ist zumindest der Regelfall,) Eine Wirkung entsteht erst dann, wenn zusätzlich Alkohol konsumiert wird, meistens reichen schon sehr geringe Mengen. Es kommt dann zu starken körperlichen Reaktionen wie Hitzewallungen, "weichen Knien", Kopf- und Nackenschmerzen, beschleunigtem Herzschlag, usw. Der Verfasser kann persönlich bestätigen, daß dies äußerst unangenehme Zustände sind !
Wie zu erkennen ist, wird hier auf eine Art "Abschreckungseffekt" gesetzt. Der Alkoholiker soll nichts trinken, well er vor den beschriebenen Reaktionen Angst hat. Gelegentlich funktioniert dies sogar und so findet sich auf Antabusschachteln die Aufschrift: "Zur Behandlung des Alkoholismus", in der Praxis zeigen sich aber folgende Probleme:
- sehr viele Alkoholiker trinken gerade so lange keinen Alkohol, wie die Antabuswirkung anhält, anschließend wird weitergetrunken
- einige Trinker machen geradezu eine Art "Sport" daraus, über den "Reaktionspunkt" hinauszutrinken, d.h. es wird trotz der sehr unangenehmen Effekte weitergetrunken, solange, bis der Alkoholrausch diese unangenehmen Wirkungen vollständig "überdeckt" (Manchesmal schwingt hier etwas von sogenannter "Männlichkeit" mit!)
- oft glauben Angehörige Süchtiger, diesen heimlich etwas "in den Kaffee" tun zu können, "damit er nicht mehr soviel trinkt". Hierbei werden dann Antabus dafür in Erwägung gezogen. Dies geht natürlich völlig an der Realität vorbei: bemerkt der Süchtige, was da geschehen ist, wird er -mit Recht !- sehr ärgerlich sein, auch wird dies nie einen wirklichen Erfolg haben! Abstinenz, heimlich und gegen den Willen des Betroffenen erzwungen, ist im Sinne eines wirklichen Gesundungsprozesses sicher vollkommen verfehlt! Außerdem ist eine heimliche Verabreichung

äußerst gefährlich: Die plötzliche und unerwar-
tete Antabus - Alkohol - Reaktion kann den Süchtigen
z.B. im Straßenverkehr in bedrohliche Situationen
bringen !
Selbst wenn der Betreffende mit der Medikamentengabe
einverstanden und "guten Willens" ist, scheint der
Einsatz von Antabus, u.ä. doch fraglich: verläßt sich
der Süchtige hier nicht schon wieder auf jemand anderen
der es schon "für ihn richten wird" ? (Gemeint ist eben
das jeweilige Medikament, bzw. der "Herr Doktor".)
Sicher sind dies keine besonders guten Voraussetzungen
für eine aktive Bewältigung seiner Situation! In
besonderen Fällen mag ein Antabuseinsatz natürlich
trotzdem gerechtfertigt sein, zu denken wäre evtl. an
Personen die bereits so stark geschädigte sind, daß der
nächste Vollrausch sie umbringen könnte, u.ä.

Dopergin / Amethystoide
Die Forschungsergebnisse in diesem Bereich sind noch
recht neu, bzw. sind die Forschungen z.T. auch noch gar
nicht abgeschlossen.
Das bisher Bekannte ist aber sicherlich interesse-
erweckend.
So fand sich bezüglich des Lisurids (=Wirkstoff von
Dopergin) in der Fachzeitschrift "PSYCHOLOGIE HEUTE"
vom Dezember 1991 folgender Hinweis:
" ... An einem vollkommen anderen Punkt setzt Professor
Hanfried Helmchen an der Psychiatrischen Klinik der
Freien Universität Berlin an. ... Nach Helmchens These
verändert jahrelanger Alkoholmißbrauch den
Hirnstoffwechsel: ..." (Vergleiche hierzu unter den
Stichworten: "ALKOHOLISMUS" / "Erbanlage")
"Für Helmchen ist das eine bisher wenig beachtete
Ursache der hohen Rückfallquote. Die Konsequenz aus
dieser Erkenntnis ist eine zusätzliche medikamentöse
Behandlung Alkoholkranker mit dem nichtsüchtigmachenden
Wirkstoff Lisurid, ... Diese Substanz, die ansonsten bei Migräne
oder Schüttellähmung eingesetzt wird, soll zwischen sechs
Monate und einem Jahr lang den gestörten Stoffwechsel des
Transmittersystems ausgleichen." (121)
Der Verfasser bat Professor Helmchen daraufhin
schriftlich um nähere Informationen, machte aber auch
kritische Anmerkungen zum Thema. Diese gingen in eine
Richtung die sich auch durch ein Zitat eines anderen
Forschers gut verdeutlichen lassen:
„)Es wäre eine naive Vorstellung(, sagt Lester
Grinspoon, Professor für Psychiatrie an der Harvard
Universität,)das Problem der Drogensucht ließe sich
lösen, indem man schlechte durch bessere Chemie
ersetzt.(" (122)
(Hintergrund waren hier Bedenken, die auch schon unter

dem Stichwort "Antabus" geäußert wurden.)
Professor Helmchen ließ daraufhin dem Verfasser Anfang
April 1992 über Herrn Dr. Schmidt folgendes schriftlich
mitteilen:
"... Unsere Forschergruppe ist gerade dabei, ein neues
Therapieprinzip zu überprüfen, das den Einsatz von
Lisurid (Dopergin ((R)) - ein Mittel zur Behandlung der
Parkinsonschen Erkrankung) beinhaltet. Dabei handelt
es sich jedoch um eine Forschungsbehandlung, so daß noch
nicht davon auszugehen ist, daß die Wirksamkeit zur
Stabilisierung der Abstinenz bei Alkoholkranken auch
tatsächlich gesichert ist. Aufgrund von Befunden aus der
Grundlagenforschung und auch anhand von
Einzelfallstudien erschien uns diese klinische Studie
als gerechtfertigt. ... Die Therapieprüfung umfaßt neben
der Einnahme des Arzneimittels auch psychotherapeutische
Gespräche und sozio-therapeutische Maßnahmen. Der Besuch
von Selbsthilfegruppen ist wesentlicher Bestandteil des
Therapieprogramms. Da das Medikament Dopergin vom
Bundesgesundheitsamt für die Indikation
"Abstinenzunterstützung bei Alkoholkranken" nicht
zugelassen ist, kann und sollte das Medikament außerhalb
einer klinischen Prüfung nicht verabreicht werden. ..."

Hierzu ist zu sagen, daß durch die umfangreichen begleitenden
Maßnahmen ein Teil der bestehenden Bedenken "ausgeräumt" ist.
Durch psychotherapeutische Maßnahmen und Selbsthilfegruppen
wird den Betreffenden sicherlich vermittelt werden, daß sie auch
aktiv an der Bewältigung ihrer Krankheit mitwirken müssen, um
Aussichten auf einen dauerhaften Erfolg zu haben.
Weitere Forschungsergebnisse bleiben hier aber abzuwarten.
Insbesondere wird es wichtig sein zu beobachten, was nach
dem späteren Absetzen des Medikaments geschieht. Auch wäre
bei Gabe von Dopergin (oder vergleichbaren Arzneimitteln) zu
beachten, dass auch bei nichtklinischen Verabreichungen
begleitende Therapieangebote gemacht werden. (Dies für den
Fall, dass sich weiterhin Erfolge zeigen und das Medikamente
größere Verbreitung findet.)
Eine letzte Überlegung ist, daß eine sehr große Zahl von
zufrieden abstinent lebenden Alkoholikern beweist, daß es auch
ohne zusätzliche Medikamente "geht". Sie haben den Weg
dorthin aus eigener Kraft zurückgelegt. Ist es gerechtfertigt,
diesen Weg "abzukürzen" und die Freude über das selbst
vollbrachte damit zu schmälern?
Andererseits: kann durch Dopergin, u.a. evtl. in Fällen geholfen
werden, die vorher hoffnungslos schienen ?
Der Verfasser wagt hier keinerlei abschließende Beurteilung.
In eine ähnliche Richtung wie die Lisuridforschung scheinen
auch die Forschungen von Poser zu gehen. Das Stichwort lautet
hier: "amethystoide Medikamente".

Da hier nur wenige Informationen vorliegen, soll die Fundstelle abschließend und unkommentiert zitiert werden:
"Schweißausbrüche, Schüttelfrost oder Depressionen
solche Entzugssymptome treiben Süchtige immer wieder zur Flasche, Nadel oder Tablette. Diesen lebensgefährlichen Kreislauf aus Entzug und Rauschzustand will Wolfgang Poser, Professor an der Psychiatrie der Universität Göttingen, unterbrechen. Seine Forschungen befassen sich mit Medikamenten gegen die)dranghafte Rückfallneigung(von Rauschgiftabhängigen. Das Zauberwort heißt)amethystoide Medikamente(, ... Poser testet ein Präparat aus Frankreich, das angeblich Rückfallneigungen aufhebt. ... Die kleinen, weißen Tabletten sollen das)Belohnungszentrum(im Gehirn abschirmen. Dort entsteht nach konkreten Handlungen das Gefühl von Glück und Zufriedenheit. Sucht- Stoffe regen das Zentrum künstlich sehr stark an. Das)Belohnungszentrum(will das Glücksgefühl wiederholen und löst die Sucht aus, amethystoide Medikamente sollen die komplizierte und lange Reihe von biochemischen Reaktionen, durch die Rauschgifte Sucht auslösen, unterbrechen. Theoretisch müssen sogenannte Dopaminrezeptoren blockiert werden. ... Eine schlagartige)Heilung(Süchtiger erwartet Poser von dem französischen Medikament nicht ..," (123)

166

4.6 Prävention

Auf den Bereich Prävention soll hier nur ziemlich kurz
eingegangen werden. Unter anderen Stichworten werden
später noch Zusätze gemacht werden, etwa bei der
Formulierung von "Alternativen und Ergänzungen". Die
dort beschriebenen Ansätze sollten natürlich auch in
Hinsicht auf die Suchtvorbeugung mit einbezogen werden!
"Prävention" bedeutet also -wie angedeutet- "Vorbeugung"
oder auch "Zuvorkommen".
Im weiteren Sinne (bezogen auf Sucht) meint Prävention
auch alle Maßnahmen, die geeignet sind die Ausbreitung
von Suchtkrankheiten einzudämmen. Träger dieser
Maßnahmen kann der Staat, Selbsthilfeorganisationen,
aber auch jeder Einzelne sein.
Zumindest von "öffentlicher Seite" sah Prävention in der
Vergangenheit so aus, daß der Schwerpunkt eher auf
(hierzulande!) illegalen Drogen lag. Die Methoden der
Prävention beschränkten sich im wesentlichen auf:
- Information
- Aufklärung
- und Abschreckung.
Wobei diese drei Bereiche natürlich oft ineinander
übergingen. Insbesondere die Schrecken illegaler Drogen
wurden dargestellt -leider auch gelegentlich sachlich
falsch. Dem Verfasser ist noch gut erinnerlich, daß
seinerzeit im Stadtpark "Spottlieder" zur Gitarre
gesungen wurden: "Dun-kel-blau-er)Pakistani(...". Zur
Erklärung sei erläutert, daß es entgegen den
Behauptungen einer damaligen Informationsschrift keinen
dunkelblauen)Pakistani(gibt. ("Pakistani"= Haschisch
aus Pakistan, dessen Farbe hier fälschlich mit
dunkelblau angegeben wurde).
In dieselbe Richtung gehen Fehlinformationen wie die
Behauptung Haschisch mache "oft auch körperlich
süchtig", Haschisch sei "fast automatisch
)Einstiegsdroge(für härtere Drogen", etc.
Jugendliche die damals recht schnell erkannten, daß hier
so einiges nicht stimmt, glaubten natürlich dann (auch
zutreffende) Informationen über härtere Drogen ebenfalls
nicht mehr so recht.
Haben die damaligen Fehlinformationen auf reiner
Nachlässigkeit oder Unfähigkeit beruht, so ist hier ein
Vorwurf zu machen. Ein noch größerer Vorwurf ist
allerdings zu machen, falls diese "Informationen" in der
wohlmeinenden Absicht verbreitet wurden, nur ja möglichst
viele Jugendliche möglichst intensiv von illegalen Drogen
abzuschrecken -denn das Gegenteil wurde erreicht!
Besondere Ehrlichkeit und Sorgfalt tut hier also not.
Die Bemühungen präventiv zu wirken, waren nicht

unbedingt von Erfolgen "gekrönt". Zeitweise wurde dann
versucht Verbesserungen nach dem Motto "mehr desselben"
zu erzwingen. Stellt man sich beispielhaft vor, ein
"Herzpatient" nähme nach der Devise "mehr desselben"
gelegentlich die doppelte Dosis seines Medikaments zu
sich (damit es ihm doppelt so gut geht), kann man sich
vorstellen, daß dies auch im Bereich der Prävention
nicht sehr erfolgreich war.

Die Vermehrung von "Informationen" die abschreckend
wirken sollten, zum Teil aber unsachlich und übertrieben
waren, erweckte bei vielen Jugendlichen sicherlich erst
das Interesse an den illegalen Drogen vor denen die
Erwachsenen "soviel Angst hatten".
(In einem anderen Zusammenhang hat übrigens auch der
Psychotherapeut und Autor Paul Watzlawick auf die
verhängnisvollen Auswirkungen des Prinzips "mehr
desselben" hingewiesen, dies vor allem in seinem Buch:
"Vom Schlechten des Guten" (P. Watzlawick / Piper /
München / 5.Aufl. / 1991).)
Glücklicherweise gibt es mittlerweile neuere, andere
Ansätze. Die Richtung dieser Maßnahmen läßt sich durch
ein Zitat von R.Blobel, M.Haug und P. Traub - Martin
beschreiben:
"Prävention umfaßt den ganzen Menschen. .., Prävention
wechselt damit bewußt ihr Ziel von der Verhaltens-
verhinderung hin zur Verhaltensförderung. ... Der Inhalt
der Prävention ist die Entwicklung eines positiven
Lebenskonzeptes, in dem Suchtmittelmißbrauch keinen
Platz mehr hat." (124)
Diese Richtungen sind zweifellos zu befürworten.
Aufgehoben ist hier u.a. auch die (oftmals künstliche)
Trennung zwischen legalen und illegalen Suchtmitteln.
Wie aber kann dies in die Praxis umgesetzt werden?
Beispiele gibt hier die Sucht-Präventionsstelle der Stadt
Zürich (am Pestalozzianum). Diese verbreitet seit
einiger Zeit eine Plakatserie. Als "Überschrift" der
Plakate ist jeweils zu lesen: "Sucht hat viele
Ursachen". Darunter finden sich unterschiedliche
Bildmotive (Schwarz / Weiß, gelegentlich auch zusätzlich
in Gelb gestaltet). Die dazu passenden Texte lauten
z.B.: "Hinter der Konsumsucht steht die Sehnsucht", "Wir
werben fürs Geniessen kleiner Dinge", "Träume brauchen
Spielraum. Wir werben dafür." u.ä.
Ähnliche "Slogans" verbreitet auch die "Bundeszentrale
für gesundheitliche Aufklärung", beispielsweise in Bezug
auf Medikamente: "Lieber tausend Küßchen als eine
Pille", "Lieber lärmende Kinder als lähmende Tabletten",
"Lieber eine Vier mit feuchten Händen als eine Eins auf
Rezept", usw.
Diese und ähnliche neue Ansätze -sozusagen "indirekter"

Suchtprävention- sind zu begrüßen und lassen auf bessere Erfolge hoffen.

Voraussetzung hierfür ist allerdings, daß diese Maßnahmen nicht im Bereich des "Sprüche-Machens" verbleiben, sondern das die dahinterstehenden Einstellungen und Werte auch tatsächlich vermittelt werden. Von Menschen - zu Menschen.

4.7 Alternativen und Ergänzungen

"Wenn die Psychiatrie lediglich dazu beiträgt, den Patienten an eine kranke Gesellschaft anzupassen, damit er in dieser Gesellschaft wieder funktionsfähig wird, dann verfrachtet sie ihn von einer Krankheit in die andere."
(125)   **(Herbert Marcuse)**

"Wir gehen vielleicht mit unseren Gefühlen zu sparsam um, leben zu sehr mit Gedanken, und das verdirbt uns."
(126)   **(Maxim Gorki)**

Angesichts des bisher Geschriebenen soll nun versucht werden, Vorschläge zur Verbesserung von Therapie und auch von Prävention zu machen.
Allgemeine und spezielle Forderungen lassen sich hier stellen.
In Bezug auf Prävention (oder auch: Suchtprophylaxe) wäre eine spezielle Forderung, die unter dem Stichwort "Prävention" bereits dargestellten neuen Ansätze zu fördern und praxisgerecht umzusetzen.
Klaus-Peter Stender faßt im folgenden Zitat die Ziele noch einmal recht gut zusammen:
"Angedeutete Konsequenzen für eine pädagogische Prävention" (hier etwa= Suchtvorbeugung):
" - lernen, genußfähig zu sein
- lernen, intrapsychische Prozesse" (hier etwa: innerseelische Abläufe) "zugänglich zu halten, d.h. Ängste, Gefühle des Unwertes und der Selbstverachtung, Abhängigkeitssehnsüchte weder verdrängen noch abspalten müssen, sondern in seine Individuation integrieren oder anders gesagt: sich so verstehen lernen, wie man/frau ist." (127)
Der Staat ist zu mehreren Maßnahmen aufzufordern. (In Bezug auf die Leistungs- und Konsumsucht kann diese Forderung eigentlich nur in dem Verlangen nach einem vollständigen "Umbau" der bestehenden Gesellschaftsordnung bestehen -doch soll dies hier nicht näher ausgeführt werden.)

Denkbar wäre:

- ein Werbeverbot für Alkoholika

- eine Verpflichtung   zur ausführlichen und sachlich richtigen Produktinformation für Alkoholhersteller /-Verkäufer

-die Erhebung einer Sondersteuer (Vorschlagsweise 5% des Gewinnes durch den Verkauf von Alkohol. Dies entspräche knapp dem Anteil der Alkoholkranken in der Gesellschaft:

etwa 5-10 %. Das "Verursacherprinzip" würde damit ansatzweise eingeführt. Eine evtl. Verteuerung des Alkohols für den normalen Kunden wäre nicht nur hinzunehmen, sondern zu begrüßen.)

- eine bessere (auch finanzielle!) Unterstützung von therapeutischen Maßnahmen und Einrichtungen, hier insbesondere der Selbsthilfegruppen. (Zwar wird bereits viel über Selbsthilfe geredet, dies jedoch nur aus einem Grunde: um staatliche Ausgaben zu sparen. Dabei würde sich durchaus insgesamt eine finanzielle Unterstützung "rechnen", bedenkt man etwa die immensen Kosten einer stationären Entwöhnung ! Könnte eine Selbsthilfegruppe im Vorfeld nur eine solche Entwöhnung entbehrlich machen, ergäben sich "Gewinne" im fünfstelligen DM - Bereich.)

- eine staatlich unterstützte "Ächtung" von Alkohol (und andere Suchtmittel) "verherrlichender" "Literatur", "Lyrik", "Liedgut", u.ä.

- eine bessere und vor allem weniger oberflächlichere Information der Bevölkerung über Suchtentstehung, Suchtursachen, Therapieangebote und Therapieverlauf.
In Bezug auf spezielle Forderungen welche die Therapie betreffen, wurde schon einiges gesagt (vergleiche hierzu unter dem Stichwort: ")Äußere(therapeutische Stationen"). So wurde etwa auf die unbedingt nötige (noch) stärkere Beachtung der Menschenwürde der Patienten hingewiesen.

Es sollen nun aber zunächst einige allgemeine "Kernpunkte" dargestellt werden, welche die Bereiche "Gesellschaft", "Therapie" und "Prävention" mehr oder weniger gleichermaßen betreffen.
Das bedeutet folgendes:
In allen diesen Bereichen muß vollkommen klargemacht werden:

- Der Mensch ist nicht das wert, was er leistet!
(Weder die in ökonomischer und karriere-
orientierter, noch die in übertrieben
"selbstloser". sozialer Hinsicht erbrachte
Leistung hat irgendetwas mit seinem Wert als
Mensch zu tun!)

- Der Wert des Menschen ist weder eine veränderliche, noch eine veränderbare Größe. Er erwirbt seinen Wert allein durch sein Existieren, sein "Da-sein"! Dieser Wert ist genausogroß wie der jedes beliebigen anderen Menschen.

- Der Konsum, das Ver-brauchen ist kein taugliches Mittel mit Gefühlen umzugehen, sie zu verändern oder zu unterdrücken. Jeder hat ein "Grundrecht" Gefühle zu empfinden, sie zu äußern und sie "zu leben". Diese Freiheit findet Ihre Grenzen nur in der Freiheit anderer Menschen. Mit Gefühlen umzugehen, kann nur in einer gesunden Welse geschehen: aktiv Handelnd, aktiv Unterlassend und bewußt ertragend!

Begriffe wie "aktiv Handelnd", "aktiv Unterlassend" und "bewußt ertragend" bedürfen wohl der Erläuterung.
Mit "bewußt ertragend" ist in etwa gemeint, daß Probleme und Schwierigkeiten nicht geleugnet, "beiseitgeschoben" und unterdrückt werden. Zwar sollte der erste Schritt sein, zu versuchen diese Probleme zu lösen. Jedoch ist dies nicht immer (sofort) möglich. Hier sollten solche Zuständen dann "bewußt ertragen" werden! Der (geringfügige ?} Unterschied zum "allgemein üblichen" Verhalten liegt eben darin, daß dieses Ertragen in einer klaren und dem Betreffenden bewußten Weise geschieht. Eine regelrechte Annahme des Unangenehmen ist anzustreben -wenn dies mit absoluter Sicherheit auch oft recht schwer ist! Hinter diesen Zielen sollte das Bewußtsein stehen, daß es möglicherweise doch irgendeinen "Sinn" haben könnte, daß diese Schwierigkeiten jetzt auftreten -wenngleich dieser Sinn oft (noch) nicht einsehbar ist. Ob "Sinn" oder nicht: Die Wirklichkeit erweist nun einmal täglich, und immer wieder, daß Unangenehmes zum Leben insgesamt dazugehört -was immer das "Werbefernsehen" auch Anderweitiges versprechen mag.
"Aktiv unterlassend" mag als Begriff sonderbar klingen. Hier ist gemeint, daß das "aktive Angehen" von Problemen zuweilen auch bedeuten kann, etwas nicht zu tun. Ein sehr simples, aber wohl verständliches Beispiel: Wenn ich andauernd zuviel Arbeit, zuviele Belastungen ertragen muß, kann ich dies konsumierend "bewältigen" indem ich Aufputschmittel zu mir nehme. Ich kann es aber auch "aktiv Unterlassend" bewältigen, indem ich einen Teil der Arbeit nicht mehr leiste, ihn also unterlasse. (Wer hier meint: "Aber daß geht doch gar nicht !", sollte sich dringend einmal mit dem Begriff der "Arbeitssucht" befassen!)
Übrig bleibt der Begriff "aktiv Handelnd". Hier hat Erich Fromm eine sehr gute Beschreibung anzubieten. Zwar geht es bei ihm eigentlich um den Begriff "Sein", doch läßt sich folgendes Zitat mit Sicherheit auch für die Definition von "aktiv Handelnd" verwerten:
"Ihr" (=die Existenzweise des Seine) "wesentlichstes Merkmal ist die Aktivität, nicht im Sinne von Geschäftigkeit, sondern im Sinne eines inneren Tätigseins, dem produktiven Gebrauch der menschlichen Kräfte. Tätigsein heißt, seinen Anlagen, seinen Talenten, dem Reichtum

menschlicher Gaben Ausdruck zu verleihen, mit denen
jeder -wenn auch in verschiedenem Maß- ausgestattet ist.
Es bedeutet, sich selbst zu erneuern, zu wachsen, sich
zu verströmen, zu lieben, das Gefängnis des eigenen Ichs
zu transzendieren, sich zu interessieren, zu lauschen,
zu geben. Keine dieser Erfahrungen ist jedoch vollständig in Worten wiederzugeben. Worte sind Gefäße, die
wir mit Erlebnissen füllen, doch diese quellen über das
Gefäß hinaus." (128)
Der Begriff "aktiv Handelnd" wird leider auch oft
mißverstanden: leicht ist es möglich starr auf Erfolg
fixiert und im Übermaß aktiv zu sein. Daher sollen noch
einige Anmerkungen zu diesem Begriff gemacht werden:

"Jede Richtung menschlichen Interesses kann süchtig
entarten" (= ein Zitat F.v.Gebsattels ((*))), so auch
sicher das Interesse "aktiv" zu sein. Wichtig scheint
demnach -insbesondere für abstinente Süchtige, aber auch
für jeden anderen Menschen- hier besondere
Aufmerksamkeit und Wachsamkeit "an den Tag zu legen".
Konkret hieße dies, auch Aktivitäten auszuführen, die
als solche Freude bereiten. D.h. der (mögliche) spätere
Erfolg steht dabei nicht im Vordergrund.
Es gibt andererseits auch Tätigkeiten, die man "eigentlich gerne ausführen möchte", die man aber -auf Grund
mangelnder Erfolgsaussichten- unterläßt. Übrig bleibt
sehr oft ein "ungutes Gefühl".
Hierzu soll ein Zitat von Hoimar v. Ditfurth angeführt
werden. Auf die -sinngemäße- Frage,ob es denn überhaupt
einen Sinn habe sich für positive Ziele einzusetzen, wenn
mangelnde Erfolgsaussichten bestehen, antwortete er:
"0 doch. Es hat sehr viel Sinn. und zwar glaube ich, daß
es mit ein Ausdruck menschlicher Selbstachtung und
-objektiv von außen gesehen- menschlicher Würde ist. Man
muß das, was man für richtig und moralisch notwendig
hält, auch dann tun, wenn man der Überzeugung ist, daß man
wahrscheinlich scheitert. Wer sich wehrt, kann verlieren, wer sich nicht wehrt, hat schon verloren." (129)
Soviel zum Thema "Aktivität".
Einige konkrete Forderungen wurden erhoben, aber auch
allgemeine Einstellungen und Werte formuliert.
Bei einer völligen Übernahme (oder "Aufnahme") dieser
Werte wäre "Suchtgefährdung" für den betreffenden
Menschen sicherlich "kaum noch ein Thema". Ebenfalls
wichtig ist das Erlernen und "leben" dieser "Kernpunkte"
für Süchtige, die sich auf den Weg zu einer zufriedenen
Abstinenz machen. Ein gesunderes Selbstwertgefühl und
bessere Handlungsstrategien sind nur einige der postiven
Auswirkungen.
In Bezug auf diese Einstellungen und Werte stellt sich
nun die Frage, wer diese -insbesondere in

therapeutischen Prozessen- vermitteln kann.

Wie schon einmal erwähnt, gelingt diese Übermittlung besonders "ehemaligen" (d.i. abstinenten) Abhängigen. (So jedenfalls die Erfahrungen des Verfassers.) Sicher ist es schon rein organisatorisch unmöglich, in allen therapeutischen Einrichtungen nur "selbst Betroffene" zu beschäftigen. Alternativen wären also zu überlegen.

Kennzeichen eines Menschen, der o.a. Einstellungen und Werte vermitteln kann, sind sicherlich:

- Selbstkenntnis/-erfahrung
- Ehrlichkeit/Glaubwürdigkeit
- Offenheit
- und Sorgfalt/Ernsthaftigkeit

(Natürlich ist dies nur eine subjektiv empfundene Auswahl von Eigenschaften.)

Zu fordern wäre demnach, Menschen mit dem beschriebenen "Hintergrund" in therapeutischen Einrichtungen zu beschäftigen. Wie dies in der Praxis erreicht werden kann, soll aber erst später beschrieben werden.

....

((*)} = Zitiert nach: "Information der Suchtkrankenhilfe 4.5"/ Stadt Marl (Hrsg.)/ 4370 Marl/ - / Seite 1 .

....

4.8 Therapie: Persönliches (Exkurs)

Unter dieser Überschrift sollen einige persönliche
Anmerkungen und Berichte des Verfassers das Thema
)Therapie("abrunden".

Fiel dies bei einigen anderem Punkten bereits schwer,
so ist es dem Verfasser (schon rein gefühlsmäßig) hier
überhaupt nicht mehr möglich, in der "dritten Person" zu
formulieren. Daher wird -für das vorliegende Stichwort-
in die "Ich-Form" gewechselt:
Persönliches soll berichtet werden -doch auch hier muß ich
einige Zitate anführen, dies weil sie meine Therapie begleiteten.
Nicht alle diese Zitate waren mir schon zu Beginn meines
"therapeutischen Weges" bekannt (dieser Weg ist im übrigen
sicherlich auch noch gar nicht abgeschlossen -kann er dies
überhaupt jemals sein?). So las oder hörte ich einige dieser
Lieder, Merksprüche -oder auch nur ganz einfach Sätze- erst vor
kurzer Zeit.
Allen ist aber gemeinsam, daß sie etwas "von mir"
beschreiben, mit Erlebnissen oder mit meinen Gefühlen zu
tun haben.
Beeindruckt hat mich so ein Text von Hugo Kersten (1892 -
1919). Kersten war Lyriker, Kriegsdienstverweigerer,
Drogensüchtiger und nahm sich 1919 selbst das Leben. In
diesem Jahr entstand auch das folgende Gedicht:

"Wir sind die Namenlosen
Wir halten unsere Lippen herb geschlossen,
Und unsre starren Augen höhnen eigen.
Wir liegen still am Straßenrand und schweigen
Gleichgült'gen Sinnes, müde und verdrossen.
Wir sind die Übergangenen im Leben,
Wir, die am Wege hinter Schlehen rasten,
Bis wir mit schweren Füßen weiter tasten
Und dennoch nie nach einem Ziele streben.
Wir dürsten sehr, und unsre Lippen brennen
Und wissen doch: es lohnt sich nicht zu trinken.
Wir sind die Namenlosen, die versinken,
Und unsre Augen brechen vor Erkennen." (130)

Ich habe diesen Text hier angeführt, well er einer von
mehreren Texten war, mit denen ich mich in der Zeit
meines "persönlichen Tiefpunktes", Ende 1987, sehr gut
identifizieren konnte.

Auch folgendes Zitat von Saint - Exupery, aus: "Der
kleine Prinz", berührte mich:
"Der kleine Prinz fragt den Alkoholiker:
)Warum trinkst Du eigentlich Alkohol ?(

)Weil ich mich schäme !(
)Und warum schämst Du Dich?(
)Weil ich trinke !(" (131)

Im Verlauf meines weiteren Weges begegnete mir auch viel
Ermutigendes, so ein Text der u.a. auch bei den Anonymen
Alkoholikern (AA) als sog. "Gelassenheitsspruch"
verwendet wird. (Eigentlich hatte ich aber zu speziell
dieser Selbsthilfeorganisation eher weniger Kontakt.):

"Gott gebe mir
die Gelassenheit,
Dinge hinzunehmen,
die ich nicht ändern kann,
den Mut,
Dinge zu ändern,
die sich ändern lassen und
die Weisheit
das eine vom anderen zu unterscheiden.

R.Niebuhr (frei nach Epiktet)" (132)

Ich halte dies für sehr zentrale Ziele. Insbesondere an
der Fähigkeit des "Hinnehmens" mangelte es mir früher
sehr, was zu anhaltender Unzufriedenheit und häufigen
Enttäuschungen (Frustrationen) führte. Ich denke, ich
bin hier jetzt ein Stück weiter -was aber keineswegs
bedeutet, daß ich ein "stark angepaßter", bequemer und
unkritischer Bürger geworden bin. Im Gegenteil,
manchesmal habe ich mehr Erfolg mit Verbesserungsvor-
schlägen als früher, ich habe auch mehr Kraft hierfür
und kann z.B. Probleme qualifizierter lösen. Auch ver-
trete ich durchaus selbst dann meine Überzeugungen, wenn
kaum Aussichten auf Erfolg bestehen -dies aber heute mit
wesentlich mehr Ruhe als ehemals.
Die letzten Sätze sind natürlich nur eine
Selbsteinschätzung. Andere Menschen mögen dies auch
anders sehen. Zum Teil weiß ich sogar, daß sie dies tun.
Mit einigen (sehr wenigen) Bekannten, bzw. Freunden "von
früher" habe ich auch jetzt noch (brieflichen) Kontakt.
Oft habe ich hier das Gefühl, als "kompromißbereiter
Bürger" und als "zur)Herde(gehörig" angesehen zu
werden (wobei evtl. sogar so- etwas wie leichte
Verachtung mitschwingt) . Traurig macht mich dabei
besonders, daß dies in der Regel nicht offen ausgesprochen wird.
Zu diesem Thema ließe sich noch viel schreiben, doch
soll dies hier nicht geschehen. Nur noch soviel: das
Bewußtsein, daß ich im "Recht" bin, hilft mir sehr, doch
schmerzt so etwas natürlich trotzdem.

Doch zurück zum "Gelassenheitsspruch": oft begegneten mir auch Menschen die- gerade mit dem "anderen Teil des Spruches" Schwierigkeiten hatten. D.h. sie nahmen (manchesmal sogar jahrzehntelang) viel zu viel hin, glaubten Belastendes nicht ändern zu können, oder zu dürfen.

Das Beispiel hierfür ist ein Ehepaar, welches mehr als zehn Jahre lang den Vater des Mannes pflegte und versorgte. Man lebte im gleichen Haus und das Verhalten des Vaters war, sehr grob aber korrekt, mit dem Begriff "Psychoterror" zu bezeichnen. Jedesmal wenn ihm Grenzen gesetzt werden sollten, wurde er "furchtbar krank" und litt mitleiderregend (was das "Grenzen setzen" schließlich "unmöglich" machte). Die Ehefrau entwickelte daraufhin im Laufe der Jahre seelische und körperliche Beschwerden, bzw. Krankheiten, der Ehemann dagegen hatte zunehmende Alkoholprobleme.....
Soweit das Beispiel.
Das einzige, was mich am "Gelassenheitsspruch" störte, war aber die eher passiv auf mich wirkende Grundhaltung ("Gott gebe mir..."). Hatte ich früher die Verantwortung für mich und mein Handeln an die Suchtmittel "abgegeben", sollte es nun "Gott" sein, der "alles für mich richtet"? Außerdem werden dadurch natürlich auch religiöse Aspekte mit berührt, doch soll mein Glaube/Nichtglaube hier nicht zur Debatte stehen.
Jedenfalls ersetzte ich später die erste Zelle "Gott Gebe mir...", **für mich** durch die Formulierung "ich will mir erarbeiten / er-leben..."
Doch nun zu einem anderen Text der mich beeindruckte. Es sind Teile eines Liedes von Bettina Wegner ("Cool sein"). Dieses Lied begegnete mir erst vor kurzem. Auch hierdurch werden aber (quasi "nachträglich") Erfahrungen ausgedrückt, die ich im Laufe der Zelt machte:

"... Lächerlich will ich mich machen
daß die Leute endlich merken
Nur, wer weint, kann wirklich lachen
nur, wer schwach ist, hat auch Stärken
Nur wer seine Trauer zeigt
Wut und Angst und Liebe auch
wer sein Fühlen nicht verschweigt
kriegt dafür auch, was er braucht
Wir sind nicht dazu geboren
um uns ewig zu verstellen
Wirklich sind wir nur verloren
wenn wir mit den Hunden bellen
Und Enttäuschungen tun not
was man gibt, kriegt man zurück
Wer nicht leiden kann ist tot

nur, wer Trauer kennt, kennt Glück ...
Grade, wer verletzlich bleibt
und wer Angst und Hoffnung kennt
Wer sich an sich selber reibt
ist- was man den Menschen nennt." (133)

Dazu möchte ich nichts kommentieren. Ich denke / hoffe.
der Text "spricht für sich selbst".
Wie schon erwähnt, war (und ist) der Besuch von
Selbsthilfegruppen für mich ein besonders wichtiger
"Therapiebaustein". Verschiedene Einsichten und
Erkenntnisse vermittelten sich mir dort.

"Ich kann sagen, was ich wirklich sagen will'",
"Ich kann fragen, was ich WIRKLICH fragen will:" und
"Es ist keine Schande suchtkrank zu sein ! Aber es ist.
eine Schande nichts dagegen zu tun!" -sind Beispiele
hierfür.
Auch durch einige sog. Gruppenregeln wurde mein inneres
Wachstum gefördert. (zum Teil wurden diese Regeln in der
Gruppe gar nicht einmal "öffentlich propagiert"
-wichtiger aber war, daß sie -überwiegend- praktiziert
wurden.)
Beispiele sind:

"l. Sei dein eigener Chairman
Bestimme selbst, was du sagen willst. Sprich oder
schweig, wann du es willst. Versuche in dieser
Stunde das zu geben und zu empfangen, was du selbst
geben und erhalten willst. Sei dein eigener
Chairman (Vorsitzender) und richte dich nach
deinen Bedürfnissen ...
a) Du hast die Verantwortung dafür, was Du aus
dieser Stunde für dich machst.
b) Du brauchst dich nicht zu fragen, ob das, was du
willst, den anderen Gruppenmitgliedern gefällt
oder nicht gefallt. ...
Die anderen Gruppenmitglieder sind auch ihre
eigenen Chairman und werden es dir schon
mitteilen, wenn sie etwas anderes wollen als du.

5. Experimentiere mit dir
... Versuche, öfter neues Verhalten auszuprobieren,
und riskiere das kleine aufgeregte körperliche
Kribbeln dabei.

7.)Ich(statt)Man(oder)Wir(
Sprich nicht per)Man(oder)Wir(, weil du dich
hinter diesen Sätzen zu gut verstecken kannst und
die Verantwortung nicht für das zu tragen brauchst,
was du sagst. Zeige dich als Person und sprich per

)Ich(. Außerdem sprichst du in)Man(- oder)Wir(-
Sätzen für andere mit, von denen du gar nicht
weißt, ob sie das wünschen.

11. Wenn du Feed-back" (=Rückmeldungen) "erhältst, hör
ruhig zu.
Wenn du Feed-back erhältst, versuche nicht gleich,
dich zu verteidigen oder die Sache)klarzustellen(.
Denk daran, daß dir hier keine objektiven Tatsachen
mitgeteilt werden können, sondern subjektive
Gefühle und Wahrnehmungen deines Gegenüber, ...
Diese Haltung wird dir helfen, ruhig zuzuhören und
zu prüfen, ob du auch richtig verstanden hast, was
er meint. Versuche zunächst nur zu schweigen und
zuzuhören, dann von deinen Gefühlen zu sprechen,
die durch das Feed-back ausgelöst worden sind, und
erst dann gehe auf den Inhalt ein." (134)

Zugeben muß ich leider, daß ich auch heute noch manchmal
Schwierigkeiten alt dem Einhalten von "Regel 11." habe.
Immerhin weiß ich dies aber.....

Meine eigenen Probleme und Gefühle überhaupt erst einmal
(klar) wahrzunehmen, war anfangs schwer für mich. Auch
hier half die Gruppe. Einmal aktiv, aber auch auf eine
eher "indirekte" Art und Weise. Damit meine ich, daß
hier das Angebot bestand, über solche Dinge reden zu
können. Die aktive "Beratung" war für mich daher nicht
einmal unbedingt das Wichtigste. ("Ratschläge sind auch
)Schläge(!", so ein in vielen Selbsthilfegruppen be-
kannter Satz.) Nach und nach fiel es mir leichter über
mich selbst zu reden und nicht nur immer über irgendwelche "Sachthemen". Vieles wurde mir dadurch klarer und
deutlicher. Den Mechanismus, der hier dahintersteht,
zeigt ein Zitat recht gut auf, das ich bei Ernst Pöppel
fand:
)Über die allmähliche Verfertigung der Gedanken beim
Reden(
)Wenn du etwas wissen willst und es durch Meditation
nicht finden kannst, so rate ich dir, mein lieber,
sinnreicher Freund, mit dem nächsten Bekannten, der dir
aufstößt, darüber zu sprechen. Er braucht nicht eben ein
scharf denkender Kopf zu sein, auch meine ich es nicht
so, als ob du Ihn darum befragen solltest: nein!
Vielmehr sollst du es Ihm selber allererst erzählen...(
So beginnt Heinrich von Kleist seine berühmte Abhand-
lung, deren Titel als Überschrift ... gewählt wurde.
Was vorher im Bewußtsein nicht verfügbar war,
entsteht durch die Aktivität des Redens, und plötzlich
wird man von einem neuen Gedanken überrascht. ...
Eine Bedingung für die)allmähliche Verfertigung der

Gedanken beim Reden(muß allerdings erfüllt sein, nämlich die entspannte Atmosphäre. Der Sprechende muß Vertrauen dem oder den anderen gegenüber haben können. Es darf für ihn keine Gefahr bedeuten, auch etwas vielleicht vollkommen Unsinniges zu sagen." (135)

Letzteres war in "meiner" Gruppe gegeben -und das war wichtig! Alle dort (außer einigen Angehörigen) hatten das gleiche Problem (gehabt) wie ich selbst und mindestens so schlimme und peinliche Dinge erlebt, wie ich selbst. Aber die meisten von Ihnen waren bereits darüber hinausgewachsen!
Anfangs tat mir die freundliche, (ohne "Vorleistungen" meinerseits) akzeptierende und hilfsbereite Art einiger Gruppenmitglieder besonders gut. Später lernte ich dann aber besonders auch kritisch - hinterfragende Teilnehmer sehr schätzen -denn das brachte mich weiter!
So läßt sich auch heute noch in Bezug auf meine Gruppenbesuche folgendes sagen:
Wenn mich "Außenstehende" fragen: "Ach, gehst Du immer noch in so eine Gruppe? Wie lange mußt Du denn noch?", so kann ich antworten: "Ach, weißt Du, ich muß überhaupt nicht -Ich darf !"
Abschließend zum Thema "Selbsthilfegruppen" möchte ich noch zwei Zitate anfügen. Das erste Zitat ist Teil einer Selbstdarstellung der Gruppe, die ich zur Zelt besuche: "Freiwillige Suchtkrankenhilfe e.V. ... Gefährdete, Abhängige und Angehörige sind nicht allein! ... Jeder kann seine Probleme zur Sprache bringen. ... Hier wird nicht nur über das Suchtmittel gesprochen, sondern über alle Bereiche, die Körper, Geist und Seele betreffen. Diese Gespräche können das Leben durch Persönlichkeits-entwicklung und neue Verhaltensweisen positiv ver-ändern." (Aus: Faltblatt der Freiwilligen Suchtkranken-hilfe e.V., 6700 Ludwigshafen, Postfach 210506.)
Am 09.12.1991 erschien in der Tageszeitung "Die Rheinpfalz" (Ludwigshafen) ein Artikel über ebendiese Gruppe. Ich schrieb damals dazu einen ergänzenden Leserbrief, der auch (tatsächlich) abgedruckt wurde. Da ich glaube, daß ich damals recht treffende Worte gefunden habe, möchte ich auch hieraus abschließend noch zitieren:
„ ... Natürlich stimmt es, daß man als Alkohol-/ Medikamentenabhängiger sein)Leben mit der Krankheit einrichten(und)die Sucht bekämpfen muß(. Doch auch wichtig -und für die Betroffenen ermutigend- ist folgendes: Der Prozeß,)zufrieden abstinent(leben zu wollen, mag zwar anfangs schwer sein, zeigt aber schnell auch sehr positive Ergebnisse. Eine Erfahrung ist etwa, alles was man glaubte nur mit dem Suchtmittel schaffen zu können nun genau so gut (oder besser!) auch)ohne(zu

schaffen. Auch lernt der Abhängige in Therapie und
Selbsthilfegruppe sehr viel über sich selbst -im
negativen, aber auch im positiven Sinne! Mehr und
Interessanteres vielleicht, als jemals ein
)Nichtbetroffener(.
Nicht jede Selbsthilfegruppe ist für jeden Betroffenen
die)richtige((sehr wichtig!) -doch hat man)seine(
Gruppe gefunden, leistet diese hier unschätzbare
Dienste! (Dasselbe gilt auch für die Angehörigen des
Betroffenen!).
Jeden Gefährdeten möchte ich ermutigen, einen Schritt in
die richtige Richtung zu tun und Hilfe zu suchen. Daß
dies die Überwindung von Stolz und Scham bedeutet, weiß
ich. Doch die Scham ist unbegründet. Begründet ist sie,
wenn ich nichts tue! Der Weg aus der Sucht ist schwer
-aber er lohnt sich!

Burkhard Tomm" (18.12.1991)

Soviel zu diesem Thema.
Es gibt nun aber noch einige Überlegungen usw., die ich
stärker fixieren möchte. Zum Teil wurden sie noch nicht
erwähnt, weil sie noch in keinen logischen Zusammenhang
hineinpassten. Zum anderen Teil sind es Fakten,
Erkenntnisse oder auch nur (?) Meinungen, die ich noch
einmal (mit anderen Formulierungen) "unterstreichen"
will.
Da sind etwa Antworten auf die Frage: "Was war für mich
persönlich außerdem noch Therapie?"
Verschiedene "Teilstücke" kommen mir hier in den Sinn,
Diese möchte ich -relativ ungeordnet- darstellen:

- Therapie war es für mich, alte Freizeitbeschäftigun-
gen wieder "aufleben" zu lassen. Ein Beispiel war
hier für mich das Schreiben und Veröffentlichen von
Lyrik / Prosagedichten. Ich erweiterte dies sogar
auf das Schreiben etwa von Sience - fiction
Kurzgeschichten.

-Ebenfalls hilfreich war für mich das Erschließen
ganz neuer Hobbys, z.B. die Beschäftigung mit dem
Thema "Computer". Ich machte mich mit einem
preiswerten Gerät vertraut und benutzte es für
Computerspiele aber auch zum programmieren in einer
einfachen Hochsprache (BASIC). Übrigens bedeutet
dies nicht, daß ich heute keine Bedenken mehr
gegenüber diesen "Kästen" habe (Stichworte wären
hier etwa "gesundheitsschädliche Bildschirmarbeits-
plätze" und "übermäßige Technisierung des Lebens")!
Auch andere neue Beschäftigungen kamen hinzu, wie
das Interesse an Aquarellmalerei und das Gitarren-
spiel. Bei diesen beiden Beschäftigungen empfinde
ich es übrigens als sehr wohltuend, daß hier

keinerlei "Gefahr" besteht, daß ich dies irgendwann
einmal gut (oder sogar sehr gut) beherrschen könnte!
So übe ich letztere Tätigkeiten nämlich wirklich
ausschließlich zu seinem eigenen, privaten Vergnügen
aus.

-Um zunächst im Freizeitbereich zu bleiben: auch
sportliche (?) Tätigkeiten wie das Wandern hatten
sicherlich einen erwähnenswerten positiven Einfluß
auf mich.
Spannend und erfreulich war es auch im Alter von
über 30 Jahren doch noch das Schwimmen zu erlernen.
Nun zu etwas ganz anderem.
Nach einer Entgiftung hatte ich noch einige Zeit
ambulante Gespräche mit einem Psychologen der
Entgiftungsklinik (um diese Gespräche hatte ich mich
allerdings aktiv bemühen müssen).
Stets war bei diesen Gesprächen ein "Psychologe in
Ausbildung" (oder ähnlich) dabei. (Natürlich war Iich
anfangs um mein Einverständnis hierzu gebeten
worden).
Der "Gast" hatte sich jedoch äußerst selten am Gespräch beteiligt. Bei einem dieser Termine fragte
mich nun der gesprächsführende Psychologe, was ich
denn eigentlich "so von seinem)Assistenten(halten
würde?" Auf diese unvermittelte Frage antwortete ich
etwa: "Ach, ich finde Ihn eigentlich ganz nett."
Wobei ich aber in irgendeine "Ecke" des Raumes
blickte. Daraufhin erhob mein Gegenüber leicht die
Stimme und sagte (sinngemäß): "Stop ! Einen Moment !
Sagen Sie das noch einmal. Schauen Sie Ihn dabei an.
Sehen Sie ihm in die Augen und sagen sie's noch
mal." Obwohl mir dies sehr schwer fiel, tat ich es,
Dieses Erlebnis war für mich heilsam.
Näher in Worte fassen kann ich den hier eingetrete-
nen "Effekt" allerdings nicht.

-Therapie waren für mich außerdem auch die Gespräche
mit Mitpatienten, während der stationären Entwöhnung.
Ich erwähnte dies bereits einmal. Jedoch will ich hier noch eine
bestimmte Patientin hervorheben. Mit dieser führte ich öfters
Gespräche, über meine damals aktuelle Situation, besonders aber
auch über meine Vergangenheit und Kindheit.
Trotz (oder gerade wegen?) der ganz verschiedenen
Lebensgeschichten, gab mir dies sehr viel. Vieles
wurde mir klarer, -insbesondere in Hinblick auf die
Vergangenheit. Zusammen mit anderen Faktoren (etwa
dem Schreiben meines Lebensberichtes) ermöglichten
diese Gespräche nach einer (mindestens ansatzweisen)
Aufarbeitung der Vergangenheit, Zukunftsperspektiven
zu entwickeln.

Eine Hilfe bei der Entwicklung dieser Perspektiven war z.B. das Erarbeiten eines schriftlichen "Therapievertrages" während der Entwöhnung. (Hierzu waren alle Patienten innerhalb der ersten sechs Wochen verpflichtet.). Praktische und ganz konkrete Ziele (und Schritte auf diese Ziele hin) wurden erarbeitet. Mindestens als Anhaltspunkt war mir dies doch sehr hilfreich.

-In früheren Zelten hatte ich es "möglichst Allen recht machen" wollen (was natürlich nicht gelingen konnte). Dahinter stand sicher das Bedürfnis gemocht, bzw. geliebt zu werden. Auch wollte ich immer gern ein "guter Mensch" sein, was wohl nicht unbedingt ein "verkehrter" Wunsch ist. Jedoch ging dies so weit, daß ich negative / aggressive Gefühle in mir überhaupt nicht mehr zuließ. D.h. ich konnte nicht einmal mir selbst mehr eingestehen, daß ich auf jemanden wütend war, o.a. Ich wollte niemanden verletzen, wohl aus Angst, er könne mich dann "nicht mehr leiden", oder er würde dann sogar seinerseits **mich** verletzen wollen.
Therapie war es nun für mich, zu erfahren, daß auch negative Gefühle zu jedem Menschen gehören, auch zu mir. Weiter erkannte ich: immer, egal wie ich mich verhalte, werde ich vielen Menschen gleichgültig sein, ein weiterer Teil der Menschen wird mich nicht mögen und ein Teil wird mich gern haben.
Anders gesagt: ich brauche nicht anders zu sein als Ich sowieso bin, der "Effekt" bleibt gleich. Im Gegenteil: je mehr ich versuche es "jedem recht zu machen", desto weniger Menschen werden mich wirklich mögen, denn irgendwie wirkt dies doch "unstet" und unecht, und andere Menschen bemerken dies (wenn auch manchmal "nur" unbewußt).
Ich habe (zugegeben arroganterweise) immer Wert auf die Tatsache gelegt, daß ich nicht eben dumm und ungebildet bin. (In Bezug auf Therapie hat mir dies übrigens eher geschadet, bzw. meinen Weg erschwert -zu leicht war es sich "herauszureden".)
Eine wichtige Erkenntnis war es für mich daher, festzustellen, daß es im "wirklichen Leben" eben nicht immer nur nach dem)Ursache - Wirkungs- Prinzip("geht". Ratio, Vernunft, usw. reichen nicht aus. Das Leben ist vielfältig, unstrukturiert und oft von Unsicherheiten geprägt. Doch ich merkte, daß ich dies ertragen kann. Ja, manchmal sogar genießen.

- Wohltuend war es für mich zu bemerken, daß ich bestimmte Eigenschaften -langsam aber sicher- wieder zurückgewann: Ehrlichkeit., Offenheit und

Zuverlässigkeit sind die besten Beispiele hierfür.
Ich bin ein gutes Stück davon entfernt, hier
"perfekt" zu sein -natürlich, aber dennoch: Ich
freue mich über das bisher erreichte und erlebte!
Nicht immer ist es leicht, z.B. "Ehrlichkeit im
Alltag" zu praktizieren: "Sturer Spinner" -dies
sind zwei Worte, die manche Reaktionen meiner Umwelt
(in konzentrierter Form) zusammenfassen. Doch sind
solche Bewertungen nicht allzuhäufig und ich "kann
sowieso nicht anders". Es stört mich kaum.

- Zwar wiederhole ich mich hier, aber folgende
Erkenntnisse waren mir wichig:
- Sucht ist eine Krankheit.
- ich bin damit nicht allein.
- ich habe es "in der Hand" diese Krankheit zu
stoppen. ich habe diese Verantwortung und -wenn
ich es will- hin ich fähig sie zu übernehmen.
- Wenn ich diese Verantwortung übernehme, muß ich
aber auch die Hilfe Anderer (in irgendeiner Form)
annehmen können.
- Es ist zwar wichtig und interessant zu überlegen
welche Gründe und Ursachen für speziell meine
Krankheit vorliegen -aber: in Bezug darauf, ob
ich "weitermache" oder "aufhöre" / in Bezug auf
meine Verantwortung, ist es vollkommen
gleichgültig, ob Sucht ererbt, erlernt, oder
sonst irgendetwas ist!
- Eine Tatsache, die mich "ermahnt" wachsam zu
bleiben, weiter an mir zu arbeiten, oder -positiv
ausgedrückt- "lebendig zu bleiben", ist folgende:
Ich bin sicherlich nicht nur in Bezug auf "echte"
Suchtmittel gefährdet. Auch in ganz anderen
Lebensbereichen besteht bei mir die Gefahr, "es zu
übertreiben", mich zu überfordern, etc. Da ich ja
nun die schädlichen Folgen von "Einseitigkeit" nur
zu gut kennengelernt habe, bleibe ich hier
aufmerksam.
- Abschließend fällt mir noch ein konkretes Erlebnis
zu diesem Thema ein:
Nach einem Gruppengespräch (in der Klinik) sagte
einer der Patienten: "Also, dies Gespräch hat mir ja
)echt nichts gebracht(!" Darauf der Therapeut
(sinngemäß): "Nun, Gespräche hier sollen Ihnen auch
nicht unbedingte etwas bringen. Wenn, dann sollen
Sie sich da etwas daraus)ziehen(!"
Soweit die Darstellung einiger persönlicher "Mosaik-
steine" in Bezug auf Therapie (teils im weiteren Sinne).
Doch bleiben auch jetzt noch einige Punkte übrig, die
nach meinem Gefühl "nicht fehlen dürfen":

Einer dieser Punkte betrifft die Abstinenz. Äußerst wichtig ist mir nämlich, in diesem Zusammenhang folgendes noch einmal zu betonen:

1. Abstinenz hat nichts mit Genußfeindlichkeit oder Lustfeindlichkeit zu tun. Im Gegenteil.

2. Die Bedürfnisse, die hinter der Sucht stehen, sind zum größten Teil legitim (=berechtigt)!

Dazu: Gerade Süchtige können nicht genießen, Alles wird gierig "verschlungen" und "einverleibt", zum Genießen bleibt da gar keine Zeit, bzw. es fehlt auch die Fähigkeit hierzu. Insofern heißt "abstinent leben" durchaus auch "genießen lernen"!

Das Bedürfnis (im positiven Sinne) "außer sich" zu sein, das Bedürfnis nach Gemeinschaft, das Bedürfnis "abzuschalten" (auch mal zu vergessen, sich abzulenken) und das Bedürfnis nach Extase: dies alles sind -meiner Meinung nach- nicht nur zulässige, sondern auch notwendige Bedürfnisse! Doch lassen diese sich auch ohne "chemische Krücken" verwirklichen / leben -und zwar natürlicher und gesünder: Lesen, Filme ansehen, Musik (bewußt!) hören, Tanzen, Sexualität und kreative Beschäftigungen (wie Malen, Zeichnen, Musizieren, Schreiben, etc.), das Spielen zusammen mit anderen Menschen, Aktivitäten im sozialen und politischen Bereich, usw.: -dies sind nur einige wenige Beispiele!

Ein weiterer Punkt betrifft die Frage; "Wer ist Alkoholiker (bzw. Süchtiger) ?"

Anfangs hat auch mich diese Frage sehr bewegt: Bin ich wirklich einer, oder (noch) nicht? Wenn ja, was für ein Suchttyp, in welcher Phase, usw. ?

Später wurde mir dies vollkommen gleichgültig. Die Erkenntnis, daß meine Probleme bei weitem groß genug waren, um Entscheidendes verändern zu müssen reichte mir dann völlig aus. Völlige Abstinenz war für jede echte Veränderung allerdings natürlich Voraussetzung. Dieser Prozeß war nicht einfach, auch ich habe "meine Rückfälle gebraucht". (Später fiel es mir dann übrigens recht leicht, mich nachträglich in die Schemata einzuordnen, aber es hatte -wie gesagt- keine Bedeutung mehr.)

In Selbsthilfegruppen beschäftigen sich "Neue" ebenfalls oft mit derselben Frage wie ich damals. Dies führte mich mit der Zeit zu einer bestimmten Antwort auf die Frage: "Wer ist süchtig?" Diese Antwort ist vollkommen unwissenschaftlich und bringt bestimmt den Vorwurf ein, voreilig zu sein. Das macht mir jedoch nichts aus, zumal besonders die "Voreiligkeit" (meiner Ansicht nach) keinerlei negative Folgen haben kann.

Diese Antwort lautet: "Derjenige ist süchtig, der

sich selbst bereits einmal ernsthaft gefragt hat,
ob er süchtig ist." Weiter:
"Derjenige ist süchtig, dem Menschen die ihn gut
kennen, ernsthaft die Frage vorgelegt haben, ob er
süchtig sei."
Soweit meine subjektive Antwort,.

Der letzte Punkt betrifft die Erfolgschancen
bezüglich der Gesundung von Suchtkrankheiten.
Unter dem Stichwort "Äußere therapeutische
Stationen" habe ich hierzu schon etwas gesagt. Dort
schrieb ich, daß die Chancen -grob gerechnet- circa
50 : 50 stehen. Leider muß dies eingeschränkt
werden. Denn die Chancen stehen nur dann so gut,
wenn sich die Betreffenden in irgendeiner Form in
Behandlung begeben. Dieser aktive Schritt ist dazu
unbedingt not-wendig. "Behandlung" möchte ich hier
im weitesten Sinne verstanden wissen. Ambulante
Therapien, Selbsthilfegruppen, usw. rechne ich dabei
ausdrücklich hinzu. Wichtig ist, daß ein deutlicher,
"richtiger" Schritt getan wird!
Allzuoft findet dieser aber nicht statt.
Menschen die ihn nicht tun, haben jedoch so gut wie
keine Chance zu gesunden, die Krankheit zum
Stillstand zu bringen, zufrieden abstinent zu leben.
Bei diesen Menschen ist davon auszugeben, daß die
Krankheit immer weiter fortschreitet, sich
verschlimmert. Die körperlichen, geistig
seelischen und sozialen Schaden werden immer größer.
Das Leben wird immer eingeengter, am Ende steht der
vorzeitige, unschöne Tod. Leider gibt es viele
solche Menschen, manche Quellen sprechen hier sogar
von der "vergessenen Mehrheit". Auch ich kenne
Personen, die (noch?) "voll drauf" sind. Irgendwie
"mogeln" sie sich durchs Leben, wollen (angeblich)
keine Änderung ...
Es gibt vieles, was mir im Leben (wieder) Freude
macht.
Das aber macht mich sehr traurig !
Damit wird das Stichwort "Therapie" (insgesamt)
abgeschlossen. Ich verweise noch auf den folgenden
Anhang "E.U.-G.A.M.E. - Lyrik aus der Therapie", der
einige Texte (Gedichte?) von mir enthält.
Daran an schließt sich die Behandlung des Stichwortes
"SOZIALARBEIT". Es wird dort versucht werden, die Themen
"Sucht" und "Therapie" im Zusammenhang mit einem
beispielhaften Berufsfeld zu sehen, eben dem der
Sozialarbeit.

4.8.1 E.U.-G.A.M.E.

Lyrik aus der Therapie:

Erwartung
Umbruch

Gehen
Alternative
Movement
Erweiterung

Alle Texte von Burkhard Tomm, entstanden 1989
- während der stationären Therapie.

———————————————————————

ERWÄRMUNG

Abgewandt
bis zur Neige
abgeneigt

Neigungswinkel
abgrundtief
Tod.

Zugewandt
voll
Zuneigung

Neigungswinkel
sonnenwärts
Leben !

           B.Tomm

Pokal

      ....

                Gesichter

         Glas
....   Begegnung

    ??????

UMBRUCH

Solange
wollte ich nicht hören
auf die Stimme des Lebens,
auf das verschüttete Raunen
in mir-
nun muß ich fühlen
Trauer, Scham und Schmerz
für das Getane
und das Unterlassene
an mir.
Doch das ich fühlen KANN,
nun endlich,
ist der Lohn-
da
werden meine Sinne weit
ich spüre Leben,
spüre Liebe!

B.Tomm

GEHEN

Im feuchten Tau
des neuen, jungen Morgens
bekomme ich kalte Füße
-manchmal-
wenn ich, barfuß
zu weit gehe
auf frischen Wiesen
doch
solange Gras ist
unter
meinen Füßen-
solange ich spüren kann,
gehe ich voran in der Wärme
der aufgehenden Sonne.

B.Tomm

ALTERNATIVE

Breche Dein Schweigen,

ENDLICH -
sonst wirst Du selbst
zerbrechen
vergiftet von
geschlucktem
Ärger, Wut und Zorn.
Ertrunken in einem Meer
ungeweinter Tränen.
Erstickt an
Trauer und Schmerz.
Verarmt an
un-geteilter Freude
ohne Lachen
ohne Liebe,
wirst Du sonst sterben,
einsam.
SPRICH !

B. Tomm

MOVEMENT

Als Kugel
geschleudert
in den Strom der Zeit
deformiert
zum Querschläger
halte ich inne
versinke nicht -

akzeptierend meine Form
wachse ich
durch Vergangenheit hindurch
in Zukünfte
und in
Höhen, Tiefen
Breite und Vielfalt
der Gegenwart

B.Tomm

ERWEITERUNG

Ich bekenne mich
zur Unmäßigkeit
zur Grenzenlosigkeit
noch immer
will ich steigen
in ungeahnte Höhen,
bodenlose Tiefen
und will eingehen ins
Unendliche
ozeanisch
voller Wildheit
mit brennendem Herzen.

Doch mehr noch
will ich nun
will nicht mehr wahllos sein
will Richtungen bestimmen,
daß die Trümmer eingerissener Grenzen

mich nicht mehr erschlagen
will atemholen und
immer höher steigen, ohne

zu erfrieren in
zu dünner Luft
will mich versinken lassen
nicht stürzen
im Abgründigen
will mich lösen
in zeitlosen Augenblicken
auffindbar.

Denn
um so echter
um so öfter
bin ich.

B.Tomm

ANHANG:
Quellen

Die Texte
"Erwärmung"
„Umbruch"
„Gehen"
sind bisher unveröffentlicht

"Alternative"
erschien in:
"TWILIGHT ZINE Nr.3"
R.Iberl (Hrsg.5
General Utopics/ 8430 Neumarkt/ - / 1992
- Seite 42

"Movement"
erschien in:
"PASSAGEN" Nr. 12"
L.Z.S.-H. e.V. (Hrsg.)
Edition PASSAGEN/ Mannheim/ - / 1991
- Seite 52
und drei weiteren Publikationen.

"Erweiterung"
erschien In:
"ÄON Nr. 181"
Theren Team (Hrsg.)
GSFM / 5800 Hagen/ - / 1989
-    Seite 1

---

5. SOZIALARBEIT

5.1 Sucht, Therapie, Sozialarbeit: Bezüge

Viele Menschen sind süchtig, viele Menschen haben mit Süchtigen zu tun. Beruflich befassen sich Gruppen wie Ärzte, Psychologen und Therapeuten schwerpunktmäßig mit Abhängigkeitskranken,
Aber auch Sozialarbeiter (-Pädagogen) haben viel mit süchtigen Menschen zu tun. Noch öfter vielleicht mit Suchtgefährdeten. Auch stellen Sozialarbeiter schon rein zahlenmäßig eine doch deutlich größere Gruppe dar, als die Fachärzte, Psychologen, etc.
Zur Definition von Sozialarbeit /-Pädagogik läßt sich folgendes zitieren:
"Sozialarbeit / Sozialpädagogik
(SozArb / SozPäd)
unter diesen beiden Begriffen wird eine Vielzahl von Einrichtungen und Maßnahmen zusammengefaßt, die Menschen helfen sollen, sich in Ihre Gesellschaft zu integrieren (SozPäd) und in ihr ein Leben zu führen, das der Würde des Menschen entspricht (SozArb)." (136)
Zu ergänzen ist, daß in der Praxis die Trennung von SozArb und SozPäd sich zunehmend "verwischt", d.h. die Arbeitsfelder und auch die Ausbildungsinhalte von Sozialarbeitern und Sozialpädagogen überschneiden sich immer weitgehender.
In Bezug auf "gesellschaftliche Integration" (=Eingliederung) und "menschenwürdiges Leben" ist natürliche zu bedenken, daß dies durchaus Ziele sein können, die sich zum Teil widersprechen.
Viele Sozialarbeiter sind in Einrichtungen beschäftigt, die ganz direkt mit Sucht zu tun haben (gemeint sind hier und zukünftig immer auch Sozialpädagogen) , Beispiele sind:
- Entgiftungsstätten
- Entwöhnungskliniken
- Beratungsstellen
- und ähnliche Einrichtungen.
Aber die Frage läßt sich auch "andersherum" stellen: "Wo haben Sozialarbeiter denn nicht mit Sucht zu tun ?"
Natürlich arbeiten sie auch in der Sozialverwaltung, in Kindergärten und anderen Institutionen. Jedoch: Der Prozentsatz der Süchtigen in unserer Gesellschaft insgesamt beträgt vielleicht 5-10 Prozent, unterstellt man bei Sozialarbeitern ein tendenziell problematischeres Klientel, dürfte der Prozentsatz an süchtigen Menschen, dem sie beruflich begegnen, noch deutlich höher liegen.
Es ist demnach gerechtfertigt von starken Bezügen zwischen "Sucht" und "Sozialarbeit" auszugeben.

Anregungen, die möglicherweise helfen können therapeutisch hilfreiches Verhalten zu fördern, werden daher in Bezug auf dieses Berufsfeld gemacht werden. Zu einem guten Teil sind diese Anregungen aber wohl auch auf die anderen o.a. Berufsfelder übertragbar.

Der letzte Grund, warum die Sozialarbeit als Beispiel gewählt wurde, liegt sicherlich "auf der Hand": der Verfasser absolvierte in diesem Bereich verschiedene Ausbildungsgänge.

5.2 Anregungen, Ergänzungen und deren Umsetzung

Viele gute Ansätze sind im Bereich von Therapie und Prävention bereits bekannt. Diese betreffen Gebiete wie die berufliche Rehabilitation, medizinische Grundlagen von Sucht, die Miteinbeziehung des sozialen Umfeldes, Kenntnisse des Krankheitsverlaufes und vieles mehr. Eine erste Forderung wäre hier, auch Sozialarbeiter mit den wichtigsten Fakten aus diesen Gebieten vertraut zu machen. Dies ist nach Kenntnis des Verfassers bisher nur unzureichend der Fall.

Zentrale Bedeutung müßten aber in Zukunft vor allem Ansätze erlangen, die bereits unter dem Stichwort "Alternativen und Ergänzungen" behandelt wurden.

Gemeint ist folgendes:

Der Sozialarbeiter muß vermitteln, daß der Wert des Menschen nichts mit seiner erbrachten Leistung zu tun hat (wobei unerheblich ist, ob dies eine Leistung ökonomischer oder "sozialer" Art ist!) !

Klar gemacht werden muß hingegen, daß Jeder Mensch einen Wert hat, einen Wert gleich dem jedes beliebigen anderen Menschen.

Auch muß die Schädlichkeit, das Krankmachende des Konsumprinzips verdeutlicht werden. Ver-brauchen ist kein Mittel, mit seinen Gefühlen umzugehen, sie zu beeinflussen, oder zu unterdrücken. Unangenehmes hat einen Sinn, gehört zumindest zum Leben dazu.

Die Mittel mit seinen eigenen Gefühlen umzugehen sind "aktives Handeln", "aktives Unterlassen" und "bewußtes Ertragen".

So die zu vermittelnden Inhalte.

Wurden diese bisher in therapeutischen Prozessen bereits vermittelt? Nach den Erfahrungen des Verfassers zumindest in den institutionellen Einrichtungen eher nicht, oder doch nur in schwachen Ansätzen. Eher schon standen hier Motive im Vordergrund, die das gesell-schaftliche "funktionieren" des Süchtigen begünstigten.

So hat es sicher seinen Grund, wenn viele Süchtige nach der Behandlung auf die "Droge Arbeit" "umsteigen" (Arbeitssucht!)

Nichts ist dagegen zu sagen, daß Süchtige wieder lernen müssen sich Anforderungen zu stellen, Probleme zu überwinden, etc. Dies muß jedoch dringend ergänzt werden durch die Problematisierung des die Gesellschaft beherrschenden Leistungs- und Konsumprinzips !

Hier tragen Sozialarbeiter und ähnliche Berufsgruppen eine Verantwortung, die sie bis jetzt noch nicht in aureichendem Maße übernommen haben.

Die Leistungs-/Konsumproblematik wäre hier vor allem in drei Bereiche des Berufsfeldes einzubeziehen:

- in die Theoriebildung (bezüglich Sucht)
- in die berufliche Praxis / Therapiepraxis
- in das Selbstverständnis (als sozial / therapeutisch
  Arbeitender)

Was dies genau bedeuten könnte, wird im folgenden erklärt.

Die Theoriebildung (bezüglich Sucht)

Die Theoriebildung (d.h. der Versuch zu erklären "warum Sucht entsteht") beschränkt sich zur Zeit im Wesentlichen auf drei Bereiche:

- Den genetischen Bereich (Sucht = ererbt)
- Den Individualbereich (z.B. lebensgeschichtliche Faktoren)
- Den sozialen Bereich

Der zu kritisierende Mangel liegt hier innerhalb des sozialen Bereiches, wird hier nach Suchtursachen geforscht, beschränkt sich dies meist auf Teilbereiche wie "das berufliche Umfeld", "Einflüsse von Gleich-altrigengruppen", u.ä.
Hier wäre eine starke Miteinbeziehung des gesellschaftlich - historischen Kontext dringend nötig.
D.h. die in westlichen Kulturen seit vielen Jahrzehnten "wuchernden" Prinzipien des Leistungs- und Konsum-systems müssen endlich ausreichend berücksichtigt werden. Starke "Triebfedern" in Bezug auf süchtiges Verhalten liegen an dieser Stelle verborgen. Das und wie diese Mechanismen Sucht fördern, muß stärker erforscht und in die Theorie der Suchtentstehung integriert werden.
Ein Nebenaspekt wäre hier noch der "Umgang mit der Sprache", d.h. auch bei der Formulierung von Theorien wäre zukünftig darauf zu achten, daß auf Leistungs- und Konsumelemente verzichtet wird. Ein Beispiel: "Der in seinen sozialen Funktionen gestörte, süchtige Patient ist den gesellschaftlichen Anforderungen nicht mehr gewachsen; er bedarf daher der Rehabilitation um in die Gesellschaft reintegriert werden zu können."
Zugegeben, dieser Satz ist vom Verfasser erdacht worden, sicherlich ließe er sich aber (wohlmöglich wörtlich) in sog. "Fachbüchern" finden.
Einmal klingt dies sehr nach "Fach-chinesisch".
Schlimmer aber ist, daß sich das Gefühl einstellt, es handele sich hier um ein "kaputtes Ersatzteil" welches "repariert werden muß" um -nach dem "Wiedereinbau" in

die "Maschine Gesellschaft"- endgültig von dieser
"verschlissen" werden zu können. ("Verschlissen" meint,
daß der Einzelne wieder seinen "Leistungs- und
Konsumpflichten" nachkommen soll, dies im Prinzip ungeachtet seiner Gesundheit und seiner wirklichen Bedürfnisse.)
Doch dies nur als sprachliches Negativ - Beispiel.

Die berufliche Praxis / Therapiepraxis

Hier wären Verbesserungen im Bereich von Anamnese und
Therapieprozeß möglich. Bei der Anamnese etwa wären auch
Elemente der Krankheits - Vorgeschichte zu erforschen,
die mit "Unwertgefühlen" (Leistungsprinzip) und mit
Konsumhaltungen zu tun haben. (Anamnese= Vorgeschichte
einer Krankheit nach Angaben des Kranken.)

Anregungen zur Verbesserung des Therapieprozesses sind
hier:

- Achtsamkeit bezüglich der Äußerungen und Verhaltensweisen des Klienten. Tendieren diese in
Sichtung einer Fehlhaltung bezüglich seiner
Leistungs- und Konsumeinstellungen, so muß dies
"bearbeitet" werden. Für diese gemeinsame Aufarbeitung sollte genügend Zeit aufgebracht
werden. (Also kein schnelles "Wegtherapieren".)

- Die vom Klienten oft unbewußt verinnerlichten
Prinzipien des Leistungs- und Konsumdenkens
sollten diesem bewußt gemacht werden- nur
hierdurch kann er eine Neubewertung vornehmen.
Auch ist es durchaus so, daß diese Bewußtmachung
eine geistig - seelische Entlastung für den
Betroffenen bedeuten kann. (Natürlich darf
diese Entlastung nicht zu Ungunsten seiner
Verantwortungsübernahme gehen.)

- Gemeinsam mit dem Klienten können dann ggf.
Zukunftsperspektiven entwickelt werden, die
hier aber eben nicht einseitig auf die
"Wiederherstellung der Leistungsfähigkeit" und
ähnliches gerichtet sind.

-Das Selbstverständnis (als SozArb / Therapeut)

Hier wäre folgendes zu beachten:
Der SozArb darf selbst nicht etwa dem Leistungsprinzip
unterliegen. D.h.: "Wie therapiere ich möglichst viele
Klienten möglichst schnell ?", ist hier sicher keine
gesunde Fragestellung. Ein weiterer Kommentar ist dazu
hoffentlich überflüssig.
Die Erforschung und Aufarbeitung der eigenen subjektiven
Lebensgeschichte und Prägung wäre hier sicherlich

ebenfalls ein sehr sinnvolles "Unterfangen". Auch die eigenen derzeitigen Lebensumstände sind ehrlich mit denen des Klienten zu vergleichen. Also: Wann und wo glaube auch ich als SozArb / Therapeut mich durch Leistung aufwerten zu können, wo manipuliere ich meine Befindlichkeit durch Konsum?

Gesündere Werte und Normen, bzw. die aus diesen resultierenden Verhaltensweisen sollte auch der SozArb / Therapeut im Alltag erproben und verwirklichen. Dies mag durchaus auf Widerstand des eigenen sozialen Umfeldes stoßen. Hier wären dann dem Leistungs- und Konsumprinzip widersprechende Lebenshaltungen offensiv zu verteidigen! (Gewiß ist dies nicht immer leicht.)

Soweit einige Vorschläge.

Klar ist, daß SozArb die nicht direkt beruflich in therapeutische Prozesse eingebunden sind, diese Ansätze nur zum Teil umsetzen können. Doch auch hier lohnen Versuche in dieser Richtung sicherlich!

Unter dem Stichwort "Alternativen und Ergänzungen" wurden noch weitere Forderungen erhoben. Diese gingen dahin, in therapeutischen Einrichtungen insbesondere Menschen zu beschäftigen, die folgende Persönlichkeits- merkmale aufweisen:

- Selbsterkenntnis-/ erfahrung
- Ehrlichkeit/Glaubwürdigkeit
- Offenheit und
- Sorgfalt/Ernsthaftigkeit.

Die Forderung vor allem Menschen mit diesen Eigenschaften in sozialarbeiterischen / therapeutischen Institutionen einzustellen, ist sicherlich eine "heikle Angelegenheit".

Kann man bei Einstellungsgesprächen, oder gar durch Eignungstests, derartige Eigenschaften überhaupt "messen" ?

Falls ja: sollte und dürfte man es ?

Hier stellen sich doch recht schwerwiegende Probleme, bzw. Bedenken ein.

Ein anderer Ansatz wäre jedoch durchaus realistisch: Jedem, der eine Tätigkeit, im sozialen oder therapeutischen Bereich anstrebt, sollten Möglichkelten angeboten werden, die o.a. Eigenschaften bei sich zu entwickeln !

Wie kann eine solche Entwicklung, ein solches "inneres Wachstum" gefördert werden ?

Folgende Ansätze wären hier denkbar:

- Individueller Bereich

Das bedeutet, der Einzelne versucht von sich aus

aktiv in dieser Richtung an sich zu arbeiten.
(In Bezug auf ausbildende Institutionen wären hier
demgemäße Appelle an die Auszubildenden / Studenten
zu richten. Dies einschließlich einer Begründung der
Notwendigkeit solcher Aktivitäten.)

- Bereich der (beruflichen) Fort- und Weiterbildung
Der Bereich der Supervision ließe sich hier mit
einschließen. Mehr Veranstaltungen, Kurse, Seminare,
usw. als bisher waren anzubieten und die Teilnahme
an diesen müßte stärker unterstützt werden, z.B. von
den Arbeitgebern.

- Bereich Ausbildung und Studium
Nach den Erfahrungen des Verfassers bestehen in
diesem Bereich enorme Mängel. (Der Verfasser
absolvierte eine Ausbildung als sog. "Staatlich
anerkannter Erzieher" und ein mehrjähriges Studium
der Sozialarbeit.}
Ausbildungsinhalte, die es auch nur irgendwie fordern würden, zu erfahren wie man "sich selbst und
Anderen näherkommt", gibt es -fast- überhaupt nicht.
Dabei wäre es durchaus möglich, derartige Elemente
wesentlich stärker in die Ausbildung mit einzubeziehen -auch ohne eine Verlängerung der Gesamtaus-
bildungszeit ! Denn nicht alles was heutzutage z.B. an
(Fach- / Hochschulen gelehrt wird, ist wirklich
wichtig. Hier könnte einiges wegfallen, um zeitlichen
Raum für wirklich Wertvolles zu schaffen.
Letzteres soll am Beispiel des Studiums der Sozialarbeit etwas verdeutlicht werden.

Der Verfasser kann sich dabei -im engeren Sinne- natür-
lich nur auf seine eigenen Erfahrungen an einer
bestimmten Fachhochschule in Baden - Württemberg
stützen.
Im Verlauf der Ausbildung waren verschiedene Vorle-
sungsreihen zu besuchen. Eine Gliederung bestand in der
Aufteilung in vier Hauptbereiche oder Pflichtfächer.
Eines dieser Pflichtfächer trug die Bezeichnung
"Rechtsgrundlagen sozialer Arbeit". Eine der
Vorlesungsreihen dieses Pflichtfaches wurde bezeichnet
mit: "Sozialverwaltungsrecht".
Hier soll nun etwas aus einem diesbezüglichen Lehrbuch
zitiert werden:
"Der Leiter der Kreisverwaltung (Kreisvorsteher) heißt
in Niedersachsen und Nordrhein - Westfalen
Oberkreisdirektor, sonst Landrat. Der Landrat
(Oberkreisdirektor) ist aber nicht nur Leiter des
Landkreises als Selbstverwaltungskörperschaft, sondern

zugleich untere staatliche Verwaltungsbehörde für das Gebiet des Landkreises. ... In den kreisfreien Städten kommt diese Stellung dem Oberbürgermeister zu."

"Die Bundesverwaltung kennt nur wenige Mittel- und Unterbehörden. Bundesmittelbehörden sind zum Beispiel: Oberfinanzdirektionen, Oberpostdirektionen, Bundesbahndirektionen, Bereichswehrersatzämter. Bundesunterbehörden sind zum Beispiel: Hauptzollämter, Postämter, Bundesbahnämter, Kreiswehrersatzämter. "(137)

Der Verfasser ist also in der glücklichen Lage, nie wieder den Irrtum zu begehen, etwa einen Beamten auf seinen Postamt als Vertreter einer Bundesmittelbehörde anzusehen. Auch wird er nie wieder einen Oberkreisdirektor in Nordrhein - Westfalen als "Herr Landrat" ansprechen. Dieser Irrtum kann einem ausgebildeten Sozialarbeiter nicht mehr passieren !

Doch Ironie beiseite: natürlich wurde dieses Zitat gezielt ausgesucht, um klarzumachen wie überflüssig manche Lehrinhalte sind. Es ist allerdings so, daß tatsächlich auch ganz speziell der Inhalt der o.a. Zitate in Klausuren abgefragt wird ! (Und: Das zweimalige Nicht-bestehen einer solchen Klausur bedeutet für die betroffenen Studenten, daß sie ihre Ausbildung abbrechen müssen!)

Als Quintessenz ist festzustellen, daß "Straffungen" und Kürzungen der Lehrinhalts im Bereich "Rechtsgrundlagen sozialer Arbeit" sicherlich möglich (und empfehlenswert!) wären.

Wie ließe sich nun aber die gewonnene Zeit durch sinnvolle Inhalte "auffüllen" ?

Natürlich lassen sich hier nur skizzenhafte Anregungen geben.

So würde es sich "z.B. anbieten, einen neuen Pflichtfachbereich einzuführen. Ein möglicher Titel für diesen Bereich wäre: "Individuelle Grundlagen sozialer Arbeit".

Recht unterschiedliche Einzelveranstaltungen (Vorlesungsreihen) ließen sich hier anbieten.

Beispiele für Veranstaltungsthemen wären etwa:

- "Psychotherapeutische Techniken"
  (z.B. KZT nach Rogers, Psychoanalyse, etc.)
- "Supervisionsmethoden"
  (z.B. Balint-Ansatz, Gestalt-Ansatz, usw.)
- "Sucht und Co-abhängigkeit"
- "Das Helfer-Syndrom"
- "Entspannungstechniken"
  (wie Autogenes Training, Tai-chi, u.a.)
- "Gesprächstechniken/Rhetorik"
- "Kreative Techniken / kreatives Arbeiten"
  (wie Malen, Modellieren, etc.)

- "Selbsterfahrung"
- "Feminismus / Rollenverhalten"
- "Selbsthilfe und ehrenamtliche Helfer"
- "Rand- und Sondergebiete" (bezüglich SozArb / Therapie)

Soweit einige Vorschläge für Angebote, die -in der einen oder anderen Form- geeignet sein könnten "lebendige" Erfahrungen zu machen.

Zu achten wäre allerdings darauf, daß nicht "trockene" Theorie vom Dozenten "verlesen" wird, sondern daß hier praktische Übungen, Rollenspiele, Exkursionen, usw. mit in die Vorlesungen einbezogen werden.

Ein Teil der genannten Themen wird bereits heute an den Fachhochschulen angeboten. Dies jedoch überwiegend in recht theoretischer "Darbietung". Mehr Praxis scheint also empfehlenswert. Auch ist es so, daß derartige Themen eher im sogenannten "Wahlpflichtbereich" angeboten werden. Das bedeutet es besteht keinerlei Verpflichtung sich mit Derartigem auseinanderzusetzen, weil ein Ausweichen auf sehr theoretische Fächer leicht möglich ist. Etwas mehr "sanfter Druck" auf die Studenten, auch Angebote wahrzunehmen die der sogenannten Persönlichkeitsbildung dienen, wäre wünschenswert. Dies natürlich unter der Wahrung einer gewissen Wahlmöglichkeit! D.h. niemand sollte gezwungen werden, sich mit einem ganz bestimmten Thema beschäftigen zu müssen.

Soweit einige Anregungen -und Vorschläge zu deren Umsetzung. Es sei noch einmal darauf hingewiesen, daß dies alles nur subjektive Überlegungen sind, die keinen Anspruch auf Vollständigkeit, absolute Richtigkeit, usw. erheben, und wohl auch nicht erheben können.

Eine letzte Frage schließt sich noch an: Warum wurde in der Vergangenheit so vieles versäumt, oder -anders ausgedrückt-: Was sind die Gründe für bisherige Unterlassungen ? Dieser Frage soll im folgenden nachgegangen werden,

---

5.3 Gründe für bisherige Unterlassungen

Verschiedene Anregungen wurden unter dem vorherigen
Stichwort gegeben.
Bei diesen Anregungen und Ergänzungsvorschlägen handelt
es sich nun aber nicht um vollkommen neue oder gar
völlig abwegige Dinge. Daher stellt sich die Frage,
warum bislang derartige Aspekte so wenig berücksichtigt
wurden.
Zunächst sollen diese Vorschläge noch einmal kurz
rekapituliert (=wiederholt) werden.
Folgende Bereiche wurden angesprochen:

1)
- Eine bessere und umfassendere Vermittlung von
Faktenwissen bezüglich Sucht.

2)
- Eine wesentlich stärkere Einbeziehung der Leistungs-
und Konsumproblematik in die Bereiche:

- Theoriebildung (bezüglich Sucht)
- Berufliche Praxis / Therapiepraxis
- Das Selbst- Verständnis (als sozial/therapeutisch
  Arbeitender)

3)
- Eine veränderte Qualifikationsanforderung für im
sozialen / therapeutischen Bereich Tätige.

Die Veränderung soll hier in Richtung einer
"entwickelten Persönlichkeit" gehen. Die Förderung
von Persönlichkeitsentwicklung und -Wachstum wurde
für drei Bereichen angeregt:

- Den individuellen Bereich
- Den Bereich der (beruflichen) Fort- und Weiterbildung
- Den Bereich von Ausbildung und Studium

Es soll nun versucht werden, mögliche Hemmnisse
"aufzuspüren", die bisher positive Entwicklungen in
diesen Bereichen verhinderten. Denn eine Klärung solcher
Ursachen kann sicher hilfreich sein für spätere
Aktivitäten und Verbesserungen.
Zum Teil werden diese Klärungsversuche wohl auch
Vermutungen und Spekulationen hervorbringen, die manch
Einer als "bösartig" bezeichnen mag. Doch läßt sich dies
nicht vermeiden.

Nun zu den Bereichen im Einzelnen:

l)

Für diesen Bereich lassen sich besonders zwei große
Faktoren ausmachen, die aber auch auf alle anderen
Bereiche hemmend wirken!
Gemeint sind hier Interessensvertretungen politischer
und Ökonomischer Natur.

-Im politischen Bereich sind dies alle Kräfte, die an
einem unveränderten Bestehenbleiben der derzeitigen
Verhältnisse Interesse haben (vergleiche hierzu auch
unter dem Stichwort "Wem nützen Suchtmittel?").
Staatliche / systemstabilisierende Institutionen und
Organisationen haben sicherlich kein Interesse an
präventiven und therapeutischen Ansätzen, welche die
"Grundfesten" unserer Leistungs- und Konsumgesellschaft
zu erschüttern geeignet wären.

-Im ökonomischen Bereich ist hier an die Lobby all derer
zu denken, die in irgendeiner Form von Suchtmitteln wie
Alkohol und Medikamente finanziell profitieren. Auch
diese Lobby ist -natürlich- nicht nur gesell-
schaftskritischen Therapie- / Präventionsansätzen
gegenüber ablehnend eingestellt, sondern auch an der
Erhaltung des bestehenden Systems insgesamt
äußerst interessiert!

2)

Theorien über Suchtursachen und Suchtentstehung werden
von Menschen die unserer Gesellschaft entstammen
erarbeitet und aufgestellt. Oftmals arbeiten diese
Menschen in Organisationen / Institutionen, die durchaus
ähnliche Strukturen wie die Gesamtgesellschaft
aufweisen. D.h. auch im beruflichen Umfeld, wird nach den
Prinzipien von "Konsum" und -insbesondere- "Leistung"
gelebt und gearbeitet.
Dies alles ist sicher mitverursachend für die
"Ausblendung" von Leistungs-/Konsumkritischen Aspekten.
In der beruflichen (Therapie-) Praxis findet sich eines
der Hemmnisse in der vom Therapeuten/SozArb geforderten
Neutralität. Sicher: der Therapeut/SozArb soll natürlich
keine "Parteipolitik machen", wenn er mit seinen
Klienten arbeitet. Doch oft führt dies zu einer falsch
verstandenen, apolitischen und ahistorischen
"Neutralität". Dieses "neutrale" Verhalten ist aber mit
Sicherheit nicht angemessen und damit schädlich.
Eine weitere Schwierigkeit kann in einem noch
persönlicheren Bereich liegen: Werden die Leistungs- und
Konsumnormen des Klienten intensiv bearbeitet, so
besteht sicher die "Gefahr", daß auch die Normen und
Werte des SozArb / Therapeuten selbst berührt (und damit
möglicherweise in Frage gestellt) werden.

Dies leitet nahtlos über zum Bereich des beruflichen Selbstverständnisses. Auch hier lassen sich zwei "Haupthemmnisse" erkennen. Zum Einen ist jeder Therapeut und SozArb in dieser Gesellschaft aufgewachsen und erzogen worden, letzteres zumeist auch noch in einer Mittelschichtsfamilie. So wurden bestimmte Normen und Werte erworben und sich "zu eigen gemacht" (internalisiert), die denen des Gesamtsystems durchaus entsprechen oder doch zumindest ähneln. Diese werden -bewußt oder unbewußt- als normal und richtig empfunden. Von daher ist zumindest die Wahrscheinlichkeit groß, daß entsprechend kritische Ansätze im Selbst-Verständnis eher selten vorhanden sind.

Zum Anderen schrecken hier möglicherweise die mangelnden Erfolgschancen ab. Damit ist folgendes gemeint:

Großmaßstäbliche Umstände sind nur schwer und langsam entscheidend veränderbar. Unsere Gesellschaft umzuwandeln in ein System, welches das menschliche Maß für Leistung und Konsum wiedergefunden hat, ist kurz- und mittelfristig nicht möglich. Viele Menschen und auch manche Therapeuten und SozArb wissen oder spüren dies (manchesmal auch nur unbewußt).

Für die konkrete "Fall- Arbeit" -insbesondere aber für das berufliche Selbstverständnis- bedeutet dies folgendes: Mißerfolge und Frustrationen wären "von vornherein vorprogrammiert". Denn dieser Teil der Probleme wäre ja vom "Fachmann" ebensowenig (schnell) lösbar / behebbar, wie vom Klienten.

Daher liegt es nahe, folgenden Mechanismus zu vermuten:

Statt sich diesen Problemen zu stellen und es zu ertragen, daß sie nicht sofort zu lösen sind, werden sie lieber "verdrängt". Klarer und farbiger ausgedrückt: Das Bewußtsein, daß der Patient nicht nur "Herr X", sondern genausogut "Die Gesellschaft" heißt, wird vorsorglich nicht ins berufliche Selbstverständnis mit aufgenommen. (Bei einem Problem welches sich mir erst gar nicht stellt, kann es auch keine Gefahr geben, daß ich es nicht lösen kann.)

3)

Persönlichkeitsförderung, -Entwicklung und -Wachstum finden kaum statt. Insbesondere mangelt es in Ausbildung und Studium an entsprechenden Angeboten. Warum?

Wir leben nicht nur in einer Leistungs- und Konsumgesellschaft, sondern auch in einer "Kopfgesellschaft". D.h. dieses System ist verstandesorientiert und "wissenschaftsgläubig". Sich hier stärker als bisher auf den Weg zu machen in eine "Welt der Gefühle, Empfindungen und subjektiven Wahrnehmungen" würde viel (zuviel?) Mut erfordern.

Diese Angst vor dem nicht rein Rationalem empfinden natürlich nicht nur Auszubildende und Studenten. Nein, diese Angst läßt sich nur allzuoft auch bei den

Ausbildern / Dozenten erspüren, die es dann gar nicht erst wagen (im weitesten Sinne) "persönlichkeitsbildende" Lehrangebote zu machen.

Speziell zum Bereich "Ausbildung und Studium" läßt sich außerdem noch sagen, daß gerade in (verwalteten) Institutionen / Organisationen die "Beharrungskräfte" besonders groß sind. Man läßt hier lieber "alles so wie es schon immer war" -das ist halt bequemer..... !

Abschließend folgt noch ein Nachwort des Verfassers. Ansonsten wird diese Arbeit hiermit abgeschlossen.

Wie formulierte da noch jemand in einem weiter oben angeführten Zitat:

"Es bleibt an uns....,!"

NACHWORT

Ob es den Sinn des Lebens gibt, weiß ich genausowenig
wie ich weiß, ob es "Gott" (oder etwas ähnliches) gibt.
Ich denke auch, daß ich bei solchen Fragen gar nichts
wissen kann. Bestenfalls kann ich hier versuchen etwas
zu fühlen, zu "erspüren".
Doch davon will ich jetzt gar nicht weiter schreiben.
Ich erwähnte dies nur, um etwas anderes klarmachen zu
können:
Über Verhaltensweisen, die garantiert sinn-los sind,
kann ich durchaus Aussagen machen!
Ich meine damit jeglichen Fanatismus, jede Einseitigkeit
mit Absolutheitsanspruch und Alles was dazu geeignet
ist, den Menschen in seiner Lebendigkeit zu beschneiden.
Suchtverhalten, ob es sich nun auf "richtige" Drogen oder
auf den Konsumrausch bezieht, gehört mit Sicherheit hinzu.
Ich glaube fest, daß jeder Mensch die Vielfalt, die
Offenheit für alle Sinneseindrücke und auch die Existenz
von Dingen die ihm "nicht passen", dringend braucht.
Vielleicht kann das der "Sinn" sein:
Das Universum existiert, um vom Menschen mit offenen
Sinnen wahrgenommen zu werden. In seiner unendlichen
gleichberechtigten Vielfalt. Wobei ich selbst, und alle
anderen Menschen wiederum gleichberechtigt zu diesem
Universum gehöre(n).
Nichts ist zu sagen gegen Gewohnheiten, auch mancherlei
"schlechte Angewohnheiten" sind -natürlich-
entschuldbar. Gewohnheiten geben auch Ruhe, Sicherheit,
Vertrautheit und ähnliches. Doch Auswüchse wie die
Sucht: Sie nehmen dem Menschen ein großes Stück seines
"Mensch-seins". Und sicher nicht das unwichtigste!
Nun noch zu etwas Anderem.
Am Ende dieser Arbeit stellte ich mir noch einmal Fragen
wie: "Will ich mich entschuldigen für meine Krankheit ?"
und "Will ich mich zumindest geistig - seelisch
entlasten, indem ich auch (fast) alle meiner Mitmenschen
zu Süchtigen erkläre (eben zu)Leistungs- und
Konsumsüchtigen( ) ?".
Ich selbst kann diese Fragen nicht mit letzter
Sicherheit beantworten. Vollkommen ausschließen kann ich
solch "unedle" Motive ebensowenig. Ich weiß nur, daß ich
meinen Teil der Verantwortung übernehme, daß ich an mir
arbeite, daß ich versuche zu leben. Gern.
Eines hoffe ich noch, nämlich daß ich zumindest einige
brauchbare Vorschläge für Veränderungen und
Verbesserungen machen konnte...

B. Tomm
(Burkhard Tomm)
im Sommer 1992

Anmerkungs- / Literaturverzeichnis

1.	="Mahatma Gandhi Ausgewählte Texte" B. Attenborough (Hrsg.) Goldmann Verlag/ München/ 2.Auflage/ 1983 - Seite 18
2.	="Seneca Vom glückseligen Leben" H. Schaldt (Hrsg.) A. Kröner Verlag/ Stuttgart/- / 1948 - Seite 168
3.	=„Aus dem Schatten in den Frieden" J. Krishnamurti Ullstein Verlag/ Frankfurt M./ Erstausg./ 1987 - Seite 24
4.	="Gedanken des Meisters" K. Gibran Goldmann Verlag/ München/ 1.Auflage/ 1988 - Seite 67
5.	="theorie u. praxis d. antiautoritären erziehung" A.S. Neill Rowohlt TB Verlag/ Reinbek/ - / 1969 - Seite 320
6.	= Frei nach: "Einführung in die Sozialmedizin" E. Grond (Hrsg.) verlag modernes lernen/ Dortmund/ 2.Aufl./ 1990 (Kapitel von R.Eisele: "Suchtkranke") - Seite 181/182
7.	= Eigene Definition frei nach mehreren unterschiedlichen Quellen
8.	= Frei nach: "Ratgeber für Medikamentenabhängige..." W.Poser/D.Roscher/S.Poser Lambertus Verl./ Freiburg i.Br./ 7 Aufl./ 1991 - Seite 12 und frei nach Quelle (6) - Seite 182
9.	= Teletext - Meldung DHS - Information Fernsehsender "3 SAT"/ 6500 Mainz/ - / 1992
10.	= Nach Quelle (6) - Seite 183
11.	= Definition angelehnt an: "Die Suchtfibel" R.Schneider G.Röttger Verlag/ München/ 5.Auflage/ 1988 - Seite 11
12.	=(Broschüre)

	"Nachdenken vor dem Einschenken" W.Holzgrefe Deutsche Angestellten Krankenkasse/ Hamburg/-/ 1990 - Seite 13
13.	= Nach Quelle (12) - Seite 16
14.	= Frei nach: (Broschüre) "Drogenberatung wo ?" Der Bundesminister für Jugend, Familie und Gesundheit (Hrsg.)/Bonn/ 4.Aufl./ 1978 Seiten 158/159
15.	= Frei nach Quelle (12) - Seite 13
16.	="Abhängig vom Alkohol ?" A.Lehmann/W.Grüner (✝) Lambertus Verlag/ Freiburg i.Br./ 5.Aufl./ 1986 - Seiten 39/38
17.	= Die Darstellung der Phasen erfolgte in Anlehnung an folgende Quellen: Quelle (11) -Seiten 83-95 -"Wörterbuch Soziale Arbeit" D.Kreft/I.Mielenz (Hrsg.) Beltz Verlag/ Weinheim & Basel/ 3.Auflage/ 1988 - Seite 31 "Taschenlexikon Drogen" K.Klein (Hrsg.) Päd.Verlag Schwann/ Düsseldorf/ 1.Auflage/ 1980 -Seite 22
18.	= "Irren ist Menschlich" K.Dörner/U.Plog Psychiatrie Verlag/ Bonn/ 3.Auflage/ 1986 -Seite 251/252
19.	= Angelehnt an: a) Quelle (12) - Seite 12 und b) "Alkoholismus" G.Krause Rowohlt TB Verlag/ Reinbeck/ - / 1987 - Seite 20/21
20.	="Jahresstatistik'90" B. Wünschmann (Red.) DHS/ Hamm/ - / 1991 - Seite 7

21.	= Quelle (19) b) - Seite 127
22.	= Frei nach: "Taschenlexikon Drogen" K. Klein (Hrsg.) Päd. Verlag Schwärm/ Düsseldorf/ 1.Aufl./ 1980 - Seite 16
23.	= Nach Quelle (20) - Seite 8
24.	= Die folgende Seite ("Gesundheitliche Schäden") lehnt sich an folgende Quellen an: Quelle (19) b) - Seite 127-131 und "Alltagsdrogen..." DAK/ Hamburg/ -/ 1980 -Seite 11
25.	= Teils angelehnt an: a) "Man trinkt..." Anonyme Alkoholiker deutscher Sprache Auflage 1981 / Bestellnummer: 009 (3/9.81) - Absatz: "Ursachen" und b) "Hilfe für Alkoholiker..." H.Harsch M.Grünewald-Verlag/ Mainz/ 7.Auf lage/ 1987 - Seite 21-26
26.	= Bezugnahme auf: Quelle (6) - Seite 183
27.	= Mit Anregungen aus: Quelle (6) Quelle (11) Quelle (25) b)
28.	="Wörterbuch soziale Arbeit" D.Kreft/I.Mielenz (Hrsg.) Beltz Verlag/ Weinheim & Basel/ 3.Auflage/ 1988 - Seite 31
29.	="Schüler-Duden" G.Preuss (Leitende Redakteurin) Duden-Verlag/ Mannheim,Wien,Zürich/ - / 1980 - Seite 139
30.	="Das Fremdwörterbuch" G.Drosdowski (Leitender Redakteur)

	Duden-Verlag/Mannheim, Wien, Zürich/4. Aufl./1982 -Seite 800
31.	="Spektrum der Wissenschaft" Artikel von: M.Holloway Zeitschrift/ Ausgabe Mai 5/1991 -Seite 101
32.	="Psychologie Heute" Artikel von: U.Nuber Beltz Verlag/ Weinheim/ - / Heft 9, 1991 -Seite 23 Alle Angaben betreffs des A1-Allels und der Endorphine stützen sich ebenfalls stark auf die Quelle (32), aber auch auf Quelle (31). Außerdem wurden noch die Hefte Nr.8/1990 und 12/1991 von "Psychologie Heute" heran- gezogen (s.o.).
33.	="Der Spiegel" R.Augstein (Hrsg.) Spiegel-Verlag/ Hamburg/ - / Heft 12, 1992 Seite 34
34.	= Die Definition der physischen und psychischen Abhängigkeit erfolgte frei nach: Quelle (22) - Seite 36
35.	= Quelle (11) - Seite 49
36.	= dito
37.	= Teils angelehnt an: Quelle (18) - Seite 260-265
38.	= dito - Seite 260/257
39.	= Quelle (22) - Seite 183/184
40.	= "Bittere Pillen" K.Langbein/ H.P.Martin/ et alii Kiepenheuer & Witsch/ Köln/ 22.Auflage/ 1983 Seite 94
41.	= Siehe hierzu: "Die Liste Pharmindex rv/82" Verschiedene Autoren I.M.P.Verlagsgesellschaft/ 6078 Neu-Isenburg/ - / 1982- Seite 1253 Der Verfasser überzeugte sich davon, daß die Zusammensetzung von "MediNait" seit 1982 nicht entscheidend verändert wurde.
42.	= Teils nach: "Medikamente, Gifte, Drogen" K.H.Ahlheim (Leiter der Redaktion) Bibliographisches Institut/ Mannheim/ - /1972

	- Seite 148 und "Die Arzneimittel" K.H.Ahlheim (Leiter der Redaktion) Bibliographisches Inst./Mannheim/2.Aufl. /1986 Seite 200
43.	= Quelle (20) - Seite 13
44.	= dito
45.	= Siehe: Quelle (40) - Seite 50/51
46.	= Quelle (20} - Seite 14
47.	= Zahlen für das Jahr 1990: "Mannheimer Morgen"/ Nr.80 (Tageszeitung) vom 4./5. April 1992 6800 Mannheim
48.	= Quelle (30) - Seite 434
49.	= Siehe hierzu z.B.: "Medikamentenkonsum und Medikationsrisiken" H.Gutscher/ R.Hornung/ et alii Verlag H.Huber/ Bern/ - / 1986 - Seite 137
50.	= Quelle (22) - Seite 207
51.	= Quelle (20) Seite 12
52.	= Teils angelehnt an: a) "Ratgeber für Medikamentenabhängige..." W.Poser/D.Roscher/S.Poser Lambertus Verlag/ Freiburg i.Br./ 7.Aufl./ 1991 - Seite 11/12 und b) "Ein Angebot an alle..." (Broschüre) P.Mader/ et alii DHS/ Hamm/ - / 1985 - Seite 8-9 (eingehefteter Zwischenteil) und c) "Oft geht's ohne" (Broschüre) AOK/ Frankfurt/ - / 1988 - Seite 16
53.	= Siehe hierzu: "Der richtige Umgang mit Arzneimitteln"

	G.Weyel W.Heyne/ München/ - / 1980 - Seite 68
54.	="Die künstlich gesteuerte Seele" K. Thomas F. Enke Verlag/ Stuttgart/ - / 1970 - Seite 111/112
55.	="Internes Selbstverständnis" (Broschüre, versch. Autoren) BAG der Freundeskreise/ Kassel/ - / 1991 Seite 2
56.	= Quelle (22) - Seite 158
57.	= Quelle (16) - Seite 4
58.	="Goethe Werke Band 1" J.W. Goethe Hanser/ München/ - / 1981 - Seite 865
59.	="Augustinus" A. Augustinus SKV-Edition/ Lahr/ - / 1988 - Seite 26
60.	= Quelle (29) - Seite 248
61.	= Zitiert nach einem Zettel aus meinen Unterlagen. Als Quellenhinweis war dort nur angegeben: "...aus:)Situationen(Deutsch für berufliche Schulen (Klett) Lame Deer: Als die Wölfe kamen, begann bei uns der Wilde Westen. In: Literaturmagazin 5, Rowohlt, Reinbek 1976, Seite 81 / 82".
62.	=(siehe Quelle (61)) Hier fand sich: "Auszüge aus)Rolling Thunder(Erfahrungen eines Schamanen d. neuen Indianerbewegung"
63.	="Der Papalagi" Tuiavii (E.Scheurmann) Heyne/ München/ - / 1989 - Seite 57 / 55 / 56
64.	="Gedichte" L.Ferlinghetti Heyne/ München/ - / 1982 -Seite 24 – 27
65.	="Und die Seele nach außen kehren" K.Wecker Rowohlt/ Reinbek/ - / 1983 - Seite 9 - 11 / 57
66.	="Fuck Machine" C.Bukowski

	Fischer/ Frankfurt/ - / 1980 Seite 60 – 62
67.	="Also sprach Zarathustra" F.Nietzsche A.Kröner/ Stuttgart/ - / 1969 Seite 232/233
68.	="Der Job" W.S.Burroughs Ullstein/ Frankfurt/ - / 1986 - Seite 63
69.	dito - Seite 2
70.	="Ein Planet wird geplündert" H.Gruhl Fischer/ Frankfurt/ -120 Tsd./ 1980 - Seite 154
71.	="Krank an der Gesellschaft" R.Affemann dtv/ München/ - / 1975 -Seite 97
72.	="Haben oder Sein" E.Fromm dtv/ München/ 6.Aufl./ 1980 - Seite 37
73.	="das elend der männlichkeit" G.Vinnai Rowohlt/ Reinbek/ - / 1977 - Seite 61-63/ 69-70/ 74
74.	="Die Grünen" E.Spretnak (Vorwort: F.Capra) Goldmann/ München/ 1.Aufl./ 1985 - Seite 8/ 10/ 13
75.	="Die Herren" M.-C.Deffarge/G.Troeller 2001/ Frankfurt/ l. Aufl./ 1985 - Seite 57/63
76.	= "Die Fackel" versch. Autoren Vandenhoeck & Ruprecht/ Göttingen/-/ ? (älter) - Seite 53
77.	= "Unsere Kinder frei von Drogen ?" -?- (Broschüre) BzfgA/ Köln/ - / 1989 (?) - Seite 9
78.	= "Ambulante Hilfen für ..." J.Brakhoff/Dr.E.Fuchtmann/et alii Caritas/ Freiburg/ 2.Aufl./ 1991 - Seite ? ("Punkt 4.")
79.	="Gibt es eine Suchtpersönlichkeit ?" R.Harten/P.Röhling/K.P.Stender Neuland/ Hamburg/ - / 1987

	-Seite 33
80.	="Sonntagsgespräche" K. Bresser (Hrsg.) Knaur/ München/ - / 1988 - Seite 57
81.	= Quelle (70) - Seite 281
82.	= dito - Seite 152
83.	="GREENPEACE MAGAZIN Heft 1/92" Die Red. (versch. Autoren) Greenpeace/ Hamburg/ - / 1992 - Seite 3
84.	= dito - Seite 50
85.	="Psychologie Heute 8/91" (Artikel von: L.Yablonski) Beltz / Weinheim/ - / 1991 - Seite 28 - 33
86.	= "Die Entwicklung der Drogenaffinität..." -?- IJF/ München/-/ 1991 (?) (Anschrift: IJF, 8000 München 81, Arabellastr. 33) Seite 1/33/34
87.	= "Konformität und Selbstbestimmung" H.Fend Beltz / Weinheim/ - / 1971 - Seite 130
88.	="Sonntag Aktuell Nr. 14/18" (Artikel von: J.Seewald) Presseunion/ Stuttgart/ - / 1992 Seite 13
89.	= Quelle (11) Seite 6l
90.	="Die hilflosen Helfer" W.Schmidbauer Rowohlt/ Reinbek/ -167 Tsd./ 1990 - Seite 204
91.	="PSYCHOLOGIE HEUTE" (o.a.) (Zeitschrift) Beltz / Weinheim/ - / 11.1991 -Seite 24/ 23/ 25
92.	= dito, siehe: - Seite 28/22
93.	= Siehe: "Im Zeitalter der Sucht" A.W.Schaef dtv/ München/ - / 1991 - versch. Fundstellen

94.	= "Medikamentenmißbrauch" I.Füller/ G.Glaeske/ A.Nette Neuland/ Hamburg/ - / 1990 - Seite 15/16
95.	="Soziologie" J.Wössner Böhlau/ Köln/ 7.Aufl./ 1976 - Seite 85
96.	="Knaurs Moderne Psychologie" H.Legewie/ W.Ehlers Droemer Knaur/ München/ -27 Tsd./ 1979 - Seite 229
97.	="Die Rheinpfalz, Jahrgang 48, Nr.61" (afp/rtr) (Tageszeitung) - / Ludwigshafen/ - / 12.03.1992 - Seite 1
98.	= Quelle (16) - Seite 40
99.	="Pädagogik" E.Weber (Hrsg.) Auer/ Donauwörth/ 7.Aufl./ 1979 - Seite 39
100.	= dito
101.	="Die ZEIT Nr. 51" (Artikel von: E.Knorr-Anders) DIE ZEIT/ Hamburg/ - / 13.12.1991 - Seite 84
102.	= Quelle (30) - Seite 481
103.	= Zitiert nach: "Lexikon der neuen Medien" K.Brephol Bastei Lübbe/ B.Gladbach/ - / 1985 - Seite 129
104.	= dito - Seite 133
105.	="Sozialkunde l" H.J.Eckhardt Westermann/ Braunschweig/ 1. Aufl./ 1981 - Seite 61
106.	="Sucht und Medien" J.Schenk/ M.Stoffers/ et alii Hoheneck/ Hamm/ - / 1984 - Seite 9/8
107.	="Schläft ein Lied in allen Dingen" versch. Autoren Deutscher Bücherbund/ Stuttgart / - / o.J. - Seite 67
108.	= Zitiert nach: "Stimme der Hoffnung" versch. Autoren

	Stimme der Hoffnung e.V./ Darmstadt/-/ Nov.`91 - Seite 2
109.	="Die Deutsche Weinstraße" versch. Autoren E.Sommer/ Grünstadt/ - / 1991 - Seite 39
110.	= dito - Seite 73
111.	= dito - Seite 80
112.	= dito - Seite 120
113.	="Psychologie" N.Kühne/ G.Tiator/ et alii Stamm/ Köln/ - / 1978 -Seite 54-56
114.	="Gesundheit" o.A. / versch. Autoren Magazin der Betriebskrankenkassen /-/ April '92 - Seite 12 (weitere Angaben nicht verfügbar)
115.	="Suchtbekämpfung" (Infratest-Gesundheitsforschung) Ministerium für Arbeit, Gesundheit, Familie und Sozialordnung in Baden-Württemberg / / Stuttgart/ - / 1989 - Seite 58
116.	="Kontrolliert trinken ?" H.Klein Blaukreuz-Verlag/ Wuppertal/ - / 1981 - Seite 9-12/16
117.	="BIMS 3/88" (Artikel von:) B.Budde Blaues Kreuz (BKE)/ Hannover/1988 - Seite 9
118.	="Das Parlament Nr.12-13" (Artikel von:) M.Gottschald Bundeszentrale für politische Bildung/ / Bonn/ - / März 1990 - Seite 2
119.	= Teils angelehnt an: Quelle (117) - Seite 9-11
120.	= Quelle (41) - Seite 326
121.	="PSYCHOLOGIE HEUTE" (Artikel von:) D.Schwab Beltz/ Weinheim/ - / Heft 12, 1991 - Seite 52
122.	= Quelle (31) - Seite 101

123.	="Die Rheinpfalz Nr.297" (Artikel von;) H.-E. Busemann (dpa) Rheinpfalz/ Ludwigshafen/ - / 24.12.1991 - Seite: "Mensch und Gesundheit"
124.	="ajs informationen 2/92": "Paradigmawechsel in der Suchtprophylaxe" (Artikel von:) R.Blobel/M.Haug/P.Traub-Martin Aktion Jugendschutz/ Stuttgart/ - / April 1992 - Seite 7
125.	="Weisheiten aus dem alten Russland" D.Kleinworth (Hrsg.) Heyne/ München/ - / 1982 -Seite 90
126.	="Stimmen und Visionen" S.Keen (=Interviewer) Suhrkamp/ Frankfurt/ l.Aufl./ 1979 - Seite 56
127.	= Quelle (79) -Seite 44
128.	= Quelle (72) - Seite 89
129.	= Quelle (80) - Seite 59/60
130.	="Todeszeichen" (Gesammelt von:) G.Dietze Luchterhand/ Darmstadt/ - / 1981 - Seite 108
131.	= Weitere Angaben als die in Text gemachten sind leider nicht möglich.
132.	= Zitiert nach: Quelle (11) - Seite 179
133.	="Traurig bin ich sowieso" B.Wegner Rowohlt/ Reinbek/ -35.Tsd./ 1983 - Seite 72/73
134.	= "anleitung zum sozialen lernen..." L.Schwäbisch/M.Siems Rowohlt/ Reinbek/ -278.Tsd./ 1980 - Seite 243-245
135.	="Grenzen des Bewußtseins" E. Pöppel dtv/ München/ - / 1987 - Seite 160
136.	= Quelle (28) - Seite 480
137.	="Sozialarbeit und Sozialverwaltung" U.Maas (Hrsg.) Beltz/ Weinheim/ 1.Aufl./ 1985 Seite 21/17

Kinder aus Alkoholikerfamilien aus (sonder-) pädagogischer Sicht

-Grundlagen von Prävention und Intervention-

von

Burkhard Tomm-Bub, M.A.
Starenweg 4
67454 Hassloch

1997 / 1998

Kinder aus Alkoholikerfamilien aus (sonder-) pädagogischer Sicht
- Grundlagen von Prävention und Intervention-

Gliederung/Inhalt

1. Zu dieser Arbeit

Alkoholabhängigkeit wird seit einigen Jahrzehnten als Krankheit anerkannt, erforscht und behandelt. Sowohl professionelle Bemühungen (durch Mediziner, Soziologen, Psychologen, etc.), als auch Aktivitäten der Betroffenen selbst (insbesondere Selbsthilfegruppen und -Organisationen) sind in diesem Zusammenhang erwähnenswert.

Im Laufe der Zeit kam man zu der wichtigen Erkenntnis, daß in Bezug auf "Sucht" in der Regel nicht ein einzelnes, isoliertes Individuum "zur Behandlung ansteht", sondern daß sich Abhängigkeit entwickelt, daß vielfache Ursachen hierfür maßgeblich sind und -vor allem- daß die Menschen in der sozialen Umgebung des Süchtigen mitwirken an der Entstehung und Aufrechterhaltung der Suchtkrankheit. Dies fast immer unwissentlich und sehr oft besonders dann, wenn sie selbst in hohem Maße unter der Krankheit des Betroffenen leiden und alles nur menschenmögliche tun, um ihm (scheinbar) zu helfen. Mitbetroffene in diesem Sinne sind natürlich vor allem die jeweiligen (Ehe-)Partner der Abhängigen, auch Söhne und Töchter, sowie Eltern oder andere enge Verwandte können hier angesprochen sein. Im -nur etwas-weiteren Sinne werden aber auch Arbeitskollegen, Vorgesetzte und andere Personen aus dem Umfeld oft vom Alkoholsüchtigen als wichtige Faktoren in sein krankes System mit einbezogen. Der Fachbegriff für dies unbeabsichtigt suchtfördernde Verhalten lautet "Co-Abhängigkeit" oder, hier, eben "Co-Alkoholismus". Der Erkenntnisgewinn bezüglich dieser Sachverhalte brachte wichtige Impulse in Bezug auf bessere Hilfe und Unterstützung für Betroffene und Angehörige. Später sollen hierzu auch noch weitere, wichtige Erläuterungen gegeben werden.

Hauptsächlich jedoch soll im folgenden von einer Gruppe die Rede sein, die allzu lange vergessen wurde: den Kindern aus Alkoholikerfamilien. Sie sind Mitbetroffene in besonderer Hinsicht. Einerseits verfügen auch sie nicht über die notwendigen Informationen, verhalten auch sie sich in der Regel so, daß der süchtige Vater, die süchtige Mutter in der Krankheit bleibt, keine Anstalten unternimmt die Sucht zum Stillstand zu bringen und insofern sind auch sie, die Kinder, "Co-Alkoholiker". Andererseits sind sie aber Opfer in doppeltem Sinne, denn sie sind körperlich unterlegen, rechtlich höchstens beschränkt handlungsfähig und ganz allgemein mit weniger Möglichkeiten und Kompetenzen versehen als jeder erwachsene "Co".

Erst seit vergleichsweise wenigen Jahren hat sich die Forschung dieser Kinder angenommen, ganz konkrete, praktische Einrichtungen, Hilfen und "Strategien zur Hilfe" fehlen bislang noch in hohem Maße.

Hier soll versucht werden, einen Beitrag zu leisten.

Kinder bewegen sich im öffentlichen Raum, sei es im Kindergarten, im Hort, der Schule, offenen Kinder- und Jugendeinrichtungen, oder verschiedenen sonderpädagogischen Einrichtungen. Vielfach wäre es möglich -früher und öfter als bisher- die von Sucht massiv mitbetroffenen Kinder zu erkennen und ihnen zu helfen. Ein sehr "schwieriges Geschäft" wird dieser Prozeß allerdings wohl in jedem Falle bleiben.

Es gibt einige typische Verhaltensweisen und oft eingenommene Rollen von Kindern aus Alkoholikerfamilien, dasselbe gilt für den mitbetroffenen Partner und auch den Süchtigen selbst. In der Begegnung mit dem Kind, dem Partner, möglicherweise auch dem Betroffenen diese Rollen zu kennen, kann nicht nur hilfreich sein, oft ist es eine der Grundbedingungen für die rechtzeitige "in Gang Setzung" eines Hilfeprozeßes.

Hierzu sind zunächst einmal die entsprechenden Kenntnisse notwendig. Geklärt werden müssen also Begriffe und Sachverhalte wie "Alkoholismus-Phasen", "Alkoholiker-Typen", "Co-abhängiges Verhalten" und "typische Rollenmuster der Kinder".

Es soll demnach im folgenden zunächst noch einmal auf die Krankheit und auf das Verhalten des jeweils dem Süchtigen "nahestehendsten" Menschen eingegangen werden. Anschließend werden die Risiken und Schädigungen hinsichtlich der betroffenen Kinder näher geschildert. Schon hier wird deutlich werden, daß das vorliegende Thema ein wichtiges ist, mit dem zu beschäftigen sich lohnt.

In der Folge soll dann einiges zum Thema "Prävention und Intervention in pädagogischen Einrichtungen" (wie Kindergärten, Horten, Schulen und in der offenen Kinder-/Jugendarbeit) gesagt werden, insbesondere zu den Voraussetzungen hierfür. Detaillierte Handlungspläne, Schilderungen entsprechender didaktischer Einheiten und Projekte, u.ä. können dagegen hier nicht gegeben werden, dies würde den Rahmen der Arbeit sprengen. Wenn aber einige grundlegende Bedingungen für qualifizierte Hilfe besser abgeklärt und -zumindest grob und skizzenhaft- "Strategien für den pädagogischen Alltag" angeregt werden können, so ist wohl schon einiges erreicht.

Gelegentlich wird es notwendig sein, wichtige Begriffe in kurze Definitionen zu fassen. Dies soll in den jeweiligen Kapiteln geschehen.

Vorweg will der Verfasser, wie immer bei solchen Gelegenheiten, daher auf etwas hinweisen:

Der Versuch, Wirklichkeit in Begriffe zu fassen, also Definitionsversuche zu machen ist allgemein sicherlich wertvoll. Überhaupt erst einmal klar zu machen, worüber man eigentlich spricht, erleichtert die Kommunikation und ermöglicht somit, im günstigen Fall, das Gewinnen neuer Erkenntnisse. Vergessen werden darf dabei aber nicht, daß "Realität" naturgemäß nicht vollständig faßbar ist -und bleibt- stets wird definitorisch an den "Rändern" von Begriffen "abgeschnitten", d.h. Teile von möglichen Bedeutungen gehen verloren, Übergänge, Mischungen, etc. sind nicht adäquat darstellbar. In der Bewußtheit dieser Einschränkungen wird an den jeweils sinnvollen Orten versucht werden, sich erklärungsbedürftigen Begriffen (wie z.B. "Sucht", "Co-abhängigkeit", etc.) zu nähern.

Zum Abschluß dieser Einleitung möchte sich der Verfasser in der Form einer knappen "Vita" kurz vorstellen. Hierdurch wird (u.a.) ein weiterer Grund deutlich, der ihn bewog, sich mit dem vorliegenden Thema auseinander zu setzen: die persönliche Betroffenheit.

Heinz-<u>Burkhard</u> TOMM-BUB, geb. Tomm

Geboren am 25.12.1957 in Recklinghausen (NW), dort auch aufgewachsen. Lebt seit 1989 in Ludwigshafen am Rhein. Verheiratet seit 1993, keine (eigenen) Kinder.

Mehrfachabhängig mit den Schwerpunkten Alkohol / Tranquilizer. Tiefpunkt November 1987. Durchlauf vieler ambulanter Hilfsangebote (diverse Selbsthilfegruppen, Suchtberatungen, Psychologen-Gespräche, Psychotherapie), mehrmonatige stationäre Therapie. Rückfallfrei trocken / clean seit März 1989.

Er ist staatlich anerkannter Erzieher und Diplom-Sozialarbeiter (FH) -und als solcher gegenwärtig auch bei der Stadt Ludwigshafen beschäftigt ("Kinder- Eltern- Haus e.V.", Sparte 5-25). Stadtverwaltungs-intern zusätzlich mit betrieblicher Suchtkrankenhilfe befaßt. Besuch entsprechender Fortbildungen.

Außerhalb seiner Erwerbstätigkeit ist er z.Zt. in der "Freiwilligen Suchtkrankenhilfe e.V., Ludwigshafen" als stellvertretender Vorstand engagiert.

Zeitweise war er, ebenfalls ehrenamtlich, "Justizvollzugshelfer" (Suchtgruppe) in einer Justiz- Vollzugs- Anstalt (JVA/Sozialtherapeutische Anstalt).

Er schreibt in seiner Freizeit vor allem Lyrik, gelegentlich auch Fantasy-/Sience Fiction-Stories, sowie "Kurz-Krimis" und Rezensionen. Veröffentlichungen in Anthologien, (Literatur-) Zeitschriften, im Literaturtelefon und im Internet.

2. Alkoholikerfamilien

Unter den Begriff "Alkoholikerfamilien" lassen sich theoretisch recht verschiedene Familiensysteme einordnen. So könnten, in größeren Familien, durchaus auch die Großeltern abhängig sein, denkbar wäre genauso, daß ein bereits erwachsenes Kind der Betroffene ist, oder eben, hier schwerpunktmäßig, daß ein Elternteil (oder beide) Alkoholiker ist (bzw. sind). Nicht selten sind auch alleinstehende Mütter von sich entwickelnder Alkoholsucht betroffen. Ein im Alltag aber noch immer besonders häufiger Fall ist jedoch wohl der, daß der Vater (oder Stiefvater) der Problemträger in der Familie ist. Von diesem "idealtypischen" Fall soll im folgenden ausgegangen werden, soweit nichts anderes erwähnt wird. In mehr oder weniger hohem Maße sollten aber viele der Aussagen übertragbar sein. Besondere Gefahrenschwerpunkte sind dabei möglich: ein Beispiel hierfür ist die bereits tief in der Krankheit verhaftete, alleinstehende Mutter mit einem noch jüngeren Kind. Hier stellen sich Fragen etwa nach "Vernachlässigung" und "Gefährdung des Kindeswohles" mit deutlich stärkerer Akzentuierung!

Der Alkoholiker wird im Krankheitsverlauf zunehmend zu einem einsamen Menschen. Entweder ist er von vornherein mehr oder weniger alleinstehend, oder es trennen sich die engsten Bezugspersonen im Laufe der Zeit von ihm. In jedem Falle entsteht nach und nach ein immer größer werdender innerer Abstand zu den Mitmenschen: weder Zeit noch Lust ist vorhanden sich mit diesen zu beschäftigen, möglicherweise stören sie ihn beim Trinken, auch ist es oft der Fall, daß der Abhängige zunehmend weiß oder ahnt, daß er sich hier und dort, bei dieser und jener Gelegenheit wieder einmal "danebenbenommen" oder "dummes Zeug erzählt" hat. So läßt man lieber "Gras über diese Sachen wachsen" und meidet dann vorsorglich gleich viele Situationen lieber ganz.

Dieser Abstand, diese Isolation entsteht im Prinzip fast immer, für die äußere Situation gilt dies jedoch viel weniger häufig. Die Krankheit "Sucht" braucht -insbesondere beim Alkoholismus- oft viele Jahre bis sie ein gravierendes Ausmaß erreicht. So leben denn viele Alkoholiker in Familien, die meist noch in "besseren Zeiten" gegründet wurden, sie haben demnach einen Ehepartner und gar nicht selten auch ein Kind oder deren mehrere. Diese Konstellationen bleiben häufig noch erstaunlich lange (nach außen hin) stabil. Grund hierfür ist, daß die jeweiligen Partner die Ehe und die Familie sehr lange aufrecht zu erhalten versuchen, und daß sie dem Betroffenen auf ungeeignete Weise zu helfen bemüht sind. Der Betroffene, der jeweilige Angehörige und eben auch die Kinder nehmen bei diesem Prozeß Schaden.

Diese Tatsachen sollen nun näher erläutert und belegt werden. Die dabei vermittelten Kenntnisse sind grundlegend für eine verbesserte Hilfe, dies insbesondere in bezug auf die machtloseste der betroffenen Gruppen: die Kinder.

Abgebracht ist nun noch ein folgender Hinweis: "Alkoholismus" -um den es hier geht- ist eine äußerst verbreitete Krankheit, andere Süchte sind jedoch zahlenmäßig keineswegs unbeachtlich, auch hier sind viele Kinder mit betroffen. Als Beispiel soll die Medikamentensucht und die Abhängigkeit von "illegalen Drogen" wie Heroin, Kokain, u.ä. genannt sein. Auch die zunehmenden Mehrfachabhängigkeiten (Polytoxikomanie) verschlimmern und verwirren oft die Sachlage noch. Einen Definitionsversuch und einige Erklärungen hierzu gibt Doll:

"Polytoxikomanie - Drogenabhängigkeit von mehreren oder vielen Drogen, Medikamenten und Alkohol. - Immer häufiger werden Medikamente zusätzlich zum täglich getrunkenen Alkohol eingenommen, wie zum Beispiel Schmerzmittel, Schlafmittel. Beruhigungsmittel, Aufputschmittel, Herz- und Kreislaufmittel, Magenmittel - um nur einige zu nennen. Dies geschieht zum Teil, um die Nebenwirkungen übermäßigen Alkoholkonsums gering zu halten, denn Alkohol - über längere Zeit oder/und im Übermaß genossen - schädigt die inneren Organe und das vegetative Nervensystem erheblich. Das zusätzliche Einnehmen von Medikamenten geschieht jedoch auch in vermehrtem Ausmaß, weil a) der Abhängige sich eine den Alkohol potenzierende Wirkung erhofft, b) Medikamente geruchlos sind und somit der Konsum weniger auffällig ist. c) bestimmte Wirkungen, wie z.B. leistungssteigernd, mobilisierend, konzentrationsfördernd, stimmungsaufhellend, angstbefreiend oder einschläfernd besser gesteuert werden können, der Abhängige sich besser in den Arbeitsalltag integriert d) der Abhängige sich beruflichen Leistungsanforderungen wie privaten, sozialen Anforderungen eher gewachsen fühlt." (Doll,A.;1990,S.123)

Anschließend soll sich zunächst näher mit der Krankheit an sich befaßt werden.

2.1 Die Krankheit

Schon mehrfach war vom Alkoholismus, von Sucht allgemein, als einer Krankheit die Rede. Dies ist keineswegs eine "Auslegungssache", sondern die Anerkennung als echte Krankheit ist medizinisch allgemein erfolgt und auch die Rechtsprechung und die Krankenkassen tragen den Tatsachen seit spätestens 1968 gleichermaßen offiziell Rechnung.

Im Grundsatzurteil des Bundessozialgerichts vom 18. Juni 1968 (BSG 28, 114, bzw. 3 RK 63/66) heißt es nämlich: "Trunksucht ist eine Krankheit im Sinne der Reichsversicherungsordnung RVO (§ 182, RVO)". Nach diesem Urteil ist übrigens jede Sucht eine solche Krankheit.

So ist gewährleistet, daß Kostenträger für die Behandlung (d.h. für Entgiftung und Entwöhnung; Selbsthilfegruppen arbeiten kostenlos) zur Verfügung stehen. Es gibt viele Wege der Hilfe, ambulante und/oder stationäre und der Aufwand lohnt allemal!

Als wichtig bleibt festzuhalten: Sucht ist keine Willensschwäche und kein Charakterfehler und kann demnach auch nicht unter dieser Perspektive "behandelt" werden ("Reiß`dich doch mal zusammen und trink` nicht soviel!").

Den Arten, Formen und Abläufen einer angemessenen Therapie, der "Hilfe zur Selbsthilfe", wird in dieser Arbeit kein eigener Abschnitt gewidmet, entscheidend ist aber: sie gibt es. Zu den Chancen, die Krankheit zum Stillstand zu bringen (von einer klassischen "Heilung" zu sprechen, verbietet sich aus logischen Gründen) soll nun noch ein Zitat angeführt werden das belegt, daß die Aussichten hier besser sind, als bei manch` anderen, tödlichen Krankheiten:

"Eine Meta-Analyse von Süß (1995) konzentriert sich ... auf weniger, aber methodisch solidere Untersuchungen. ... Zur Berechnung der Abstinenz- und Besserungsraten wurden unterschiedliche Bezugsgrößen gewählt, sodaß sowohl pessimistische wie auch optimistische Schätzungen resultieren ... Faßt man alle Patienten und alle Katamnesezeitpunkte zwischen 6 Monaten und 4 Jahren zusammen, so ergeben sich Schätzungen von 34 Prozent dauerhaft Abstinenten für den pessimistischen Berechnungsmodus, 48% für den optimistischen Berechnungsmodus. Die Nichtabstinenten aber Gebesserten machen bei der pessimistischen Schätzung nur 6% aus, bei der optimistischen Schätzung 22%. Die Ergebnisse dieser Meta-Analyse belegen recht überzeugend, daß im Verlauf eines Jahres nach Abschluß einer Entwöhnungsbehandlung auch bei pessimistischer Schätzung doch mit einer Abstinenzquote zwischen 30 bis 50 % zu rechnen ist." (Rist,F.; "Therapiestudien mit Alkoholabhängigen", in Mann,K.; Buchkremer,G. (Hrg.), 1996, S. 244)

Klar geht hier hervor, daß bei <u>angemessener</u> Hilfe viel Raum für Hoffnung ist. Dies ist etwas, daß sich weitergeben läßt: an Mitbetroffene -und Kinder!

2.1.1 Alkoholismus (Ätiologie,Epidemiologie,Phasen,Typen)

Zur Vertiefung des Wissens, zur Schaffung einer Basis, aufgrund derer Verständnis und Hilfe möglich werden, soll nun einiges zu den Ursachen und der Verbreitung der Alkoholkrankheit gesagt werden. Die Kenntnis der Phasen dieser Sucht und der unterschiedlich ausgeprägten Typen von Alkoholsüchtigen scheint an dieser Stelle ebenso relevant.

Zuvor gilt es aber, die Grundbegriffe handhabbar zu machen, daher sollen zunächst einige Zeilen zur Definition von "Sucht" und "Alkoholismus", u.ä. angeführt werden.

Zum Begriff "Alkohol" selbst läßt sich dabei unter Heranziehung gängiger Lexika leicht herausfinden, daß hier der sog. Ethylalkohol (C2H5OH), also der Trinkalkohol, gemeint ist. Er entsteht durch die Gärung von Zucker und ist ein Stoffwechselprodukt lebender Mikroorganismen und kann seit dem 20. Jahrhundert auch künstlich hergestellt werden. Interessanterweise kommt Alkohol in der Natur höchstens in einer Konzentration von 14 % vor, bei höherer Konzentration sterben die Organismen, die Alkohol herstellen, nämlich ab.

Etymologisch stammt „Alkohol" aus der arabischen Sprache und bedeutet „das Feinste".

Alkohol ist eine Droge und wirkt unmittelbar verändernd auf Funktionen des Zentralnervensystems.

Schon interessanter als diese Stichworte sind einige der Festlegungen der Weltgesundheits- organisation (=World Health Organization, WHO). Der schon mehrfach benutzte Begriff "Sucht" ist nämlich, folgt man der WHO, eigentlich nicht mehr ganz korrekt. Diese ersetzte ihn schon im Jahre 1964 durch den Begriff der „Drogen-abhängigkeit". Zu diesen Drogen zählt -natürlich- auch der Alkohol, dies erkennt z.B. schon 1985 auch (der Jurist!) Kreuzer. Unter der Überschrift "Drogenarten" führt er aus:

"Nicht zuletzt ist Alkohol zu erwähnen, der neben seinen Funktionen als technisches Hilfsmittel (Lösungs- und Desinfektionsmittel), als bedeutsames, kulturell integriertes Nahrungs-, Genuß- und Kultmittel schon unabhängig vom gegenwärtigen Drogenmißbrauch junger Menschen auch die Funktion als wichtigste und weitgehend gesellschaftlich tolerierte Rauschdroge hat. Junge Drogenkonsumenten nehmen im allgemeinen auch stärker Alkohol. Seine möglichen Wirkungen dürften hinreichend bekannt sein (Rausch, körperliche und seelische Abhängigkeit, Leberzirrhose, Letaldosis usw.)." (S. 12/13)

Recht qualifiziert unternehmen Dörner und Plog den Versuch, die sich hieraus definitorisch ergebenden Begriffe näher zu bestimmen:

"Droge: Sammelbegriff für alle das Gehirn bzw. das Handeln beeinflussenden (enzephalo- bzw. psychotropen) Mittel.

Abhängigkeit: (Dependence): tritt an die Stelle der alten Begriffe (addiction) und Gewöhnung (habituation). ...

Definition für Drogenabhängigkeit: (in Anlehnung an die WHO): Zustand periodischer oder chronischer Vergiftung durch ein zentralnervös wirkendes Mittel, der zu seelischer oder seelischer und körperlicher Abhängigkeit von diesem Mittel führt und der das Individuum und/oder die Gesellschaft schädigt - Bestandteil der Definition ist also auch die Gesellschaft. Nikotin, Alkohol, Haschisch werden sozial unterschiedlich gewertet.

Seelische Abhängigkeit: das schwer bezwingbare Verlangen, durch eine Droge Selbstverwandlung, Entlastung und Genuß herzustellen, mit Verselbständigung des Mittels, Verlust der Konsumkontrolle, und Versuch, um jeden Preis sich das Mittel zu beschaffen.

Körperliche Abhängigkeit: Anpassungszustand mit Toleranzsteigerung, Zwang zur Dosissteigerung für dieselbe Wirkung und mit Abstinenzerscheinungen bei Absetzen oder Verminderung der Dosis" (1984, S.250). (Unterstreichungen vom Verfasser.)

Nachzutragen ist hier noch, daß bei Alkoholismus oft, wenn auch keineswegs immer, körperliche und seelische Abhängigkeit vorliegt, dies im Gegensatz etwa zu Stoffen wie Haschisch (Cannabis, Hauptwirkstoff THC) und Kokain.

Ungeachtet der Dörner/Plog-, bzw. WHO-Definition wird der Verfasser weiterhin die Begriffe "Abhängigkeit" und "Sucht" (synonym) verwenden. Dies hat folgenden Grund:

Der Ausdruck "Sucht" signalisiert scheinbar Assoziationen zu "Suchen", "Sehnsucht", u.ä., in Wahrheit ist als etymologische Herkunft des Begriffs jedoch der Wortstamm "krank sein, siechen" anzusehen. Diese "Doppelbödigkeit" sollte nach Ansicht des Verfassers bei der Beschäftigung mit dem Thema ruhig auch weiterhin gelegentlich "mitschwingen"!

Damit mögen die wichtigsten Begriffsbestimmungen vorerst gegeben sein. Es soll nun in groben Zügen versucht werden, einige der Ursachen die Sucht entstehen lassen, bzw. fördern, aufzuzeigen (Ätiologie). Auch dies kann durchaus hilfreich sein, um den Süchtigen und seine Handlungen besser zu verstehen.

Einen ersten Hinweis gibt Maier:

"Der Alkoholismus ist multifaktorieller Genese. Genetische Faktoren spielen eine etwa gleichgewichtige Rolle wie individuumbezogene Umgebungsfaktoren. ... Der familiär übertragene Phänotyp umfaßt neben der Alkoholabhängigkeit auch den Alkoholabusus und andere substanzmittelinduzierte Abhängigkeiten bzw. Formen des Mißbrauchs. Die familiäre Übertragung des Alkoholismus läßt sich nicht auf ein einzelnes Gen zurückführen. Wahrscheinlich wirken mehrere Gene bei der Manifestation des Alkoholismus zusammen." (Maier, W., in Mann, K.; Buchkremer, G. (Hrg.), 1996, S.95)

Wichtig ist hier die Aussage, daß die Krankheit in der Regel mehrere Ursachen hat. Weiter wird der Faktor der Vererblichkeit angesprochen, der leider oft zu den verschiedensten Mißverständnissen führt. Beispielsweise wird etwa angenommen, da "man das Saufen ja nun mal geerbt hätte, könne man halt leider nichts daran ändern", -so die Argumentation manch` "nasser" Alkoholiker, die noch nicht bereit oder in der Lage sind, gegen ihre Erkrankung anzugehen. Natürlich wird hier ein Trugschluß produziert: egal, worauf meine Krankheit beruht, ich kann sie zum völligen Stillstand bringen, durch Abstinenz und durch Arbeit an mir selbst, mit dem Ziel der zufriedenen Abstinenz!

Andererseits ist die Möglichkeit der Vorurteilsbildung gegeben: "Der Vater säuft, da wird der Jungen wohl auch bald ein 'Alki' werden!" Diese Zuschreibung (die durchaus Mechanismen in der Art der "sich selbst erfüllenden Prophezeiung" in Gang setzen kann), ist aus vielen Gründen falsch:

Einmal sind die Arbeitsergebnisse der verschiedenen Forscher keineswegs eindeutig genug, um von einer direkten und auch nur annähernd "sicheren" Vererbung des Alkoholismus sprechen zu können, zum anderen hat Sucht -wie schon erwähnt- fast immer viele Ursachen.

In der entsprechenden Fachliteratur finden sich oftmals graphische Darstellungen ähnlich der folgenden, um einen ersten Überblick über die Entstehungsfaktoren von Abhängigkeit zu geben.

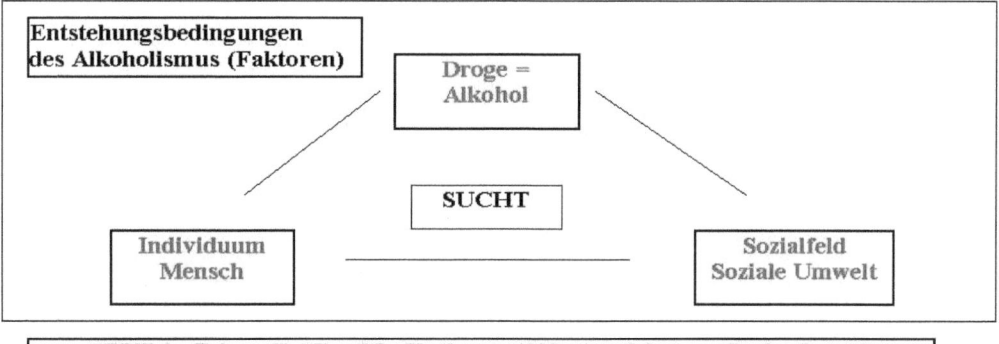

Entstehungsbedingungen des Alkoholismus (Faktoren)		
	Droge = Alkohol	
	SUCHT	
Individuum Mensch		Sozialfeld Soziale Umwelt

"Tödliche Triangel" / Graphik: Verfasser, 1997 / Angelehnt an gängige Darstellungen

Die wichtigsten Hauptfaktoren (Droge, Mensch und soziales Umfeld) sind hier dargestellt. Diese bedürfen aber der Ausdifferenzierung und Erläuterung.

So ließe sich nach Ansicht des Verfassers daher zu der nachfolgenden Darstellung kommen, in der die Oberbegriffe beispielhaft in Einzelfaktoren unterteilt werden:

((Siehe folgende Seite:))

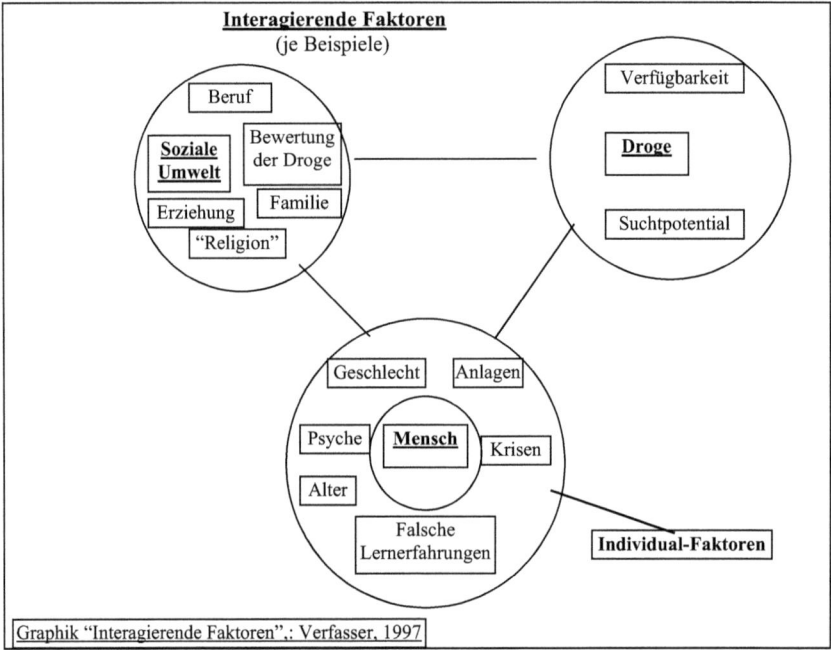

Graphik "Interagierende Faktoren",: Verfasser, 1997

Zu beachten ist, daß die Teilfaktoren untereinander oft in Wechselwirkung miteinander stehen, teilweise sogar voneinander abhängig (interdependent) sind. Dies gilt für einige Teilfaktoren innerhalb einzelner Felder, aber auch für manche Querverbindungen.

Es soll nicht versucht werden, die Liste der möglichen Einzelursachen erschöpfend darzustellen und zu erläutern, einige Hinweise können aber -auf der Grundlage des heutigen Kenntnisstandes und der persönlichen Erfahrungen des Verfassers- noch vorgebracht werden.

Zur <u>Droge</u>:
-Die Verfügbarkeit von Alkohol in Deutschland ist ausgesprochen hoch, Alkohol ist fast überall in fast jeder Preislage erhältlich.
-Suchtpotential: Hier bewegen sich Schätzungen, etwa der "Anonymem Alkoholiker (AA)" und der "Deutschen Hauptstelle gegen die Suchtgefahren" (DHS), bei ca. 5 - 10 %, das bedeutet, jeder zehnte bis zwanzigste "Alkoholprobierer" endet als behandlungsbedürftiger Alkoholiker.

Zu den <u>Individualfaktoren</u>:

Hier können unter anderem folgende Faktoren Suchtentstehung begünstigen und/oder fördern:

-Soziale Ängste (z.B. Prüfungsängste, vor Vorgesetzten, "Lampenfieber",...)

-Sexuelle Ängste (Annäherungsängste, Versagensängste)

-Depressionen

-Geistig-seelische Schwächen (Schwierigkeit mit Gefühlen umzugehen, geringe Belastbarkeit,..)

-sonstige Ängste und seelische Störungen

-Eltern - Kind- Konflikte

-Kommunikations- und Partnerschaftsprobleme

-Lebenskrisen (wie der Tod eines Angehörigen oder Trennungen)

-Lebensalter (Jugendprobleme - Altersängste)

-Falsche Lernerfahrungen in Bezug auf das Suchtmittel ("mit" geht scheinbar Schlechtes besser
 / Gutes noch besser)

-Geschlecht (Frauen wird in der Öffentlichkeit ein Alkoholrausch noch immer nicht so leicht verziehen wie einem Mann. Dies ist sicher mit ein Grund dafür, daß sie eher bei den Medikamentensüchtigen „in Führung liegen").

Zur <u>Sozialen Umwelt</u>:

-Verbreitete falsche Vorurteile über die Droge / (gesellschaftliche) Bewertung der Droge
Beispiele: "Alkohol wärmt, bringt den Kreislauf in Schwung, beugt Erkältungen vor und desinfiziert den Körper und ist außerdem ein gutes Schlaf- und Beruhigungsmittel."

(Wohlgemerkt: Alle diese Annahmen sind erwiesenermaßen falsch!).

-Das berufliche Umfeld

Beispiele sind hier Berufe die verstärkt mit Alkohol zu tun haben, wie Winzer, Brauer, Gastwirt, aber auch andere, in denen "traditionell" viel getrunken wird, wie Bauarbeiter, mancherlei Geschäftsleute, usw.

-Häusliche und familiäre Verhältnisse

Belastete und zerrüttete Verhältnisse können sicher ebenfalls zu verstärktem Alkoholkonsum und damit zur Suchtgefährdung beitragen. Auch sind möglicherweise alleinstehende, vereinsamte Menschen stärker gefährdet. Aber auch ein Partner der seinerseits bereits Alkoholprobleme hat, kann unter Umständen den anderen Partner "mitziehen".

-(Fehlende) Religion

Dies weist darauf hin, daß unsere westliche Gesellschaftsordnung mittlerweile doch recht stark säkularisiert (verweltlicht) ist. Labile Menschen (was immer dies auch genau heißen mag) hatten in früheren Zeiten möglicherweise an ihrer jeweiligen Religion einen gewissen Halt, der heutzutage eher wegfällt. Auch dies könnte die Suchtgefährdung vergrößern. Allgemein wurden in der Menschheitsgeschichte aber auch schon immer Drogen aller Art zu religiösen Zwecken eingesetzt, so auch Alkohol (römische Bacchaniten, katholischer Meßwein, usw.). Evtl. versuchen demnach auch einigen Menschen dieses (unterstellte) religiöse Bedürfnis (bewußt oder unbewußt) durch Alkoholkonsum zu befriedigen.

-Erziehung

Hier ist vor allem an die Vorbildrolle der Eltern zu denken, d.h. es ist wichtig wie sie Alkohol bewerten und -vor allem- wie sie damit umgehen (Konsumart/-häufigkeit, etc.).

Es soll, wie gesagt, nicht versucht werden, diese Stichworte im einzelnen zu belegen und zu quantifizieren, es läßt sich aber davon ausgehen, daß all dies suchtbegünstigende Faktoren sein können -aber nicht müssen. Die Aufzählung ist keineswegs vollständig, im Einzelfall sind durchaus auch noch ganz andere Bedingungsfaktoren denkbar. Als Anregung um sich mit konkreten Fällen auseinander zu setzen mag die Darstellung jedoch genügen.

Kurz geschildert werden soll nun die quantitative Ausbreitung des Alkoholismus und ähnlicher

Süchte. Hierzu findet sich zunächst folgender Hinweis:

"In den alten Bundesländern rechnet die Deutsche Hauptstelle gegen die Suchtgefahren mit 80 000 bis 100 000 Abhängigen von illegalen Drogen; mit 500 000 bis 800 000 Abhängigen von Medikamenten; mit etwa - wie erwähnt - 2 Millionen alkoholabhängigen Menschen. Dieses beachtliche Heer von Menschen aus dem Zwischenreich des Drogenlebens hat Einfluß auf ... (die) Kinder, die ihnen familiär verbunden sind." (Schmieder,A.;1992 ,S.67)

Neuere Quellen zeigen, daß dieser Trend wohl ungebrochen ist:

"Suchtmittelmißbrauch bleibt eines der dringendsten Probleme unserer Gesellschaft. ... Auch bezüglich der legalen Suchtstoffe läßt sich keine Verringerung des Problemdrucks erkennen. Zwar ist der Pro-Kopf-Verbrauch an reinem Alkohol in der Bundesrepublik Deutschland von 12,0 1992 im Jahr 1993 auf 11,5 1 - 1994 zurückgegangen, nach den vorliegenden Daten ist aber zugleich davon auszugehen, daß rd. 13 % der Männer und 7 %, der Frauen in einem gesundheitsgefährdenden Ausmaß Alkohol konsumieren. Es bleibt festzuhalten, daß das Suchtproblem in unserer Gesellschaft in erster Linie gekennzeichnet ist durch den Mißbrauch und die Abhängigkeit von legalen Suchtstoffen. Das vielfältige Bedingungsgefüge einer Sucht-erkrankung, der prozeßhafte Verlauf der Entstehung und der Behandlung erfordert differenzierte und vernetzte Maßnahmen." (Ministerium für Kultur, Jugend, Familie und Frauen Mainz (Hrg.), 1996, S.12)

Auch Ziegler nennt ähnlich alarmierende Zahlen:

"Zahlen zum Suchtproblem ...

In Deutschland ist nach den Angaben der Deutschen Hauptstelle gegen die Suchtgefahren mit 2.500.000 Alkoholkranken und 800.000 - 1.200.000 Medikamentenabhängigen zu rechnen.

Der Altersschwerpunkt der Alkoholabhängigen liegt zwischen 30 und 50 Jahren, etwa 65% der Alkoholabhängigen sind Männer, 35% sind Frauen. Anders stellen sich die Verhältnisse bei der Medikamentenabhängigkeit dar: Hier sind doppelt soviel Frauen betroffen wie Männer.

Für den Arbeitsplatz liegen keine gesicherten Zahlen vor. Gleichwohl kann mit 5% bis 7% behandlungsbedürftigen Abhängigkeitskranken gerechnet werden." (Ziegler,H.;1996,S.7).

Es handelt sich also keineswegs um ein randständiges Problem, sondern um eine relativ große Teilgruppe des Klientels, die betroffen ist.

Das nächste Thema sollen die Phasen des Alkoholismus sein, deren Entwicklung sich oft über (viele) Jahre erstreckt.

Phasen und Typen

Zu den Grundkenntnissen bezüglich der Alkoholkrankheit gehört sicherlich auch die (schon ältere) Phasen- und Typenlehre von Jellinek. Diese Einteilungen wurden in den letzten Jahren verschiedentlich kritisiert. Sie seien „nicht mehr aktuell" und zunehmend gäbe es „Mischtypen" und Abweichungen. Letzteres ist zweifellos richtig. Will man aber -bei allen Nachteilen- die Vorteile einer Einteilung beanspruchen, so gibt es m.E. bislang keine annehmbare Alternative zu Jellineks Modellen.

In der Regel verläuft eine Suchterkrankung in mehreren Phasen. Deutlicher gesagt: Die Krankheit verschlimmert sich mit der Zeit und führt sehr häufig -wenn sie nicht zum Stillstand gebracht wird- zum Tode. Bestimmte Verhaltensweisen und Schäden sind hier typisch für die jeweilige Phase. Äußerst wichtig und unbedingt zu beachten ist hier aber folgendes: keineswegs muß jede Verhaltensweise, jede Schädigung bei jedem Betroffenen auftreten! Gleiches gilt für die Abfolge der Symptome: Diese treten nicht unbedingt „wohlgeordnet" auf, also nicht Punkt für Punkt, Phase nach Phase. Eher ist es z.B. möglich, daß die Anzeichen der ersten Phase schon (fast) alle auftreten, bereits die meisten der Zweiten und einige der Dritten. Dieses zu wissen und zu beachten ist wichtig für jeden Einschätzungsversuch.

Nur allzugern klammern sich der Süchtige und teilweise auch seine Angehörigen an jeden „Strohhalm": „Trifft dieses und jenes auf mich ja gar nicht zu, wieso sollte ich dann einer von diesen 'Alkis' sein". Diese "Argumentationsfalle (eine von vielen) gilt es unbedingt zu vermeiden. Als Anhaltspunkt, um in etwa zu erfahren wo der Einzelne steht, ist die Phasenlehre also durchaus sehr nützlich, was sich dann auch auf den Umgang mit dem Betroffenen und seinem Verhalten hilfreich auswirken kann.

Eine sehr brauchbare Übersicht gibt hierzu nun Feuerlein:

"Phasen der Alkoholsucht:

A. Prodromal-Phase
   1. Alkoholische Palimpseste (Räusche mit Erinnerungslücken)
   2. Heimliches Trinken
      (Gelegenheit suchen ein paar Schnäpse ohne Wissen der anderen zu trinken)
   3. Dauerndes Denken an Alkohol
      (Sorge ob genügend da ist, vorsorglich ein paar Schnäpse trinken)
   4. Gieriges Trinken der ersten Gläser
   5. Schuldgefühle
   6. Vermeiden von Anspielungen auf Alkohol
   7. Häufige Palimpseste

B Kritische Phase
   8. Verlust der Kontrolle nach Beginn des Trinkens
   9. Alkoholiker-Alibis (warum er trinken muß)
   l0. Widerstand gegen Vorhaltungen
   11. Großspuriges Benehmen
   12. Auffallend aggressives Benehmen
   13. Dauernde Zerknirschung
   14. Perioden völliger Abstinenz mit ständigen Niederlagen
   15. Änderung des Trinksystems (nicht vor bestimmten Stunden)
   16. Freunde fallenlassen
   17. Arbeitsplatz fallenlassen
   18. Das Verhalten auf den Alkohol konzentrieren
   19. Verlust an äußeren Interessen
   20. Neue Auslegung zwischenmenschlicher Beziehungen
   21. Auffallendes Selbstmitleid
   22. Gedankliche oder tatsächliche Ortsflucht
   23. Ungünstige Änderung im Familienleben
   24. Grundloser Unwille
   25. Bestreben, seinen Vorrat zu sichern
   26. Vernachlässigung angemessener Ernährung
   27. Erste Krankenhaus-Einweisung wegen körperlicher Beschwerden
   28. Abnahme des sexuellen Triebes
   29. Alkoholische Eifersucht
   30. Regelmäßiges morgendliches Trinken

C. Chronische Phase
   31. Verlängerte tagelange Räusche
   32. Bemerkenswerter ethischer Abbau
   33. Beeinträchtigung des Denkens
   34. Passagere alkoholische Psychosen
   35. Trinken mit Personen weit unter seinem Niveau
   36. Zuflucht zu technischen Produkten (Haarwasser, Rheumamittel, Brennspiritus)
   37. Verlust der Alkoholtoleranz
   38. Angstzustände
   39. Zittern
   40. Psychomotorische Hemmung
   41. Das Trinken wird wie besessen
   42. Das Erklärungssystem versagt. Er wird leichter der Behandlung zugänglich."

(Feuerlein,W.,"Alkoholismus - Mißbrauch und Abhängigkeit", Stuttgart, 1975)

Typen Diese geschilderten Phasen treffen im Prinzip auf alle Alkoholiker zu, ursprünglich und insbesondere aber auf einen bestimmten Alkoholikertyp, nämlich den sogenannten "Gamma - Typ". Dieser ist in unserem Kulturkreis tatsächlich auch am weitesten verbreitet.

Auch auf die übrigen Typen ist die Phasenlehre aber übertragbar, wenn auch gelegentlich mit gewissen Abweichungen. So entfällt beispielsweise beim „Delta - Typ" oft das Merkmal sozialen Drucks, zumindest zu Beginn seiner Suchtkarriere. Abhängige diesen Typs sind nämlich meist nicht auffällig betrunken und im Verhalten oft sehr korrekt. Die verschiedenen Typen sollen nun im Zusammenhang dargestellt werden.

Alkoholikertypen

„Alpha-Typ: Problem - und Erleichterungstrinker; kein Kontrollverlust; seelische Abhängigkeit, da diese Angstabwehr die Probleme vergrößert.

Beta-Typ: Anpassungs - und Gewohnheitstrinker, um 'mitzuhalten' mit den (Trink-) Sitten, an Situationen gekoppelt (Fernsehen, Wochenende, Arbeitswege, Hausarbeit); wenig seelische, aber später körperliche Abhängigkeit.

Gamma-Typ: Eigentlicher Prozeß-Trinker mit seelisch - körperlicher Abhängigkeit, Toleranzsteigerung, Kontrollverlust, Abstinenzsymptome, auch wenn Abstinenzzeiten möglich sind.

Delta-Typ: Spiegel-Trinker; da über lange unauffällige, schleichende Gewöhnung der Alkohol-Spiegel sich langsam erhöht, bis er gebraucht wird, hat der Betroffene nie das Gefühl des Kontrollverlustes, und da er sozial überkorrekt ist, ist er bei dieser rauschlosen Dauerimprägnierung besonders schwer zu motivieren.

Epsilon-Typ: Periodischer Trinker (früher Quartalssäufer...); auch diese im Alltag überkorrekten Menschen brauchen den Ausbruch ins zerstörerische Sozial-Unerlaubte, um überbemüht sozial erlaubt leben zu können; maskiert sich lieber mit Hilfe von Ärzten mit der „feineren" Diagnose phasischer Depressionen." (Dörner, K. & Plog, U.; 3.Aufl.,1986; S.251)

Als behandlungsbedürftig krank gelten allgemein alle Typen außer dem Alpha- und Beta-Typ, wobei anzumerken ist, daß hier Weiterentwicklungen in Richtung eines "echten" Alkoholikertypus nicht unwahrscheinlich -und eine große Gefahr sind!

Die Übersicht zur Krankheit an sich soll damit abgeschlossen werden. Um die Wichtigkeit des Themas zu unterstreichen, sollen aber noch einige kurze Anmerkungen zu den durch Alkoholismus entstehenden Schäden gemacht werden.

2.1.2 Schäden durch Alkoholismus

Einen sehr kompakten Überblick über die physischen Folgen von Alkoholkonsum gibt Reiners-Kröncke (o.J.,S.31) unter der Überschrift "Alkoholfolgen: ...Alkoholfettleber, chronisch-

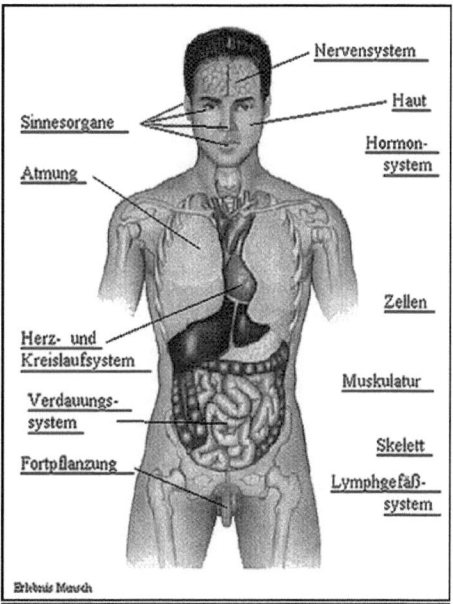

dauerhafte und chronisch- aggressive Alkoholhepatitis, alkoholische Leberzirrhose, Bauchspeicheldrüsenentzündun-gen, Schleimhauterkrankungen (dadurch erhöhte Gefahr von Karzinomen), Alkoholhalluzinose (seltene Psychose), Eifersuchts-wahn, Alkoholparanoia, Störung des Altgedächtnisses, gesteigerte Ermüdbarkeit, Reduktion des Vorstellungsschatzes, Affekt-labilität, Mißtrauen, Wernicke-Korsakow-Syndrom, Kleinhirn-atrophie, Polyneuropathie,

| Abb.: "Vielfältige Schädigungen" |

alkoholischer Tremor."

Auch Auflistungen anderer Autoren bestätigen derartige Gefahren: "Alkohol kann fast alle Organsysteme schädigen. Wenn sich der Betreffende zusätzlich ungenügend und fehlerhaft ernährt, entsteht ein Mangel an einzelnen Vitaminen ... Dieser Mangel führt dann zu weiteren körperlichen Schädigungen. Die wichtigsten Körperschäden sind:

- Schädigungen der Leber (Fettleber, Hepatitis, Leberzirrhose),
- Schädigungen der Magenschleimhaut (Gastritis),
- Schädigungen der Bauchspeicheldrüse (Pankreatitis),
- Schädigungen des Herzens (Kardiomyopathie).
- Nervenentzündungen (Polyneuropathie),
- Hirnschädigungen,
- sonstige Krankheiten (erhöhte Infektionsanfälligkeit, bestimmte Krebserkrankungen, Schädigungen der männlichen Geschlechtsorgane),
- Schädigungen des Embryos"

(Feuerlein,W./Dittmar,F.;3.Aufl.,1989; S.16)

Bezüglich der körperlichen Schäden sollen diese Übersichten genügen, evtl. noch wichtiger für das vorliegende Thema können nämlich durchaus Schäden in anderen Bereichen werden.

Zu denken ist hier etwa an die sich im Zeitverlauf steigernden Beeinträchtigungen im sozialen Bereich. Eine von der DHS herausgegebene Informationsschrift für Mediziner untergliedert und erklärt diese Schädigungen folgendermaßen:

"Die sozialen Folgen erstrecken sich auf verschiedene Bereiche:

... <u>Familie</u>: - Gefährdung der partnerschaftlichen Beziehungen, schließlich Abwendung der Familienangehörigen bis hin zur Scheidung. Die Scheidung ist in vielen Fällen nicht nur Folge des Alkoholismus, sondern wird auch zur Ursache seines weiteren Fortschreitens. Zunehmende Bindungslosigkeit, die schließlich zur völligen Vereinsamung des Betroffenen führen kann, negative Auswirkungen auf die Kinder: Erziehungsprobleme, psychosomatische Beschwerden (z.B. Enuresis, Erbrechen, Schlafstörungen, Kopf- und Bauchschmerzen), schlechtere Leistungen im kognitiven Bereich.

... <u>Beruf</u> - Nachlassen der beruflichen Leistung, besonders in Berufen, die hohe Anforderungen an Konzentrationsvermögen, feinmotorische Geschicklichkeit, Sehleistung, Reaktionsfähigkeit und Sorgfalt stellen. Die Einengung des Interessenhorizontes, die Verlangsamung und die Unzuverlässigkeit sind bei fortgeschrittenem Alkoholismus weitere Ursache von Minderleistung und Verschlechterung der allgemeinen Qualifikation. Erhöhung der Unfallgefährdung, insbesondere bei Arbeiten auf Gerüsten und an Maschinen. Vermehrtes Auftreten von interpersonellen Spannungen, die sich auch negativ auf die beruflichen Leistungen auswirken. Zunahme des unentschuldigten Fernbleibens von der Arbeit.

... <u>Verkehrstüchtigkeit</u> Fahren bei erhöhtem Blutalkoholspiegel mit konsekutiver Vermehrung alkoholbedingter Fahrfehler und Unfälle. Beeinträchtigung des Fahrvermögens durch die sensorischen und psychischen Defizite, wie sie bei chronischem Alkoholmißbrauch auftreten.

... <u>Kriminalität</u> - Unter akutem Alkoholeinfluß Häufung von Straftaten ("Rauschtaten"): vor allem neben Verkehrsdelikten, Körperverletzungen und Sachbeschädigungen. Bei chronischem Alkoholismus häufen sich Straftaten, die mit seinen psychischen und sozialen Folgen zusammenhängen: z.B. Diebstähle, Unterschlagungen, Zechprellereien, Sexualdelikte, Körperverletzungen." (Feuerlein,W., Krasney,O., et al.,1991, Seite 30)

Insbesondere die Angaben zum Punkt "Familie" sind hier noch stark erläuterungs-, erweiterungs- und z.T. sogar korrekturbedürftig. Dies soll weiter unten auch geschehen.

Um das Bild der negativen Auswirkungen abzurunden, soll jedoch zunächst noch einiges zu volkswirtschaftlichen Aspekten des Alkoholismus gesagt werden (psychische Deformationen werden hier nicht eigens aufgeführt, sie ergeben sich aus anderen Schilderungen, u.a. der Darstellung der "Phasen"). Die DHS teilte dem Verfasser auf Anfrage folgende aktuelle Einschätzungen schriftlich mit:

"Die Zahl der *(jährlichen -d.Verfasser)* Alkoholtoten wird bei etwa 40.000 angesetzt. ... Der alkoholbedingte volkswirtschaftliche Schaden wird unterschiedlich geschätzt. Die DHS schätzt jährlich Kosten in Höhe von 30 - 80 Milliarden. Das WHO-Regionalkomitee für Europa schätzt die Gesamtkosten, die der Gesellschaft durch den Alkoholkonsum entstehen, auf 5 bis 6 % des Bruttosozialproduktes. Die westdeutschen Arbeitgeberverbände sprechen von einem volkswirtschaftlichen Schaden durch Alkoholmißbrauch in Höhe von 30 Milliarden Mark pro Jahr allein in den alten Bundesländern." (DEUTSCHE HAUPTSTELLE GEGEN DIE SUCHTGEFAHREN e.V.: 59003 Hamm, Westring 2; 1998, S.1 des Skriptes)

Durch die bisherigen Schilderungen der Auswirkungen auf den Betroffenen sollte einerseits die Wichtigkeit des Themas betont werden, andererseits Verständnis für die Entwicklung des Kranken und seine Situation erzeugt werden. Dieses Verständnis ergibt sich im günstigen Falle auch und besonders aus der Schilderung der Alkoholikertypen und der Phasen des Krankheitsverlaufes. Hier läßt sich eine behutsame, vorläufige Einordnung des Betroffenen versuchen, um seine -beschädigte, deprivierte- Realität besser verstehen zu können, ihm, im günstigsten der Fälle, dort begegnen zu können und ihm -annehmbare- Hilfsangebote zu machen.

Im Fokus der Aufmerksamkeit sollen in dieser Arbeit die Kinder stehen, doch zwischen ihnen und dem Trinker steht oftmals eine weitere erwachsene Person.

Daß und warum es wichtig ist, sich auch mit dieser Person, ihrer Entwicklung, ihrem Verhalten, etc., intensiv auseinanderzusetzen, soll im nächsten Abschnitt geschildert werden.

2.2 Die Familie/Der andere Partner

Kinder leben in Familien. Heutzutage ist dies i.d.R. die sogenannte Kleinfamilie, d.h. nur noch zwei Generationen leben "unter einem Dach". Mithin sind also Familienkonstellationen in Form von Drei- oder Mehrgenerationenhaushalten die Ausnahme. Die Zahl der nochmals quantitativ reduzierten Familien, also der Haushalte, in denen ein Elternteil (meist die Mutter) alleinerziehend ist, wächst andererseits seit Jahren an, denn weitaus mehr Familien als noch vor wenigen Jahrzehnten entschließen sich zu Trennung oder Scheidung.

So rechnet etwa das Bundesministerium für Frauen und Jugend damit, daß jede vierte der 1992 geschlossenen Ehen wieder zerbricht. Diese Zahl bezieht sich auf die gesamte Bundesrepublik, wobei anzumerken ist, daß in stark traditionellen, ländlichen Gebieten die Scheidungsrate eher geringer ist als in den Städten und Ballungszentren.

Weiterhin sind einige wenige Kinder Vollwaisen, die in Heimen, bei nahen Verwandten, oder bei geeigneten "Pflegeeltern" untergebracht sind. Größer ist hier schon die Zahl der sogenannten "Sozialweisen", d.h. der Kinder, die aus anderen Gründen in entsprechenden Wohn- und Lebensformen "untergebracht sind".

Wie schon angedeutet, soll grundsätzlich auf die Kleinfamilie, den heute (noch) so bezeichenbaren "Normalfall" Bezug genommen werden. Diese Wahl der Art des Zusammenlebens impliziert einen Mangel an anderen Bezugspersonen und generiert damit einen höheren Bedarf der Kinder an Zuwendung, Anregung und Förderung durch die Eltern.

Besonders in Städten ist die Wohn- und Lebenssituation von Familien oft von sozialer Anonymität geprägt, was durchaus eine Tendenz zur Isolation beinhalten kann.

Unter diesen Rahmenbedingungen wird die Situation der Familien dann prekär, wenn besondere Probleme oder Schicksalsschläge, wie z.B. Krankheit, Geldsorgen, Wohnungsnot, Arbeitsüberlastung, Arbeitslosigkeit oder eben Suchtprobleme das Zusammenleben belasten (wobei die Problemfelder natürlich oftmals interagieren). Vielfach sind die Erwachsenen dann so stark mit ihren eigenen Schwierigkeiten beschäftigt, daß sie nicht in der Lage sind, auf die Bedürfnisse und Wünsche der Kinder und Jugendlichen ausreichend einzugehen. Statt dessen werden diese mit Problemen der Erwachsenen konfrontiert, mit welchen sie nicht adäquat umgehen können und die sie häufig extrem überfordern.

Skizziert man eine heutige "idealtypische Alkoholikerfamilie", läßt sich demnach ausgehen von einem suchtkranken Elternteil, einem bis zwei Kindern, sowie dem nicht alkoholabhängigen Elternteil. Wobei letzteres häufig die Mutter, gelegentlich auch der Vater ist.

Dieser Elternteil steht sowohl dem Kind, als auch dem Betroffenen sehr nahe, er könnte für eine, manchmal auch beide Parteien viel positives erreichen. Doch wird noch immer die Krankheit "Sucht" und der "Säufer" in unserer Gesellschaft als etwas anrüchiges gesehen, Tabuisierungen finden statt. Kenntnisse über die Krankheit und über wahrhaft hilfreiches Verhalten von Mitbetroffenen sind kaum verbreitet, Hemmungen sich anderen Menschen anzuvertrauen kommen erschwerend hinzu. Dies alles führt oftmals -unterlegt mit den besten Absichten und großer Opferbereitschaft- zu Verhaltensmustern, die die Krankheit nicht nur nicht aufhalten, sondern die sogar ungemein krankheits<u>fördernd</u> wirken können.

Bevor dieser Gedankengang weitergeführt werden kann, soll kurz noch einmal das Verständnis von Sucht und Alkoholismus rekapituliert werden. Ursprünglich eher als Charakterfehler oder als Willensschwäche verkannt, wandelte sich das Verständnis von Sucht in Richtung des Ausdrucks "Abhängigkeitskrankheit". Hier stand dann zunächst der einzelne Betroffene als eben "der Kranke" im Vordergrund, der zu behandeln ist. Erst nach und nach wurde die eminente Wichtigkeit der Motivation und Eigenaktivität des Betroffenen und die multifaktorielle Determiniertheit der Suchtkrankheiten erkannt.

Von dorther bedeutete es noch einmal einen Schritt zu erkennen, daß die Rolle der Menschen die dem Betroffenen nahestehen, enormen Einfluß auf den Krankheitsverlauf haben kann.

Einflüssen der klinischen Psychologie, der Sozialpsychologie (soweit sie sich zuständig fühlte) und insbesondere systemischen und familientherapeutischen Ansätzen innerhalb der Sozialwissenschaften, sowie Impulsen aus der Praxis von großen Selbsthilfeorganisationen (Al-Anon-Arbeit der Anonymen Alkoholiker, u.ä.) ist es wohl zu verdanken, daß insbesondere die Rolle des jeweils dem Betroffenen am nächsten stehenden Menschen mehr und mehr aufgeklärt werden konnte.

Dieser (Ehe-)Partner oder nahe Angehörige, zeigt in der Regel ein Verhalten, bzw. im Verlauf verschiedene Verhalten*smuster*, die selbst in die Nähe des pathologischen gehen und -nicht wenigen Autoren zufolge- diese Grenze oft sogar (weit) hinter sich lassen.

Der Fachbegriff für diese wiederkehrenden Verhaltensmuster ist "Co-Abhängigkeit", bzw. "Co-Alkoholismus".

Nach Ansicht des Verfassers ist dieses Thema ebenfalls sehr wichtig und des Vertiefens wert, um Verständnis für die Situation der Familie und damit auch des Kindes, gewinnen zu können. Insbesondere bei Gesprächen und bei der Unterbreitung von Hilfsangeboten an den mitbetroffenen Elternteil sind hier Kenntnisse unverzichtbar, sollen diese Aktionen nicht "ins Leere laufen".

2.2.1 Co-Abhängigkeit

Eine der Möglichkeiten der Einseitigkeit von kurzen Definitionen zu entgehen, ist, deren mehrere zu sammeln und darzustellen. Recht gewinnbringend hat dies z.B. Bertling (1993, S. 24/25) (Unterstreichungen vom Verfasser) unternommen:

"Die Begriffe ,Co-Abhängigkeit' und ,Mitbetroffenheit' sind auf alle die Menschen bezogen, die mit einem Abhängigen leben (Lebenspartner, Ehepartner, Kinder und weitere Angehörige) oder außerhalb des Familienlebens mit ihm Kontakt haben (Arbeitskollegen, Vorgesetzter, Arzt, Seelsorger, Therapeut und Freunde). Der Begriff der ,Co-Abhängigkeit' wird sehr unterschiedlich definiert. ...

R. Subby definiert ,Co-Abhängigkeit' als „ein Lebensbewältigungs- und Problem-lösungsmuster, das durch eine Reihe von dysfunktionalen Regeln innerhalb der Familie oder des sozialen Systems geschaffen und aufrechterhalten wird. Diese Regeln beeinträchtigen gesundes Wachstum und machen konstruktive Veränderungen sehr schwer, wenn nicht unmöglich."

Cruse -Wegscheider definiert: „Co-Abhängigkeit ist ein spezifischer Zustand, der durch die vorrangige Beschäftigung mit einem anderen Menschen oder Objekt sowie die Abhängigkeit (emotional, sozial, manchmal auch körperlich) von diesem charakterisiert ist. Schließlich wird diese Abhängigkeit von einer anderen Person zu einem pathologischen Zustand, der die co-abhängige Person in allen anderen Beziehungen beeinträchtigt."

T.L. Cermak definiert ,Co-Abhängigkeit' so: „Co-Abhängigkeit ist ein erkennbares Muster von Persönlichkeitsmerkmalen, die in vorhersagbarer Weise bei den meisten Mitgliedern von suchtkranken Familien gefunden wurden und dazu geeignet sind, eine ausreichende Dysfunktion hervorzurufen, um die Diagnose einer gemischten Persönlichkeitsstörung zu rechtfertigen, wie sie im DSM-11133 skizziert ist." ...

Robin Norwood ... spricht von ,Co-Alkoholikern'. Sie sagt: „Das Wort ,Co-Alkoholiker' bezieht sich auf Menschen, deren Verhalten im Umgang mit anderen gestört ist, weil sie eine sehr enge

Beziehung zu jemandem hatten, der alkoholkrank war. Ganz gleich, ob der Alkoholiker nun ein Elternteil, Ehepartner, Kind oder Freund gewesen ist - eine solche Beziehung bewirkt meistens, daß beim Co-Alkoholiker bestimmte Gefühle und Verhaltensweisen auftreten: ein niedriges Selbstwertgefühl, das Bedürfnis, gebraucht zu werden, ein starkes Verlangen danach, andere zu verändern und zu kontrollieren, und eine Bereitschaft zu leiden." ...

Um das Verhalten der ‚Co-Abhängigen' kurz zu beschreiben, sei gesagt, daß sie aus einem Mitgefühl gegenüber dem Abhängigen heraus sich sorgen und dem Abhängigen helfen wollen. Sie verbünden sich mit ihm, indem sie seine Abhängigkeit vor sich selbst und vor anderen Personen leugnen, den Abhängigen in Schutz nehmen, ihn für sein Verhalten entschuldigen, ihm jede Verantwortung abnehmen, um sie sich selbst aufzubürden und sich als „Verräter" fühlen, wenn sie die Abhängigkeit eines ihnen nahestehenden oder gut bekannten Menschen gegenüber sich selbst und anderen Menschen preisgeben.". (Bertling,1993,S.24/25)

Mit diesen Ansätzen zur Begriffsbestimmung ist schon vieles deutlich geworden. Anders als Bertling hat der Verfasser keine Probleme damit, all´ diese Definitionen nebeneinander bestehen zu lassen. Ausdrückliche Widersprüche finden sich nicht, im Gegenteil werden die unterschiedlichen Facetten des Begriffs recht gut dargestellt.

Aus eigener Anschauung kann nur noch ergänzt werden, daß es in der Tat bemerkenswert scheint, wie lange und mit welch´ hohem körperlichen und seelischen Durchhaltevermögen Co-Abhängige in ihrer Rolle verbleiben, selbst wenn sich der eigene Zusammenbruch schon klar abzeichnet, bzw. verschiedene Gefahren schon längst deutlich geworden sind.

In der co-abhängigen Rolle befinden sich zwar zum Teil auch die Kinder selbst, insbesondere nimmt diese aber der Elternteil ein, der die Kinder aus (sonder-) pädagogischen Einrichtungen abholt, der evtl. zu Elternabenden, Einzelgesprächen und ähnlichem erscheint. Seine Situation und seine Verhaltensmuster müssen ebenfalls bekannt sein, wenn Hilfe in einer Form angeboten werden soll, die für diesen Mitbetroffenen auch wirklich "annahmefähig" ist.

Reine Begriffsbestimmungen reichen zur Herstellung dieses Verständnisses nicht aus, auch Co-Abhängigkeit verläuft z.B. meist in sich entwickelnden Phasen. Diese werden u.a. von Schmieder (1992, S.41/42) recht anschaulich folgendermaßen dargestellt:

"Wie die Beziehungskonstellationen auch geartet sein mögen, idealtypisch werden für das co-alkoholische Verhalten und dessen Verlauf im Zuge der Krankengeschichte drei Phasen unterschieden ... :

1. die Beschützer- oder Erklärungsphase, 2. die Kontrollphase, 3. die Anklagephase

In der Beschützer- oder Erklärungsphase versucht die Co- Alkoholikerin oder der Co-Alkoholiker zu erklären, welche Gründe für den Alkoholkonsum des Partners vorliegen. Was oder wer, stellt sich die Frage, ist schuld daran, daß er zu häufig und zu tief ins Glas schaut. Es wird nicht darüber gesprochen, was in der Familie vor sich geht. Weder reden die Familienmitglieder miteinander, schon gar nicht spricht man sich mit Außenstehenden aus. Es herrscht ein Klima des beredten Schweigens, was der Alkoholiker spürt und was ihm zusätzliche Schuldgefühle verschafft. Das läßt sein Selbstwertgefühl noch mehr sinken, als es schon gesunken ist - ein weiterer Anlaß zum Trinken.

In der Kontrollphase geraten die Versuche zu erklären und zu beschützen an ihre Grenzen oder brechen zusammen, weil der Alkoholiker beschützt wurde und weil ihn das dadurch noch weiter ruinierte Selbstwertgefühl immer tiefer in seinen Alkoholismus hineinzog. Beim Co-Alkoholiker wird das Gefühl verstärkt, versagt zu haben. Nun bleibt nur noch die Möglichkeit, stellvertretend für den Alkoholiker das zu tun, was er selbst nicht zu leisten in der Lage ist: den Alkoholkonsum zu kontrollieren, zu überwachen. Dies ist die leidvolle und immer zum Scheitern verurteilte Phase, in welcher der zähe und in den meisten Fällen stumme Kampf um die Flasche geführt wird. Durch dieses Überwachen und Kontrollieren wird dem Alkoholiker seine Unselbständigkeit noch weiter demonstriert, wogegen er sich mit der ihm einzig verbliebenen 'Waffe' wehrt: Er steigert seinen Alkoholkonsum. Auf der anderen Seite wächst die Verzweiflung der Co-Alkoholikerin oder des Co-Alkoholikers weiter, sind doch alle bemühten Versuche nicht nur erfolglos, sondern zeitigen fast schon das Gegenteil der guten Absicht. Wachsende Enttäuschung und Unzufriedenheit werden schließlich in der Anklagephase meistens in Vorwürfe übersetzt. Es sind Schuldzuweisungen an den saufenden Sündenbock, um das eigene, durch vergebliches Bemühen stark erschütterte Selbstvertrauen, wenn schon nicht zu retten, so doch die kläglichen Restbestände über die Runden zu bringen.

Die Phaseneinteilung bleibt holzschnittartig gegenüber der Wirklichkeit des Suchtalltags.

Welche Co-Alkoholikerin weiß nicht ein trauriges Lied davon zu singen: die vielen Methoden der heimlichen Kontrolle, die er mit ebenso vielen raffinierten Tricks zu unterlaufen versteht. Um an seine Droge zu kommen, ist er außerordentlich einfallsreich und erfinderisch - wie alle Drogenabhängigen, gleichviel um welche Droge es sich handelt. Er hat seine Depots, ob im Bastelkeller, im Garten, manchmal ist sogar der Wasserbehälter der Scheibenwischanlage seines Autos mit Schnaps gefüllt: Ein Blick unter die Motorhaube, heimlich und schnell ein paarmal am Kunststoffschlauch gesogen, schon ist die alkoholisierte Welt wieder in Ordnung. Sein Portemonnaie wird kontrolliert und zur Not erleichtert oder die Flaschen werden einfach ausgegossen; für ihn ärgerlich, aber er wird sich auf jeden Fall wieder Alkohol verschaffen - er kann nicht anders, denn er ist süchtig."

Diese recht ausführliche Darstellung gibt wertvolle Hinweise, die das Empfinden des mitbetroffenen Elternteils erklären und sein Verhalten beleuchten. Auch hier ist aber natürlich der Hinweis am Platze, daß diese Phasen nicht streng gesetzmäßig ablaufen, daß sie in der Praxis verändert, unterbrochen und verschoben auftreten können.

Aus eigenem Erleben und erfahren von sich und anderen Kranken kann der Verfasser bestätigen, daß die Schilderung der Raffinesse des Süchtigen in keiner Weise überzogen ist: Selbst bei eigentlich eher einfach strukturierten Persönlichkeiten und trotz -nein- wegen ihrer

Krankheit wächst der Einfallsreichtum des Abhängigen ins kaum glaubliche -jedenfalls soweit das Beschaffen und Konsumieren des jeweiligen Suchtmittels tangiert ist.

Im -vergeblichen- Kampf mit dieser Problematik befinden sich die Angehörigen, oft die Mütter, der Kinder aus Alkoholikerfamilien. Ihren Schmerz zu kennen, die Belastung unter der sie stehen zu realisieren und -insbesondere- ihre aus der Not geborenen Selbsttäuschungen zu durchschauen: dies ist wichtig.

Weiter oben wurde der Satz zitiert: "Die Scheidung ist in vielen Fällen nicht nur Folge des Alkoholismus, sondern wird auch zur Ursache seines weiteren Fortschreitens." Dies muß korrigiert werden: das allzulange Ausharren und "Nicht-an-sich-selbst-denken" des Angehörigen -dies ist es, was dem Trinker ermöglicht "in Ruhe" weiterzutrinken!

Es ist bis hierher versucht worden, die Krankheit Alkoholismus zu definieren und darzustellen, ein weiteres "Schlaglicht" wurde auf die Situation der Familie und des Co-Abhängigen "geworfen". Dies alles stellt jedoch nur einen Hintergrund, eine Folie, dar.

Denn die eigentlichen Protagonisten sollen hier ja erklärterweise die Kinder aus den entsprechenden Familien sein. Ihnen wird sich im folgenden stärker gewidmet.

2.3 Die Kinder: Schäden und Risiken

Angedeutet wurde schon mehrfach, daß Kinder aus Familien mit mindestens einem suchtkranken Elternteil mannigfachen Risiken ausgesetzt sind und Schädigungen in den verschiedensten Bereichen bei ihnen vorliegen können.

Um die Wichtigkeit und durchaus auch Dramatik des Themas zu dokumentieren, aber auch um gewisse Indikatoren für die Erkennung solcher Kinder aufzuzeigen, soll sich nun mit der Epidemiologie und den Erscheinungsformen des Phänomens näher beschäftigt werden.

2.3.1 Epidemiologie

Die neueren Schätzungen und Untersuchungen über die Anzahl der betroffenen Kinder sind durchaus beeindruckend. So berichtet etwa Arenz-Greiving (1993; Hrg.:DHS, S.265):

"Seit etwa drei bis vier Jahren häuft sich die Literatur, die belegt, daß die Suchterkrankung der Eltern bei Kindern physische und psychische Auswirkungen hat. Diese betroffenen Kinder und Jugendlichen werden durch bestimmte Symptome und Persönlichkeitsmerkmale charakterisiert; ... Doch ein auch nur ansatzweise ausreichendes Hilfeangebot für diese Kinder ist längst noch nicht vorhanden. Diese Tatsache ist erschreckend, wenn man bedenkt, daß es sich immerhin um eine Größenordnung von 3-4 Millionen betroffener Kinder und Jugendlicher handelt, die heute noch weitgehend alleingelassen werden mit ihren Erlebnissen und Erfahrungen."

Auch aktuellste Mitteilungen der DHS an den Verfasser zeichnen kein anderes Bild (DHS,1998,Skript):

" Allgemeines zur Situation

Nach Schätzungen der Deutschen Hauptstelle gegen die Suchtgefahren (DHS) sind etwa fünf Prozent aller Bundesbürger suchtkrank. Die meisten von ihnen benutzen legale Suchtmittel wie Alkohol und Medikamente. Betroffen sind auch schätzungsweise drei bis vier Millionen Kinder unter 18 Jahren, deren Eltern an einer Suchtkrankheit leiden. Der überwiegende Teil dieser Eltern ist alkoholabhängig."

Diesen Zahlen ist wenig hinzuzufügen, vor ihrem Hintergrund scheint die deutliche Formulierung von Arenz-Greiving ("erschreckend") nur zu verständlich. Der Verfasser schließt sich ihr vorbehaltlos an.

2.3.2 Physische, psychische und soziale Schäden

Die Risiken, denen Kinder aus Alkoholikerfamilien unterliegen sind groß, die Schädigungen können ebenso groß und recht vielfältig sein.

In Bezug auf körperliche Schäden und Auswirkungen ist zunächst an (teils bleibende) Beeinträchtigungen durch Mißhandlungen zu denken. Diese Folgen mißbräuchlicher Ausübung des elterlichen Sorgerechts können sich in Familien in denen mindestens ein Elternteil abhängigkeitskrank ist -ebenso wie auch die sexuellen Mißbrauchs- leichter und schneller ergeben, als in anderen Familien. Dies ist zum einen der jeweils akut enthemmenden Wirkung der Droge Alkohol zuzuschreiben, andererseits dem im Verlauf der Suchtkarriere sich steigernden ethischen Abbau dem der Betroffene unterliegt. Verschiedenste Desorganisations-erscheinungen des Familiensystems können im Verlauf zur Verschärfung der psychischen Belastung aller Beteiligten führen, was die Tendenz zu Mißbrauch und Mißhandlung verstärken kann. Zu bedenken sind in diesem Zusammenhang ggf. auch Mangelerscheinungen und Krankheiten die bei den Kindern aufgrund schlechter / einseitiger Ernährung und unzureichender Hygiene auftreten können.

Ein besonderes -und besonders trauriges- Kapitel stellt sich in Gestalt der Kinder dar, deren Mütter während der Schwangerschaft Alkoholmißbrauch betrieben. Der Fachbegriff für die sich ergebenden Schädigungen lautet "fetales Alkoholsyndrom" oder "Alkoholembryopathie".

Nach einer langen Zeit des (Ver-)Schweigens sind nun auch diese Schäden untersucht und dargestellt worden. Merfert-Diete (1997,S.2-3) führt hierzu folgendes aus:

<u>Angelika, **fünf** Jahre alt / Frank, zwei Jahre alt:</u>

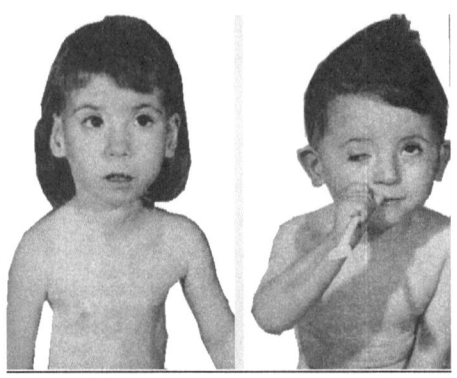

"Kind und Alkohol" (Abb.: Gerber,C.,1979,S.21)

"Unter fetalem Alkoholsyndrom (oder Alkoholembryopathie) versteht man eine Schädigung des Kindes, die durch übermässigen und / oder dauerhaften Alkohol-konsum der Mutter während der Schwangerschaft entstanden ist.

Selbst für den erfahrenen Arzt ist es nicht immer einfach, das Vorliegen eines fetalen Alkohol- syndroms festzustellen, besonders bei leichteren Fällen.

Zwar gibt es eine Reihe typischer körperlicher Anzeichen, wie

- kleiner Kopfumfang (Mikrozephalie)
- Hautfalten an den Augenecken
- kleine Augenöffnungen
- tiefe Nasenbrücke
- kurze abgeflachte Nase
- dünne Oberlippe
- kleine Rinne zwischen der Oberlippe und der Nase (philtrum)
- Minderwuchs und Untergewicht

In vielen Fällen bewegen sich jedoch kleine Körperanomalien an den Extremen des normalen Entwicklungsspektrums.

Dies gilt auch für Verhaltensauffälligkeiten und geistige Entwicklungsverzögerungen, wie

- Hyperaktivität
- Aufmerksamkeitsmangel
- Lernschwierigkeiten
- Gestörte Feinmotorik
- Schwierigkeiten, sich an neue Bedingungen anzupassen
- verzögerte geistige Entwicklung
- Sprachstörungen
- Hörstörungen
- Eßstörungen

... In schweren Fällen können auch an Herz, Geschlechtsorganen und Nieren sowie an Extremitäten und dem Skelett Fehlbildungen auftreten und irreversible Hirnschäden entstehen. Für leichtere Schädigungen des Fetus durch Alkohol hat man den Begriff der 'fetalen Alkohol-Effekte' (FAE) geprägt. .. Unter allen vorgeburtlichen Schadstoffen hat Alkohol die größte

Verbreitung und die größte medizinische Bedeutung. Obwohl das fetale Alkoholsyndrom eine der häufigsten Schädigungen ist, bei welchen Substanzen Mißbildungen hervorrufen, wird es kaum zur Sprache gebracht: es wird allenthalben verdrängt, verharmlost und verschwiegen. Zwar gibt es in Deutschland keine Statistik über die Häufigkeit des fetalen Alkoholsyndroms, doch lassen Studien aus Deutschland, den Vereinigten Staaten und Frankreich den Schluß zu, daß auf tausend Geburten drei Neugeborene alkoholgeschädigt sind."

Hiermit ist eine recht umfassende Darstellung der möglichen (Dauer-)Störungen gegeben. Klar wird, daß, zumindest bei schweren und schwersten Schädigungen, diese Kinder in den sogenannten "normalen" pädagogischen Einrichtungen (Hauptschule, offene Einrichtungen, u.ä.) tendenziell nicht zum Klientel gehören. Hingegen werden sie in speziellen sonderpädagogischen Einrichtungen durchaus nicht selten zu finden sein.

Weiterhin wird klar, daß in diesem Feld physische und psychische Schäden relativ schwer voneinander isolierbar sind und in der Praxis ja auch oft genug kombiniert auftreten.

Einige der beschriebenen Phänomene (wie Aufmerksamkeitsmangel, Lernschwierigkeiten, usw.) können, müssen aber nicht auf vorgeburtlichen Schädigungen beruhen. Die Ursache kann hier nämlich auch die erst nach der Geburt manifest gewordene Suchterkrankung eines Elternteils sein, d.h. aufgrund der (immer desolater werdenden) Lebens- und Familiensituation entwickeln sich diese Symptome.

Diese Störungen des (Familien-)Lebens können unterschiedlich geartet und auch unterschiedlich gravierend sein. Grundsätzlich aber eskaliert die Situation, wenn auch oft erst über einen Zeitraum von Jahren hinweg.

Die Kinder werden (sehr) früh stark gefordert und überfordert: Geschwister sind zu versorgen, die Mutter muß beruhigt und getröstet werden, der Vater wird von Ihnen aus der Stammkneipe abgeholt, sie erleben "Besäufnisse", Entzugssituationen und ähnliche Peinlichkeiten mit. Streitereien (teils tätliche) und/oder äußerst angespannte "Ruhe" begleiten zunehmend das emotionale Leben der Familie.

Gefühle von Zuverlässigkeit, Geborgenheit, u.ä. gehen mehr und mehr verloren.

Ähnlich schildert dies auch Gilbert Fritsch vom Deutschen Guttempler-Orden:

"Wir sind davon ausgegangen, daß ein Kind umso stärker in seiner seelischen und sozialen Entwicklung gestört wird, je jünger es in der Krankheitsphase des suchtkranken Elternteils ist. Am meisten gefährdet ist also das Kind, von dem die Eltern meinen, es sei ja noch zu klein, um das Geschehen zu begreifen. ...

Die fortschreitende Suchterkrankung besetzt aber in dem Netz der Familie einen derartig großen Raum, daß für kaum etwas anderes Platz bleibt. Vor allem nicht für das Kind und seine Bedürfnisse. Es findet, je jünger es ist, kaum die Gelegenheit, in der es Geborgenheit, Sicherheit und Bindung erfährt. Es erlebt vielmehr Unsicherheit, Kälte und distanzierte Bedürfnisbefriedigung; es fühlt sich alleine gelassen und kann keine Identifikation im Sinne seiner Ich-Entwicklung erfahren. Oft wird es nicht einmal mit dem Nötigsten versorgt. Schwere schizoide Störungen können die Folge sein. Im Laufe der Zeit vergrößern sich seine Ängste, seine Verwirrtheit und die ständige Überforderung möglichst selbständig sein zu müssen. Dieses Dilemma des Kindes wird von dem nicht suchtkranken Elternteil nicht wahrgenommen, da dieser durch die Krankheit des Partners oder der Partnerin ebenso verunsichert, verwirrt und überfordert ist." (Ministerium für Kultur, Jugend, Familie und Frauen Mainz (Hrg.),1997,S.90) Diesen Ausführungen und Schilderungen ist nicht mehr allzuviel hinzuzufügen. Ein beeindruckendes Bild der möglichen, ja wahrscheinlichen körperlichen und geistig-seelischen Schäden wird hier gezeichnet.

Dennoch ist der "Negativ-Katalog" damit noch nicht abgeschlossen: neben die physischen und psychischen Beeinträchtigungen treten die sozialen Folgen und Spätfolgen, die Kinder aus Alkoholikerfamilien erleiden. Auch diese bleiben den Kindern oft noch bis ins Erwachsenenalter oder auch für immer "erhalten".

Die belastende, ungute Familiensituation "strahlt" sehr schnell auch auf das Verhalten der Kinder außerhalb der Familie "aus". Dies betrifft ihr Erleben und Verhalten im Kindergarten, in der Schule, der Freizeit, usw.

Eine interessante Analyse der Situation von Kindern aus Alkoholikerfamilien in der Schule liefert in diesem Zusammenhang Bertling (1993,S.138):

"... nicht nur die Kinder von Alkoholikern tun sich schwer mit mitmenschlichen Beziehungen. Auch die Mitschüler und Gleichaltrigen bauen eventuell eine initiierte mißtrauische Grundhaltung auf, in der die sozial-strukturelle Gewalt deutlich zum Ausdruck kommt und enge, gute Freundschaften zu Kindern aus Alkoholikerfamilien unmöglich macht. Das bei einigen mitbetroffenen Kindern auftretende aggressive und hyperaktive Verhalten kann ebenfalls zu dem Verhalten der Mitschüler beitragen, mit diesen Kindern nur den absolut zwingendsten Kontakt aufzunehmen, aber darüber hinaus diese innerhalb der Klassengemeinschaft zu isolieren. Die Absicht der Kinder von Alkoholikern, sich durch ein derartiges Verhalten Aufmerksamkeit zu verschaffen, gelingt zwar, aber eine engere Beziehung bleibt ausgeschlossen. Finden Kinder von alkoholkranken Eltern über eine lange Zeit keinen Kontakt zu ihren Mitschülern oder bauen keine Freundschaften auf, so werden sie immer unsicherer in der Kontaktaufnahme und wissen im Laufe der Zeit gar nicht mehr, wie dieser hergestellt wird. Die daraus folgende soziale Isolation, sei sie durch eigenes oder fremdes Verhalten hervorgerufen, läßt einen erneuten „Teufelskreis" beginnen, aus dem diese Alkoholikerkinder ohne fremde Hilfe nicht mehr herausfinden und dessen Ende sich dann unter Umständen in Neurosen der Kinder widerspiegelt."

Dieses Szenario läßt sich nach Ansicht des Verfassers ohne weiteres auf die Situation der Kinder etwa in Kindergärten, offenen Einrichtungen der Kinder- und Jugendarbeit, u.ä. übertragen.

Kann in dieser Lebenssituation nicht gezielt interveniert und geholfen werden, sind negative Auswirkungen auf das spätere Leben des jeweiligen Kindes sehr wahrscheinlich. Treten gar noch traumatischere (Einzel-)Erfahrungen, wie z.B. besondere Gewalttaten / Tötungsdelikte des suchtkranken Elternteils, sexueller Mißbrauch, o.ä. hinzu, ist die "beste" Grundlage für ein schwer gestörtes, späteres Leben als Erwachsener gelegt, die nur äußerst schwer bzw. gar nicht mehr sinnvoll aufgearbeitet oder überwunden werden kann.

Diesen Schluß legen zumindest -unter anderem- auch verschiedene Untersuchungen an erwachsenen Kindern von suchtkranken Eltern nahe.

Negative Auswirkungen auf das (spätere) soziale Leben der Kinder können sich demnach in den Bereichen Schule, Beruf, Partnerschaft, etc. ergeben.

Ein recht umfassendes Bild der Risiken und Schäden wurde bis hierher bereits gezeichnet. Es sollte die Wichtigkeit des Themas "untermauern", aber auch erste Hinweise geben, die das Erkennen derartiger Kinder und Jugendlicher erleichtern, denn dies ist Voraussetzung für adäquate Hilfe.

Bevor dieser Abschnitt aber abgeschlossen werden kann, soll noch ein besonderer Hinweis zum Stichwort "Suchtkrankheit" erfolgen. Nur allzuoft nämlich geraten Kinder süchtiger Eltern ihrerseits in den Sog der Abhängigkeit. Dies stellt eine Tatsache dar, wobei man sich allerdings vor Generalisierungen wieder einmal hüten sollte.

2.3.3 Suchtkrankheit

Eine der Krankheiten, an deren Entstehung die Herkunftsfamilie maßgeblich beteiligt sein kann, ist die Krankheit "Sucht". Auf die so gut wie immer vorliegende multifaktorielle Determiniertheit von Abhängigkeitskrankheiten wurde weiter oben schon hingewiesen, dennoch läßt es sich nicht abstreiten, daß ein hoher Prozentsatz der Süchtigen aus Familien stammt, in denen mindestens ein Elternteil ebenfalls suchtkrank war.

Für diese "Weitergabe" läßt sich jedoch wiederum kein isolierter, einzelner Faktor fixieren. Es ist nämlich nicht davon auszugehen, daß -in Bezug auf die Vererbung- ein bestimmtes Gen zwingend z.B. Alkoholismus hervorruft. Diverse Forschungsvorhaben erbrachten diesbezüglich z.T. unterschiedliche Ergebnisse, es scheint allerdings tatsächlich gewisse "Kandidatengene" für Suchtanfälligkeit zu geben. Das bedeutet jedoch lediglich, daß das Risiko abhängig zu werden höher ist, ein unabwendbares Schicksal ist hiermit keineswegs verbunden. Auch für die Therapie hat diese Tatsache letzten Endes keine Relevanz: ob ein genetischer Faktor mitgewirkt hat oder nicht, die Chance die Krankheit zum Stillstand zu bringen ist stets gegeben, andererseits entbindet das Vorliegen eines bestimmten Gens nicht von der Notwendigkeit die eigene Suchtkarriere geistig-seelisch aufzuarbeiten.

Weiterhin wird auch ein deutlicher Prozentsatz an Menschen ohne diese "Kandidatengene" süchtig. Auf eine Darlegung der verschiedenen Untersuchungen wird hier verzichtet, verwiesen werden kann aber u.a. auf die Forschungen von Kenneth Blum, sowie von Pickens (Rockville, USA).

Ein anderer Einflußfaktor, der die Suchtentstehung beeinflussen kann, ist im Bereich von Erziehung und Sozialisation zu finden. Unter "Sozialisation" lassen sich -verkürzt formuliert- alle Umgebungseinflüsse verstehen, die Einfluß auf die Persönlichkeitsentwicklung des Kindes haben. Hierzu gehören also z.B. auch Werte und Normen die die Gesellschaft vermittelt, etwa mittels ihrer Idole und Vorbilder, mittels der Werbung, etc. Aber auch Einflüsse durch Gleichaltrigengruppen (peer-groups) u.ä. sind hier zuzurechnen. (Vergleiche zu diesem Thema auch den obigen Punkt "2.1.1 Alkoholismus -Ätiologie-".)

Als primäre Sozialisationsinstanz ist aber sicherlich die Familie des jeweiligen Kindes anzusehen, frühe und nachhaltige Prägungen finden hier statt. So scheint es nicht verwunderlich, daß ältere Kinder, Jugendliche und -geschädigte- Erwachsene, die aus Alkoholikerfamilien stammen, zu Suchtmitteln neigen können. Einerseits mag hier das Bedürfnis greifen, schnellen (und in gewissem Sinne "zuverlässigen") Trost zu finden, Wunden und Schmerz aus Vergangenheit und Gegenwart zu verdecken und nicht mehr fühlen zu müssen. Daß dies eine nur scheinbare Erleichterung mit sich bringt, die alsbald zu einem neuen, zusätzlichen Problem wird, kann in diesem Moment natürlich nicht realisiert werden. Andererseits ist auch zu bedenken, daß (bei allen Negativ-Erfahrungen) das Verhaltensschema "zum Suchtmittel greifen" den Kindern sehr nahe ist, es ist "für alles gut", Tag für Tag wird ihnen derartiges Tun vorgelebt. Verhaltensalternativen lernen sie, zumal im Elternhaus, kaum kennen. Kein Wunder eigentlich, daß auch sie entsprechend handeln.

Über die Höhe des Prozentsatzes von "Suchttradierung" soll hier keine endgültige Aussage getroffen werden. Der Anteil an Süchtigen in der Gesellschaft insgesamt liegt, wie erwähnt, bei gut 5%, Schätzungen und einzelne Untersuchungen über süchtig gewordene Kinder abhängigkeitskranker Eltern gehen über 30% (Passerschröer,S.16,1996) bis zu maximal 60% (Knorr-Anders, S.84,1991). Derartige Ergebnisse sind aber sicherlich äußerst differenziert zu sehen.

Zusammenfassend bleibt festzuhalten, daß die entsprechenden Kinder tatsächlich einem höheren Risiko suchtkrank zu werden unterliegen, wobei auch eine genetische Disposition mitspielen kann, aber nicht muß.

Sie bedürfen also auch in dieser Hinsicht in besonderem Maße der Prävention und ggf. auch konkreter Hilfe.

3 Prävention/Intervention in pädagogischen Einrichtungen

Bisher wurde recht ausführlich auf die Krankheit Alkoholismus selbst, auf "Co-Abhängigkeit" und auf die für die Kinder entstehenden Risiken und Schäden eingegangen.

Hierbei wurden Ergebnisse der Suchtforschung, Übersichten und Auflistungen anderer Autoren vorgestellt. Der Verfasser ist der Ansicht, daß es leider notwendig ist, der Darstellung von entsprechendem Grundwissen einen solch` breiten Raum zuzuweisen. Ohne dieses Wissen haben nämlich präventive Maßnahmen und intervenierende Aktionen nicht genügend Basis und keine ausreichende Substanz. Qualität und Effektivität allen Handelns würde zumindest äußerst leiden, dies bis hin zur Wirkungslosigkeit, selbst kontraproduktive Auswirkungen wären keineswegs auszuschließen.

Daß entsprechende Kenntnisse bedauerlicherweise keineswegs zum Grundbestand jedes (Sonder-)Pädagogen, bzw. Sozialarbeiters, etc. gehören, möchte der Verfasser an einigen Beispielen deutlich machen. Eines hiervon schildert Grond (1990, S.188):

"Fundierte Kenntnisse über Drogenerkrankungen sind heute für jeden SA/SP *(=Sozialarbeiter / Sozialpädagogen -d.Verfasser.)* dringend erforderlich. In kaum einem Arbeitsfeld tritt ihm das Phänomen Abhängigkeit nicht entgegen. Leider wird immer wieder die Erfahrung gemacht, daß gerade auch die in der Drogenberatung und in den stationären Therapieeinrichtungen Tätigen nicht über das erforderliche Wissen verfügen. ... Immer wieder hört man SA/SP darüber klagen, sie würden von ihren Klienten „angelogen". Wer sich so äußert, zeigt jedoch nur, daß er mit dem Wesen der Drogenerkrankungen nur ungenügend vertraut ist. Das „Nicht-die-Wahrheit-sagen" ist ein geläufiges Symptom dieser Krankheiten; es darf keineswegs als Zeichen mangelnden Vertrauens gewertet werden."

Ein anderes Beispiel stammt aus dem persönlichen Erfahrungsbereich des Verfassers:

In einer pädagogischen Einrichtung (mit ca. 10 Mitarbeitern) wurde ein neuer Erzieher eingestellt, der bekanntermaßen trockener Alkoholiker war. Nach ca. einem Jahr, anläßlich eines besonderen Anlasses, "stießen" die Mitarbeiter mit einem Glas Sekt "an". Der Leiter der Einrichtung fragte nun den entsprechenden Mitarbeiter, ob er ein kleines Glas mittränke, denn "ab und zu trinkst Du doch etwas Alkohol".
Wie sich bei dem etwas später stattfindenden Gespräch herausstellte, hatte der Leiter Monate zuvor gesehen, wie der Mitarbeiter bei einem ähnlichen Anlaß aus einem Sektglas getrunken hatte (in dem aber Mineralwasser gewesen war). Nein, einen Anlaß zu einem (vertraulichen) Gespräch habe er seinerzeit nicht gesehen, "und wenn Du privat 2 Liter Wein trinkst, für mich ist nur wichtig, daß Du hier, äh, trocken bist", so die Äußerungen der leitenden, pädagogischen Kraft.

Der Verfasser möchte darauf hinweisen, daß dieses Erlebnis nicht ihm in seiner derzeitigen Einrichtung widerfahren ist und das auch (zwecks Datenschutz) Details verändert wurden. Von der Substanz her hat sich dieses Ereignis aber tatsächlich noch vor wenigen Jahren so zugetragen. Weitere Kommentare sollen hierzu nicht abgegeben werden, festzustellen bleibt aber wohl, daß durchaus ein Nachholbedarf an Wissen besteht.

Auf eine andere Perspektive lückenhaften Wissens weist auch noch Arenz-Greiving (1993; Hrg.:DHS, S.266) hin:

"Das Problembewußtsein suchtkranker Eltern für die Mit-Betroffenheit ihrer Kinder fehlt noch weitgehend und auch bei den professionellen Helfer/innen ist es noch unzureichend. (Manche Suchtberater/innen wissen nicht einmal, ob ihre Klient/innen Kinder haben!)".

Soweit die Beispiele.

Prävention und Intervention in (sonder-)pädagogischen Einrichtungen kann demnach also nur stattfinden, wenn die oben erwähnten Grundkenntnisse im Bereich Sucht zumindest im Ansatz vorhanden sind. Hinzukommen muß weiterhin das Wissen darum, wie die entsprechenden Kinder zu identifizieren, zu (er)kennen sind. Erst seit einigen Jahren liegen hier Forschungs- und Beobachtungsergebnisse vor, die dem im (sonder-)pädagogischen Bereich Tätigen eine echte Hilfe sein können. Bevor hierauf ausführlicher eingegangen wird, soll noch kurz geschildert werden, welche (sonder-)pädagogischen Einrichtungen an dieser Stelle hauptsächlich angesprochen werden sollen und wo und wie Wissen aus beiden Bereichen (Sucht / Erkennung von "Alkoholikerkindern") in die Praxis transferiert werden kann.

Zur Art der Einrichtungen ist zu sagen, daß generell natürliche alle Orte, an denen eine entsprechende Fachkraft einem betroffenen Kind begegnet, gemeint sein können.

Hervorheben ließen sich aber:

- Kindergärten und -Horte / Kindertagesstätten
- allgemeine Schulen (Grund-/Hauptschule,Gesamtschule,Realschule,Gymnasium)
- Sonderschulen (verschiedener Ausrichtungen)
- Einrichtungen der offenen Kinder-/Jugendarbeit
- (Kinder-)Arztpraxen
- sozialpädagogische (Spezial-)Dienste
- mobile sonderpädagogische Dienste / Frühförderstellen
- (schulische) Förderzentren
- und ähnliche

Die aktuelle Rechtsgrundlage der meisten dieser Institutionen ist übrigens das Kinder- und Jugend- Hilfegesetz (KJHG). Weitere, z.T. auch übergeordnete, Grundlagen können hinzutreten, so ist z.B. bei (Kinder-)Ärzten an den Hippokratischen Eid, etc. zu denken. Gesetzliche Vorgaben und Aufträge mit präventiver Perspektive finden sich übrigens schon in Paragraph 1 des KJHG, dieser lautet:

"§ 1 Recht auf Erziehung, Elternverantwortung, Jugendhilfe

(1) Jeder junge Mensch hat ein Recht auf Förderung seiner Entwicklung und auf Erziehung zu einer eigenverantwortlichen und gemeinschaftsfähigen Persönlichkeit.

(2) Pflege und Erziehung der Kinder sind das natürliche Recht der Eltern und die zuvörderst ihnen obliegende Pflicht. Über ihre Betätigung wacht die staatliche Gemeinschaft.

(3) Jugendhilfe soll zur Verwirklichung des Rechts nach Absatz 1 insbesondere

1. junge Menschen in ihrer individuellen und sozialen Entwicklung fördern und dazu beitragen, Benachteiligungen zu vermeiden oder abzubauen,

2. Eltern und andere Erziehungsberechtigte bei der Erziehung beraten und unterstützen,

3. Kinder und Jugendliche vor Gefahren für ihr Wohl schützen,

4. dazu beitragen, positive Lebensbedingungen für junge Menschen und ihre Familien sowie eine kinder- und familienfreundliche Umwelt zu erhalten oder zu schaffen."

(Topware, CD-Service AG. (Hrg.);1996,CD-ROM "Abschnitt KJHG")

Auf weitere Paragraphen wird später hinzuweisen sein.

Der Verfasser entstammt bezüglich seiner beruflichen Sozialisation der offenen Kinder- und Jugendarbeit, persönliche Erfahrungen in anderen Bereichen (z.B. Kindergarten/Hort) liegen nur ansatzweise vor. So werden sich im "Zweifelsfall" Vorschläge, Perspektiven und Beurteilungen sicherlich ebenfalls in dieser Richtungen akzentuieren, grundsätzlich aber wird eine Übertragbarkeit des jeweils Vorgebrachten auf andere Bereiche angestrebt.

Dem "Wo" und "Wie" des Wissenstransfers wird ein eigener Abschnitt gewidmet, der nun folgt.

Zuvor sei lediglich noch darauf verwiesen, daß die -sehr notwendige- Auseinandersetzung mit den Begriffen "Prävention" und "Intervention", insbesondere die Definition dieser Fachtermini, erst später, nämlich zu Beginn der entsprechenden Abschnitte, erfolgen wird. Diese wiederum schließen sich an die oben angekündigten Themen an.

3.1 Grundlage: Wissen der Mitarbeiter (Vermittlung: Wo/Wie)

Modifiziert nach der jeweiligen Art der Einrichtung, in welcher sich die Kinder aktuell bewegen, lassen sich unterschiedliche Wege und Formen finden, um die wichtigsten Kenntnisse über Sucht einerseits und die Erkennung von Kindern aus Alkoholikerfamilien andererseits, zu erwerben, weiterzugeben und zu vertiefen.

Hierzu zunächst wieder einige Stichworte im Überblick (und recht willkürlicher Reihenfolge), die anschließend erläutert werden.

Eine Wissensvermittlung scheint u.a. in folgenden (sich zum Teil ergänzenden, zum Teil überschneidenden) Feldern möglich:

- Lehrerkonferenzen / Teamgespräche
- Supervisionssitzungen
- Arbeitskreise / Arbeitsgemeinschaften / Vernetzungstreffen
- Kollegiale Beratung / Interne Ressourcen
- Eigeninitiative der Mitarbeiter
- Fort- und Weiterbildung

- Ausbildung

In bezug auf die Ausbildung ist natürlich wiederum nach der jeweiligen Qualifikation zu differenzieren in:

-Erzieher-Ausbildung (sowie Kinderpfleger-/Erziehungshelferausbildung)

-Fachoberschulen für Sozialpädagogik (Fachhochschulreife)

-Sozialpädagogikstudium / Sozialarbeitsstudium

-Pädagogikstudium

-Fachspezifische Magisterstudiengänge

-Lehramtsstudium

-Sonderpädagogische Studiengänge

-Ärztliche Studiengänge (Kinderärzte)

-und ähnliche.

Zu den Stichworten im einzelnen:

Lehrerkonferenzen und Teamgespräche

Diese beiden Formen der Begegnung und strukturierten Absprache im Kollegenkreis lassen sich nach Ansicht des Verfassers an dieser Stelle (teilweise) zusammenfassen. Sowohl in (Sonder-) Schulen, als auch in Einrichtungen der Offenen Kinder- und Jugendarbeit ist jeweils eine der beiden Formen anzutreffen, darüber hinaus sind zu nennen Kindergärten und -Horte, Kindertagesstätten und ähnliche Institutionen.

Persönliche Erfahrungen hat der Verfasser insbesondere mit Teamgesprächen.

Grundlage von Teamarbeit ist seinem Erleben nach die grundsätzliche Übereinstimmung aller Mitarbeiter mit den wesentlichen Gedanken der jeweiligen Einrichtungskonzeption und eben die Teilnahme aller an den regelmäßig stattfindenden Mitarbeiterbesprechungen, bzw. Teamgesprächen. Diese gewährleisten einen regelmäßigen Informationsaustausch bei dem alle Mitarbeiter gleichberechtigt sind. In allen die Arbeit betreffenden Fragen sollten dabei einvernehmliche Entscheidungen herbeigeführt werden, die von allen gleichermaßen getragen und vertreten werden können.

Es gilt nun, das Instrument "Konferenz/Teamgespräch" stärker sachbezogen zu nutzen. Ein Austausch des bereits unter den Mitarbeitern "verstreut" vorhandenen Wissens über Sucht und Alkoholismus kann hier stattfinden, wobei im Ergebnis natürlich auch zu große Defizite erkennbar werden können. Dies aber kann und sollte dann auch "positiv gewendet werden" und zu entsprechenden "Wissensbeschaffungs-Aktionen" führen.

Evtl. ließe sich z.B. eine entsprechende Fachkraft für eines der nächsten Treffen heranziehen, wobei diese mit begrenztem zeitlichen Rahmen die wichtigsten Grundlagen referiert.

Im Falle der Schulen könnte diese Aufgabe natürlich auch der Drogenkontaktlehrer (so vorhanden) übernehmen.

Weiterhin können die Zusammenkünfte dazu dienen, gezielt Beobachtungen, Erlebtes und von bestimmten Kindern Erzähltes auszutauschen, um so herauszufinden, ob Befürchtungen hinsichtlich eines Alkoholismus-Falles in der jeweiligen Familie berechtigt sind oder nicht.

Dem Verfasser ist bei diesen Vorschlägen klar, daß sowohl Konferenzen, als auch Teamgespräche stets eine ganze Fülle von Funktionen haben, und daß die Zeit stets knapp ist.

Angesichts der nicht geringen Zahl von Betroffenen und aufgrund des hohen Gefährdungspotentiales für die Kinder sollte sich diese Zeit aber unbedingt genommen werden.

Supervisionssitzungen

Die Auseinandersetzung mit Kindern und Jugendlichen und der Aufbau tragfähiger Beziehungen zu ihnen erfordert von pädagogisch Tätigen die Bereitschaft, sich mit der eigenen Person auseinanderzusetzen. Ein wichtiges Hilfsmittel hierbei kann die regelmäßige Teilnahme des Teams an Supervisionssitzungen sein.

Es existieren mehrere, teils unterschiedliche Ansätze von Supervision (z.B. Balint, etc.), eine allgemeine Definition gibt der "Deutscher Verein für öffentliche und private Fürsorge" (1986, Stichwort "Supervision"):

"Unter Supervision wird eine Beratungsform verstanden, die eine systematische Reflexion des beruflichen Handelns von Personen in heilenden, helfenden und pädagogischen Praxisfeldern ermöglicht. Dabei werden Probleme, die den vielfältigen beruflichen Zusammenhängen des Supervisanden entstammen, im Kontext der individuellen, institutionellen und gesellschaftlichen Bedingungen erschlossen und reflektiert. Ausgehend vom subjektiven Erleben und Handeln des Supervisanden ist es das Ziel von Supervision, daß der Supervisand neue Sicht- und Erlebnisweisen für belastende berufliche Situationen entwickelt, wodurch ein verändertes und der Situation angemesseneres berufliches Handeln ermöglicht wird. Neben ihrer aktuell entlastenden Funktion gilt ein längerfristiger Supervisionsprozeß als wesentlicher Faktor der Professionalisierung in den sozialen Berufen."

Aus eigenem Erleben kann der Verfasser die positiven Auswirkungen von Supervision bestätigen. Mehrjährige berufliche Tätigkeit sowohl in einer pädagogischen Einrichtung mit Supervision, als auch in einer solchen ohne diese Beratungsform führten ihn zu der Erkenntnis, daß hiermit ein wirklich hilfreiches Instrument für die Praxis zur Verfügung steht.

Wie schon das Teamgespräch hat auch die Supervisionssitzung mehrere mögliche Funktionen. In Bezug auf das vorliegende Thema ist eine Nutzung in mehrfacher Hinsicht denkbar. Zum Einen können Beobachtungen "verdächtiger" Kindern ausgetauscht und somit evtl. validiert werden. Zum Anderen kann das gezielte Verhalten gegenüber den Kindern hier reflektiert werden, anders gesagt: präventive Prozesse und auch geplante Interventionen können diskutiert und gemeinsam geprüft werden. Weitere Funktionen sind denkbar.

Arbeitskreise/Arbeitsgemeinschaften/Vernetzungstreffen

Oftmals bestehen bereits Arbeitskreise und/oder Arbeitsgemeinschaften in denen sinnverwandte Themen (schwerpunktmäßig) behandelt werden. Besonders gedacht ist hier an solche mit Bezeichnungen wie "AK Prävention", "AG Drogen und Sucht" und dergleichen mehr. Hier geht es zwar um ein perspektivisch etwas anderes Thema, bedenkt man jedoch den hohen Grad der Suchtgefährdung für Kinder aus Alkoholikerfamilien, so bietet es sich geradezu an, diese Veranstaltungen zu nutzen. Konkret bedeutet dies, daß klargemacht werden muß, daß das Thema "Kinder aus Alkoholikerfamilien: Prävention und Intervention" untrennbar verwoben ist mit der allgemeinen Suchtprävention und diesbezüglich ein sehr wichtiges Teilthema darstellt.

Die Arbeitskreise und /-gemeinschaften sind -soweit sie existieren- unterschiedlich initiiert und strukturiert. Trägerübergreifende, regional ausgerichtete Ansätze sind hier genauso zu finden wie z.B. trägerinterne, die Einrichtungen gleichen Typs (z.B. Kindergärten) zusammenfassen.

Ebenfalls aus der Erfahrung des Verfassers heraus läßt sich sagen, daß sogenannte "Vernetzungstreffen" z.Zt. einen gewissen "boom" erleben. Einrichtungen unterschiedlicher Trägerschaft und Zielsetzung begehren vermehrt eine (intensive) Zusammenarbeit, als Beispiel seien angeführt: "Einrichtungen der offene Kinder- und Jugendarbeit - Drogenberatung", "Schulen- offene Kindereinrichtungen", u.ä.

Der Verfasser sieht in diesem Trend zahlreiche Chancen, aber auch Risiken. Es werden hierzu noch einige Anmerkungen weiter unten gemacht werden (Stichwort: "Interdisziplinarität").

An dieser Stelle sei nur darauf hingewiesen, daß derartige Treffen -zumindest teilweise- themenspezifisch nutzbar sind. Insbesondere kann ein Informationstausch bezüglich konkreter Informationen stattfinden: "Wer betreibt unter welcher Nummer ein Sorgentelefon für Kinder", "Wo gibt es die nächste Alateen-Gruppe und wer ist dort Ansprechpartner?" und ähnliches.

Kollegiale Beratung / Interne Ressourcen

Hiermit soll angesprochen werden, daß das möglicherweise schon vorhandene Wissen in den Einrichtungen (und gegebenenfalls den Nachbareinrichtungen / vernetzten Einrichtungen) besser genutzt werden könnte. Die notwendigen Wege sind hier oft eher informeller Natur. Der eine oder andere Kollege ist möglicherweise selbst trockener Alkoholiker, bzw. Teilnehmer einer Abstinenz- oder Angehörigengruppe, der neue Kollege hat vielleicht seine Diplom-Arbeit zu einem entsprechenden Thema geschrieben, usw.

Hier kann -im günstigen Fall- auf konkrete Informationen und/oder Hintergrundwissen zurückgegriffen werden. Notwendig ist es an dieser Stelle jedoch, aktiv entsprechende multiplikative Prozesse in Gang zu setzen, bzw. zu fördern.

Eigeninitiative der Mitarbeiter

Dieser Punkt wirkt zunächst recht banal und ist es wohl auch tatsächlich. Er erklärt sich darüber hinaus weitgehend selbst. So sei nur darauf hingewiesen, daß nicht nur in bezug auf die konkrete Wissensbeschaffung (Literatur, Adressen, usw.) über Sucht einerseits und die Erkennung von "Alkoholikerkindern" andererseits, Eigeninitiative der Mitarbeiter dringend erforderlich ist. Keines der bereits erläuterten (und der noch folgenden) Felder kommt nämlich ohne die jeweils handlungsbestimmende, subjektive Motivation der entsprechenden Mitarbeiter aus.

Fort- und Weiterbildung

Entsprechende Fort- und Weiterbildungsangebote müssen, so noch nicht vorhanden, geschaffen und -besonders wichtig- jeweils dem neuesten Forschungsstand angepaßt werden. Der Verfasser sieht hier sowohl eine "Hol-" als auch eine "Bring-Schuld" vorliegen. Die entsprechenden Arbeitgeber, bzw. Träger von Einrichtungen haben in diesem Bereich -gemäß ihrem gesetzlichen Auftrag- für die Schaffung und den Erhalt entsprechender Angebote zu sorgen.
Auf Seiten der Arbeitnehmer, der Pädagogen "vor Ort", sind wiederum die spezifischen Fort- und Weiterbildungskurse und -veranstaltungen einzufordern -und zu nutzen!

Ausbildung

Wie bereits erwähnt, ist der Verfasser staatlich anerkannter Erzieher und Diplom-Sozialarbeiter (FH) und steht darüber hinaus momentan im Magister-Studium der Erziehungswissenschaft.
Die in dieser Hinsicht gewonnenen Erfahrungen, sowie verschiedene berufliche Kontakte, brachten ihn zu der Überzeugung, daß die Thematik Sucht in den angeführten Ausbildungsgängen einen weitaus zu geringeren Raum einnimmt.
Dies gilt in noch höherem Maße für die, zugegeben noch recht neuen, Erkenntnisse über Kinder aus Alkoholikerfamilien.
Zu fordern ist also eine entsprechende Überarbeitung der jeweiligen Curricula, Lehrpläne, etc.
Am Beispiel der FernUniversität / Gesamthochschule Hagen erläutert, würde dies u.a. eine Erweiterung des spezifischen Kursangebotes, sowie eine umfassende Überarbeitung und Aktualisierung der bisher bereits angebotenen Kurse beinhalten.

Damit sollen die Anmerkungen zu den Stichworten beendet werden.

Wichtig scheint festzuhalten, daß grundsätzlich von drei Instanzen Initiative ausgehen kann und sollte:
-dem jeweiligen Mitarbeiter,

-dem jeweiligen Gruppen-/Team-, bzw. Einrichtungsleiter (!) und

-dem Arbeitgeber/Träger der jeweiligen Institution/Einrichtung.

Soweit also einiges über hier gegebene Möglichkeiten der Wissensvermittlung. Diese Optionen gelten sowohl für Fakten die über Sucht allgemein vorliegen, als auch für die neueren Kenntnisse, die es ermöglichen gefährdete Kinder aus Alkoholikerfamilien zu erkennen.

Über Abhängigkeitskrankheiten, Co-Alkoholismus u.ä. wurde weiter oben schon hinreichend berichtet, eine Auseinandersetzung mit den Grundlagen die zur Erkennung der betroffenen Kinder notwendig sind, soll nun folgen.

3.2 Grundlage: Erkennen gefährdeter Kinder

Um das Kind vor Gefahren zu schützen und für sein Wohl zu sorgen, soll präventiv wirksame Arbeit geleistet werden, weiterhin sind gegebenenfalls intervenierende Maßnahmen zu treffen. Um die bereits angesprochenen Gefahren aber überhaupt erkennen zu können, bedarf es zuvor der Identifikation der entsprechenden Kinder. Mehrere Quellen sind hier denkbar:

-Der Betroffene selbst, d.h. also der Alkoholiker

-der nächste Angehörige des Kranken, also oft die Mutter

-weitere Personen, wie z.B. Spielkameraden des Kindes, Verwandte, etc.

-und eben das Kind selbst.

In den folgenden zwei Abschnitten soll auf die konkreten Möglichkeiten, diese Quellen auch wirklich zu nutzen, näher eingegangen werden.

Da das Kind hier thematisch im Mittelpunkt steht und da es ja auch zeitlich ungleich länger als die anderen Beteiligten im Wahrnehmungsfokus der jeweiligen Fachkraft steht, wird ihm an dieser Stelle ein eigener Abschnitt gewidmet.

3.2.1 Kontakte mit Betroffenem/dem anderen Partner/sonstigen Personen

Ob in der Familie eines bestimmten Kindes ein Alkoholproblem vorliegt oder nicht, läßt sich anhand verschiedener Indizien vermuten. Ein Ansatzpunkt zu entsprechenden Ermittlungen kann der Kontakt zum Betroffenen selbst sein (oft ist diese Person -wie gesagt- der Vater des Kindes). Folgende Beobachtungsfelder bieten sich hier beispielsweise an:

-Die Person holt das Kind aus der Einrichtung ab,

-sie erscheint zu Elternabenden oder Einzelgesprächen, oder

-bei Hausbesuchen entsteht ein entsprechender Kontakt, usw.

Bei diesen Gelegenheiten kann ein Eindruck von dem eventuell alkoholkranken oder alkoholgefährdeten Elternteil gewonnen werden. Dieser Eindruck kann und sollte dann in

Gesprächen mit Kollegen mit deren Eindruck verglichen und reflektiert werden. Verschiedene Wahrnehmungen können auf Sucht hindeuten, beispielsweise:

-gerötetes Gesicht,

-häufigere, deutliche Alkohol-"Fahne",

-oft starker Geruch nach Mundwasser, Rasierwasser, Parfüm usw.

-schwankender Gang, u.ä.

Vorsicht bei der Bewertung ist allerdings angebracht: alle diese Anzeichen können auf eine Krankheit wie den Alkoholismus hinweisen, müssen es aber nicht. Dies gilt auch für ein weiteres Anzeichen, nämlich daß die Person sozusagen "unsichtbar" ist. Dies meint, daß sie öffentlich immer seltener oder gar nicht mehr in Erscheinung tritt. Alkoholiker neigen zur Vertuschung und zur Isolation. So kann das beschriebene Verhalten auf Sucht hindeuten, jedoch ebenso gut etwa beruflich bedingt sein. Bei der Beobachtung eines potentiell Alkoholkranken sind unter anderem die weiter oben angeführten und erläuterten Alkoholismus-Phasen und Alkoholiker-Typen zu berücksichtigen. Hier leisten die entsprechenden Übersichten eine echte Hilfe, denn je nach Phase und Typ kann ein teils doch recht unterschiedliches Verhalten typisch für fortschreitende Suchtkrankheit sein. Eine vorsichtige, vorläufige Einordnung, deren Basis in Zusammenarbeit mit anderen gewonnen wurde, kann nun als Grundlage für mögliche, weitere Schritte dienen.

Anders ist die Situation in bezug auf den nicht betroffenen Elternteil. Der im präventiven Bereich tätige Familientherapeut Meyer berichtet hierzu folgendes:

"Frühe Signale aus den Familien kommen meist von den Frauen. ... Sie zeigen an, wenn Familien Hilfe brauchen. Sie kommen und sagen: Mein Mann säuft, bitte sperren Sie ihn ein. ... Deswegen ist Suchtvorbeugung mit Familien häufig Arbeit mit Frauen." (Quandt,M.; Kapitel 13.5, Sept. 1993)

Der Verfasser hat ähnlichen Erfahrungen eher nicht gemacht (wenn überhaupt, berichteten Mütter erst lange nach einer Trennung von trinkenden Vätern) und auch die weiter oben konstatierten typischen Kennzeichen von Co-Alkoholismus widersprechen eher dem geschilderten Verhalten. Jedoch stehen hier die Chancen tatsächlich ein wenig besser als beim Alkoholiker selbst. Er wird nämlich, wenn überhaupt, erst sehr spät selber Hilfe suchen und dann sicherlich bei anderen Stellen als denen, in denen seine Kinder betreut werden.

Besteht aber -ein über längere Zeit aktiv aufgebautes- Vertrauensverhältnis zum nicht betroffenen Elternteil, so existiert zumindest die Möglichkeit, daß hier eine Bitte um Unterstützung geäußert wird, bzw. daß auf eine offene Nachfrage (in geschütztem Raum) eine ehrliche Antwort erfolgt. Grundlage für eine solche gezielte Frage ist natürlich eine entsprechende Vermutung. Um zu dieser zu kommen, ist wiederum auf das oben dargelegte Wissen zurückzugreifen, d.h. der Kenntnisse über die Definition von Co-abhängigkeit, der diesbezüglich typischen Verhaltensweisen, der entsprechenden Phasen, etc. ist sich aktiv zu bedienen.

Die dritte Personengruppe, die evtl. Hinweise geben kann, läßt sich unter den Sammelbegriff "sonstigen Personen" fassen. Unterschiedliche Menschen können hier gemeint sein. Einmal ist an (ältere) Geschwister des Kindes und an entferntere Verwandte zu denken, die gelegentlich in der Einrichtung erscheinen, oder zu denen sonstige Kontakte bestehen. In bezug auf ein günstiges Gesprächsverhalten, "taktisches" Vorgehen, usw. gilt -mit Einschränkungen- das für die anderen Gruppen angeführte. Hat man -trotz der ggf. selteneren Kontakte- eine positive Beziehung zu einem solchen Menschen, fällt es diesem manchmal sogar leichter, Andeutungen zu machen, bzw. sogar realistische Angaben zu machen. Dies ist begründet in der Tatsache, daß hier die hemmenden "Co-abhängigkeits-Mechanismen" oft nicht in voller Stärke "greifen", eine Sorge (um den Betroffenen und/oder um das Kind) aber dennoch vorliegt.

Eine ganz andere Untergruppe stellen Spielkameraden und Freunde des Kindes dar um das man Sorge hat. Hier gilt es (zufällige) Äußerungen genau zu registrieren und zu beachten. Vordergründig können damit natürlich Berichte über die häuslichen Verhältnisse des betroffenen Kindes gemeint sein, genauso interessant aber können auch wiederholte Aussagen sein wie: "Zu Kevin nach Hause darf man nie, die wollen auf keinen Fall Besuch haben!", u.ä. Auch an diesem Beispiel wird wieder klar, daß ein guter Informationsstand über Sucht und Alkoholismus sehr hilfreich sein kann, die Stichworte lauten hier "Vertuschung" und "Isolation".

Die bis hierher gegebenen Hinweise zu den "Erkennungshilfen" mögen vorerst ausreichen. Abschließend scheint es noch wichtig zu erwähnen, daß zwar gelegentlich ein gewisses "detektivisches" Vorgehen erforderlich ist, dies sich aber nicht in Richtung "Schnüffelei" und "Nachspionieren" entwickeln sollte. Ganz vermeiden läßt sich dies vermutlich nicht immer, zu bedenken ist nämlich, daß einiges auf dem Spiel steht: die Gesundheit und das Wohlergehen der Kinder! Zwar heilt auch an dieser Stelle keineswegs der Zweck die Mittel, einige Zugeständnisse können aber nach Ansicht des Verfassers durchaus vertretbar sein, denn: der Süchtige verfügt über ein gehöriges Maß an "alkoholischer Intelligenz", soweit es um das Verbergen seiner Problematik und die Sicherung des "ungestörten Weitertrinkens" geht! Es ist ihm dies (da krankheitsbedingt) in keiner Weise moralisch anzulasten, doch ein Gegengewicht muß geschaffen werden.

3.2.2 Kindes-Äußerungen beachten und Rollenmuster (er)kennen

Ein scheinbar naheliegender Indikator zur Verortung von Gefährdungspotentialen sind die verbalen Äußerungen des Kindes selbst. Tatsächlich kann man sich gelegentlich dieser Informationsquelle bedienen. Je nach Alter des Kindes und der Art der Beziehung zu ihm, lassen sich Angaben über seine häusliche und familiäre Situation gewinnen, teils durch gezieltes und aufmerksames Zuhören, teils durch mehr oder weniger direkte Nachfragen.

Zu beachten ist dabei jedoch, daß manche (jüngere) Kinder über ein nicht sehr hohes Ausmaß an sprachlicher Kompetenz verfügen und -noch viel wichtiger-, daß viele betroffene Kinder nichts "kritisches" berichten wollen und/oder dürfen! Diese Tatsache ist eine der Hauptursachen für das immer noch viel zu oft stattfindende "Vergessen", bzw. "Nicht-wahrnehmen" dieser Kinder. (Ein anderer Grund kann -selbstkritisch betrachtet- darin liegen, daß sich allgemeinmenschlich eben nicht gern mit derart "heiklen" Themen beschäftigt wird -und dies gilt auch für pädagogisches Fachpersonal.)

Auf verbale Äußerungen des Kindes als Indizienquelle für einen "Alkoholikerhaushalt" ist also nicht unbedingt Verlaß. Ein anderes und zum Teil sichereres Kriterium kann im Verhalten, bzw. wiederkehrenden Verhaltensmustern der betroffenen Kinder begründet sein.

Neuere Forschungen und Praxisbeobachtungen ergaben, daß bestimmte Rollen und Rollenmuster bei Kindern aus Alkoholikerfamilien überzufällig häufig auftreten.

Der bereits zitierte Suchtfachmann Gilbert Fritsch vom Deutschen Guttempler-Orden berichtet von acht solchen Mustern:

"1.) Das verantwortungsvolle Kind („wenn wir dich nicht hätten")

2.) Das rebellische Kind („wenn wir dich nicht hätten, ging es uns besser...")

3.) Das verlorene Kind ("wenn wir wen nicht hätten?")

4.) Das Familienkasper-Kind („wir haben ja sonst nichts zu lachen")

5.) Das harmonische Kind („wenigstens du hast mich lieb")

6.) Das übererwachsene Kind („weißt du denn keinen Rat?")

7.) Das distanzierte Kind („mir geht es doch gut")

8.) Das unverletzte Kind („ich weiß Bescheid, aber ich gehe meinen Weg")

Liegen innerhalb dieser Klassifizierung Verhaltensauffälligkeiten vor und es ist bekannt, daß ein Familienmitglied suchtkrank ist, kann ganz sicher davon ausgegangen werden, daß die Suchtkrankheit für dieses auffällige Verhalten verantwortlich ist." (Ministerium für Kultur, Jugend, Familie und Frauen Mainz (Hrg.),1997; "Kinder Suchtkranker",S.90)

Diese Stichworte bieten bereits wertvolle Ansatzpunkte zur Beobachtung entsprechender Kinder, sind aber in dieser knappen Form noch nicht hinreichend brauchbar für die Praxis.

Wegscheider-Cruse entwickelte bereits 1985 ein wesentlich elaborierteres Modell, daß die eingenommenen Rollen und ihre Konsequenzen näher beschreibt.

Am besten darstellen läßt sich dies anhand der nun folgenden Übersicht, die u.a. von Passerschröer zitiert wird (In: Ministerium für Kultur, Jugend, Familie und Frauen (Hrg.); 1996 S. 23):

(Aus technischen Gründen erfolgt die Darstellung auf der Folgeseite im Querformat)

"Charakteristische Gefühle, Verhaltensweisen, Rollen und Persönlichkeitsmerkmale von Kindern mit einem alkoholsüchtigen Elternteil"
(in Anlehnung an Wegscheider-Cruse, 1985)

Rolle, bzw. Überlebensstrategie	Verhalten, Persönlichkeitsmerkmale	Gefühlsleben	Vorteile	Vorteile der Familie	Häufig beobachtete Entwicklung ohne Problemverarbeitung	Häufig beobachtete Entwicklung mit Problembearbeitung
Held, Heldin	"Die kleine Mutter". Tut immer das Richtige, übermäßig leistungsorientiert, überverantwortlich. Braucht Zustimmung und Anerkennung von anderen. Kann keinen Spaß empfinden.	Schmerz, fühlt sich unzulänglich, Schuldgefühle, Furcht, niedriger Selbstwert, kann niemals genügen.	Positive Aufmerksamkeit	Versorgt die Familie mit Selbstwert, ist das Kind, auf das die Familie stolz ist.	Workaholic, kann Fehler und Mißerfolg nicht ertragen, starkes Bedürf-nis zu kontrollieren und zu mani-pulieren, zwanghaft, kann nicht nein sagen. Suchtabhängige/n Partner/in.	Kompetent, organisiert, verantwortungsbewußt, gut in Leitungs-positionen, zielbewußt, erfolgreich, zuverlässig.
Sünden-bock	Feindseligkeit, Abwehr, zurück-gezogen, verdrossen. Erhält negative Aufmerksamkeit, macht Ärger. Delinquenz.	Schmerz. Gefühl zurückgewiesen und verlassen zu sein. Wut. Fühlt sich unzulänglich, kein oder niedri-ger Selbstwert.	Negative Aufmerk-samkeit.	Steht im Zen-trum der (nega-tiven) Aufmerk-samkeit, lenkt ab vom sucht-kranken Eltern-teil.	Suchtkrankheit, Delinquenz, Teenager-Schwangerschaft. Schwierigkeiten überall.	Hat Mut, kann gut unter Belastung arbeiten, kann Realität anerkennen und anderen aufzeigen, kann Risiko eingehen und ertragen.
Verlorenes Kind	Einzelgänger, Tagträumer, einsam, belohnt sich auch allein, z.B. mit Essen, "driftet und schwimmt" durchs Leben, ruhig, scheu, wird übersehen, wird nicht vermißt.	Gefühl der Be-deutungslosigkeit, darf keine Gefühle haben/zeigen. Ein-samkeit, Verlas-senheit, gibt sich von vornherein geschlagen, Schmerz.	Entkommt jeglicher Aufmerk-samkeit, hat seine Ruhe.	Erleichterung: "Wenigstens ein Kind um das man sich nicht zu kümmern braucht".	Unentschiedenheit, keine Lebens-freude, Beziehungsstörungen: Pro-miskuität oder Isolation. Kann nicht nein sagen, kann keine Veränderungen eingehen.	Unabhängig von der Meinung anderer, kreativ, phantasievoll, erfinderisch, kann sich selbst behaupten.
Maskottchen	Übermäßig niedlich, süß, nett, unreif, tut alles um Lachen oder Aufmerksamkeit hervorzurufen. "Baby", schutzbedürftig, hyperaktiv, kurze Aufmerksamkeitsspanne. Lernprobleme, ängstlich.	Niedriger Selbst-wert, Angst, Ge-fühl der Einsam-keit, Bedeutungs-losigkeit, Unzu-länglichkeit.	Erhält Aufmerk-samkeit, indem es die anderen amüsiert.	Erleichterung und Spannungs-abfuhr durch Komik.	Zwanghafte Clownerien, kann Streß nicht ertragen, eng an der Grenze zum Hysterischen, sucht Held/in als Partner/in.	Charmante/r Gesellschaf-ter/in, witzig, geistreich, humorvoll, unabhängig von der Meinung anderer. Einfühlsam und hilfsbereit."

Der Verfasser hält insbesondere die Übersicht von Wegscheider-Cruse für ein sehr brauchbares Instrument. Neben der Beschreibung des Rollenverhaltens werden auch Angaben zu den Risiken einer späteren Fehlentwicklung gemacht, was hinweisgebend für mögliche Interventionen sein kann (s.u.).

Auch die Unterscheidungen von Fritsch sind praxisbezogen und interessant, es liegt jedoch hier keine annähernd so umfassende Ausarbeitung des Ansatzes vor, wie im Falle von Wegscheider-Cruse. Der hohe Grad an Ausdifferenzierung (acht Rollenmuster) scheint weiterhin nicht unbedingt zwingend, dennoch lassen sich Fritsch` Ausführungen ergänzend durchaus heranziehen.

Einige Anmerkungen sind zu den vorliegenden Rollenbeschreibungen und -analysen zu machen, Bezug genommen werden soll hierbei i.d.R. auf das Modell von Wegscheider-Cruse.

Zu den einzelnen Rollen kann aus Sicht des Verfassers folgendermaßen Stellung genommen werden:

Sündenbock

Diesem Typus dem Feindseligkeit und Abwehr, sowie Zurückgezogenheit und Verdrossenheit zugeschrieben werden, begegnet der Verfasser in seiner beruflichen Praxis relativ häufig. Er erhält negative Aufmerksamkeit und "macht Ärger", auch beginnende Delinquenz ist des öfteren festzustellen. Das beschriebene Verhalten kann, muß aber nicht mit einem Alkoholiker in der Familie in Zusammenhang stehen. Andere Stressoren können durchaus ähnliche Rollenmuster generieren. So ist beispielsweise eine Konstellation möglich, in der der Vater oder die Mutter alleinerziehend, beruflich überlastet und/oder körperlich chronisch krank ist. Weitere Faktoren können eine ungünstige Wohnsituation (sozialer Brennpunkt, 3 Geschwister in einem Zimmer, etc.) sein, oder auch eine Minderbegabung des Kindes mit entsprechenden Versagenserlebnissen in der Schule. Körperliche Unattraktivität, starkes Übergewicht und noch einige andere "Negativ-Bausteine" sind vorstellbar und treten in der Praxis auch tatsächlich auf. Häufiger als man glaubt, treffen drei oder gar vier dieser Faktoren aufeinander, bzw. generieren einander (Mutter verläßt die Familie - Kind ist ungepflegter - "frißt" aus Kummer - ...).

Häufig aber liegt natürlich doch ein Fall von "Alkoholikerfamilie" vor. Die Aufgabe lautet also, die vom Kind gegebenen Signale aufmerksam wahrzunehmen und die möglicherweise aufgekommene Vermutung auf einen Alkohol-Fall zu validieren.

In gewissem Sinne ist der Typus des "Sündenbocks" der einfachste Fall. Wie schon Wegscheider-Cruse richtig beschreibt, steht er im "Zentrum der negativen Aufmerksamkeit." Insbesondere pädagogische Fachkräfte nehmen Kinder dieser Art i.d.R. sehr bewußt wahr und diskutieren Möglichkeiten, wie mit diesen Kindern umgegangen werden soll. So ist der Schritt zu der Vermutung, daß in der Familie möglicherweise ein Alkoholiker existiert oft nicht groß.

Maskottchen

Kinder, die sich innerhalb dieses Rollenmusters inszenieren werden u.a. beschrieben als "übermäßig niedlich, süß, nett, unreif, tut alles um Lachen oder Aufmerksamkeit hervorzurufen". Die Gefahr in bezug auf diese Art von Kind liegt darin, daß es zwar nicht übersehen wird (obschon der "Sündenbock" sich weit fordernder in den Vordergrund stellt), man jedoch seinem Charme erliegt. Wer lacht nicht gern einmal und wer vermutet hinter etwas zu häufigen und zu "lächerlichen" Scherzen gleich eine besondere Problematik ? Dabei ist zu unterstellen, daß auch Fachkräfte der von diesem Kind gebotenen "Erleichterung und Spannungsabfuhr durch Komik" ohne weiteres erliegen können -auch für längere Zeit. Treten dann Probleme wie Hyperaktivität, Lernprobleme und Ängstlichkeit hinzu, entsteht zwar ein Problembewußtsein, bis zur Rückführung auf das Grundproblem "Alkoholprobleme in der Familie des Kindes" vergeht aber oft doch noch eine geraume Zeit. Der einzige Schutz vor diesen Mechanismen ist daher ein im Vorfeld erworbenes, fachspezifisches "Sucht-Wissen", das im Dialog mit Kollegen oder anderen Fachkräften kontinuierlich reflektiert wird.

Verlorenes Kind

Dieses Kind entkommt jeder Aufmerksamkeit, es "hat seine Ruhe", es ist ein Einzelgänger und "Tagträumer". Ein Kind, um das man sich nicht zu kümmern braucht, ist "pflegeleicht". Der Trinker kann sich "in Ruhe" seiner Flasche widmen, der Co-Abhängige seinen vergeblichen Versuchen den Kranken zu decken, ihn zu schützen und zu kontrollieren ungestört nachgehen. Das Kind jedoch bleibt letztes Endes "auf der Strecke". Wegscheider-Cruse beschreibt die ihm drohenden Gefahren mit den Worten: "Unentschiedenheit, keine Lebensfreude, Beziehungsstörungen: Promiskuität oder Isolation. Kann nicht nein sagen, kann keine Veränderungen eingehen". Weitere Gefahren (z.B. Eß-Sucht) sind vorstellbar.

Der (Sonder-) Pädagoge ist ein Mensch wie andere auch, glücklicherweise. Erst dieses Mensch-sein nämlich und seine jeweilige Individualität ermöglichen ihm eine spezifische und konstruktive Beziehungsarbeit mit Kindern und Jugendlichen. In Schulen ist eine bestimmte Menge an Lehrstoff in einer vorgegebenen Zeit zu vermitteln, in offenen Einrichtungen fordern dauernd wechselnde, unstrukturierte Situationen ständige, allseitige Aufmerksamkeit, von der ein nicht geringer Teil von Typen wie dem "Sündenbock" in Anspruch genommen wird. Somit ist es kein Wunder, wenn auch fachlich geschultem Personal das "verlorene Kind" im Alltag längere Zeit "entgeht" und die entsprechende Diagnose "Alkohol" erst sehr spät erfolgt. Neben der Erarbeitung grundlegenden Wissens kann es hier u.a. hilfreich sein, wenn sich der einzelne Mitarbeiter -besser das gesamte Team- in regelmäßigen Abständen einmal die "paradoxe" Frage vorlegt: "Welches ist denn eigentlich unser unauffälligstes Kind, das bestimmt keine Probleme hat ?" Und, vor allem: "Stimmt das eigentlich ?"

Held, Heldin

Der Held (oder die Heldin) tut immer das richtige und erhält positive Aufmerksamkeit. Auf dieses Kind ist die Familie stolz.

Doch dies ist nur die eine Seite: der Held empfindet Schmerz und Furcht, er fühlt sich unzulänglich und kann niemals genügen. Mehr noch als beim "verlorenen Kind" oder dem "Maskottchen" besteht hier die Gefahr, daß dieses Kind übersehen wird. Zwar erhält es oft relativ viel Aufmerksamkeit und dies sogar in positivem Sinne, doch gerade dadurch wird der Blick oftmals viel zu lange von möglichen Problemen -und hier eben von Alkoholproblemen- abgelenkt. Der Held versorgt nicht nur die Familie in dem ein Alkoholiker lebt mit Selbstwert, sondern auch die pädagogische Fachkraft arbeitet gern mit diesem Kind. In der Schule ist es leistungsorientiert und damit in starkem Maße systemkonform. Auch in anderen Einrichtungen z.B. im offenem Bereich läßt sich mit dem Helden sehr gut leben und arbeiten. Gerade darum erscheint es dem Verfasser als besonders wichtig hier zu besonderer Aufmerksamkeit aufzufordern. Niemand sollte sich durch dieses tüchtige, überverantwortliche Kind "blenden" lassen. Viel Schmerz und viele Schuldgefühle können hier verborgen liegen! Eindringlich muß daher der Appell wiederholt werden, sich kontinuierlich selbst zu hinterfragen, aufmerksam zu sein und menschlichen Schwächen nicht zu sehr zu erliegen. Bezüglich der konkret empfohlenen Maßnahmen zur Abklärung einer möglichen Problematik im Suchtbereich ist auf die teilweise bei den anderen Typen schon geschilderten Mechanismen aktiv zurückzugreifen. Das bedeutet: Hintergrundwissen ist zu erwerben und in Kontakt mit anderen Kollegen und Fachleuten regelmäßig zu reflektieren. Weiterhin ist sich immer wieder einmal die Frage zu stellen: "Hat dieses Kind wirklich keine Probleme?" Die Kenntnisse über Sucht, Alkoholismus, Co-abhängigkeit und die Rollenmuster betroffener Kinder sind dabei regelmäßig zu aktualisieren, d.h. dem jeweils aktuellen Forschungsstand anzupassen.

Die Kommentierung der einzelnen Rollen folgte nicht der vorgegebenen Reihenfolge. Dies hat einem bestimmten Grund. Der Verfasser ist der Auffassung, daß Typen wie das "Verlorenen Kind" und der "Held " besonders gefährdet sind (u.a. länger anhaltende Gefahr akuter Risikosituationen, Spätfolgen), weil sie zu leicht zu übersehen, bzw. fehlzuinterpretieren sind. Die hinsichtlich der Erläuterungen gewählte Reihenfolge entspricht also der vom Verfasser vermuteten Gefährdungsskala, deren Eckpunkte der auffällige "Sündenbock" und -auf der gefährdeteren Seite- der "Held" sind (siehe Graphik).

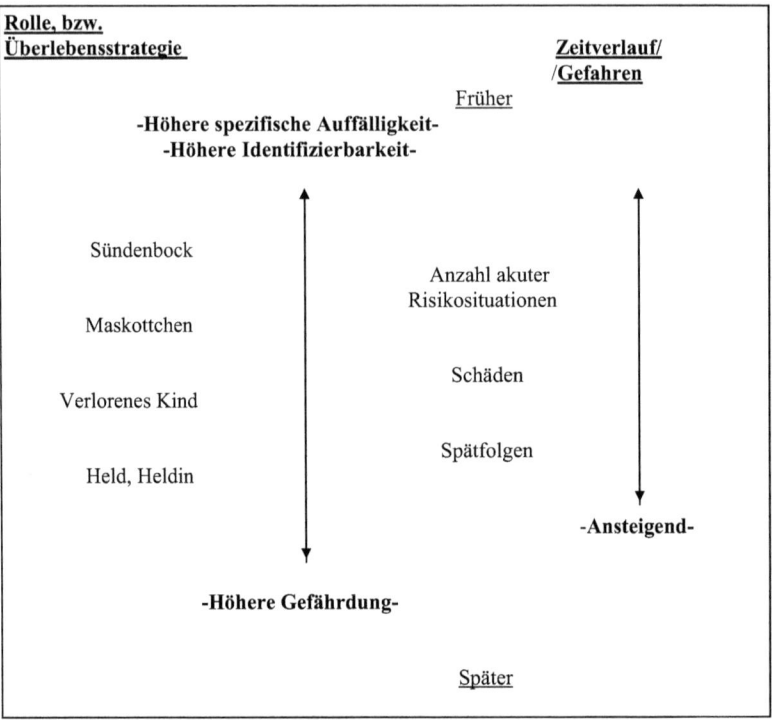

Zeitverlauf/
/Gefahren

Früher

-Höhere spezifische Auffälligkeit-
-Höhere Identifizierbarkeit-

Sündenbock

Anzahl akuter
Risikosituationen

Maskottchen

Schäden

Verlorenes Kind

Spätfolgen

Held, Heldin

-Ansteigend-

-Höhere Gefährdung-

Später

(Graphik:"Rollengefahren";Verfasser,1998.)

Mit den bis hierher dargestellten Informationen und Erläuterungen sollen zunächst genügend Hinweise zur Identifikation der Kinder gegeben sein, die mit einem suchtkranken Elternteil zusammen leben. Bevor an dieses Thema anknüpfende Vorschläge für hilfreiche Aktivitäten und Interventionen gemacht werden, soll zunächst einiges zum Thema Prävention ausgeführt werden. Die sicherlich überfällige Definition des Begriffspaares "Prävention - Intervention" soll dem, nebst der entsprechenden Abgrenzungen, vorangestellt werden.

3.3 Definitionen/Abgrenzungen (Prävention-Intervention)

Schon oft ist im Verlauf der vorliegenden Arbeit der Begriff "Prävention" gebraucht worden, fast ebenso oft der Ausdruck "Intervention".

Zunächst einmal rein lexikalisch betrachtet, läßt sich "Prävention" definieren als ein "Zuvorkommen" oder eine "Vorbeugung", aber auch als eine Art der "Abschreckung" (vgl. Müller W., et al.; 1982, S.619). Unter "Intervention" finden sich hier Begriffe wie "Vermittlung", aber auch "Einmischung" (dito, S.355).

In bezug auf die soziale Arbeit ergänzen dazu Kreft und Mielenz:

"... Interventionen; diese bezeichnen i.d.R. erprobte, in ihre Wirkung voraussagbare standardisierte Verhaltensweisen, die im Dienst methodischen Handelns zur Erreichung strategischer Ziele stehen." (Kreft,D.;Mielenz,I.(Hrg.);1988,S.383)

Legt man ausschließlich diese stichwortartigen Begriffsbestimmungen zugrunde, fällt es unerwartet schwer, die beiden Begriffe voneinander abzusetzen und eine themenbezogen sinnvolle Trennung von Gliederungspunkten zu erarbeiten.

Dies hängt u.a. damit zusammen, daß beide Begriffe keinen "eigentlichen Inhalt" haben. Es wird "vorgebeugt": doch wem oder was? "Verhaltensweisen" werden ausgeübt, um "Ziele" zu erreichen: doch welche?

Wird man etwas konkreter und stellt einen Bezug zum vorliegenden Thema her, so sind die Schwierigkeiten keineswegs vorüber. So wäre der Terminus "Prävention" einerseits unterlegbar mit dem Sinngehalt

-"Vorbeugung / Zuvorkommen bezüglich der akuten Schäden und Spätfolgen die Kinder aus Alkoholikerfamilien im Zeitverlauf erleiden können (intervenierende Prävention)",

-andererseits wäre auch an eine-

-"(spezifische) Suchtprävention" für eben diese Kinder zu denken.

Letzteres findet seine Begründung insbesondere in der Tatsache, daß diese spezielle Gruppe von Kindern einem doch deutlich erhöhten "life-time-risk" hinsichtlich Suchtkrankheit unterliegt.

Umgekehrt lassen sich auch für den Begriff "Intervention" recht unterschiedliche, aber jeweils durchaus sinnvolle Interpretationen finden.

So ist, genau besehen, jede präventive Maßnahme -i.d.R. und in gewissem Maße- auch "einmischend", bzw. "vermittelnd" und somit zugleich eine Intervention. Andererseits wird dieser Ausdruck oftmals mit recht gravierenden Maßnahmen (z.B. der Herausnahme des Kindes aus seiner Familie) assoziiert: eine Zuschreibung die möglich, aber für sich allein genommen sicherlich nicht umfassend genug ist.

Nimmt man die weiter unten folgende Ausdifferenzierung nach Primär-/Sekundär-/ und Tertiärprävention ein Stück weit vorweg, wird eine weitere Problematik sichtbar: Zumindest die sekundäre Prävention hinsichtlich des alkoholkranken Elternteils (der in pädagogischen Einrichtungen evtl. in Maßen zugearbeitet werden kann) stellt zugleich eine deutliche

Intervention bezüglich des Kindes dar. Durch die entsprechenden Maßnahmen, bzw. Hilfsangebote (s.u.) soll zwar dem Co-abhängigen und dem Betroffenen geholfen werden, motivierend hierfür ist aber natürlich, daß das entsprechende Kind vor akuten Schädigungen und wahrscheinlichen Spätfolgen bewahrt werden soll. Überspitzt formuliert ließe sich also sagen: Ein von der Definition her sekundärpräventives Hilfsangebot an die Familie hat in Bezug auf das Kind einen intervenierenden Charakter mit einer u.a. primärpräventiven Intention.

Ohne Zweifel wird durch derartige Formulierungen die Begriffsverwirrung absichtlich auf die Spitze getrieben. Es sollte jedoch hierdurch nachdrücklich klargemacht werden, daß:

1) die Unterscheidungen tatsächlich nicht einfach zu treffen sind, und

2) die anschließend getroffenen Zuordnungen zwar willkürlich, aber erforderlich sind.

Auf der Grundlage des bis hierher ausgeführten wird weiterhin wie folgt verfahren:

Unter der Überschrift "Prävention" werden zunächst einige Begriffsbestimmungen, Standpunkte und Ansätze diskutiert, die sich schwerpunktmäßig auf die Primärprävention, bzw. Suchtprävention bezüglich der Kinder beziehen. Einige Anregungen für konkrete Strategien werden ebenfalls gegeben.

Daran anschließend sollen (unter dem Titel "Interventionschancen / -Strategien") einige Vorschläge gemacht werden die geeignet scheinen, Schäden abzuwenden die Kinder durch das Leben in einer Alkoholikerfamilie erleiden können. Hierbei wird sich kurz mit dem Suchtkranken und dem Co-alkoholiker beschäftigt werden, insbesondere aber mit dem Kind selbst. Ein Rückgriff auf die weiter oben geschilderten Wissensgrundlagen (Rollenmuster, usw.) soll dabei sinnvollerweise stattfinden.

3.4 Prävention

Wie schon angedeutet, kann der Begriff Prävention unterschiedlich interpretiert werden. Unter der Prämisse ihn speziell auf Suchtkrankheit beziehen zu wollen (und dies wiederum schwerpunktmäßig in Hinblick auf Kinder und Jugendliche) kann man sich der spezifischen

Begrifflichkeit u.a. aus sozialmedizinischer Perspektive nähern. Einen ersten Hinweis gibt hier wieder Grond:

"Begriffsbestimmung Prävention

Aufgabe der Prävention ist es, entweder Erkrankungen überhaupt zu verhindern, oder -wenn das nicht möglich ist- durch Früherkennung und Frühbehandlung die Auswirkungen einer Gesundheitsschädigung so gering als möglich zu halten. Aber auch umfangreiche medizinische, berufliche und psychosoziale Rehabilitationsmaßnahmen fallen nach heutigem Verständnis unter den Präventionsbegriff. Entsprechend diesen drei Aufgaben spricht die Weltgesundheitsorganisation von Primär-, Sekundär- und Tertiärprävention. Primärprävention bedeutet, krankheitsauslösende Faktoren zu suchen und auszuschalten bzw. so unwirksam zu machen, daß es erst überhaupt gar nicht zu einer Gesundheitsstörung kommen kann. ... Die Sekundärprävention dagegen beinhaltet alle Maßnahmen zur Früherkennung und Frühtherapie bereits vorhandener Störungen. ... Bei der Sekundärprävention geht es also vor allem um Hilfen für bestimmte Risikopersonen und Risikogruppen.

Die Tertiärprävention hat es sich zum Ziel gesetzt, bei manifesten Erkrankungen weitere Komplikationen bzw. Rezidive zu verhindern und eine bestmögliche Rehabilitation und Resozialisation zu ermöglichen." (Grond;1990,S.91/92)

Diese Erläuterungen unterscheiden schon recht gut die verschiedenen Arten von Prävention, von denen nach aktuellem Wissensstand ausgegangen wird. Allerdings sind die Formulierungen relativ allgemein, da hiermit Krankheiten unterschiedlichster Art beschrieben werden. Paßt man die Schilderungen entsprechend an, d.h. spezifiziert man sie in Bezug auf Alkoholismus und andere Abhängigkeitserkrankungen, so lassen sich etwa folgende Punkte zusammenfassend festhalten, bzw. entwickeln:

1) Suchtprävention wird in Primär-, Sekundär-, sowie Tertiärprävention unterschieden.

2) Primärpräventive Maßnahmen sind alle spezifischen (sonder-/pädagogischen) Maßnahmen und Aktivitäten, die sich an nicht bzw. noch nicht konsumierende Menschen richten. Sie dienen dem Ziel die Entwicklung von Suchtkrankheiten und spätere Schädigungen durch Suchtmittel zu verhindern.

3) Sekundärpräventive Maßnahmen richten sich an suchtgefährdete und/oder schon abhängige Menschen. Die Manifestation von Konsummustern bis hin zur chronischen Abhängigkeit soll durch (psychosoziale) Hilfen abgemildert oder verhindert werden, bzw. die Suchtkrankheit soll (durch Hilfe zur Selbsthilfe) zum Stillstand gebracht werden. Diese Hilfen müssen sich zunächst nicht ausschließlich am Ziel der Suchtstoffabstinenz orientieren, sondern sie richten sich sinnvollerweise nach den individuellen Möglichkeiten des Einzelnen, seiner momentanen Situation, seinen aktuellen Fähigkeiten, etc.

4) Tertiärpräventive Maßnahmen sollen den Wiederbeginn einer Konsumphase verhindern und zielen auf die Verminderung von Folgeproblemen bei bereits abhängig gewordenen Menschen

(z.B. im Rahmen von begleitenden psychosozialen und/oder therapeutischen Hilfen, ambulanten Therapien, beruflicher Rehabilitationen, etc.).

Durch diese Unterscheidungen wird die Rolle, die Mitarbeiter in pädagogischen Einrichtungen spielen können, noch etwas klarer gemacht. In Bezug auf Kinder ist hier an fast ausschließlich primärpräventive Maßnahmen zu denken, Jugendliche können sich bereits in den Bereich der Sekundärprävention hinein entwickeln und der Bereich der Tertiärprävention schließlich bleibt fast ausschließlich anderen Institutionen vorbehalten. Hinsichtlich suchtkranker Elternteile und des nicht selbst betroffenen Elternteils können pädagogische Mitarbeiter in Schulen, Kindergärten, etc. erste Vorschläge für sekundärpräventive Aktivitäten machen und entsprechende Hilfen anbieten, etwa in Form von Informationen, der Weitergabe von Adressen, usw. (s.u.).

Erklärtermaßen soll es in diesem Abschnitt um Primärprävention gehen. Da die Ursachen von Sucht stets vielschichtig sind (evtl. genetische Dispositionen, familiäre Einflüsse, etc.) ist es sicherlich statthaft davon auszugehen, daß es keinen zu frühen Zeitpunkt für das Einsetzen primärpräventiver Maßnahmen gibt. Das impliziert, daß ein entsprechender Bedarf für alle in pädagogischen Institutionen sich bewegende Altersgruppen besteht und daß dementsprechend zu handeln ist.

Folgende Grundlinien derartigen Handelns sind unterscheidbar:

-Aufklärung/Information über Drogen (Neben-/wirkungen, Schäden, Folgen)

-Stärkung/Förderung aller gesundheitserhaltenden Faktoren (physisch, geistig, seelisch)

Das aber sollte nach Ansicht des Verfassers folgendes bedeuten:

-In Bezug auf Alkohol -wie auch auf andere Drogen- nicht abschrecken und keine "Horrorgemälde malen", denn dies macht Kinder erst recht neugierig und erhöht den Reiz, das Verbotene nun gerade zu tun! Die Kinder statt dessen ernst nehmen, sie altersgemäß und sachlich korrekt aufklären über die Wirkung, die Risiken und Gefahren von Suchtmitteln.

-Alles bei ihnen stärken, was in Richtung Aktivität geht, in Richtung "selber Leben"! (Etwas positives, das ich selbst geschaffen habe, macht mich viel glücklicher und zufriedener als jeder Rausch. Und wenn ich etwas Schlechtes erfolgreich und ohne "chemische Krücke" ertragen habe, dann kann ich mit Recht stolz auf mich sein! **Das** müssen wir den Kindern nahebringen!)

Vielleicht am wichtigsten: Wir müssen jedem Einzelnen sagen: DU BIST JEMAND! DU BIST ETWAS WERT! Und zwar genausoviel wie jeder andere Mensch. Oft werden Menschen, auch Kinder und Jugendliche nur noch an dem gemessen, was sie LEISTEN können. Die Leistungsschwachen und die, die zu oft versagen: sie werden als nichts wert angesehen und womit sie sich trösten liegt relativ nahe: Suchtmittel sind für derlei Fälle ein "bequemer" Ausweg.

Will man etwas konkreter werden und diese Aussagen auf pädagogische Institutionen, bzw. Einrichtungen übertragen und weiterentwickeln, können sich u.a. folgende konzeptionelle

Leitlinien ergeben. (Die berufliche Perspektive des Verfassers ist dabei -wie erwähnt- die aus einer Einrichtung der offenen Kinder- und Jugendarbeit heraus.):

-Offenheit gegenüber allem, was die Kinder mitbringen sowohl im Hinblick auf ihre persönliche Geschichte als auch durch ihre Zugehörigkeit zu unterschiedlichen Kulturkreisen. Entwicklung und Pflege von Umgangsformen, die das Zusammenleben dieser unterschiedlichen Personen und Personengruppen ermöglichen, durch Gleichberechtigung aller Kinder und Jugendlichen in der Einrichtung. Vermeidung, sinnvolle Kanalisierung und wenn nötig aktive Verhinderung von Gewaltanwendung, Förderung gegenseitiger Rücksichtnahme

-Förderung gegenseitigen Verständnisses durch Gespräche und Hintergrundinformationen

-Aufzeigen von Grenzen und Aufstellen von Regeln, die für die Kinder und Jugendlichen einsichtig sind bzw. gemacht werden und deren Einhaltung durchgesetzt wird

-Förderung einzelner Kinder und Gruppen entsprechend ihren Bedürfnissen und den Erfordernissen ihrer Situation durch die Erweiterung ihres Gesichtsfeldes, ihrer Kenntnisse und Fähigkeiten

-Erweiterung ihrer Betätigungsmöglichkeiten durch vielfältige Angebote

-Stärkung des Selbstvertrauens, indem ihnen in jeder erdenklichen Hinsicht Erfolgserlebnisse ermöglicht werden

-Hilfe bei der Aufarbeitung von Entwicklungsdefiziten, Unterstützung bei der aktuellen Lebensbewältigung und der Überwindung von konkreten Schwierigkeiten

-Aufbau tragfähiger Beziehungen der pädagogischen Mitarbeiter zu den Kindern und Jugendlichen als Grundlage für eine erfolgreiche Arbeit

-Bereitschaft, sich mit der eigenen Person auseinander zu setzen

-Aufrechterhaltung / Entwicklung der Einrichtung in der jeweils bestehenden Form als zuverlässiger Faktor im Leben der Kinder und Jugendlichen des Einzugsgebiets, um eine kontinuierliche und verläßliche Begleitung zu ermöglichen.

Anzumerken ist hier sicherlich, daß mit den genannten Leitlinien nicht nur spezifisch gewalt-/ und suchtpräventive Ziele erreicht werden und werden sollen, sie sind jedoch auch -und besonders- hier unverzichtbare Basis entsprechenden Handelns!

Viele Differenzierungen und Konkretisierungen könnten sich an die bisherigen Ausführungen anschließen, sollen jedoch unterbleiben. Primärprävention im Suchtbereich hat in den letzten Jahren (ebenso wie mittlerweile die Gewaltprävention, die ja auch in einigen Punkten deckungsgleich ist) einen gewissen "boom" erlebt. Erfreulicherweise war hierbei ein Paradigmenwechsel feststellbar.

In den siebziger Jahren unseres Jahrhunderts bedeutete Prävention fast immer reine "Drogen"-Prävention mit einem starken Überhang gefahrenbetonter Botschaften im Zusammenhang mit rauschauslösenden, illegalen Substanzen (wobei zum Teil erschreckend schlecht recherchiert, bzw. sogar in Wort und Schrift die Unwahrheit verbreitet wurde -was der Verfasser persönlich bezeugen kann). Legale Substanzen wurden hierbei auch benannt, jedoch in der "Hierarchie der Schrecken" klar anders (und somit unter-) bewertet. Unter anderem sicherlich aufgrund mangelnder Erfolge, wechselte seit einigen Jahren die Perspektive und Herangehensweise in Richtung der oben bereits erwähnten Trends (Förderung gesundheitserhaltender Anteile des Kindes, u.ä.). Literatur, Vorschläge für didaktische Einheiten und Projekte, teils auch Spiele und Spielvorschläge sind demnach verfügbar. Lediglich beispielhaft soll an dieser Stelle hingewiesen werden auf Aktivitäten der "Deutschen Behindertenhilfe Aktion Sorgenkind e.V. / Vorsorge-Initiative, Frankfurt a.M." die u.a. "7 Regeln gegen Sucht" formulierte, die entsprechende "Kindergarten-Kits" herausgibt, etc., auf verschiedene Aktionen der "Bundeszentrale für gesundheitliche Aufklärung -BZgA-" in 51109 Köln ("Kinder stark machen"; "Informationstelefon Suchtvorbeugung 0221-89920"), sowie auf Maßnahmen der bereits zitierten DHS (so./su.).

Es wurde mit dieser veränderten Herangehensweise ein Weg eingeschlagen, der als unbedingt positiv angesehen werden kann. Zu ergänzen ist jedoch zwingend, daß der mögliche und gravierende suchtbegünstigende Faktor "ein Elternteil ist Alkoholiker" dabei auf keinen Fall aus den Augen zu verlieren und stets zu prüfen ist!

Der Bewußtseinswandel ist andererseits aber sicherlich noch nicht überall grundsätzlich vollzogen und daher weiter zu fördern.

Diesbezüglich soll nun eine recht aktuelle (April 1997), offizielle Verlautbarung des "Presse- und Informationsamtes der Bundesregierung" (PIB) zitiert und entsprechend kommentiert werden:

"Die 1990 unter der Schirmherrschaft des Bundeskanzlers und mit Unterstützung des Deutschen Fußball-Bundes gestartete Aktion "Keine Macht den Drogen" wird aufgrund ihrer großen Akzeptanz fortgeführt. Inzwischen beteiligen sich auch andere Sportverbände sowie zahlreiche Prominente an dieser Initiative, die 1994 hinsichtlich Bekanntheitsgrad, Verständnis, Akzeptanz, Relevanz und Verhaltenskonsequenzen intensiv geprüft wurde. Die repräsentative Mehrthemenbefragung von 5005 Personen aus der deutschen Wohnbevölkerung im Alter von 16 bis 69 Jahren ergab, daß die Aktion "Keine Macht den Drogen" sehr bekannt ist und überwiegend positiv bewertet wird.

Eine wichtige Zielgruppe sind Mitarbeiter aus der Jugendarbeit und Lehrer. Im Rahmen der Aktionstage „Bewußter leben" wurden in den letzten Jahren spezielle Seminare für diese Zielgruppen in den neuen Ländern angeboten. Außerdem wurde ein Fortbildungsangebot für Jugend- und Übungsleiter von Sportverbänden in Kooperation mit dem Deutschen Sportbund entwickelt. Auch hier kommt der Arbeit mit Kindern und Jugendlichen große Bedeutung zu. Das Kinder- und Jugendhilfegesetz schreibt den Jugendämtern ein umfassendes Beratungsangebot vor, um Kinder und Jugendliche präventiv-beratend zu unterstützen und

jungen Drogenkonsumenten einen Ausweg aus ihrer Suchtkrankheit zu weisen Die Kultusministerkonferenz hat zur „Sucht- und Drogenprävention in der Schule" (Beschluß vom
03.07.1990) eine eigene Empfehlung verabschiedet, die richtungsweisend für die weiteren
Aktivitäten der Länder geworden ist. Danach zielt schulische Suchtprävention auf

- die totale Abstinenz im Hinblick auf illegale Drogen,
- einen selbstkontrollierten Umgang mit legalen Suchtmitteln (z. B. Alkohol,
  Tabakerzeugnisse) mit dem Ziel weitgehender Abstinenz,
- den bestimmungsgemäßen Gebrauch von Medikamenten.

Die Lehrpläne der Länder geben konkrete Hinweise zur Behandlung des Themas in den
Schulen. Die besonderen Ziele der Suchtprävention verlangen eine differenzierte
Auseinandersetzung mit der Problematik. Die Auseinandersetzung mit den verschiedenen
Drogen wird hauptsächlich in den Fächern Biologie; Chemie und Erdkunde durchgeführt.
Die Umsetzung allgemeiner Ziele der Suchtvorbeugung, wie z. B.

- Förderung der Ich-Stabilität,
- Umgang mit Konfliktsituationen,
- Erkennen eigener Stärken und Schwächen,
- Freude am Leben,

ist Aufgabe aller Lehrerinnen und Lehrer. Sie erfolgt alters- und problemsprechend,
besonders in Fächern in denen Sinnfragen und Fragen der Lebensgestaltung eine Rolle spielen.
Als wenig wirksam wird die punktuelle Behandlung dieses Themas gesehen.
Fächerübergreifende Unterrichtsgestaltungen, handlungs- und erfahrungsorientierte
Arbeitsformen werden besonders empfohlen. In einigen Ländern benennen die einzelnen
Schulen eine Beraterin / einen Berater für Suchtvorbeugung, um die schulischen Maßnahmen
zur Suchtprävention zu unterstützen." (PIB,1997,S.18/19)
Hierzu sind aus Sicht des Verfassers einige kritische Anmerkungen zu machen:
-Ohne jemandem politisch oder menschlich zu Nahe treten zu wollen, scheint es keine
glückliche Wahl, eine Person als Schirmherr einzusetzen, die ganz offensichtlich seit vielen
Jahren an Übergewicht leidet (Bundeskanzler Helmut Kohl). Ein sich in Richtung Eßsucht
bewegender Umgang mit Nahrung scheint hier nämlich keineswegs ausschließbar.
-Zur "Unterstützung des Deutschen Fußball-Bundes" ist zu sagen, daß die -zumindest im
Leistungssport vorliegende- Fixierung auf "Sieg oder Niederlage", auf Höchstleistungen, etc.
sicherlich genauso Bedenken weckt wie Reminiszenzen an Bandenwerbung für Alkoholika, an
"Horden" betrunkener "hooligans" und an diverse Doping-Skandale.
-Die "intensive Prüfung" der Akzeptanz der Aktion "Keine Macht den Drogen" ergab, daß diese

"sehr bekannt ist und überwiegend positiv bewertet wird." Nun ist eine Stichprobe von 5005 Personen zwar einigermaßen repräsentativ (eine Zahl höher 10 000 wäre es allerdings noch mehr gewesen), es ist jedoch nicht einsehbar, daß -anscheinend ausschließlich- aus diesem Grund eine solch` teure Maßnahme fortgeführt wird. Wesentlich wichtiger wäre doch wohl eine Prüfung von Effektivität und Effizienz einer derartigen "Veranstaltung" gewesen, d.h. eine Kontrolle der präventiven Wirksamkeit! (Zwar existiert eine Fundstelle, in der von "Verhaltenskonsequenzen" die Rede ist, nähere Angaben finden sich jedoch hierzu nicht.)

-Als Ziel schulischer Suchtprävention wird u.a. angegeben:

--die totale Abstinenz im Hinblick auf illegale Drogen,

--ein selbstkontrollierter Umgang mit legalen Suchtmitteln (z. B. Alkohol,...) mit dem Ziel
weitgehender Abstinenz,...

Stellt man pointiert die Schäden und Spätfolgen sowie das Suchtpotential der legalen Droge Alkohol (Bier, Wein, aber auch "Schnaps" und Rum) und der illegalen Droge Marihuana einander gegenüber, kann die angegebene Ausdifferenzierung der Ziele nicht nachvollzogen und nur als grob willkürlich bezeichnet werden.

-Weiterhin findet sich folgender Satz: "Die Auseinandersetzung mit den verschiedenen Drogen wird hauptsächlich in den Fächern Biologie; Chemie und Erdkunde durchgeführt." (Unterstreichung vom Verfasser). Zwar mag für einige Menschen die Strukturformel der Droge die sie mißbrauchen nicht uninteressant sein und ähnliches gilt wohl auch für das Wissen über die Herkunftsländer des "Stöffchens"... Dies jedoch als den "hauptsächlichen" Ort der Auseinandersetzung mit Drogen zu benennen, scheint in präventiver Hinsicht recht unangemessen.

Anderen Aussagen (etwa der Benennung der allgemeinen Ziele der Suchtvorbeugung und der Feststellung, daß punktuelle Aktionen wenig wirksam sind) ist dagegen ohne weiteres zuzustimmen.

Diese exemplarische Auseinandersetzung kann sicherlich zeigen, daß die Weiterentwicklung präventiver Ansätze noch an keinem (auch nur vorläufigem) Endpunkt angekommen ist und des stetigen Bemühens um Verbesserungen bedarf.

An dieser Stelle jedoch soll das Thema abgeschlossen werden, wobei sich gewisse Überschneidungen im folgenden Abschnitt "Interventionen" naturgemäß nicht vermeiden lassen.

3.5 Interventionschancen/-Strategien

Wie bereits angekündigt soll es in diesem Abschnitt darum gehen, wie "Schäden abzuwenden sind, die Kinder durch das Leben in einer Alkoholikerfamilie erleiden können", oder -anders ausgedrückt- angesprochen werden sollen Interventionen mit präventiver Intention, welche die

Entwicklung des Kindes zu einem (sonderpädagogischem) "Fall" zu verhindern versuchen (sofern es noch kein solcher ist).

Wie schon ausführlich dargelegt, sind die Risiken für Kinder in einer solchen Familie hoch und die möglichen Schäden vielfältiger Natur. "Alkoholembryopathie" und "erhöhtes Suchtrisiko" sind hier zwei der möglichen Stichworte. In Bezug auf diese Teilmenge der entsprechenden Gefahren lassen sich gezielte Strategien finden, wobei die Zielgruppe hier andererseits aber oft unspezifisch ist. Konkretisiert heißt das:

1. Über die Gefahren körperlicher Schädigungen und Mißbildungen durch Alkoholgenuß in der Schwangerschaft kann und muß u.a. durch Kinder-/Ärzte und Mitarbeiter (sonder-) pädagogischer Einrichtungen informiert werden. Dies kann durch Info-Blätter, Broschüren, Informationsveranstaltungen und insbesondere durch persönliche Einzelgespräche geschehen. Schwangerschaftsuntersuchungen, bzw. Untersuchungstermine hinsichtlich der Kinder können bei Ärzten den aktuellen Anlaß zur Informationsvermittlung geben; in den Einrichtungen (etwa solchen im offenen Bereich) ist an "Krabbelgruppen" und eben an die Elternarbeit allgemein zu denken.

Zwar ist es so, daß in einem Teil dieser Fälle ja bereits mindestens ein Kind geboren, bzw. die Schwangerschaft schon fortgeschritten ist, dennoch sollte hier auf nichts verzichtet werden! Schäden können evtl. minimiert werden, bzw. schon eingetretene besser klassifiziert und (bei ehrlicher Mitarbeit der Mutter) besser behandelt werden. Besonders ist auch daran zu denken, daß ja oftmals später noch weitere Kinder (sei es gewollt oder ungewollt) geboren werden könnten.

2. Suchtgefahren für die Kinder werden mittlerweile doch von relativ vielen Eltern erkannt. Oftmals liegt der aktuelle Bezug hier zwar auf Drogen, d.h. bei illegalen Substanzen wie Haschisch, Kokain, Heroin und Ecstasy, trotzdem bietet sich hier ein wertvoller Ansatzpunkt für sinnvolle Interventionen. Sowohl in Einzelgesprächen, als auch bei größeren Veranstaltungen, wie Elternabenden usw. kann die Gefährdung der Kinder durch illegale Drogen sozusagen als "Aufhänger" genutzt werden. Der nächste Schritt in diesem Zusammenhang ist es dann, die statistische bzw. quantitative Relation zu nennen: Alkoholismus ist der bei weitem größere Faktor und von daher quasi als der "Normalfall" einer möglichen Suchtentwicklung anzunehmen!

Von hier aus bleibt dann weiterzuleiten auf die Rolle der Eltern. Ihre Vorbild-Funktion muß umfassend, gezielt und deutlich thematisiert werden. In relativ allgemeiner Form läßt sich nun ein "Informationspaket" über Alkoholgefahren, den Verlauf der Krankheit Alkoholismus, entsprechendes fehlgehendes Partnerverhalten etc. "anhängen". Die Erläuterung wirklich hilfreichen Verhaltens, konkreter möglicher Schritte und besonders (!) die Nennung von regionalen Adressen, Ansprechpartnern, Telefonnummern, usw. muß sich zwingend anschließen.

Werden die beschriebenen Maßnahmen in qualitativ und quantitativ ausreichender Weise durchgeführt, so kann im günstigen Falle ein bewußterer und verantwortungsvollerer Umgang der Eltern mit Alkohol erreicht werden.

Auf der Basis des weiter oben geschilderten Grundwissens muß allerdings eines vollkommen klar sein: derartige Aktionen erreichen nur eine bestimmte Teilgruppe der Eltern, nämlich diejenigen, die ohnehin nicht oder in relativ geringer Gefahr sind Alkoholmißbrauch zu üben, bzw. abhängig zu werden (maximal zu denken wäre an die beginnende Prodromal-Phase / leichte Formen des Alpha- und Beta-Typus). Es handelt sich bei den geschilderten Vorgehensweisen letzten Endes um (in Bezug auf die Eltern) primärpräventive Maßnahmen, die hinsichtlich möglicher (zukünftiger) Schädigungen des Kindes intervenieren (also "sich einmischen") sollen.

Liegen jedoch Hinweise auf eine bereits manifeste Suchtkrankheit vor, ist sicherlich (zusätzlich) anders zu verfahren. Hierzu wird später näher Stellung genommen.

Zunächst soll nämlich noch verwiesen werden auf eine weitere mögliche Strategie von Prävention und Intervention, nämlich die Öffentlichkeitsarbeit. Hier ist zum Teil ein durchaus direkterer und offensiverer Ansatz möglich. Gefahren und mögliche Folgen für die Kinder können hier ohne zu große Rücksichtnahme dargestellt werden, da die Zielgruppe eine unspezifische ist. Konkret bedeutet dies, daß in eventuell existierenden, internen Zeitungen (Schülerzeitungen, "Haus-Info", etc.), in der örtlichen Tagespresse, bei (themenbezogenen) Elternabenden, usw. über die Krankheit Alkoholismus, ihre Folgen für den Betroffenen und seine Angehörigen und insbesondere über die Gefahren für die Kinder, berichtet werden kann.

Anlaufstellen für Rat und Hilfe sollten dabei natürlich ebenfalls genannt werden. Außer an Zeitungen, u.ä. wäre auch an eine diesbezügliche Zusammenarbeit mit regionalen Fernseh- und Radiosendern zu denken (dies wurde z.B. vom Verfasser in Bezug auf Prävention bereits erfolgreich praktiziert $\otimes$).

Die Möglichkeit in dieser Art tätig zu werden, besteht sicher nicht für alle (Arten von) Einrichtungen (institutionelle Vorgaben, gesetzliche Einschränkungen, u.ä.). Soweit machbar sollte sie aber genutzt werden, ggf. kann auch bei Vorgesetzten, dem übergeordneten Träger, u.ä. darauf hingewirkt werden, daß von dieser Seite her an die Öffentlichkeit getreten wird.

Bevor nun auf personenspezifische Interventionschancen eingegangen wird, soll noch einmal Meyer zitiert werden, der ein praktisches Beispiel dafür anführt, wie verschiedene Präventionsformen konstruktiv "mischbar" sind (hier sind es primärpräventive Ansätze, die sich an Kinder und Eltern richten):

"Meyer hat gute Erfahrungen gemacht mit Veranstaltungen in Kindergärten und an Schulen, bei denen Kinder den Eltern alkoholisierte Familienfeiern vorgespielt oder Bilder davon gezeichnet haben. Ein Kasperletheater von Kindern gestaltet, das typische Verhaltensweisen und Aggressionen zeigt, kann ein heilsamer Schock sein. Wenn Eltern die Unsitte einstellen, Limo oder Apfelsaft , 'Kindersekt', 'Kinderlikör' oder 'Bowle' zu nennen, oder sich entschließen, ein Straßenfest (tagsüber solange die Kinder dabei sind) oder einen Schulausflug einmal ohne Alkohol zu feiern, ist schon viel gewonnen. 'Entscheidend ist doch immer: Was leben wir den Kindern vor?' " (KABI 13.5; "Kein „Kindersekt"/ Sept. 1993)

⊗ = Siehe beigefügte Videocasette

3.5.1 Der alkoholkranke Elternteil

Ein Ansatzpunkt von dem aus zugunsten von Kindern aus Alkoholikerfamilien interveniert werden kann, ist der Alkoholiker selbst. Ist man über die Ursachen, den Ablauf und die Folgeerscheinungen der Krankheit hinreichend informiert, besteht eine -wenn auch nicht allzu große- Chance, dem Abhängigen erfolgreich Hilfe anzubieten. Wichtig werden können hier aber Detailkenntnisse über das Problemfeld, d.h. die Phasen des Alkoholismus, die verschiedenen Alkoholiker-Typen, usw. Diese sollten dem Mitarbeiter sonder-/ pädagogischer Einrichtungen demnach präsent sein.

Tritt nun der entsprechende Elternteil tatsächlich häufig genug in der Einrichtung in

Erscheinung, läßt sich folgende Strategie empfehlen:

1. Vorsichtig, aber zügig versuchen ein Vertrauensverhältnis aufzubauen.

2. Führen eines gezielten und gut vorbereiteten Gespräches (ggf. auch mehrerer Gespräche).

Im Verlauf dieses Gespräches können dem Betroffenen offen verschiedene Beobachtungen und Erlebnisse geschildert werden, die deutlich auf sein Alkoholproblem hinweisen. Konkrete Fakten und Details sind jeweils "ohne Zorn und Eifer", bzw. ohne unnützes Moralisieren zu benennen. Hierdurch werden Möglichkeiten des Ausweichens und Verharmlosens, sowie von Trotzreaktionen deutlich reduziert.

Um derartiges möglichst gut leisten zu können (und auch aus weiteren Gründen) sollte das Gespräch von zwei Mitarbeitern / Fachleuten geführt werden. Die Beteiligung von mehr als zwei Personen ist jedoch wiederum nicht empfehlenswert, da sonst eine zu große "Übermacht" entsteht, bzw. sich der Eindruck eines Tribunals aufdrängen kann. Auf einen geschützten Raum -in jeglicher Hinsicht- (räumlich, zeitlich, störungsfrei, etc.) ist unbedingt zu achten. Mögliche Verläufe des Gesprächs sollten zuvor überlegt werden. Selbst ein regelrechtes vorheriges Durchspielen der Begegnung (Rollenspiel) mit dem zweiten Mitarbeiter wäre denkbar.

Ähnliches gilt auch für die vorstellbaren Ergebnisse dieses Gespräches, das bedeutet es sind sich im vorhinein Antworten auf die Frage zu geben: "Was werden unsere Konsequenzen sein, wenn.....?" Für den Fall, daß das Gespräch positiv verläuft, sollten konkrete Vorschläge, Adressen und geeignetes Informationsmaterial bereit gehalten werden.

Theoretische Hilfestellungen für die Vorbereitung und Gestaltung der Situation lassen sich im Bereich der Ratgeber für Mitarbeitergespräche ("Führungskraft konfrontiert mit Alkoholproblem") finden (cf. z.B.: Lenfers, H.; 1993). Für einige Teile des Gespräches können auch Elemente der Klientenzentrierten Gesprächsführung nach Rogers hilfreich sein (cf. z.B. Rechtien,W.; 1988, S.122 folgende).

Da der Betroffene im Zeitverlauf zunehmend zum Ausweichen und zur Isolation neigt, sieht der Verfasser wohl gewisse Chancen dafür, daß an dieser Stelle zum Wohle des Kindes eingegriffen werden kann, hält diese allerdings leider für nicht sehr groß. Dennoch sollte diese Art des Vorgehens stets mit in Betracht gezogen werden. Oft genug bietet sie (bedauerlicherweise) den einzigen zunächst ersichtlichen und evtl. weiterführenden Anknüpfungspunkt. Dies kann sich ergeben, wenn der andere (nicht betroffene) Elternteil dauerhaft nicht in Erscheinung tritt, häufiger noch, wenn der Alkoholkranke alleinerziehend ist.

Ein weiterer Grund spricht dafür, diesen Schritt als erstes zu versuchen: bei allen Problemen und Risiken, die der Süchtige ursächlich hervorruft, darf doch nicht vergessen werden, daß er ein zwar kranker, aber dennoch vollwertiger Mensch ist. Als solcher besitzt er eine ihm eigene Würde, die ihm auch zu belassen ist! Anders ausgedrückt: es geht hauptsächlich um ihn, den Kranken, daher sollte man ihm auch die Ehre antun, ihn als erstes auf sein Problem anzusprechen und ihm damit die Chance zu einer positiven Reaktion zu geben.

Wenn die Intervention gelingt, und der Kranke (sofort oder auch erst nach mehreren Gesprächen!) bereit ist, Hilfe anzunehmen, ist für das Kind ein wichtiger positiver Schritt getan: mit einer Wahrscheinlichkeit von etwa 50% wird in seiner Familie mittelfristig kein aktiver Alkoholiker mehr leben -sondern ein "Trockener". (50% = etwa der durchschnittliche Therapieerfolg)

Bestehen seitens der jeweiligen Einrichtung keine Kontakte zum Süchtigen, jedoch solche zum nicht abhängigen Elternteil, bieten sich i.d.R. durchaus noch größere Interventionschancen als in Bezug auf den Alkoholiker selbst. Hiervon wird nun die Rede sein.

3.5.2 Der andere Partner

Der Partner des Alkoholkranken ist in einer wenig beneidenswerten Lage. Neben der Verantwortung für (mindestens) ein Kind muß er täglich den Alltag des Süchtigen mittragen. Über die damit verbundenen Belastungen braucht hier nichts weiter berichtet zu werden, dies ist weiter oben bereits geschehen.

Wichtig ist aber zu realisieren, daß in praktisch allen Fällen, in denen keine schnelle Trennung erfolgt, ein zunehmend co-alkoholisches Verhalten auftritt und sich verfestigt. Dieses Verhaltensmuster zeigt eigene, ausgeprägte Symptome (s.o.), die im Umgang mit diesen Personen beachtet werden müssen. Auch hier läuft oft eine phasenhafte Entwicklung ab, die konkrete Person ist demnach vorsichtig in dieses Ablaufschema einzuordnen.

Für den Mitarbeiter (sonder-) pädagogischer Einrichtungen / Institutionen bietet der nicht-abhängige Elternteil einen Ansatzpunkt, von dem aus er für das Wohl des Kindes tätig werden kann.

Als mögliche Ziele derart ausgerichteter Intervention scheinen grundsätzlich drei Perspektiven sinnvoll:

1. Herantragen von konkreten Hilfsangeboten an den Suchtkranken über den (oft sehr sinnvollen) Umweg über die dritte Person.

2. Bessere Information dieses nicht abhängigen Partners über die Krankheit "Alkoholismus" (Typen, Phasen, Folgen, Schäden, etc.) und Nennung von regionalen Hilfsangeboten für Angehörige (Al-Anon, andere Selbsthilfegruppen, spezielle Beratungsstellen, evtl. Ärzte).

3. Hilfe bei der Vorbereitung (und in Maßen) der Durchführung einer räumlichen Trennung vom Alkoholiker (Auszug, temporärer "Hinauswurf" des Kranken, Vermittlung des Kindes in ein Heim oder eine Pflegefamilie).

Diesen Ziele kann z.T. parallel, sich zeitlich überschneidend, oder auch chronologisch aufeinanderfolgend nachgegangen werden, je nach individuellem Fall, bzw. spezifischer Fallentwicklung.

Hat sich bezüglich eines bestimmten Kindes ein begründeter Verdacht auf eine

Alkoholikerfamilie ergeben und ist der Betroffene selbst entweder nicht greifbar / erreichbar, bzw. ist eine auf ihn bezogene Intervention bereits einmal fehlgeschlagen, ist demnach der Ansatzpunkt für die Mitarbeiter der andere Elternteil. Um ihn, ausgerichtet auf die erwähnten Ziele, in sinnvoller Weise erreichen zu können, sind gewisse Strategien erforderlich. Diese sind teilweise den Strategien ähnlich, die auch hinsichtlich des Betroffenen selbst sinnvoll scheinen:

1. Entsprechendes Wissen (über Alkoholismus, insbesondere aber über Co-abhängigkeit) muß vorhanden sein, bzw. sich verschafft werden.

2. Sofern noch nicht geschehen (und wenn hinsichtlich des vermuteten Gefährdungspotentials für das Kind noch zeitlich statthaft) muß ein Vertrauensverhältnis geschaffen oder intensiviert werden.

3. Wie schon weiter oben unter dem Stichwort "Erkennen gefährdeter Kinder" geschildert, sollte nun ein gut vorbereitetes Gespräch im geschützten Raum stattfinden. Diese Begegnung kann zum einen dazu dienen, die Vermutung, daß in der Familie des Kindes ein Alkoholiker lebt, zu bestätigen, zum anderen können in diesem Gespräch bereits Informationen gegeben und Hilfen angeboten werden. Die möglichen Zielrichtungen dieser Intervention wurden bereits angesprochen.

Sollte der Co-abhängige (noch) nicht fähig sein zu dem Problem zu stehen, ist er auf einfühlsame Weise mit den Tatsachen zu konfrontieren, ohne moralische Verurteilung, ohne Schuldzuweisungen, etc. Auch hier empfiehlt es sich sehr, ganz <u>konkrete</u> Fakten, Beobachtungen und schließlich Befürchtungen vorzubringen! Nur zu leicht lassen sich nämlich <u>allgemeine</u> "Vermutungen", "Eindrücke", u.ä. bagatellisieren und verharmlosen.

Sobald die Krankheit des Partners eingestanden werden kann, bzw. wird, ist wieder der Rückgriff auf die Klientenzentrierte Gesprächsführung hilfreich, hier kann sich der Co-abhängige erst einmal einiges "von der Seele reden". Kein auch nur grober Überblick über diese Art der Führung von Gesprächen kann hier gegeben werden, dies würde den vorgegebenen Rahmen in mehrfacher Hinsicht sprengen, auf entsprechende Fachliteratur und Weiterbildungs- angebote ist deshalb zu verweisen. Dennoch sollen, quasi als Illustration, die drei empfohlenen Grundhaltungen (bzw. Methoden) des "Gesprächsführers" genannt sein:

1) Positive Wertschätzung und emotionale Wärme

2) Verbalisierung emotionaler Erlebnisinhalte/Verstehen ("Spiegelung")

3) Echtheit und Ehrlichkeit (Selbstkongruenz)

(cf. u.a. Rechtien,W.;1988,S.122 folgende/S.174 folgende).

Gelingt es auf diesem Wege dem Angehörigen reale Hilfen zu vermitteln, können sich -nach einer Reihe von Gesprächen und in Zusammenwirken mit Anderen- echte Verbesserungen für das betroffene Kind ergeben. Denn wenn der Alkoholiker auf diesem "Umweg" in eine (wie auch immer geartete) Therapie vermittelt werden kann, oder wenn sich der mitbetroffene Elternteil zusammen mit dem Kind zu einer (vorübergehenden) räumlichen Trennung entschließt, ist bereits viel gewonnen: akute Krisensituationen werden vermieden und mittelfristige Perspektiven für eine "trockene Familie" tun sich auf.

Den dritten möglichen Ansatzpunkt für positives Wirken schließlich bietet das Kind selbst und zwar in mehrfacher Hinsicht. Dies soll im nächsten Abschnitt näher erläutert werden.

3.5.3 Das Kind

Einen Einstieg in das Thema gibt ein Zitat von Bertling, in dem anhand des Feldes "Schule" geschildert wird, daß und warum es für den Lehrer wichtig ist, sich mit dem Thema "Alkoholikerfamilien" auseinanderzusetzen:

"Auswirkungen des Lehrerverhaltens auf die mitbetroffenen Kinder alkoholkranker Eltern ... Der Lehrer kann mit seiner Persönlichkeit und seinem Verhalten großen Einfluß auf die Sozialisation und Schulleistungen aller Kinder und damit auch der Kinder aus Alkoholikerfamilien nehmen. Schüler ..., die aufgrund fehlender oder unzureichender Identifikationsmöglichkeiten in der Familie stärker den Lehrer als Identifikationsobjekt wahrnehmen und benötigen, werden zwangsläufig der Person des Lehrers und seinem Verhalten ihnen gegenüber eine ganz besondere Bedeutung zumessen. ... Beim Lehrer selbst erfordern diese Erwartungen ein hohes Maß an Sensibilität und gleichzeitig eine entsprechende Haltung dem jeweiligen Schüler gegenüber. ... Von daher ist es für den Lehrer besonders wichtig, aus dem Verhalten seiner Schüler die richtige soziale Indikation zu schlußfolgern, um sich dann beispielsweise über einen Schüler aus einer Alkoholikerfamilie sachkundig zu machen und ihm eine seiner Situation angemessene Aufmerksamkeit zukommen zu lassen. ... Sich über die physischen und psychischen Belastungen der mitbetroffenen Kinder alkoholkranker Eltern zu informieren, die sich je nach dem Krankheitsbild und dem daraus resultierenden Verhalten des alkoholkranken Elternteils unterschiedlich ausprägen, ist für den Kontakt zwischen dem Lehrer und dem mitbetroffenen Kind von Vorteil, ... Ist der Lehrer über die häusliche Situation des speziellen Schülers und deren Auswirkungen nicht informiert, führt dieses Unwissen möglicherweise zu unangemessenen Sanktionsmaßnahmen gegenüber den Verhaltensauffälligkeiten, wobei die eigentliche Ursache dafür (Kind eines Alkoholikers zu sein) jedoch nicht wahrgenommen wird. Die Folge hieraus kann ein Abfall in den Schulleistungen sein, der Frustrationen verursacht, die ihrerseits wiederum ein Absinken der Motivation bewirken können, welche unter Umständen in völliger Resignation endet. Der 'Teufelskreis' wäre damit perfekt." (Bertling, A.A., 1993, S.137/138)

Zwar ist hier speziell der Bereich "Schule" angesprochen, die meisten Erkenntnisse und Feststellungen lassen sich nach Ansicht des Verfassers aber durchaus auf viele andere Einrichtungen und Institutionen übertragen, sei es im Bereich der Offenen Arbeit, auf Kindergärten / Horte, usw. Einzig der Faktor der "Schulleistungen" / Noten, u.ä. taucht in diesen anderen Feldern im engeren Sinne natürlich nicht direkt auf. Gut hervorgehoben wird in diesem Zitat, wie wichtig das Vorliegen entsprechenden Wissens ist, d.h. es muß bekannt sein, in welcher Situation sich das Kind wirklich befindet. Vorschläge für direkte Interventionen finden sich bei Bertling an dieser Stelle jedoch noch nicht.

Der Verfasser scheinen in Bezug auf das Kind verschiedene Maßnahmen / Interventionen sinnvoll, bzw. möglich. Diese sollen zunächst in der Übersicht als Stichworte dargestellt werden und anschließend näher erläutert werden. Folgenden -auch kombinierbare- Möglichkeiten bestehen:

-Wissen (schaffen)

-Erhöhte Aufmerksamkeit und fokussierte Wahrnehmung

-Gezieltes reagieren und eingehen auf das Rollenverhalten des Kindes

-Gesprächsangebote, Information, Beratung und Begleitung

-Notfalls (Einleiten der) Inobhutnahme/Herausnahme des Kindes.

Wissen (schaffen)

Dies ist natürlich keine Intervention im eigentlichen Sinne, sondern eine Voraussetzung für sinnvolles Eingreifen und Vermitteln. Der Vollständigkeit halber soll aber auch an dieser Stelle auf diese wichtige Basis des Handelns hingewiesen werden. Neben der Information über Sucht und Co-abhängigkeit muß hier zwingend auf die neueren Forschungsergebnisse und Praxiserfahrungen über "Kinder aus Alkoholikerfamilien" zugegriffen werden. Eben weil diese z.T. noch jüngeren Datums sind, ist es besonders wichtig, dieses Wissen fortlaufend zu aktualisieren.

Erhöhte Aufmerksamkeit und fokussierte Wahrnehmung

Auch diese Maßnahme ist wohl noch keine aktive Intervention im engeren Sinne und eher als interventionsvorbereitend einzustufen. Sie kann jedoch durchaus schon übergehen in eine Intensivierung des Vertrauensverhältnisses zu dem betroffenen Kind, bzw. mit dem Aufbau / Ausbau desselben parallel laufen. Eine erhöhte Aufmerksamkeit und eine gezieltere Wahrnehmung bezüglich des Kindes empfiehlt sich besonders dann, wenn Kontakte zum Alkoholiker selbst oder dem anderen Elternteil noch nicht aufgenommen wurden, bzw. wenn diese (vorerst) noch keine grundlegende Besserung der Situation in Aussicht stellen. Hier kann im Auge behalten werden, wie das Kind mit der bestehenden Konstellation (innerlich) umgeht und welche Art von Schäden sich bei ihm andeuteten oder verschlechtern. Ein gezielteres "darauf eingehen" wird so möglich. Weiterhin läßt sich so "im Auge behalten", ob sich dramatische Zuspitzungen der häuslichen Probleme abzeichnen, was wiederum Kriseninterventionen nötig machen kann.

Verschiedene theoretische und praktische Hilfsmittel stehen für dieses Unternehmen zur Verfügung. Sie lehnen sich an die schon oben beschriebenen Mittel zur Identifikation von Kindern aus Alkoholikerfamilien an (z.B. Stichworttagebuch führen, Äußerungen anderer Kinder beachten, u.ä.). In beiden Fällen kann auch -bei Bedarf- auf verschiedene psychologische Beobachtungstechniken zurückgegriffen werden (strukturierte direkte Beobachtung, nicht-/ teilnehmende Beobachtung, etc.).

(Siehe hierzu: Innerhofer,P.; "4001 Verhaltensbeobachtung und Verhaltensanalyse"; FU/GH Hagen, 1984, insbesondere S. 45 - 51; sowie Fliegel, S.; Heyden, T.; "03289 Verhaltens-therapeutische Diagnostik" FU/GH Hagen,1992, z.B. S.41-54).

Gezieltes reagieren und eingehen auf das Rollenverhalten des Kindes

Am Anfang dieses Prozesses steht die schon erwähnte Schaffung oder Intensivierung des Vertrauensverhältnisses zu dem speziellen Kind. Ist dieses gegeben, bzw. ausreichend geschaffen worden, sollte gezielt auf das individuelle Rollenverhalten eingegangen werden. Rollen an sich sind nichts negatives, wir alle spielen sie tagtäglich in mehrfacher Hinsicht (vergl. DAHRENDORF, et.al.). Eine Rolle kann jedoch, wird sie überwiegend aus einer permanenten Notsituation heraus und dazu noch völlig unfreiwillig übernommen, auch sehr negative Auswirkungen haben und später zu Folgeschäden führen (siehe obiges Schema von Wegschneider-Cruse, 1985).

Rollen lassen sich (in Übereinstimmung mit MEAD) definieren als "stetige, einzelnen Personen zugeschriebene und von diesen übernommene soziale Verhaltensweisen und Deutungsmuster", bzw. als Zuschreibungen, die durch Interaktion mit signifikanten, definitionsmächtigen Personen erfolgen. Das bedeutet auch, daß diese Rollen nicht unveränderlich sind, daß Fixierungen abgebaut und allzu starre Ausrichtungen "aufgeweicht" werden können. Der *Held* muß nicht immer heldenhaft sein, er darf auch Schwäche(n) zeigen, darf weinen und darf Spaß empfinden. Dem *Sündenbock* läßt sich trotz seiner Feindseligkeit freundlich gegenübertreten, zwar muß er für seine Verfehlungen auch weiterhin die Verantwortung übernehmen, aber ihm läßt sich auch Aufmerksamkeit widmen, wenn er einmal nichts "anstellt". Das *Verlorene Kind* muß bemerkt werden, es kann in die Gruppe integriert werden, Ermutigungen können es zu Aktivitäten motivieren. Das *Maskottchen* schließlich sollte nicht zu sehr in seinen Scherzen bestärkt werden, ernsthafte Beschäftigungen und Gespräche müssen an diesen "Clown" herangetragen werden, etc. Allen diesen Kindern sollte das Erleben von kontrollierbaren Situationen möglich gemacht werden, sie müssen wieder ein eigenes "Fähig-sein" erfahren und echte Handlungskompetenzen erwerben können. Ziel ist sinnvollerweise immer, ein positve(re)s Selbstbild bei Ihnen zu fördern und zu schaffen.

Wird gezielt, intensiv und versehen mit ausreichendem Hintergrundwissen auf die Rollen der Kinder aus Alkoholikerfamilien reagiert, kann viel Gutes erreicht werden. Eine kontinuierliche diesbezügliche Arbeit kann ihnen helfen konstruktiver und flexibler zu leben und zu überleben. Mancherlei ist hierbei zu beachten. Einige Kinder spielen mehrere dieser unguten Rollen gleichzeitig, bzw. alternierend oder wechseln im Zeitverlauf von der einen zu einer anderen (im Endeffekt ebensowenig tauglichen) Überlebensstrategie. Wahl und Intensität einer Rolle können unbewußt durch die Stellung des Kindes in der Geschwisterreihe beeinflußt sein, so kann also die Geburt eines neuen Geschwisterkindes oder der Weggang z.B. des älteren Bruders aus der Familie Verhaltensverschiebungen generieren.

Ausgearbeitete Vorschläge für die je nach eingenommener Rolle unterschiedlich zu gestaltenden Verhaltensstrategien des Pädagogen zu machen, ist an dieser Stelle u.a. aus Platzgründen nicht möglich, aber wohl auch nicht unbedingt erforderlich. Der (Sonder-) Pädagoge ist eine hochqualifizierte Fachkraft, dem die eigenständige Erarbeitung und Umsetzung entsprechender Handlungspläne durchaus möglich ist.

Schon an dieser Stelle sei darauf hingewiesen, daß die hier vorgeschlagenen Maßnahmen stets nur eingebettet in weitere Versuche, die Situation der Familie grundsätzlich zu verbessern, durchgeführt werden sollten. Bliebe es nämlich rein und ausschließlich bei diesem Ansatzpunkt, wäre die vorgeschlagene konstruktive Arbeit mit den "Not-Rollen" der Kinder ein reines "Herumkurieren" an Symptomen, zu viele Risiken würden unverändert bestehen bleiben.

Gesprächsangebote, Information, Beratung und Begleitung

Das Alter des Kindes determiniert in mancher Hinsicht die Art der Hilfe die ihm gegeben, bzw. angeboten werden kann und stellt damit eine diesbezüglich intervenierende Variable dar.

Dies wird u.a. dann deutlich, wenn es um Information, Beratung und Hilfen außerhalb der eigenen Einrichtung geht. Ist das Kind noch jünger, werden in Bezug auf Hilfen wohl eher Faktoren wie das eben geschilderte "konstruktive Arbeiten mit den Rollen" und indirekte Interventionen (über den Alkoholiker / den anderen Elternteil) im Vordergrund stehen müssen. Der Verfasser hält aus seiner Erfahrung heraus ab einem Lebensalter von ca. 10 Jahren (je nach Reife, etc.) auch direktere Interventionen für möglich. So kann dem Kind klar gesagt werden, daß man -soweit irgend möglich- jederzeit für hilfreiche Gespräche in geschütztem Raum zur Verfügung steht. Es kann auch in altersgerechter Form über die Krankheit Alkoholismus sachlich informiert werden, was für das Kind mehr Verständnis und auch Trost bedeuten kann. Die intellektuellen Fähigkeiten des Kindes sollten an diesem Punkt nicht unterschätzt werden! Wie weit das Gesprächsangebot an das Kind geht, muß sicherlich jeder Pädagoge zunächst einmal "mit sich selbst ausmachen", bzw. im Team und mit Fachleuten eine Entscheidung hierüber finden. Alkoholikerfamilien stellen eine "kritische Masse" dar, krisenhafte Zuspitzungen (gewalttätiger Streit, Mißhandlungen, ...) sind nie ganz auszuschließen und halten sich nicht an die Öffnungszeiten pädagogischer Institutionen. So bleibt -wie gesagt- zu entscheiden, ob und welcher Mitarbeiter dem Kind seine private Telefonnummer / Adresse ausnahmsweise zur Verfügung stellt. Diese Frage ist eine durchaus heikle, sie soll hier nicht abschließend beantwortet werden.

Im Bereich "Information / Beratung" ist es auch möglich dem Kind andere, externe Stellen zu nennen. Ein Beispiel hierfür sind sogenannte "Sorgentelefone", die "Nummer gegen Kummer", u.ä. Unter -teils bundesweit- eingerichteten Rufnummern können sich (ältere) Kinder und Jugendliche (wenn gewünscht anonym) über verschiedenste Nöte aussprechen. Inwiefern diese Angebote genutzt werden, entzieht sich der Kenntnis des Verfassers, jedoch sollte sicher jedes greifbare Angebot (besonders wenn es wie dieses methodisch etwas anders ansetzt) auch tatsächlich an die Kinder herangetragen werden. Je mehr Möglichkeiten Hilfe anzunehmen geschaffen und bekanntgemacht werden (Methodenvielfalt) desto höher ist mutmaßlich auch der Prozentsatz des Klientels, der dann tatsächlich wirkliche Hilfe findet.

Im Bereich "Beratung / Begleitung" ist u.a. an fachspezifische Beratungsstellen, an spezielle Dienste des Jugendamtes (s.u.) und ähnliches zu denken. Älteren Kindern und Jugendlichen können diese Stellen genannt werden (Namen, Sprechzeiten, Adresse und Telefonnummer aufschreiben) und sie können (Stichwort "Schwellenangst"!) anfangs dorthin begleitet werden.

Eine äußerst begrüßenswerte Institution in diesem Hilfebereich bilden die sog. "Alateen". Die prinzipiell bundesweit vertretenen Gruppen arbeitet nach den Grundsätzen der Anonymen Alkoholiker und der Al-Anon.

Diese Einrichtung scheint dem Verfasser so wichtig, daß er -ungeachtet der "Unwissenschaftlichkeit" dieser Quelle- anhand eines Faltblattes der Organisation diese näher vorstellen möchte:

"Alateen ist: eine Gemeinschaft von jugendlichen Al-Anons, etwa zwischen Zehn und Zwanzig, deren Leben durch das Trinken eines anderen beeinträchtigt worden ist.

Aufgaben von Alateen: Junge Leute kommen zusammen: um Erfahrung, Kraft und Hoffnung miteinander zu teilen; um über ihre Schwierigkeiten zu reden; - um einen wirksamen Weg zu finden, mit ihren Problemen fertigzuwerden; - um sich gegenseitig zu ermutigen; - um miteinander die Prinzipien des Al-Anon Programms verstehen zu lernen. ..... Sponsorschaft: Jede Alateengruppe braucht einen erfahrenen erwachsenen Al-Anon als Sponsor. Der Sponsor nimmt aktiv an der Gruppe teil. Er gibt sein Wissen über unsere Zwölf Schritte und Traditionen an die Gruppe weiter. Außerdem kann sich jeder Alateen für einen persönlichen Sponsor entscheiden; dieser Sponsor ist ein anderer Alateen oder ein Al-Anon. Wo Alateens sich treffen: Alateens treffen sich in Gemeinde- oder Schulräumen oder an anderen geeigneten Orten (oft im selben Gebäude wie eine Al- Anon Gruppe, jedoch in einem eigenen Raum)." (Al-Anon, Faltblatt Best.-Nr. 708 (P41), © 1984.)

Der Verfasser ist im Laufe seiner "Suchtkarriere" relativ selten in engeren Kontakt mit den AA und Al-anon gekommen und bevorzugt deren Ausrichtung auch eher nicht (die Orientierung lag bei ihm mehr in Richtung "Blaues Kreuz" / "freie" Gruppen). Erfahrungsgemäß leisten diese Gemeinschaften aber für sehr viele Menschen außerordentlich positives. Darüber hinaus bietet wohl auch kaum eine andere der großen Selbsthilfeorganisationen ähnliche Dienste an (einige Ansätze, etwa des "Kreuzbund" sind zwar bekannt, diese sind aber bei weitem nicht "flächendeckend"). Dennoch kann, je nach Region, eine Nachfrage natürlich lohnend sein!

Für den pädagogischen Mitarbeiter bedeutet das, daß er über entsprechende Stellen im Einzugsgebiet der Einrichtung Bescheid wissen muß, sehr zu empfehlen ist auch das Herstellen persönlicher Kontakte.

Abschließend kann bemerkt werden, daß diese Art der Intervention sich besonders dann empfiehlt, wenn bisher (noch) kein Elternteil ernsthaft zur Kooperation gewonnen werden konnte. Ist dies aber der Fall, sollte natürlich trotzdem nicht auf entsprechende Aktivitäten verzichtet werden. Sie können dann -im günstigen Fall- in Absprache und zusätzlich zu anderen Maßnahmen verfolgt werden.

Notfalls (Einleiten der) Inobhutnahme/Herausnahme des Kindes

Die oben erläuterten Informations- und Begleitungsmaßnahmen eignen sich insbesondere für ältere Kinder und Jugendliche. Bei jüngeren Kindern hingegen ist derlei oft schwer oder gar nicht zu realisieren. Aufgrund der größeren Verletzbarkeit und Hilflosigkeit jüngerer Kinder kann hier weiterhin das Potential physischer Gefährdung relativ groß sein (Auswirkungen von Verwahrlosung, Minder-/Fehlernährung, von Gewalt, usw.)

So können gesetzliche Zwangsmaßnahmen (oder zumindest ihre Ankündigung) in den Bereich des sinnvollen, ja evtl. sogar Not-wendigen rücken.

Vor diesen Zwangsmaßnahmen kann allerdings noch eine ganze Reihe von (eher) freiwilligen Angeboten liegen, die der Gesetzgeber vorsieht. Die gesetzliche Grundlage hierzu bietet wieder das KJHG. Diesen Kanon von Möglichkeiten gilt es (ggf. in Kooperation mit spezifischer informierten Fachleuten) auszuloten und an den Alkoholiker, bzw. insbesondere den anderen Elternteil heranzutragen. Je nach den Besonderheiten des Einzelfalles wird sich hier der eine oder andere sinnvolle Ansatzpunkt ergeben. *Beispiel*: Die Mutter eines jüngeren Kindes ist Alkoholikerin, der Vater ist ganztags berufstätig. Die Mutter "schwankt", ob sie eine mehrmonatige Therapie antreten soll ("Wer soll denn das Kind versorgen...?"). Hier ließen sich aufgrund des § 20, KJHG "Betreuung und Versorgung des Kindes in Notsituationen" Hilfen schaffen. Es heißt hier nämlich:

"(1) Fällt der Elternteil, der die überwiegende Betreuung des Kindes übernommen hat, für die Wahrnehmung dieser Aufgabe aus gesundheitlichen oder anderen zwingenden Gründen aus, so soll der andere Elternteil bei der Betreuung und Versorgung des im Haushalt lebenden Kindes unterstützt werden,..."

Ähnliche z.T. auch ganz andere Ansatzpunkte finden sich in mehreren Paragraphen des KJHG, die aber hier nur noch stichwortartig genannt werden sollen:

§ 17. Beratung in Fragen der Partnerschaft, Trennung und Scheidung.

§ 18. Beratung und Unterstützung bei der Ausübung der Personensorge.

§ 19. Gemeinsame Wohnformen für Mütter/Väter und Kinder.

§ 20. Betreuung und Versorgung des Kindes in Notsituationen.

§ 27. Hilfe zur Erziehung.

§ 28. Erziehungsberatung.

§ 29. Soziale Gruppenarbeit.

§ 30. Erziehungsbeistand, Betreuungshelfer.

§ 31. Sozialpädagogische Familienhilfe.

§ 32. Erziehung in einer Tagesgruppe.

§ 33. Vollzeitpflege.

§ 34. Heimerziehung, sonstige betreute Wohnform.

§ 35. Intensive sozialpädagogische Einzelbetreuung.

§ 35a. Eingliederungshilfe für seelisch behinderte Kinder und Jugendliche.

§ 41. Hilfe für junge Volljährige, Nachbetreuung.

Die konkrete Prüfung der speziellen Relevanz bleibt hier wieder der pädagogischen Fachkraft "vor Ort" überlassen, wobei durch diese doch recht eindrucksvolle Auflistung von Möglichkeiten klar wird, daß auch im Bereich der gesetzlichen Bestimmungen viel Information und Wissen zu erarbeiten ist.

"Paßt" jedoch keiner dieser Ansatzpunkte, ist notfalls an die Inobhutnahme/Herausnahme des Kindes zu denken. Grundsätzlich lassen sich hier zwei verschiedene Konstellationsarten annehmen, von denen ausgehend sich entsprechende Notwendigkeiten ergeben können:

--Das (jüngere) Kind scheint eher stärker gefährdet, der Alkoholiker ist alleinerziehend und nicht kooperativ, bzw. beide Eltern sind betroffen und unkooperativ, -oder: der andere Elternteil ist zwar nicht selbst betroffen, aber ebensowenig kooperativ wie der Alkoholiker selbst.

--Der nicht betroffene Elternteil will (für sich und das gefährdete Kind) eine räumliche Trennung, die aber schwierig und problematisch ist (unterschiedliche Gründe sind hierfür möglich), der Alkoholiker selbst ist unkooperativ.

Im ersten Fall lastet eine recht hohe Verantwortung auf dem jeweils mit dem Kind und der Problematik befaßten Mitarbeiter. Es besteht keine Bereitschaft zur Zusammenarbeit, das Kind ist gefährdet -und insofern besteht eine Pflicht für sein Wohl aktiv zu werden, andererseits haben Zwangsmaßnahmen eine Reihe von Nachteilen (Unfreiwilligkeit, Trennungsschock, etc.). Auch hier kann wieder einmal nur geraten werden Teamgespräche, Supervision und das Gespräch mit anderen Fachleuten und Menschen allgemein zu suchen, um zu einer fundierten Entscheidung zu kommen. Der Mitarbeiter in der pädagogischen Einrichtung in der das Kind auffällig wurde, entscheidet andererseits in der Regel nicht selbst über die Inobhutnahme / Herausnahme eines Kindes aus seiner Familie. Er kann aber bei den entsprechenden Stellen den Vorschlag hierzu machen. Drohungen sind sicher fast immer ein schlechtes Mittel, um Zusammenarbeit herzustellen. In diesem Fall jedoch <u>muß</u> bei Gefährdung des Kindeswohles ohnehin gehandelt werden. Daher sollte dem (oder den) Alkoholiker/n vor der Durchführung der Maßnahme rechtzeitig bekannt gegeben werden, daß man einen entsprechenden Vorschlag erwägt und ihn -bei unverändert bleibender Situation- auch vorbringen wird.

Etwas anders kann sich das Vorgehen im zweiten Fall gestalten. Hier kooperiert der nicht betroffene Elternteil, der Alkoholiker selbst jedoch "macht Schwierigkeiten". Die Anwendung der entsprechenden gesetzlichen Möglichkeiten kann hier demnach eine echte Hilfestellung für den anderen Elternteil und das Kind sein. Eine entsprechende Beratung und ggf. Begleitung ist also sinnvoll und angebracht.

Es sollen zur näheren Bestimmung hier keine Beispiele gebildet werden. Einerseits lassen sich diese, basierend auf dem bisher gesagten, wohl ohnehin vorstellen, andererseits ergeben sich hierzu auch einige Hinweise aus dem zugrundeliegenden Gesetzestext selbst, der im folgenden auszugsweise zitiert werden soll:

"§42 Inobhutnahme

(1) Inobhutnahme eines Kindes oder eines Jugendlichen ist die vorläufige Unterbringung des Kindes oder des Jugendlichen bei

1. einer geeigneten Person oder 2. in einer Einrichtung oder 3. in einer sonstigen betreuten Wohnform. ... Während der Inobhutnahme übt das Jugendamt das Recht der Beaufsichtigung, Erziehung und Aufenthaltsbestimmung aus; der mutmaßliche Wille des Personensorgeberechtigten oder des Erziehungsberechtigten ist dabei angemessen zu berücksichtigen. Es hat für das Wohl des Kindes oder des Jugendlichen zu sorgen, das Kind oder den Jugendlichen in seiner gegenwärtigen Lage zu beraten und Möglichkeiten der Hilfe und Unterstützung aufzuzeigen.

(2) Das Jugendamt ist verpflichtet, ein Kind oder einen Jugendlichen in seine Obhut zu nehmen, wenn das Kind oder der Jugendliche um Obhut bittet. Das Jugendamt hat den Personensorge- oder Erziehungsberechtigten unverzüglich von der Inobhutnahme zu unterrichten. Widerspricht der Personen- oder Erziehungsberechtigte der Inobhutnahme, so hat das Jugendamt unverzüglich 1. das Kind oder den Jugendlichen dem Personensorge- oder Erziehungsberechtigten zu übergeben oder 2. eine Entscheidung des Vormundschaftsgerichts

über die erforderlichen Maßnahmen zum Wohl des Kindes oder des Jugendlichen herbeizuführen. ...

(3) Das Jugendamt ist <u>verpflichtet</u>, ein Kind oder einen Jugendlichen in seine Obhut zu nehmen, <u>wenn eine dringende Gefahr für das Wohl des Kindes oder des Jugendlichen die Inobhutnahme erfordert.</u> ...

§43 Herausnahme des Kindes oder des Jugendlichen ohne Zustimmung des Personensorgeberechtigten

(1) Hält sich ein Kind oder ein Jugendlicher mit Zustimmung des Personensorgeberechtigten bei einer anderen Person oder in einer Einrichtung auf und werden Tatsachen bekannt, die die Annahme rechtfertigen, daß die Voraussetzungen des § 1666 des bürgerlichen Gesetzbuchs vorliegen, so ist das Jugendamt bei Gefahr im Verzug befugt, das Kind oder den Jugendlichen von dort zu entfernen und bei einer geeigneten Person, in einer Einrichtung oder in einer sonstigen betreuten Wohnform vorläufig unterzubringen. Das Jugendamt hat den Personensorgeberechtigten unverzüglich von den getroffenen Maßnahmen zu unterrichten. Stimmt der Personensorgeberechtigte nicht zu, so hat das Jugendamt unverzüglich eine Entscheidung des Vormundschaftsgerichts herbeizuführen. ..."

(Topware (Hrg.); CD-ROM "Abschnitt KJHG", 1996) (Unterstreichungen: Verfasser)

Verwiesen wird hier u.a. auf das Bürgerliche Gesetzbuch (BGB). Der entsprechende Paragraph lautet:

"BGB 1666. (1) Wird das körperliche, geistige oder seelische Wohl des Kindes durch mißbräuchliche Ausübung der elterlichen Sorge, durch Vernachlässigung des Kindes, durch unverschuldetes Versagen der Eltern oder durch das Verhalten eines Dritten gefährdet, so hat das Vormundschaftsgericht, wenn die Eltern nicht gewillt oder <u>nicht in der Lage</u> sind, die Gefahr abzuwenden, die zur Abwendung der Gefahr erforderlichen Maßnahmen zu treffen. Das Gericht kann auch Maßnahmen mit Wirkung gegen einen Dritten treffen.

(2) Das Gericht kann Erklärungen der Eltern oder eines Elternteils ersetzen. ..."

(Topware (Hrg.) CD-ROM "Abschnitt BGB"; 1996) (Unterstreichung: Verfasser).

Damit soll die Schilderung der am Kind selbst ansetzenden Interventionsmöglichkeiten abgeschlossen werden, dies aber nicht ohne den Hinweis, daß auch hier die Maßnahmen teils parallel, teils nacheinander oder auch sinnvoll kombiniert stattzufinden haben -je nach den realen Erfordernissen des individuellen Einzelfalles!

3.6 Notwendigkeit interdisziplinären/konkret vernetzten Arbeitens

Gegen Ende dieser Arbeit soll noch einmal hervorgehoben werden, daß es dem Verfasser wichtig erscheint, daß zum Wohle des Kindes alle nötigen Personen und Institutionen miteinander kooperieren. In psychologischer Hinsicht ist es hierzu wichtig, daß bei Mitarbeitern und Funktionsträgern ein "Geist, der Trennendes überwindet" entwickelt wird. Wissenschaftliche und praktische Interdisziplinarität sollte, wo möglich und nötig, geübt werden.

Allgemein formuliert und diesbezüglich u.a. angelehnt an Speck (1994,S.34-54) läßt sich diese Forderung so näher bestimmen:

1) Die speziellen Erziehungserfordernisse von Kindern aus Alkoholikerfamilien können im Endeffekt durch isoliert arbeitende pädagogische Einrichtungen / Institutionen nicht professionell abgedeckt werden. Spezifisch ausgebildete Pädagogen können immer nur für Teilgruppen von Kindern hohe Kompetenz besitzen; auf der anderen Seiten können "Allrounder" (z.B. in der Offenen Arbeit) stets nur für die "um den jeweiligen Durchschnitt herum" gruppierten Kindern eine adäquate Qualifikation aufweisen.

2) Gefragt ist demnach gegenseitige Ergänzung! Neben Detailwissen wird immer wichtiger das Zusammenhangswissen! Mit Erkenntnissen benachbarter (sonder-)pädagogischer und wissenschaftlicher Disziplinen muß sich intensiv und kontinuierlich auseinandergesetzt werden, wobei ein Umdenken mit Blick auf das Ganze gefordert ist.

3) Der je eigene Fachansatz bleibt hierbei selbstverständlich bestehen! Interdisziplinarität soll keine Vermengung von Teilansichten darstellen, sondern eine Bereicherung aller Beteiligten hervorbringen. Aktive Kooperation und gegenseitige Respektierung von Autonomie sind hierbei unabdingbar, denn Arbeitsklima und Arbeitseffektivität sind von diesem Respekt gleichermaßen abhängig!

4) Die Erfahrung zeigt, daß dies in der Praxis auf Schwierigkeiten stößt. Die Gründe hierfür liegen in einer größeren fachlichen Beanspruchung und -nicht zuletzt- in der Organisierbarkeit. Die nötige Zusammenarbeit muß in mancherlei Hinsicht erst (mühsam) erlernt werden.

Insbesondere die praktischen Probleme sollten hierbei nicht unterschätzt werden! Jede Schule, jedes Jugendhaus, jede Einrichtung verfügt nur über einen (meist knappen) Personalschlüssel, die Zahl der einsetzbaren Wochenstunden ist eng begrenzt. Aufbau und Pflege von Kontakten, Kooperation, "Vernetzungstreffen", u.ä. kosten aber Zeit und erfordern zusätzlich oft noch die Überwindung von -teils "historisch gewachsenen"- Ressentiments gegen anders spezialisierte Kollegen und Fachleute.

Alle Vorbehalte und jeglicher Fachegoismus müssen aber zum Wohle des Kindes überwunden werden. Nur durch die Schaffung realer (synergistischer) Positiv-Effekte kann es zur Hervorbringung wahrhaft hilfreicher Mesosysteme kommen (cf.: Bronfenbrenner, 1981).

Konkret angesprochen sind in diesem Sinne vor allem folgende Einrichtungen:

- Kindergärten /-Horte / -Tagesstätten
- allgemeine Schulen (aller Ausrichtungen)
- Sonderschulen (verschiedener Ausrichtungen)
- Einrichtungen der offenen Kinder-/Jugendarbeit
- (Kinder-)Ärzte
- sozialpädagogische (Spezial-)Dienste
- mobile sonderpädagogische Dienste / Frühförderstellen
- Suchthilfestellen (Beratungsstellen, Selbsthilfegruppen)
- Fachdienste des Jugendamtes (Allgemeine/r-/Soziale/r Dienst/e)
- Kinderschutzbund
- Frauenhäuser
- und ähnliche

In dieser Auflistung finden sich die (pädagogischen) Institutionen und Einrichtungen wieder, in denen gefährdete Kinder und Jugendliche aus Alkoholikerfamilien sich bewegen (können), in denen somit die Begegnung des Mitarbeiters mit ihnen stattfindet. Darüber hinaus aber finden sich z.B. auch Ärzte, Einrichtungen der Suchtkrankenhilfe und besondere Institutionen, die in speziell diesem Problemfeld hilfreich sein können -je nach Lage des individuellen Falles.

Systemtheoretische Ansätze gehen davon aus, daß eine "Vernetzung der verschiedenen Dienste" eine unabdingbare Notwendigkeit für die Heil-/Sonderpädagogik ist. Ähnliches nimmt der Verfasser auch für die in dieser Arbeit behandelte Problemgruppe an, wobei die diesbezüglichen Schwierigkeiten weiter oben schon benannt wurden. Intensive, aktive Kooperation und der Aufbau von Vernetzungsstrukturen bleibt demnach eine wichtige und nicht leichte Aufgabe in Gegenwart und Zukunft. Die praktische "Knüpfung" eines Netzes kann unterschiedlich aussehen. Denkbar wären z.B. regelmäßige "große" Treffen, bei denen möglichst viele verschiedene Fachleute und Helfer zum Informationsaustausch, etc. zusammenkommen, wobei diese Zusammenkünfte in jeweils einer anderen der Teilnehmereinrichtungen stattfinden. Ein weiterer Ansatz wären "schneeballähnliche" Systeme, d.h. Einrichtung "A" kooperiert besonders intensiv mit Einrichtung "B" und "C"; Einrichtung "B" arbeitet insbesondere mit "C" und "D" zusammen, und so fort. Derartige Strukturen bestehen in der Praxis natürlich schon, dies aus praktischen Erwägungen, institutionellen Vorgaben und historischer Entwicklung heraus. Es gälte also "nur", dies "auszubauen" und sich der hierdurch auftuenden Möglichkeiten bewußter zu bedienen. Das bedeutet beispielsweise: Einrichtung "C" muß in regelmäßiger, strukturierter Form der Einrichtung "A" über die Tätigkeiten und Optionen der Institutionen berichten, mit denen "C", aber nicht "A" eng kooperiert (wobei "A" natürlich umgekehrt dasselbe leisten muß), usw.

Am günstigsten wäre vermutlich eine Kombination beider Ansätze, wobei die reale

Durchführung und das Finden noch ganz anderer Strategien letztlich der Kreativität und dem Engagement der Mitarbeiter "vor Ort" überlassen bleibt.

Gelingt dies, so wird ökologisch gesehen ein pädagogisch geprägtes Mesosystem (also ein Systemverbund von Mikrosystemen) hervorgebracht, daß zwar eine andere, größere Komplexität aufweist und zugleich neu strukturiert ist, welches aber den speziellen (Erziehungs-)

bedürfnissen der Kinder aus Alkoholikerfamilien besser angepaßt ist.

Nicht vergessen werden soll hierbei, daß eine der neuen Aufgaben dabei auch die Auseinandersetzung mit größeren Systemen (Supra-Systemen) ist. Die Stichworte lauten hier (angelehnt an HUSCHKE-RHEIN): "Medien", "Wissenschaft", "Wirtschaft", "Sozialpolitik", "Wertesysteme", usw. Übergreifende Zwecke und Sinngehalte werden hier formuliert und transferiert, dies zwingt nicht nur "Theoretiker" und Wissenschaftler, sondern auch den praktischen "Mitarbeiter am Kind" dazu, Stellung zu beziehen und ggf. Konsequenzen zu ziehen.

Letzten Endes ist von einer Interaktion und (partiellen) Interdependenz aller gesellschaftlichen Faktoren und (Sub-)systeme auszugehen, die -wo praktikabel und sinnvoll- berücksichtigt werden muß. Zumindest eine entsprechende Bewußtheit sollte vorhanden sein.

Abschließend will der Verfasser der Vermutung Ausdruck geben, daß die Chancen zum Aufbau von kooperativen und vernetzten Strukturen z.Zt. recht gut stehen. Denn auch "höheren Ortes", sprich in Bezug auf die Träger und Finanzgeber (sonder-)pädagogischer Einrichtungen und Maßnahmen findet sich (teils versehen mit variiertem Vokabular) Unterstützung hierfür. Der Grund für diese Zustimmung ist dabei sicher nicht nur in der Einsicht in die bessere Fachlichkeit des neueren Ansatzes zu sehen. Versprochen wird sich nämlich von einer entsprechenden Förderung (angesichts "knapper Kassen") u.a., daß "Doppelbetreuungen vermieden werden" und allgemein "wirtschaftlicher gearbeitet" wird.

4. Resümee

Ausgehend von der Darstellung seiner persönlichen Betroffenheit und seines beruflichen Hintergrundes hat der Verfasser zunächst versucht einen Überblick über verschiedene Teilgebiete zu geben. Angesprochen wurden die Krankheit Alkoholismus, die Erscheinungsformen und Auswirkungen der Co-Abhängigkeit, sowie die Risiken und Gefahren für Kinder aus Alkoholikerfamilien. Hierbei wurde möglichst auf gesichertes Wissen zurückgegriffen, im Falle der Risiken und Schäden für die Kinder ist dieses allerdings eher jüngeren Datums. Methodisch erfolgte die Darstellung relativ häufig in Form von Tabellen, Listen, u.ä. Rechtfertigen läßt sich ein solches Vorgehen durch die Tatsache, daß prägnant die wichtigsten Fakten vermittelt werden mußten, zur ausführlichen Diskussion von einzelnen Erkenntnissen fehlte schlicht der Platz.

Danach wurde sich den Grundlagen von Prävention und Intervention in pädagogischen Einrichtungen zugewandt. Eine dieser Voraussetzungen besteht in dem Wissen um Sucht und Co-Abhängigkeit, daher wurden nun einige Vorschläge für den Transfer dieses (und auch des später noch dargelegten) Wissens in die Praxis gemacht.

Eine weitere sehr wichtige Grundlage bildet die Fähigkeit, derart gefährdete Kinder möglichst sicher und frühzeitig zu identifizieren, so wurden im folgenden einige entsprechende Hinweise und Vorschläge formuliert.

Erst anschließend wurde versucht, die Begriffe "Prävention" und "Intervention" näher zu bestimmen und voneinander abzugrenzen. Dies gelang nur teilweise. Sowohl im Begriffsumfang, als auch in der Praxis dieser Felder zeigten sich zahlreiche Überschneidungen und parallele Gültigkeiten. So ordnete der Verfasser, möglicherweise willkürlich, den Terminus "Prävention" hauptsächlich der primären Suchtprävention in Bezug auf Kinder und Jugendliche zu. "Intervention" wurde dann operationalisiert in Richtung einer "Vermittlung", oder auch "Einmischung" zugunsten von Kindern aus Alkoholikerfamilien hinsichtlich der ihnen in diesen Familien drohenden Gefahren und Risiken.

Die nähere Beschäftigung mit dem Thema Prävention bildete den nächsten Abschnitt. An die Aufschlüsselung des Begriffs schloß sich eine kurze Darlegung des aktuellen Paradigmas in der Primärprävention an. Persönliche Auffassungen des Verfassers flossen dabei mit ein. Eine kritische Würdigung offizieller Verlautbarungen bildete den Abschluß des Teilthemas.

Im folgenden Gliederungspunkt wurde sich mit möglichen Interventionen zugunsten der Kinder aus Alkoholikerfamilien beschäftigt, wobei die grobe Aufschlüsselung der potentiellen Strategien so aussah, daß Ansatzpunkte beim Alkoholiker, beim anderen Elternteil und beim Kind selbst gesehen wurden.

Den Abschluß bildete die Erläuterung und Betonung der Notwendigkeit interdisziplinären und vernetzten Arbeitens in diesem Problemfeld.

Einige Teilthemen, wie z.B. der Bereich "erwachsene Kinder aus Alkoholikerfamilien", "Therapieformen und -verlauf", usw. konnten nur am Rande, bzw. nur indirekt erwähnt werden. Gesellschaftskritische Perspektiven wurden ebenfalls nur angedeutet. So wäre es sicherlich interessant, die Einflüsse die ein auf Leistung und Konsum ausgerichtetes System wie das unsere auf Suchtentstehung, Prävention und Therapie hat, näher zu untersuchen.

Der Kernpunkt der Arbeit ist die Hilfe für Kinder, in deren Familie (mindestens) ein Alkoholiker lebt. So soll ein ganz praktisches Resümee auch speziell unter dieser Perspektive gezogen werden. Die zusammenfassende Darstellung lehnt sich in einigen Punkten und im weitesten Sinne an eine Aufstellung von Ursula Enders (1990, S.134/135) zum Thema "Sexueller Kindesmißbrauch" an (ein Problemfeld, das ja durchaus Überschneidung zum vorliegenden aufweist):

Was kann ich tun, wenn ich einen Alkoholkranken in der Familie eines Kindes vermute?

---Vorweg: Sich -falls nötig- (theoretisches und konkretes) Wissen verschaffen.---

1. Ruhe bewahren, überhastetes Eingreifen kann schädlich sein (Abwiegeln mit anschließendem "aus dem Felde gehen" / endgültiges Ausweichen, Trotzreaktionen, ...).

2. Kollegen, oder andere Vertrauenspersonen suchen, mit denen man über die eigenen Beobachtungen, Unsicherheiten und Gefühle sprechen kann, bzw. dies im Team thematisieren.

3. Den Kontakt zu dem speziellen Kind vorsichtig intensivieren, um eine (noch) positive/re Beziehung herzustellen.

4. Das Kind immer wieder ermutigen, über Probleme und Gefühle zu sprechen.

5. In der Gruppe das Thema „gute und schlechte Geheimnisse" erarbeiten. (Gute Geheimnisse machen Spaß; alle Geheimnisse, die schlechte, komische oder schreckliche Gefühle machen sind schlechte Geheimnisse. Über sie darf (muß) man sprechen.)

6. In der Gruppe (im Spiel, in geeigneten Unterrichtsfächern) das Thema Alkohol / Betrunkenheit vorsichtig ansprechen und damit signalisieren: „Ich weiß, daß es Eltern gibt, die viel trinken .. Mit mir könnt Ihr darüber reden... Ich weiß, daß Kinder sich in so einer Situation oft schlecht und verzweifelt fühlen."

7. Mitarbeiter einer Selbsthilfeinitiative, einer Beratungsstelle o.ä. hinzuziehen, um mehr Sicherheit zu gewinnen.

8. Hinweise auf das Vorliegen einer "Alkoholikerfamilie" aufschreiben (Stichwortartiges Tagebuch über Verhaltensweisen des Kindes führen).

9. Wenn möglich, Kontakt zur Mutter / zum anderen Elternteil intensivieren, (z.B. Zusammenarbeit bei der Vorbereitung von Kindergartenfesten, Gespräche am Elternsprechtag, usw.), um die Vermutung zu prüfen und um ein besseres Vertrauensverhältnis aufzubauen.

10. Kontakt zum Jugendamt, bzw. zum jeweils zuständigen Fachdienst aufnehmen (ggf. ohne Namensnennung), z.B. wenn eine räumliche Trennung oder Herausnahme zur Diskussion steht.

11. Falls möglich, dem Betroffenen die Befürchtungen und Eindrücke klar und deutlich (Daten und Fakten!) zurückmelden / mitteilen (Moralisierungen und Drohungen vermeiden!). Dies sollte i.d.R. zu zweit geschehen. Hilfen in Form der Nennung von regionalen Adressen, Telefonnummern und Ansprechpartnern können bei entsprechender positiver Reaktion angeboten werden.

12. Falls möglich dem nichtbetroffenen / mitbetroffenen Elternteil eine solche Rückmeldung geben und ihm konkrete Hilfen anbieten.

13. Mit dem Kind positiv arbeiten, seine Rolle(n) "aufweichen"; wachsam sein (Informationen über Verschlimmerung der Situation erfragen); ggf. konkrete Hilfen anbieten; schlimmstenfalls über eine Inobhutnahme/Herausnahme nachdenken, diese diskutieren und evtl. einleiten.

Diese Zusammenfassung richtet sich schwerpunktmäßig an Mitarbeiter pädagogischer und sonderpädagogischer Institutionen. Diese sind u.a. aufgefordert, stärker mit Einrichtungen der Suchtkrankenhilfe zusammenzuarbeiten und sich dort in fachlicher Hinsicht unterstützen zu lassen. Doch Konsequenzen ergeben sich nicht nur unter dieser Perspektive. Insbesondere die "Systeme der Adressaten" von Suchthilfe (also die Selbsthilfe - Organisationen) -ebenso aber auch die entsprechenden Beratungsstellen- können von dieser Kooperation profitieren. "Mein Kind hat gottseidank nichts gemerkt!" ist ein Satz, den man des öfteren von "trocken gewordenen" Alkoholikern hört. Leider trifft er meist nicht zu und beruht eher auf Wunschdenken. Hier lassen sich also durch den Austausch von Wissen und Erfahrung verschiedene Arbeitsfelder noch in positiver Richtung weiterentwickeln.

Ein weiterer Einzelpunkt, der noch einmal besonders hervorgehoben werden soll, betrifft die Primärprävention. Hier ist zwar positiv zu vermerken, daß von der Abschreckungsstrategie vergangener Jahrzehnte abgerückt wurde und nun wesentlich differenzierter und realistischer an die Thematik herangegangen wird, jedoch ist andererseits in bestimmten Bereichen auch Vorsicht angebracht. Wie zu erkennen war, ist nicht jede groß angelegte Kampagne in diesem Bereich von ausreichender Fachlichkeit geprägt. Dies ist nicht unbedingt verwunderlich, zieht man in Betracht, daß mit der Vorbereitung und auch Teilen der Durchführung derartiger Veranstaltungsreihen Werbeagenturen beauftragt sind, für die eine Beschäftigung mit inhaltlichen Fragen -natürlich- entbehrlich erscheint. Mitarbeiter pädagogischer Einrichtungen sollten sich demnach kritisch damit auseinandersetzen, wenn das Ansinnen an Sie gestellt wird, sich an diesen Kampagnen zu beteiligen. (Dies kommt nach den Erfahrungen des Verfassers tatsächlich gelegentlich vor.) Eine entsprechende Teilnahme soll an dieser Stelle nicht rundweg abgelehnt werden, eine kritische und hinterfragende Attitüde scheint aber auf jeden Fall sehr angebracht.

Eine adäquatere Konzeptionierung und fachlich überarbeitete Präsentation solcher "Werbe-Aktionen" wäre in jedem Falle angebracht.. Noch sinnvoller wäre es aber zweifellos, die entsprechenden Gelder für die Finanzierung von Koordinatoren- / Multiplikatorenstellen im Präventionsbereich einzusetzen. An die Qualifikation und -insbesondere- die Fort- und Weiterbildung der Stelleninhaber sind hier jedoch besondere Ansprüche zu stellen. Zu den Aufgaben sollte neben der Vermittlung von Wissen an die Einrichtungen und Mitarbeiter u.a. gehören, die -neuerdings oft und zu Unrecht "geschmähte"- Beziehungsarbeit "vor Ort" bewußter zu machen und zu fördern.

Im Bereich der wissenschaftlichen Forschung lassen sich einige weitgehend offene Fragen formulieren, mit deren Beantwortung sich näher beschäftigt werden sollte (die Stichworten lauten hier "Katamnese", bzw. "Evaluation"):

Die Alkoholikertypologie nach Feuerlein schlüsselt auf insbesondere in:

-Gamma- Alkoholiker (Prozeß-Trinker),

-Delta- Alkoholiker (Spiegel-Trinker) und

-Epsilon- Alkoholiker (Periodischer Trinker).

Wenn auch das "Endergebnis" (bei nicht gestopptem Krankheitsverlauf) bei allen Typen recht ähnlich ist (umfassende, progressive Schädigungen / vorzeitiger Tod), so ist doch der (meist langjährige) Krankheitsverlauf recht unterschiedlich. Die sich ergebende Frage kann also lauten:

- "Gibt es in Korrelation zum Typus des involvierten Alkoholikers signifikante Unterschiede hinsichtlich der Schäden die die Kinder erleiden? Wenn ja, welche?"

Intention der Frage ist natürlich, hier später -ggf.- spezielle, verbesserte Hilfen für die jeweiligen Kinder entwickeln zu können.

Eine andere Frage, die noch wesentlich umfassender als bisher beantwortet werden müßte, lautet:

- "Inwieweit sind die den Kindern zugefügten Schäden reversibel, wenn der 'Familienalkoholiker' zu einer dauerhaft abstinenten Lebensweise findet? Wie lassen sich derartige Heilungsprozesse optimal fördern?"

(Diese Frage ist wohl insbesondere dann interessant, wenn das "Trocken-werden" des Süchtigen deutlich vor dem "Erwachsenwerden" des Kindes liegt.)

Abschließend soll noch einmal die bereits zitierte Mechthild Passerschröer zu Wort kommen, die über das Bundesmodell "Familienorientierte Arbeit mit Kindern und Jugendlichen alkoholabhängiger Eltern" berichtet und die teilweise zu ähnlichen Forderungen wie der Verfasser kommt:

"Gezielte Multiplikatorenarbeit und Fortbildung ist notwendig. Für unser Modellprojekt können wir sagen, daß durch vielfache Öffentlichkeitsarbeit nunmehr eine zunehmende Anzahl von Selbstmeldern zu verzeichnen ist. Die Arbeit mit Kindern aus Suchtfamilien darf nicht auf einem ehrenamtlichen Engagement beruhen oder das Hobby von einzelnen MitarbeiterInnen darstellen. Hier ist Langfristigkeit unabdingbar. Gerade Kinder aus Suchtfamilien brauchen im Gegensatz zu ihrem Erleben in der Vergangenheit Konstanz in Beziehungen. Das heißt, wir brauchen in diesem Bereich langfristig gesicherte Arbeitsplätze. Dieses impliziert natürlich auch die Forderung nach finanziellen Mitteln für Personal- und Sachkosten."

(Passerschröer, M., 1996, S.25)

Diesen Forderungen schließt sich der Verfasser -wie gesagt- uneingeschränkt an.

* *

P.S.: Der Verfasser bittet um Verständnis für die durchgehend "männliche Schreibweise", erfahrungsgemäß wird sein Schreibfluß durch anderes Vorgehen sehr gehemmt... B.T.-B.

Quellen/Literatur

Al-Anon, Familiengruppen; "Tatsachen über Alateen / Nr. 708", Essen, © 1984.

Bertling, A.A., "Wenn die Eltern trinken", Verlag M.Bögner-Kaufmann Berlin,1993.

Bronfenbrenner, U., "Die Ökologie der menschlichen Entwicklung". Stuttgart 1981.

Bundessozialgericht Grundsatzurteil vom 18. Juni 1968 (BSG 28,114; bzw. 3 RK 63/66).

Deutsche Hauptstelle gegen die Suchtgefahren -DHS- (Hrg.); "Sucht und Familie"; Lambertus Freiburg i.B.,1993.

Deutscher Verein für öffentliche und private Fürsorge, "Fachlexikon sozialer Arbeit"; 1986 *(keine weiteren Angaben verfügbar)*.

Dörner, K.& Plog, U.; "Irren ist menschlich"; Psychiatrie Verlag Bonn,3.Aufl.,1986.

Doll,A.; "Endlich reden", Galgenberg Hamburg,1990.

Enders,U.; „Zart war ich, bitter war's", Volksblatt Verlag Köln,1990

Feuerlein,W.; "Alkoholismus-Mißbrauch und Abhängigkeit", Stuttgart,1975.

Feuerlein,W.;Dittmar,F., "Wenn Alkohol zum Problem wird", TRIAS Stuttgart,3.Aufl.,1989.

Feuerlein,W.; Krasney,O., et al., "Alkoholismus", DHS & BZgA/Achenbach Hamm,1991.

Fliegel,S.; Heyden,T.; "03289 Verhaltenstherapeutische Diagnostik" FU/GH Hagen,1992.

Gerber,C.; "Kind und Alkohol", Blaukreuz-Verlag Bern,1979.

Grond, E.(Hrsg.); "Einführung in die Sozialmedizin", vml Dortmund,1990.

Hülshoff,T.; "Jugenddelinquenz- und Suchtprobleme", FU/GH Hagen,1984.

Innerhofer,P.; "4001 Verhaltensbeobachtung und Verhaltensanalyse"; FU/GH Hagen,1984.

Kinder-Eltern-Haus,Team des; "Konzeption", noch unveröffentlicht, Ludwigshafen 1997/98.

Klein, K., (Hrsg.); "Taschenlexikon Drogen", Schwann Düsseldorf,1980.

Knorr-Anders,E.; "Aus Angst im Schrank versteckt" in "DIE ZEIT-Nr.51-13.12.1991".

Kreft,D.,Mielenz I.(Hrg.); "Wörterbuch soziale Arbeit",Beltz Weinheim und Basel,1988.

Kreuzer, A.; "Kriminologie der Drogendelinquenz KE1", FU/GH Hagen,1985.

Lenfers, H.; "Alkohol am Arbeitsplatz, Entscheidungshilfen für Führungskräfte", Luchterhand-Verlag, 1993

Loviscach,P., Lutz,R.; "Drogenprobleme besser verstehen", FU/GH Hagen,1984.

Mann,K.,Buchkremer,G. (Hrsg.); "Sucht", G.Fischer-Verlag Stuttgart,1996.

Merfert-Diete,C. (Red.); "Drogeninfo: Alkohol und Schwangerschaft"; DHS Hamm,1997.

Ministerium für Kultur, Jugend, Familie und Frauen Mainz (Hrg.); "Drogenkonferenz 1995"; Müller/Stieber Waldböckelheim,1996.

Ministerium für Kultur, Jugend, Familie und Frauen Mainz (Hrg.); "Kinder Suchtkranker",Müller/Stieber Waldböckelheim,1996. (siehe auch unten: *)

Ministerium für Kultur, Jugend, Familie und Frauen Mainz (Hrg.); "Drogenkonferenz 1996"; Müller/Stieber Waldböckelheim,1997.

Müller W., et al.; "Das Fremdwörterbuch"; DUDEN Mannheim/Wien/Zürich, 1982.

*Passerschröer,M.: s.o. *(Ministerium für Kultur, Jugend, Familie und Frauen Mainz (Hrg.); "Kinder Suchtkranker")!*

Presse- und Informationsamt der Bundesregierung PIB (=Hrg./Red.: Schrötter, H.J.); "Politik gegen Drogen"; Verlag Kettler Bönen,1997.

Quandt, Martin (verantw.); "KABI Nr.13", BM Frauen & Jugend (Hrg.) Bonn,1993.

Rechtien,W.; "03273 Das nichtprofessionelle beratende Gespräch"; FU//GH Hagen,1988.

Reiners-Kröncke,W. (S.31-*gezählt!). Angaben soweit anhand der Quelle möglich, hier ist nur vermerkt:* "Anmerkungen zu legalen Drogen, Eßstörungen und Spielsucht von Prof. Werner Reiners-Kröncke im Auftrag der Landeszentrale für Gesundheitserziehung in Rheinland-Pfalz e.V." *Weitere Angaben sind nicht vorhanden, auf die Quelle wurde wegen der Kompaktheit der Darstellung dennoch nicht verzichtet.*

Schneider, R.; "Die Suchtfibel", G.Röttger-Verlag München,1988.

Schmieder, A.; "Alkohol & Co", TRIAS/G.Thieme Verlag Stuttgart,1992.

Speck,O.; "04080 Der ökosystemische Ansatz in der Heilpädagogik", FU/GH Hagen,1994.

Topware, CD-Service AG. (Hrg.); CD-ROM "D-Jure", Topware Mannheim,1996.

Ziegler,H.; "Alkohol und Medikamente am Arbeitsplatz", Deutsche Angestellten-Krankenkasse Hamburg,1996.

Titel:	Quelle:	Seite:
"Tödliche Triangel"	Verfasser, 1997 (Angelehnt an gängige Darstellungen).	12
"Interagierende Faktoren"	Verfasser, 1997.	13
"Vielfältige Schädigungen"	flexform gmbh; CD-ROM "Erlebnis Mensch V.1.5", 1996.	20
"Kind und Alkohol"	Gerber,C.; "Kind und Alkohol", Blaukreuz Bern, S.21, 1979.	29
"Rollengefahren"	Verfasser, 1998.	51

51

<u>Erklärung</u>

Hiermit erkläre ich, Burkhard Tomm-Bub, daß alle Rechte an der vorliegenden
Arbeit mit dem Thema

"Kinder aus Alkoholikerfamilien aus (sonder-) pädagogischer Sicht - Grundlagen von Prävention und Intervention-"

bei mir liegen. Alle verwendeten Quellen wurden angegeben. Ich versichere, daß
diese Arbeit von mir persönlich verfaßt wurde.

Frankeneck, den ....

....

Burkhard Tomm-Bub, M.A.

EINSTELLUNGSÄNDERUNGEN:
Die Anwendung einfacher Modelle an einem Praxisbeispiel

von

Burkhard Tomm-Bub
67454 Hassloch
Starenweg 4

1996

"Einstellungsänderungen:
Die Anwendung einfacher Modelle an einem Praxisbeispiel"

Gliederung   Inhalt:

1 Einleitung

Einstellungen begegnen dem Menschen in der Alltagswelt "auf Schritt und Tritt". Niemand kann sich definitiv davon freisprechen, derartigen Wahrnehmungsstrukturierungen zu unterliegen.

Eine Einstellung setzt in der Regel eine Dualität voraus, nämlich jemanden, der eine Einstellung hat und ein Objekt auf das diese Einstellung Bezug nimmt.

Schon die quantitative Dimension des Phänomens könnte also für eine Wissenschaft die sich mit dem Menschen beschäftigt -wie eben die Psychologie- Grund genug sein, in der Einstellungsforschung ein interessantes Arbeitsgebiet zu sehen.

Noch reizvoller scheint die Beschäftigung mit Einstellungsänderungen, markieren diese doch häufig Wendepunkte im Leben von Menschen, oft auch solche bedeutsamer Natur.

Einstellungsänderungen ergeben sich häufig durch Erlebnisse und Erfahrungen, diese wiederum resultieren nicht immer, aber doch meist, aus der Begegnung, der Konfrontation mit anderen Menschen und Menschengruppen. So ist ein relevanter Bezug speziell zur Sozialpsychologie ebenfalls hergestellt.

Sehr gravierende Einstellungsänderungen sind notwendig bei Menschen, mit denen sich in dieser Arbeit befaßt werden soll. Suchtkranke haben wie jeder Mensch bestimmte Einstellungen sich selbst gegenüber, gegenüber anderen Menschen und in Bezug auf ihr jeweiliges Suchtmittel. Diese dann durch Lernen aus der eigenen Erfahrung, über Informationen und -insbesondere- durch die sorgende Konfrontation mit Anderen zu verändern, stellt die schwere, überlebensnotwendige Aufgabe dar, die hier zu bewältigen ist. Als konkretes Beispiel wird der Alkoholismus gewählt, eine besonders verbreitete Suchtkrankheit unserer Zeit und des westlichen Kulturkreises.

Der Verfasser besitzt eine persönliche Motivation, sich mit diesem Thema zu beschäftigen, er selbst ist Mehrfachabhängiger (mit den Schwerpunkten Alkohol- und Medikamentenabhängigkeit), rückfallfreie Abstinenz liegt seit
nunmehr etwa sechs Jahren vor.

Zunächst folgen einige -teils ausführliche- Definitionen, aufgrund der teils recht speziellen Materie scheint dies angebracht.

Elemente einfacher lerntheoretischer, bzw. systemtheoretischer Erklärungs-modelle (hier natürlich mit sozialpsychologischem Bezug) werden dann auf das Beispiel angewendet werden. Eine Abgrenzung zur klinischen Psychologie muß dabei natürlich zunächst stattfinden.

Ebenfalls notwendig ist sicherlich auch eine Überprüfung der bis hierher bereits explizit und implizit vorgebrachten Behauptungen und Thesen.

Der Versuch die Erklärungsmodelle miteinander zu vergleichen und ein Resümee sollen die Arbeit abschließen.

2 Definitionen

Da das gewählte Praxisbeispiel recht spezieller Natur ist und sicherlich auch einem anderen psychologischen Teilgebiet zurechenbar wäre, nämlich der klinischen Psychologie, empfiehlt es sich etwas weiter "auszuholen" und die Begriffe "Sozialpsychologie" und "klinische Psychologie" zunächst definitorisch zu untersuchen.

"Einstellungen" und "Einstellungsänderungen", dies sind natürlich ebenfalls Zentralbegriffe, deren gemeinte Bedeutung zu Beginn festgelegt werden sollte.

Der Versuch, Wirklichkeit in Begriffe zu fassen, also Definitionsversuche zu machen ist allgemein sicherlich wertvoll. Überhaupt erst einmal klar zu machen, worüber man eigentlich spricht, erleichtert die Kommunikation und ermöglicht somit, im günstigen Fall, das Gewinnen neuer Erkenntnisse.

Vergessen werden darf dabei natürlich nicht, daß "Realität" naturgemäß nicht vollständig faßbar ist und bleibt, stets wird definitorisch an den "Rändern" von Begriffen "abgeschnitten", d.h. Teile von möglichen Bedeutungen gehen verloren, Übergänge, Mischungen, etc. sind nicht adäquat darstellbar.

In der Bewußtheit dieser Einschränkungen soll nun versucht werden, sich den o.a. Begriffen zu nähern.

Der gesamte Komplex "Alkohol-Sucht-Abhängigkeit", usw. wird hieran anschließend eingehender betrachtet, spezifische Definitionsversuche zu den Erklärungsmodellen werden dagegen erst in den entsprechenden Abschnitten gemacht.

2.1 Definitionen: Sozialpsychologie, Einstellungen, ...

Welchem Teilgebiet der Psychologie läßt sich das Phänomen "Suchtkrankheit" zuordnen?

Sicher gibt es für das Entstehen verschiedener Süchte auch Faktoren, die ganz außerhalb der Psychologie zu suchen sind (drogenimmanente, biologische und genetische etwa) -und über diese wird auch weiter unten noch zu referieren sein!

Als zuzuordnende Psychologiesektionen lassen sich aber zunächst wohl die klinische Psychologie und die Sozialpsychologie in Betracht ziehen.

Wo aber liegt das Schwergewicht?

Zur Erläuterung des Begriffs "klinisch" findet sich folgender Hinweis:

"Klinisch (clinical). Ursprünglich für alle Beobachtungen gebraucht, die den an das Bett gebundenen Patienten betreffen. Heute ist es -z.B. als Klinische Psychologie- die umfassende Bezeichnung aller jener Beobachtungen, Tests und Maßnahmen, die der Diagnose und - wo dies dem Psychologen möglich ist - der Heilung dienen." (Fröhlich, W.D. & Drever, J.; 1978, S.185).

Schreibt man nun Süchten wie dem Alkoholismus Krankheitscharakter zu -und dies ist vollauf angemessen (s.u.)- scheint die psychologische Einordnung zunächst klar. Beschäftigt man sich jedoch näher mit der Genese von Abhängigkeitserkrankungen, bezieht man bedeutsame gesundungsfördernde Faktoren mit ein und reflektiert man die bei beiden Prozessen beteiligte gesellschaftspolitische Dimension, so gerät die Sozialpsychologie viel stärker ins Blickfeld.

Zur Definition von "Sozialpsychologie" liest sich unter anderem:

"Sozialpsychologie (social psychology).

Allgemeine und umfassende Bezeichnung für ein Teilgebiet der Psychologie, in dessen Rahmen Erkenntnisse der Entwicklungs-, Persönlichkeits- und Motivationsforschung mit den Mitteln psychologisch-wissenschaftlicher Methoden auf die soziale Interaktion bzw. umgebende Kultur des Individuums bezogen werden bzw. dadurch eine erhellende Beschreibung und Erklärung erfahren. Im allgemeinsten Sinne untersucht die S., wie sich individuelles Verhalten durch soziale Interaktion entwickelt und modifiziert und welche Rückwirkungen dies innerhalb und

außerhalb des sozialen Feldes hat. Die wichtigsten Teilgebiete der Sozialpsychologischen Forschung sind:

a) Arten und Formen der sozialen Anpassung (Sozialisation) und Arten und Wege der Internalisierung ...

b) Soziale Einstellungen, ihr Erwerb und ihre Wirkungsweise, sowie die Dynamik ihrer Veränderungen;..." (Fröhlich, W.D. & Drever, J.; 1978, S.293).

Weiter weist Manz darauf hin, daß als Themen der Sozialpsychologie folgende Bereiche gelten können: a) Einstellungen b) Gruppenprozesse und c) Sozialisation, wobei diese Themenkreise nicht streng voneinander abgrenzbar seien (1987, S.9).

Betrachtet man nun Sucht als ein fortgesetztes individuelles (Fehl-) Verhalten, unterstellt man, daß pathologische Abhängigkeit teils aus schädlichen Einstellungen resultiert, teils diese generiert und stellt man schließlich den enormen Einfluß von (Selbsthilfe-) Gruppen, bzw. also Gruppenprozessen auf die Gesundung in Rechnung, so kann ein sehr erheblicher Einfluß an sozialpsychologischen Faktoren wohl angenommen werden.

Einstellungsforschung kann demnach also wichtige suchtspezifische Erkenntnisse hervorbringen, daher nun zwei Hinweise zum zentralen Begriff "Einstellung":

Die meistzitierte Definition der Einstellung bzw. Attitüde nach Allport lautet:

"Eine Einstellung ist ein mentaler und neuraler Bereitschaftszustand, der durch die Erfahrung strukturiert ist, und einen steuernden oder dynamischen Einfluß auf die Reaktionen eines Individuums gegenüber allen Objekten und Situationen hat, bei denen dieses Individuum eine Beziehung eingeht"

(1935; zitiert nach Triandis, H.C,1975, S. 4.).

"Einstellung (soziale) Attitüde

kognitiv-emotionale Verhaltensbereitschaft gegenüber sozialen Objekten (Personen, Personengruppen, Sachen, Problemen, Ideen, Begriffen). Man unterscheidet in der Einstellungsforschung drei Komponenten der Einstellung:

    a) die kognitive (was ich über das Objekt

       denke und zu wissen glaube)

    b) die emotionale (mit welchen Gefühlen

       und Affekten ich das Objekt verbinde)

    c) die verhaltenskomponente (wie ich mich

       dem Einstellungsobjekt gegenüber ver-

       halte)" (Manz, 1987; S.23/24).

Diese Ausführungen stützen durchaus das bisher formulierte und mögen zur Bestimmung des Einstellungsbegriffs vorerst genügen.

Inwiefern hiermit zur Klärung in Bezug auf das Thema beigetragen wird, kann erst weiter unten geschildert werden, zunächst scheint es angebracht definitorische Eingrenzungen im Bereich "Alkoholismus, Sucht, etc." zu treffen.

2.2 Definitionen: Sucht, Alkoholismus,...

Als Thema dieser Arbeit wird der Alkoholismus gewählt, diese Erkrankung reiht sich ein in eine Anzahl meist nicht so verbreiteter, in den Medien aber oft überbetonter Suchtkrankheiten.

Bevor psychologische und Suchtaspekte in Verbindung gebracht werden, müssen einige Spezialbegriffe erläutert werden. Recht qualifiziert unternehmen dies Dörner und Plog:

"Begriffe der Abhängigkeit

Droge: Sammelbegriff für alle das Gehirn bzw. das Handeln beeinflussenden (enzephalo- bzw. psychotropen) Mittel.

Abhängigkeit: (Dependence): tritt an die Stelle der alten Begriffe (addiction) und Gewöhnung (habituation). ...

Definition für Drogenabhängigkeit: (in Anlehnung an die WHO): Zustand periodischer oder chronischer Vergiftung durch ein zentralnervös wirkendes Mittel, der zu seelischer oder seelischer und körperlicher Abhängigkeit von diesem Mittel führt und der das Individuum und/oder die Gesellschaft schädigt - Bestandteil der Definition ist also auch die Gesellschaft. Nikotin, Alkohol, Haschisch werden sozial unterschiedlich gewertet.

Seelische Abhängigkeit: das schwer bezwingbare Verlangen, durch eine Droge Selbstverwandlung, Entlastung und Genuß herzustellen, mit Verselbständigung des Mittels, Verlust der Konsumkontrolle, und Versuch, um jeden Preis sich das Mittel zu beschaffen.

Körperliche Abhängigkeit: Anpassungszustand mit Toleranzsteigerung, Zwang zur Dosissteigerung für dieselbe Wirkung und mit Abstinenzerscheinungen bei Absetzen oder Verminderung der Dosis" (1984, S.250).

Grenzt man Sucht nun in Hinblick auf Alkoholismus näher ein, findet sich folgende Formulierung:

"Die Weltgesundheitsorganisation (WHO) der UNO, hat 1952 bereits definiert:)Alkoholiker sind exzessive Trinker, deren Abhängigkeit vom Alkohol einen solchen Grad erreicht hat, daß sie deutlich Störungen und Konflikte in ihrer körperlichen und geistigen Gesundheit, ihren mitmenschlichen Beziehungen, ihren sozialen und wirtschaftlichen Funktionen aufweisen; oder sie zeigen Prodrome (Vorläufer) einer solchen Entwicklung. Daher brauchen sie Behandlung,(" (Holzgreve, 1992, S.12).

Wichtig bei diesen Definitionen erscheint bei Dörner/Plog die Einbeziehung der Gesellschaft in die Begriffsbestimmung, in der WHO-Festschreibung sei die Subsumierung von Prodromen hervorgehoben!

Zu ergänzen ist, daß "Trunksucht" als Krankheit im Sinne der Reichsversicherungsordnung (RVO) anerkannt wurde und zwar im Sinne des § 182, RVO (BSG 28,114). Das entsprechende Grundsatzurteil erging am 18. Juni 1968. Nach diesem Urteil ist jede Sucht eine solche Krankheit, wobei als Kennzeichen derselben ein "Verlust der Selbstkontrolle" und das "Nicht - mehr - aufhören - können" angesehen werden.

Nachzutragen ist weiterhin, daß bei Alkoholismus oft, wenn auch keineswegs immer, körperliche und seelische Abhängigkeit vorliegt, dies im Gegensatz etwa zu Stoffen wie Haschisch (Cannabis, Hauptwirkstoff THC) und Kokain.

Ungeachtet der Dörner/Plog-Definition wird der Verfasser weiterhin die Begriffe "Abhängigkeit" und "Sucht" (synonym) verwenden.

"Sucht", dies signalisiert scheinbar Assoziationen zu "Suchen", "Sehnsucht", u.ä., in Wahrheit ist als etymologische Herkunft des Begriffs jedoch der Wortstamm "krank sein, siechen" anzusehen. Diese "Doppelbödigkeit" sollte bei der Beschäftigung mit dem Thema ruhig auch weiterhin "mitschwingen"!

2.3 Verknüpfung der Begriffsfelder

Klar ist nunmehr, daß Einstellungen und Sucht (hier der Alkoholismus) miteinander zu tun haben.

Doch welche Beziehungen bestehen hier genau und wie sehen diese aus?

Welche Einstellungen überhaupt vorliegen, läßt sich recht gut an folgendem Schaubild ablesen:

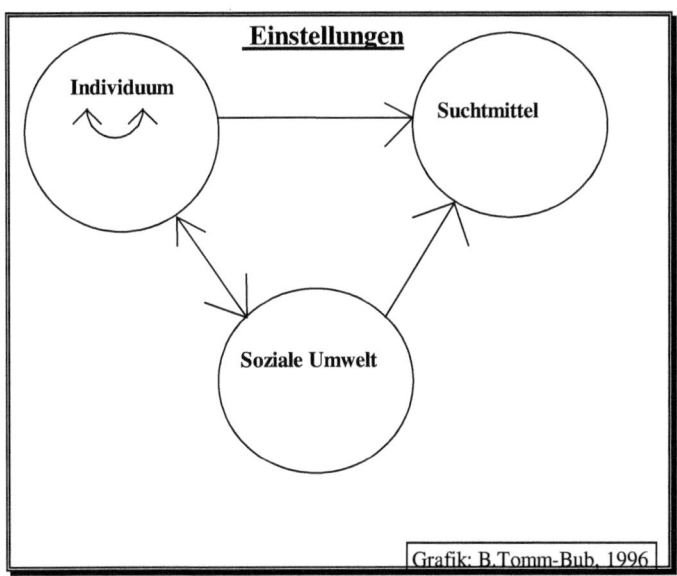

Grafik: B.Tomm-Bub, 1996

Dies bedeutet, daß das Individuum, also der Alkoholiker, Einstellungen sich selbst gegenüber hat, daß er über bestimmte Einstellungen bezüglich seines Suchtmittels (dem Alkohol) verfügt und über solche, die sich auf seine jeweilige soziale Umwelt beziehen. Will er gesunden, muß er diese ändern.

Natürlich hat auch die soziale Umwelt bestimmte Einstellungen gegenüber dem Suchtmittel, wichtiger noch: verschiedene soziale Umfelder reproduzieren teils extrem unterschiedliche diesbezügliche Einstellungen ("Trinkkumpane" hier - Angehörige, Therapeuten, Selbsthilfegruppen dort).

Im Focus sollen aber zunächst die Einstellungen des Betroffenen selbst stehen. Welche sind dies? Hierzu ein Versuch in Tabellenform:

Einstellungen:

Einstellungen:

Komponente:	Sich selbst gegenüber:	Zum Mittel:	Wahrnehmung der sozialen Umwelt:
Kognitiv	-Nicht süchtig	-Ist kein Suchtmittel (für mich)	-Ist nicht hilfsbereit
Emotional	-Minderwertigkeit od. -Größenwahn oder -Mischung aus beidem	-Bewirkt Positives	-Zunehmend feindlich
Verhalten	-Nicht hilfsbedürftig/ -suchend	-Konsumierend	-Stört bei Mittelgebrauch

-Prozeß der Einstellungsänderung-

Einstellungen:

Komponente:	Sich selbst gegenüber:	Zum Mittel:	Wahrnehmung der sozialen Umwelt:
Kognitiv	-Süchtig (Abstinenzgebot)	-Ist ein Suchtmittel (für mich)	-Ist hilfsbereit
Emotional	-Ausgewogenes Selbstwertgefühl (=Ziel)	-Bewirkt Negatives	-Zunehmend freundlich
Verhalten	-Hilfesuchend und /-annehmend	-Abstinent	-Unterstützt Abstinenz

Tabelle:B.Tomm-Bub,1996

Die Begriffsfelder "Einstellungen / Einstellungsänderungen" und "Alkoholismus" scheinen hiermit ausreichend verknüpft. Nach der Erwähnung "nichtpsychologischer" Faktoren können nun die verschiedenen theoretischen Ansätze näher untersucht werden.

3 Einfache Erklärungsmodelle

Sucht ist immer multifaktorieller Genese. Wohl mag gelegentlich der eine oder andere Faktor im Vordergrund stehen, jedoch beispielsweise beim Alkoholismus eine monokausale Ursache zu finden, wird sicher in keinem Falle gelingen. Zu umfassend, zu komplex ist hier das Mensch-Sein, das Leben, die Einflüsse und Prädispositionen denen jeder durchgehend unterliegt!

Referiert werden sollen psychologische Aspekte und Erklärungsansätze, es darf jedoch nicht vergessen werden, daß auch andersartige Einflüsse Sucht mit determinieren können. Diese sollen daher hier zumindest kurz angedeutet werden.

Schon fast "klassisch" zu nennen ist die übliche Einteilung in drei große Bereiche: Individuum, Droge, Umwelt. Insbesondere zum "biologischen Teil" des Individuums und der Droge, hier Alkohol, an sich, ist an dieser Stelle etwas zu sagen. Zunächst zur Droge:

Ein wichtiger Begriff ist hier das sog. "Suchtpotential". Dieser Begriff sagt etwas über den Wirkungsgrad eine Mittels aus, bzw. über die Stärke der abhängigkeitserzeugenden Wirkung. Bei Heroin ist z.B. das Suchtpotential sehr hoch: fast jeder, der diese Droge ein- oder mehrmals "probiert", wird auch von ihr abhängig. Aber auch bei Alkohol ist dieses Potential keineswegs niedrig. Genau meßbar ist ein Suchtpotential zwar nicht. Auch sprechen einige Schätzungen davon, daß "nur" etwa jeder fünfzehnte "Alkoholprobierer" später abhängig werde. Aber selbst dies wäre natürlich bei der besonders weiten Verbreitung von Alkohol schon ein sehr hoher Preis. Die Schätzung erscheint im übrigen auch als sehr niedrig, sie entstammt einem älteren AA-Faltblatt. Und auch die Schäden die bei "Nicht-abhängigen" durch Drogen wie Alkohol auftreten sind nicht eben harmlos. Ein weiterer wichtiger Begriff ist hier die Verfügbarkeit einer Droge. Dazu ist zu sagen, daß die Droge Alkohol in Deutschland legal, rezeptfrei und äußerst weit verbreitet ist. Weiterhin besteht auch keine nennenswerte gesellschaftliche Ächtung dieses Rauschmittels an sich. Mithin ideale Bedingungen für Sucht. Weitere Begriffe, die Droge selbst betreffend, ließen sich anführen. Etwa betreffend die "chemische Struktur und Abbauwege", bezüglich der "Art der Einverleibung" (flüssig, als Bier, Wein, Schnaps, etc.: unterschiedliche "Prozentigkeit"), etc. Die oben genannten

Faktoren scheinen aber die wichtigsten sein, und sollen hier als Beispiel für drogenimmanente Faktoren genügen.

Nun einiges zu den biologischen Faktoren:

Hierzu findet sich ein Hinweis bezüglich der Enzyme und Metabolismen des menschlichen Körpers:

"...nicht alle Menschen (scheinen) in gleichem Maße dazu zu neigen, alkoholabhängig zu sein. Entscheidend ist wohl die Tatsache daß die den Alkohol im Organismus abbauenden Enzyme und Metabolismen von Person zu Person verschieden sind (`biologische Vulnerabilität'). Bestimmte ADH-Enzyme bei manchen Menschen können mehr Alkohol oxidieren als andere bei anderen Menschen. Zudem scheint durch Gewohnheit oder Erschöpfung eine Änderung des biologischen Systems möglich zu sein, so daß jemand, der Alkohol bis dahin vertragen hat, nunmehr auf seinen Genuß mit Krankheit

reagiert" (Kreft,D. & Mielenz,I., 1988, S.30).

Ein weiteres interessantes Stichworte zur genetischen Prädisposition für Alkoholismus wäre das "A1-Allel des Dopamin D2 Rezeptorgens", auch die Betrachtung des menschlichen Endorphinsystems brächte sicher vertiefte Erkenntnisse. Die Forschungen von Kenneth Blum, et al. ergaben hier bedenkenswerte Resultate. Eine derartige Vertiefung in medizinische Einzelheiten würde jedoch den Rahmen dieser Arbeit sprengen. So sei sich mit dem Hinweis begnügt, daß es eine genetische Prädisposition zu einem gewissen Prozentsatz zu geben scheint, diese Determination aber in keiner Weise eine schicksalhafte ist! Weiter existieren viele Süchtige, bei denen diese (teils nachweisbaren) Faktoren nicht vorliegen und die trotzdem ohne weiteres als Abhängigkeitskrank zu gelten haben.

Damit soll der Überblick abgeschlossen werden.

3.1 Lerntheoretische Erklärungsansätze

Sucht sei im -wesentlichen- erlernt, so oder ähnlich muß die These lerntheoretischer Ansätze lauten. Konsequenterweise müßte ein solches Fehlverhalten auch wieder <u>verlernbar</u> sein, dies wäre dann eine therapeutische Konsequenz.

Doch zunächst einiges zu den "Wurzeln" dieser Ansätze. Wie sind sie entstanden?

In der Tradition der Lerntheorien spielt der Begriff "Behaviorismus" eine große Rolle, hierzu folgender Hinweis:

"Der Behaviorismus, der erstmals von Watson propagiert wurde, bedeutete einen radikalen Einschnitt in die (akademische) psychologische Tradition. P. sollte dieser Richtung zufolge streng nach dem Vorbild der Naturwissenschaften ausgerichtet werden, wobei Reize, Reaktionen und die zwischen ihnen zu ermittelnden Abhängigkeitsgesetze die zentralen Kategorien angesehen wurden. Die Anhänger des frühen Behaviorismus waren der Ansicht, die P. habe sich ausschließlich auf das der Fremdbeobachtung zugängliche Verhalten zu beschränken, das Erleben sei wissenschaftlich nicht erforschbar, da die Erlebnisvorgänge nur in der Selbsterfahrung unmittelbar offenbar werden. Im späteren Neobehaviorismus (z.B. Hull,Tolman,Skinner) wurde diese These nicht mehr in dieser Rigorosität vertreten und Erlebnisvorgänge als über beobachtbare Phänomene zu erschließende Größen in die Analyse einbezogen. Ein weiteres sehr zentrales Charakteristikum des Behaviorismus ist die lerntheoretische Position: Beinahe alle Verhaltensweisen werden als erlernt betrachtet. So widmeten sich die Behavioristen vorwiegend dem Gebiet der Lerntheorie, ..."

(Kreft, D. & Mielenz, I. (Hrsg.), 1988, S.434).

Doch wie wird eigentlich gelernt, was sind die entsprechenden Gesetzmäßigkeiten? Bei der Beantwortung dieser Frage stößt man unweigerlich auf den Begriff der "Konditionierung", wobei diese operant, bzw. instrumentell erfolgen kann.

Zur näheren Bestimmung dieser zentralen Begriffe sei auf die folgenden zwei Fundstellen verwiesen:

"Konditionierung, operante (operant conditioning). Bezeichnung für eine bes. von Skinner systematisch untersuchte Form der K. Dem Versuchstier wird ein verstärkender Reiz (reinforcer) unmittelbar nach dem Vollzug einer bestimmten Reaktion dargeboten. Die Bezeichnung)operant(bezieht sich auf die Tatsache, daß das betreffende Tier eine Operation im Sinne einer Handlung vollziehen muß, um den verstärkenden Reiz zu erhalten. ...

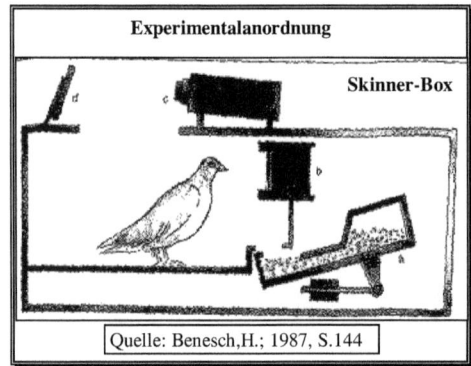

Experimentalanordnung

Skinner-Box

Quelle: Benesch,H.; 1987, S.144

Im Falle der instrumentellen Konditionierung bestimmt der Experimentator, wann das Tier die den verstärkenden Reiz auslösende oder den verstärkenden Reiz nahebringende Reaktion vollziehen kann,..." (Fröhlich, W.D.&Drever,J.; 1978, S. 191).

Verständlicher werden die angesprochenen Prinzipien durch folgende Darlegung:
"Das Prinzip des instrumentellen Konditionierens ... Jemand handelt, um etwas zu erreichen. Die ausgeführte Handlung ist das Hilfsmittel (Instrument). Erreicht man das Erwünschte, so tendiert man dazu, diese Handlung in Zukunft öfter/intensiver einzusetzen. Die Handlung verfestigt sich. Führt eine bestimmte Handlung zum Mißerfolg, so wird sie mit der Zeit uninteressant. Man wiederholt/intensiviert sie wahrscheinlich nicht. Hat ein Verhalten positive Konsequenzen, tritt es in Zukunft wahrscheinlich häufiger auf, hat es unangenehme (negative) Konsequenzen tritt es weniger häufig oder gar nicht mehr auf" (Kühne, N., Tiator G., et al., 1978, S. 47).

Wird eine Handlung durch etwas belohnt, so tritt sie in Zukunft häufiger auf, auch so ließe sich das bisher gesagte zusammenfassen. Dieser Bereich läßt sich sicher sehr ausführlich darstellen, beispielsweise könnte zur Rolle der "Verstärker" (Belohnungen) vieles gesagt werden, so kann unterscheiden werden nach materiellen und immateriellen, primären und sekundären, sowie sozialen Verstärkern, etc. Wichtig aber ist, daß die Verstärkung subjektiv als eine positive wahrgenommen wird!

Dies geschieht bei der Handlung "Alkohol-Trinken" in vielfältiger Weise, Stichworte hierzu sind: Anerkennung in der peer-group, Gemeinschaftsgefühl

mit anderen (Kollegen, Verein, Mannschaft), gesellschaftliche Integration (Geschäftsessen, Partys, etc.), Erwachsen-fühlen (Jugendliche) und vieles mehr. Nicht vergessen sei, daß Alkohol ja tatsächlich, aufgrund seiner Drogenwirkung (in relativ geringen Dosen konsumiert), ein subjektives Wohlbefinden quasi automatisch erzeugt -so daß Alkohol-Trinken u.a. ein sich selbst verstärkendes Verhalten ist.

Es findet jedoch nicht nur eine positive Verstärkung statt, sondern auch die sog. "negative Verstärkung". Dies bedarf der Erläuterung. Folgendes Zitat erhellt den Sachverhalt:

"Negative Verstärkung ... Wir haben bisher gesehen, daß eine Verhaltensweise, die verstärkt wird, also zum Erfolg führt, öfter auftritt. Nun gibt es aber noch eine andere Art von Erfolg als die bisher beschriebene, die in einer positiven Konsequenz bestand. Wird durch ein Verhalten ein unangenehmer Zustand beendet, so ist es wahrscheinlich, daß dieses Verhalten wiederholt wird. Wenn man aufgeregt ist und Sorgen hat, trinkt man gern Alkohol, weil unter seiner Wirkung die Sorgen verschwinden und es einem wieder besser geht. Durch das Alkoholtrinken wird ein negativer Zustand beendet, ein unangenehmer Reiz wird abgestellt. Alkoholtrinken wird in diesem Falle negativ verstärkt. Es erhöht sich die Wahrscheinlichkeit, daß in Zukunft häufiger Alkohol getrunken wird, weil man lernt, daß dieser ein gutes Mittel ist, einen unangenehmen Zustand zu beenden" (Kühne, N., Tiator,G., et al., 1978, S. 49/50).

Zwei gewichtige Faktoren kristallisieren sich also heraus, die den Genuß - Konsum - Mißbrauch von Alkohol lerntheoretisch begünstigen.

Befindet sich nun ein Individuum auf dem Weg über den Mißbrauch hin zur Sucht, so könnte sich leicht die Frage stellen, warum er das Verhaltensmuster "Alkoholkonsum" nicht ohne weiteres einstellt, bzw. zumindest reduziert. Schließlich nehmen ja die Positiverlebnisse durch den Konsum von ihrer Häufigkeit her ab, die Negativerlebnisse dagegen gewinnen an Quantität.

Tatsächlich gelingt ja dies auch oft, als behandlungsbedürftige Alkoholkranke oder /-gefährdete gelten "nur" 5 - 10 Prozent der erwachsenen Bevölkerung (so etwa in Deutschland).

Für die Menschen, denen dies nicht gelingt, bieten sich aus lerntheoretischer Sicht zwei Erklärungen an:

Eines der gefundenen Lerngesetze besagt, daß Lernen, welches intermittierend verstärkt wurde (d.h. die Belohnungen erfolgten in unregelmäßigen Abständen) ein nachhaltigeres ist.

Der Alkoholkonsument wird zunächst so gut wie regelmäßig verstärkt, fast immer (außer bei manchen "Erstversuchen") tritt auf Alkoholgenuß hin etwas Positives ein. Später dann, wenn auch negative Erfahrungen hinzukommen, wird aus dem regelmäßig verstärktem Lernen ein intermittierend verstärktes! Das bedeutet nicht anderes, als daß sich das Konsummuster noch stärker und anhaltender einprägt...

Dies kann aber nicht die ganze Erklärung sein, gelten diese Mechanismen doch in gewissem Maße auch für Personen, die später nicht abhängig werden.

Der Lerntheoretiker muß hier wohl notgedrungen auf die weiter oben erwähnten Faktoren verweisen, so etwa auf genetische Prädispositionen, etc.

Soweit Anmerkungen aus lerntheoretischer Sicht zur Genese von Sucht.

Doch wie erklären sich Gesundungsprozesse in diesem Bereich?

Der Lerntheoretiker kann hier mit Erklärungen an dem Punkt ansetzen, an dem ein Umkehrprozeß beginnt. Der Suchtkranke macht mehr und mehr negative Erfahrungen mit seinem Suchtstoff, positive Erfahrungen nehmen dagegen ab. Das bedeutet, das Lernen des Verhaltensmusters "Alkoholtrinken" wird immer seltener verstärkt, es tritt demzufolge seltener auf, nach und nach schließlich überhaupt nicht mehr.

Fachsprachlich formuliert kommt es zur Extinktion, also Löschung dieses speziellen Verhaltens.

Das kann nicht die ganze Erklärung sein, Sucht hat viele Dimensionen und die Praxis zeigt, daß es so einfach nun einmal nicht ist!

Die Lerntheorie kann aber weitere Erklärungshinweise anbieten. Der Betroffene muß nämlich, will er einen für ihn zunehmend emotional negativ besetzten Zustand ändern, andere als die bisher gezeigten Verhaltensweisen realisieren. In erster Linie bedeutet das natürlich nicht zu trinken (Abstinenz). Doch -gelingt dies- geht damit eine Reihe anderer Änderungen einher. Der Suchtkranke wird wieder zuverlässiger, leistungsfähiger, emotional ausgeglichener und so fort.

Diese Verhaltensänderungen werden von der (teils neuen) sozialen Umwelt nun in der Regel positiv verstärkt, das neue Verhalten verdeckt, bzw. verdrängt also das alte Muster. Als "soziale Umwelt" sind hier Therapeuten, Ärzte, Arbeitgeber, echte Freunde, oftmals die Lebenspartner und vor allem auch Selbsthilfegruppen zu verstehen. Nur durch diese Menschen kann gesunderes Verhalten gewünscht, vorgeschlagen und vorgelebt werden und -wichtig für die Lerntheorie- eben auch verstärkt werden.

Zu den Selbsthilfegruppen sei ergänzt, daß eben keineswegs die Gespräche (und Aktivitäten) ausschließlich "rund um das Suchtmittel kreisen". In einem Faltblatt der "Freiwilligen Suchtkrankenhilfe Ludwigshafen e.V." heißt es beispielsweise schon seit vielen Jahren:

"Jeder kann seine Probleme zur Sprache bringen. In unseren Gruppen (10-15 Personen) arbeiten wir themenzentriert. Hier wird nicht nur über das Suchtmittel gesprochen, sondern über alle Bereiche, die Körper, Geist und Seele betreffen. Diese Gespräche können das Leben durch Per-sönlichkeitsentwicklung und neue Verhaltensweisen positiv verändern."

Ein für die meisten Selbsthilfegruppen keineswegs ungewöhnlicher Anspruch, bleibt zu ergänzen.

Eine abschließende Feststellung zum lerntheoretischen Ansatz kann noch sein, daß das erwähnte neue, gesundere Verhalten ebenso wie früher das Alkoholtrinken mit der Zeit quasi "selbstverstärkend" werden kann. Der Süchtige empfindet sein Leben subjektiv als ein viel besseres als vordem und bringt dies richtig mit seinem neuen Verhalten in Zusammenhang. Eine von vielen Verbesserungen betrifft hier z.B. den gesundheitlichen Zustand des Betroffenen, es sind also nicht nur psychische, sondern auch objektive, somatische Verbesserungen nachweisbar.

Soviel zur Änderung von Einstellungen aus Sicht der Lerntheorien. Ganz befriedigen können die angebotenen Erklärungen nicht in allen Punkten. Entsprechende Beispiele und nähere Untersuchungen hierzu werden später noch vorgebracht werden.

3.2 Systemtheoretische Erklärungsansätze

Sucht läßt sich auch aus Sicht der Systemtheorie darstellen. Wieder sollen zunächst einige Definitionen vorangestellt werden. Die erste Frage gilt dem Begriff "System" allgemein:

"Ein System ist definitionsgemäß eine Menge von Objekten zusammen mit den Beziehungen zwischen den Objekten und zwischen ihren Eigenschaften. Die Systemtheorie liefert wissenschaftliche Modelle für ... verschiedene Systeme ..." (Legewie, H. u. Ehlers, W,; 1978; S.16), so auch für psychologische Systeme, anders ausgedrückt: für die Beschreibung relativ stabiler Interaktionsstrukturen zwischen Personen, wobei diese Strukturen über einen relevanten Zeitraum hinweg existieren. Unter Hinweis auf die Herkunft systemtheoretischer Ansätze "aus der Schule der Gestaltpsychologie" (Lewin, et al.) bemerkt Manz zum Terminus "System" folgendes:

"In einem System
- stehen die Elemente untereinander in wechsel-
  seitiger Beeinflussung;
- werden Störungen der Gleichgewichtslage durch
   Kompensations- oder Regelprozesse ausgeglichen;
- ist die Wirkung der Einzelelemente nicht
   additiv, d.h. das Ganze ist mehr als die Summe
   der einzelnen Elemente" (1987,KE1,S.51).

Hiermit ist schon einiges über psychologische Aspekte von Systemen und über Systemtheorie gesagt.
Wie schon im Bereich der Lerntheorien bestehen auch im Rahmen der Systemtheorie unterschiedliche Ansätze. Im Zusammenhang mit einfacheren derartigen Modellen -mit denen sich ja hier beschäftigt werden soll- tauchen insbesondere Begriffe wie der der Balancetheorie (Heider) auf.
Der zentrale Begriff ist also "Balance" -hierzu findet sich folgender Hinweis:

"Balance

in der Balancetheorie F.HEIDERs beschreibt Balance die Spannungsfreiheit bei mindestens drei sozialen Subjekt-Objekt-Beziehungen. Wenn z.B. die befreundeten Personen A und B beide in gleicher Weise die Partei C ablehnen, dann ist das Dreieck balanciert. Spannung, Imbalance läge dagegen vor, wenn von den beiden Freunden A ein Anhänger und B ein Feind der Partei C wäre" (Manz, 1987, KE1, S.21/22).

Dies kann in Bezug auf die Einstellungen des Suchtkranken bereits Anhaltspunkte geben, um den Bezug zu Einstellungsänderungen aber noch zu verstärken, ist eine Beschäftigung mit dem auftauchenden Begriff der "kognitiven Dissonanz" hilfreich:

"Dissonanz, kognitive

tritt nach FESTINGER auf, wenn kognitive Elemente (wie Einstellungen, Wissen, Meinungen, Vorstellungen) bezogen auf einen Gegenstand untereinander im Widerspruchsfall entstehen. Kognitive Dissonanz ruft das Bestreben hervor, aktiv Dissonanzspannungen zu reduzieren" (Manz, 1987, KE1, S.23/24).

Da an dieser Stelle ohnehin kein auch nur annähernd umfassender Abriß der Systemtheorie gegeben werden kann, soll sich mit dem bisherigen begnügt werden, d.h. es wird überwiegend mit den o.a. Begriffen operiert werden.

Die Einstellungen um die es hier gehen muß, sind die des Betroffenen zu seinem "Mittel", d.h. zum Alkohol, anders formuliert, zu seinem Umgang damit. Noch einmal anders ausgedrückt: es geht um die Einstellung, die er zu seinem speziellen (Suchtmittel-)Konsummuster hat.

Die zeitlichen Stationen, die zu betrachten sind, um Balance oder Imbalance auszumachen (bzw. auf kognitive Dissonanzen zu stoßen), sind einmal die anfänglichen Zeiten, in denen mäßiger oder kein Konsum festzustellen ist und später dann die Zeiten übermäßigen Konsums.

Die Elemente des o.a. "Dreieckes" sind der Betroffene selbst, sein Suchtmittel der Alkohol, bzw. sein Konsummuster und seine soziale Umwelt.

Die in der Praxis sehr oft vorfindliche Ausgangsbasis, Entwicklung und mögliche Fortentwicklungen lassen sich wieder recht gut graphisch darstellen:

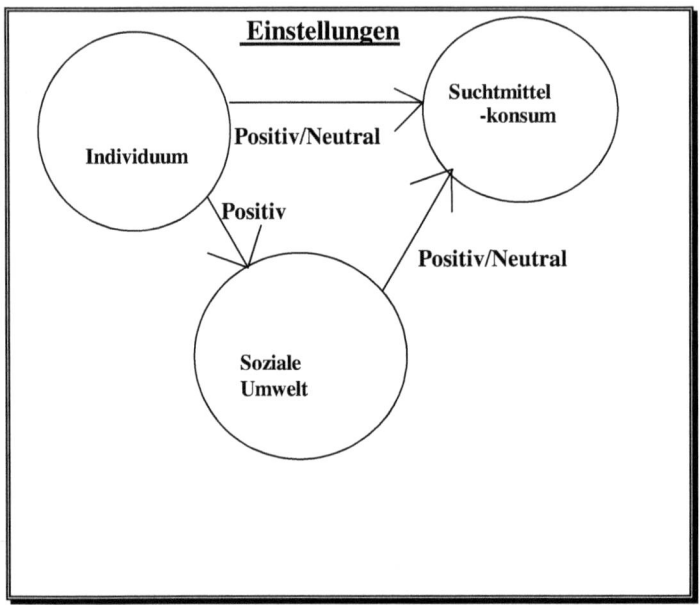

Kein/mäßiger Konsum von Alkohol

Einstellungen

Individuum

Positiv/Neutral

Suchtmittel
-konsum

Positiv

Positiv/Neutral

Soziale
Umwelt

Grafik: B.Tomm-Bub, 1996

Der Betroffene und spätere Abhängige steht dem Alkohol, bzw. seinem eigenen Konsummuster positiv gegenüber, dasselbe gilt für seine soziale Umwelt, auch diese bewertet das Mittel wie auch seinen Umgang mit diesem als positiv, zumindest aber neutral. Eine positive Valenz des Individuums zu seiner Umwelt wird hier weiterhin unterstellt und ist auch in der Praxis tatsächlich oft anfangs noch so vorfindbar.

Aus verschiedenen Anlässen und Gründen kann es nun zu einem sich steigernden und anhaltendem Konsum kommen, der Weg in die Sucht beginnt. Wird dieser Konsum von seiner sozialen Umwelt als solcher einmal wahrgenommen -was allerdings recht lange dauern kann- so entwickeln sich die Einstellungen oft so, wie in der nächsten Graphik dargestellt.

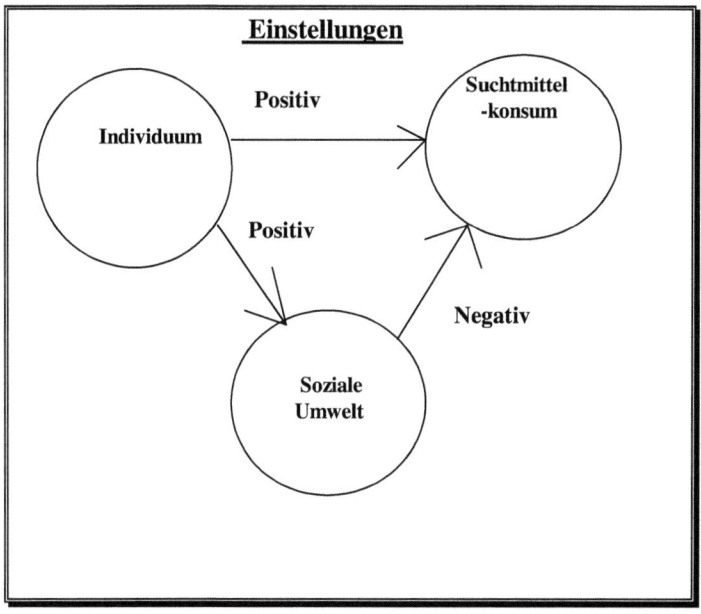

Grafik: B.Tomm-Bub, 1996

Dies bedeutet, die soziale Umwelt (die übrigens u.a. aus Partner/in, Verwandten, Freunden, Arbeitskollegen, Vereinskameraden, etc. bestehen kann) verändert mit der Zeit ihre Einstellung zum Konsumverhalten des Betroffenen. Die negativen Veränderung, die an ihm wahrgenommen werden, werden endlich richtig in Verbindung mit dem Suchtstoff gebracht, genauer also mit dem Muster des Konsum. Nach und nach wird diese betreffende Einstellung von einer positiven oder neutralen zu einer immer negativeren, wobei hier sicher Unterschiede in der individuellen Ausprägung bestehen. Oftmals wird der/die Partner/in schneller und radikaler eine Einstellungsänderung vollziehen, als etwa die Vereinskameraden. Er oder sie ist von den negativen Veränderungen im Wesen des Betreffenden eher und gravierender betroffen als andere Menschen (die womöglich auch noch selber recht gern der "Zecherei frönen").

Die Einstellung des Individuums zu seiner sozialen Umwelt bleibt zunächst eher im positiven Bereich, er braucht diese, einmal aus Gewohnheit, später -im Verlaufe der Suchtkrankheit- um seine Fehlzeiten bei der Arbeit zu entschuldigen (Partner/in), seine Fehler bei der Arbeit zu decken (Kollegen), mit ihm zu trinken ("Die trinken doch auch!"), etc. Angesprochen ist hier ein Verhalten der Umwelt, welches als Co-Abhängigkeit bezeichnet wird, näher kann auf dieses Phänomen an dieser Stelle aus Platzgründen jedoch nicht eingegangen werden. Relevantes Fazit ist, wie gesagt, daß der Betroffene weiterhin eine positive Attitüde zu seiner sozialen Umwelt hat.

Mithin entsteht eine Diskrepanz, eine Imbalance, oder (siehe Festinger) in gewissem Sinne eine kognitive Dissonanz. Ein und dieselbe Sache -das Suchtmittel, bzw. das entsprechende Konsummuster- werden von Individuum und sozialer Umwelt zunehmend unterschiedlich beurteilt, wobei die Valenz vom Einzelnen zu seinem sozialen Kontext zunächst gleichbleibend positiv ist. Das Dreieck ist nicht mehr im Gleichgewicht, was das Bestreben hervorruft, diese Dissonanzspannungen aktiv zu reduzieren.

Über die zeitlich nun folgenden zwei häufigsten Entwicklungsmöglichkeiten geben wiederum die folgenden Graphiken Auskunft:

---Siehe Folgeblatt---

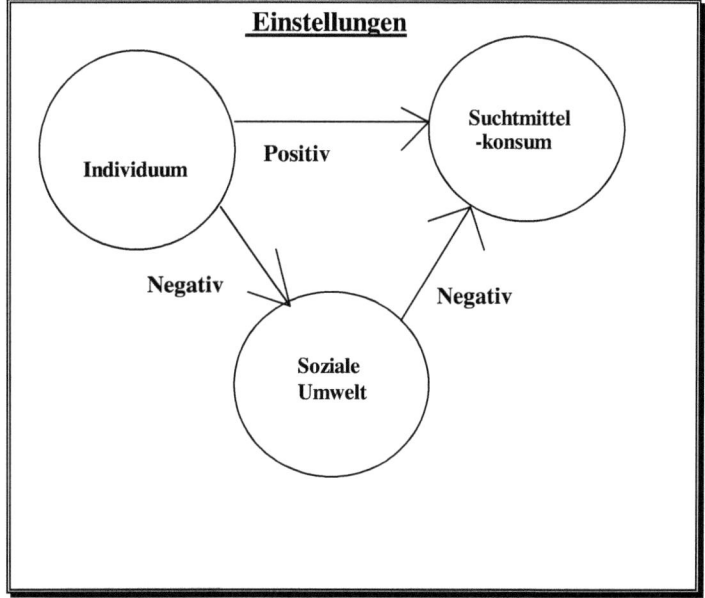

Dies bedeutet, das Individuum verändert seine Einstellung zu den ihn umgebenden Menschen, diese werden als störend, sogar als feindlich empfunden und dann auch bewertet. In gewissem Sinne ist dies ja sogar auch richtig, sie stören ihn ja tatsächlich beim "Genuß" seines Suchtmittels, mißbilligen dies und verlangen von ihm eine Veränderung die er nicht will, besser gesagt, aufgrund seiner Krankheit nicht wollen kann -es sei denn, er versteht sich endlich als hilfebedürftig, sucht diese Hilfe und nimmt sie auch an (unter Hilfe sei hier generell "Hilfe zur Selbsthilfe" verstanden)! Die hier skizzierte Entwicklungslinie aber führt letztenendes in die Isolation, häufig über die "Zwischenstation" des "Trinkens in anderen Kreisen", womit ein Millieuwechsel in negativer Richtung beschrieben wird ("Trinkkumpane").

Wird ihm aber geholfen, läßt sich die erfolgende Einstellungsänderung so darstellen:

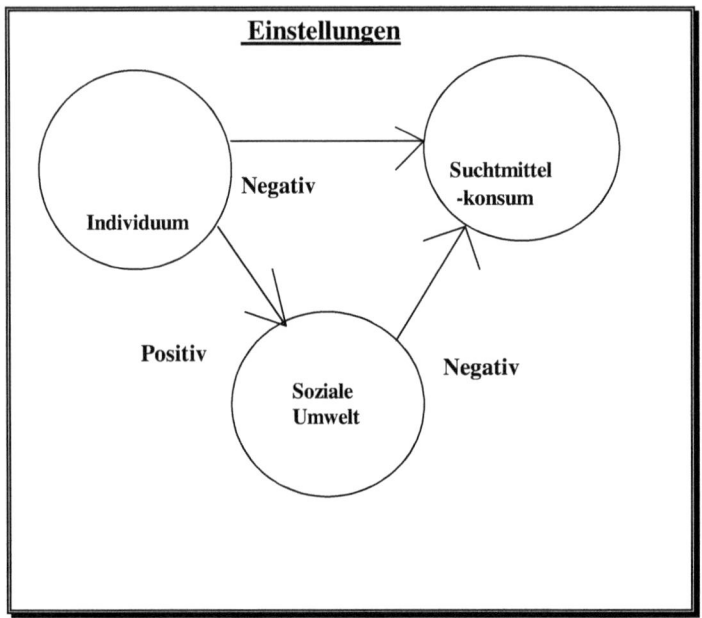

Abstinenz bezüglich Alkohol

Einstellungen

Individuum

Negativ

Suchtmittel -konsum

Positiv

Soziale Umwelt

Negativ

Grafik: B.Tomm-Bub, 1996

Hier braucht nicht allzuviel erläutert werden. Ein Besinnungsprozeß hat stattgefunden, dieser kann durch Selbsthilfegruppen, ambulante oder stationäre Therapie, kontinuierliche Beratung oder eine Kombination dieser Maßnahmen ausgelöst und gefördert worden sein. Das Suchtmittel wurde erkannt als das was es ist, die damit verbundenen großen Gefahren verstanden und die einzig richtige Konsequenz gezogen: Abstinenz und persönliche Veränderung und Weiterentwicklung der Persönlichkeit! (Der Verfasser wendet sich an dieser Stelle ausdrücklich gegen alle gelegentlich vorgetragene Ansätze, der Trinker könne zum "kontrollierten Trinken" hin therapiert werden. In der Realität kaum nennenswerte Vorteile durch "gebremsten Konsum" stehen unverantwortlich hohe Risiken und Nachteile gegenüber! Zudem misslingen derartige Experimente auf Dauer außerordentlich oft. Zu diesem Urteil kommt der Verfasser nicht nur aus fachlichen Gründen, sondern auch aus der persönlichen Erfahrung heraus: Abstinenz ist kein Verzicht!)
Zurück zum Schaubild: Die Einstellungsänderung hat stattgefunden bezüglich der Einstellung des Individuums zum Suchtmittel, bzw. zu seinem (früheren) Konsummuster, er bewertet dies nun ebenso negativ, wie seine soziale Umwelt dies tut: das Dreieck ist wieder im Gleichgewicht!
Damit soll der Überblick über systemtheoretische Ansätze abgeschlossen sein.

4. Vergleich der Modelle (Würdigung/Kritik)

Welche Erklärungsangebote bieten lerntheoretische, bzw. systemtheoretische Ansätze im Rahmen der Einstellungsforschung für das Phänomen "Sucht" und für die Genesung von dieser Krankheit; dies waren die Ausgangsfragen. (Unter Genesung -um dies hier noch einmal klarzustellen- sei nicht etwa "kontrolliertes Trinken" verstanden, sondern das Erreichen einer "zufriedenen Abstinenz"; korrekter müßte man also formulieren: wie wird aus Sicht der o.a. Ansätze die Krankheit zum Stillstand gebracht?)

Um dies zu beantworten, seien die bisherigen Ergebnisse noch einmal kurz skizziert. Zunächst zur Lerntheorie:

Stichpunktartig ließe sich hier zur Suchtentstehung auflisten:

☒ Zunächst positive Verstärkung des Trinkens von "Außen" (extrinsisch)

☒ Intrinsische Verstärkung (angenehme Drogenwirkung)

☒ Negative Verstärkung (Unangenehmes "verschwindet" =Alkoholwirkung)

☒ Anfangs permanente,dann intermittierende Verstärkung /Konditionierung

Zur Genesung hieß es:

☒ Extinktion durch zunehmend ausbleibende Verstärkung

☒ Verlernen durch zunehmend negative Handlungsfolgen

☒ Außenverstärkung von Abstinenz (soziale Verstärker)

☒ Intrinsische Abstinenzverstärkung (physisch-psychische Positiveffekte)

Diese Darstellung ist natürlich eine verkürzende, referiert aber wohl doch die wesentlichen Erkenntnisse.

Anders sieht es bei den systemtheoretischen Ansätzen aus. Der Beitrag zur Aufklärung, wie Sucht denn nun eigentlich entsteht, beschränkt sich zumindest bei der hier gewählten Vorgehensweise eher auf eine Beschreibung von bestehenden Zuständen, denn auf eine Erklärung, wie diese zustande kommen ("Dreieck" Individuum - Suchtmittel/-konsum - soziale Umwelt).

Hilfreicher dagegen ist dieser Ansatz bei der Darstellung, wie es zum Gesundungsprozeß kommt:

Der zunehmenden Diskrepanz in Bezug auf die Einstellung zum Alkohol/ /entsprechenden Konsumverhalten seitens des Individuums, bzw. durch die soziale Umwelt wird die Generierung der Kraft zugeschrieben, welche den Veränderungsprozeß speist!

Eine Erkenntnis, die therapeutisch/helfend sicher "ausgebeutet" werden kann.

Soweit der Beitrag einfacher systemischer Modelle.

Ein Vergleich beider Erklärungsansätze ergibt, daß im Grunde nicht unähnliche Beschreibungen und Erklärungen der Wirklichkeit gegeben werden, zumindest läßt sich als Gemeinsamkeit eine hohe Bewertung des sozialen Umfeldes feststellen. Dies einmal in Form der Erwähnung der "Verstärkung von Außen", bzw. "sozialer Verstärkung", andererseits in der Darstellung der sozialen Umwelt als "Dreieckselement" welches eine im Zeitverlauf differierende Einstellung zum Konsumverhalten produziert (was dann wiederum zu einer Spannung führt, die nach Ausgleich drängt).

Auf die sich ergebenden Konsequenzen wird später noch einzugehen sein.

Feststellen läßt sich, daß im Rahmen von Lerntheorien der Einzelne, also das Individuum stark im Mittelpunkt der Betrachtung steht, weniger die jeweiligen Mitmenschen und kaum der gesamtgesellschaftliche Kontext. Dies Fehlen von (gesellschafts-)politischen Aspekten läßt sich auch bei systemtheoretischen Ansätzen konstatieren, im Fokus sind hier die Beziehungen zwischen verschiedenen "Elementen".

Sehr allgemein formuliert läßt sich sagen, daß bei beiden Ansätzen die starke Betonung der jeweiligen Perspektive zwar den "Blick schärft" für eben diesen Aspekt, jedoch in beiden Fällen die Gefahr impliziert, daß andere Sichtweisen zu sehr vernachlässigt werden.

Nicht ganz befriedigen können die Antworten der Lerntheorie auf die Frage, warum eigentlich nicht jeder Alkoholkonsument abhängig wird, obwohl doch die dementsprechenden Lerngesetze prinzipiell für alle Menschen, die Al-kohol trinken, gelten. Hier ließ sich nur in allgemeiner Form auf "andere Fak-toren" verweisen. Eine ähnliche "Lücke" klafft bezüglich der Frage nach dem "Umkehrpunkt": einige Betroffenen finden den Weg zur Genesung, andere wieder nicht. Warum und wodurch ersteren dies gelingt, dies läßt sich nach Ansicht des Verfassers lerntheoretisch nicht überzeugend darstellen.

Systemtheoretische Ansätze schildern und untersuchen ebenfalls nur Teile der Wirklichkeit, so werden positive und negative Valenzen vom Individuum zum Suchtmittel(-konsum), bzw. zur sozialen Umwelt abgebildet, wie aber ist es mit der Untersuchung der Beziehungen die von der sozialen Umwelt ausgehend zum Betroffenen bestehen? Zumindest im hier vorliegenden einfachen Erklärungsmodell hatte derlei keinen Raum.

Ein letzter spezieller Kritikpunkt betrifft hier die Intensität der jeweilig betrachteten Beziehungen: eine Differenzierung findet nicht statt! Dies erscheint als eine etwas zu simple Herangehensweise, spätere Schlußfolgerungen können dadurch doch zu sehr "verzerrt" werden.

Verwiesen sei allerdings auf die systemtheoretischen Modelle von Osgood, dieser Mangel tritt bei seinen komplexeren Überlegungen nicht auf (im Rahmen der Darstellung einfacher Modelle konnte hier nicht auf derartiges eingegangen werden).

Abschließend sei aus der persönlichen Erfahrung des Verfassers mit sich und vielen anderen Süchtigen gesagt, daß das "Eigentliche" von Sucht (z.B. Erleben des Kontrollverlustes, etc.) durch keine noch so "schöne" Theorie wirklich erfaßt und beschrieben werden kann. Dies ist nicht ausschließlich kritisch zu verstehen, selbstverständlich können auch "Nicht-Betroffene" dem Abhängigkeitskranken helfend begegnen, usw. Nicht selbst erkranke Menschen haben eine gewisse Distanz zur Krankheit, die durchaus im positiven Sinne therapeutisch eingesetzt werden kann. In der sich ergänzenden Kooperation beider "Helferfraktionen" liegt wohl das bestmögliche Potential!

5. Resümee

Will man die gewonnenen Erkenntnisse zusammenfassen, läßt sich folgendes anführen:

1) Bezüge des Themas Sucht (hier: Alkoholismus) zum Forschungsbereich der Sozialpsychologie ließen sich durchaus herstellen, ob diese Zusammenhänge prioritätsmäßig höher einzuordnen sind als etwa die zur klinischen Psychologie bleibt zwar dahingestellt, jedoch scheint eine stringente Antwort auf diese Frage auch nicht unbedingt notwendig zu sein. Denn ohne Zweifel sind die Zusammenhänge stark genug, um eine Beschäftigung mit ihnen zu rechtfertigen.

2) Positiv ist zu werten, daß einige Erklärungen und daraus folgende Konsequenzen gefunden werden konnten (siehe hierzu die entsprechenden Punkten unter "4. Vergleich der Modelle", S. 28 - 30 dieser Arbeit). Als bedeutsamste Konsequenz muß wohl die Hervorhebung der Rolle der sozialen Umwelt / Außenverstärkung gesehen werden. Will man dies weiter ausformulieren, ergeben sich für die Praxis folgende Hinweise: Die Mitmenschen des Erkrankten sollten unbedingt Kontakt zum Betroffenen halten und zu verhindern suchen, daß sich seine Einstellung zu ihnen in eine negative verkehrt (siehe systemtheoretischer Ansatz), nur so kann verhindert werden, daß die positive Valenz zum Suchtmittel trotz immer tragischerer Auswirkungen weiterhin eine positive bleibt und somit das Konsummuster bestehen bleibt, d.h. also, eine bewußte Schaffung von Dissonanzspannung sollte erfolgen. Konsequente und ehrlich gemeinte Ansätze des Abhängigen in Richtung einer (wie immer gearteten) Therapie sollten unbedingt positiv verstärkt werden (Lerntheorie), sehr gut möglich ist dies etwa in Selbsthilfegruppen. Der Philosoph Khalil Gibran bemerkte hierzu einmal, in anderem Zusammenhang, aber sehr passend zum Thema: "Meine Brüder, sucht Rat beieinander, denn darin liegt der Weg aus Irrtum und einsichtiger Reue. Die Weisheit vieler ist ein Schild gegen Tyrannei. ... Wer keinen Rat sucht, ist ein Narr. Seine Torheit macht ihn der Wahrheit gegenüber blind, böse und widerspenstig, und er wird zu einer Gefahr für seine Gefährten." (1988, S.67)

Zu ergänzen bliebe, daß er ansonsten auch zunehmend zu einer großen Gefahr für sich selbst wird und daß "Tyrannei" in diesem Falle natürlich auf die wahrhaft tragische Tyrannei des jeweiligen Suchtstoffes zu beziehen ist.

Außerordentlich wichtig ist bei der Aufrechterhaltung positiver Beziehungen und bei Verstärkung positiver Ansätze des Süchtigen, nicht in das sogenannte "co-abhängige" Verhalten zu verfallen, ein schwerer Fehler, der von Laien mit den besten Absichten und unwissentlich sehr häufig begangen wird. Dieses Verhalten (welches sich sogar zu einem eigenen, regelrechten Krankheitsbild verdichten kann) kann hier leider aus Platzgründen nicht mehr angemessen dargestellt und analysiert werden. Verwiesen wird auf neuere Fachliteratur, so etwa von Anne Wilson Schaef "Im Zeitalter der Sucht" (1991, München: dtv, S. 36-42), u.v.a.

3) Als eine Schwäche beider Ansätze wurde das weitgehende Fehlen gesellschaftspolitischer Aspekte empfunden. Auch diese haben aber durchaus etwas mit Einstellungen zu tun und sollten daher -nach Ansicht des Verfassers- nicht im vorgefundenen Maße "ausgeblendet" werden. Die   -statistisch-durchschnittliche Einstellung zu Suchtmitteln und "Gesamt-Einstellungen" zum Leben allgemein, die suchtfördernd sind, beeinflussen das Individuum und generieren letztlich einen hohen Prozentsatz an tatsächlichen, stoffgebundenen Süchtigen! Was damit gemeint ist, kann ebenfalls nur noch kurz erläutert werden. Zwei Zitate verdeutlichen die angesprochenen Zusammenhänge:

"Konsumieren ist eine Form des Habens, vielleicht die wichtigste in den heutigen)Überflußgesellschaften(; Konsumieren ist etwas Zweideutiges. Es vermindert die Angst, weil mir das Konsumierte nicht weggenommen werden kann, aber es zwingt mich auch immer mehr zu konsumieren, denn das einmal Konsumierte hört bald auf mich zu befriedigen. Der moderne Konsument könnte sich mit der Formel identifizieren: Ich bin, was ich habe und was ich konsumiere.

Der   Konsumentenhaltung liegt der Wunsch zugrunde, die ganze Welt zu verschlingen, der Konsument ist der ewige Säugling der nach der Flasche schreit. Das wird offenkundig bei pathologischen Phänomenen wie Alkoholismus und Drogensucht. Es scheint fast als werteten wir diese ab, weil ihre Wirkung die Betroffenen hindert, ihre gesellschaftlichen Verpflichtungen zu erfüllen." (Fromm, E., 1980, S.37)

Die mindestens sehr enge Verwandtschaft von "Sucht" und "Konsumprinzip" wird durch diese Schilderung recht gut verdeutlicht!

Auch Herbert Gruhl macht einige Zusammenhänge deutlich:

"Unsere gesamte Gesellschaft ist auf die Art von Leistung aufgebaut, die als Ware verkäuflich ist. Wer dabei mehr leistet, verdient mehr. Das hat andererseits zur Folge, daß derjenige, der viel leistet, auch viel verbraucht" (1980, S.281).

Folgerichtig führt Gruhl außerdem aus:

"Das Rennomierbedürfnis des Menschen ist noch immer seine schwächste Stelle. Tag für Tag schuftet er für Dinge, zu deren Genuß er kaum Zeit haben wird. Klaus Müller sagt zugespitzt:)Das Subjekt wird dazu überwältigt, glücklich zu werden durch objektiv kontrollierbare Befriedigung objektiv zu erhebender Bedürfnisse. In Erfüllung dieses Programms wird die objektiv ausweisbare Leistung zum beherrschenden Maß: Leistung in der Produktion bedingt Leistung im Konsum, Leistung im Konsum bedingt Leistung in der Produktion. Damit schließt sich der totalitäre Kreis: Die Leistungsmonomanie läßt die Subjektivität der Subjekte verdampfen...(" (1980, S.152)

Der Suchtkranke ist also, so läßt sich nur wenig überspitzt sagen, im Grunde nichts anderes als ein konsequenter handelnder Durchschnittskonsument, so zumindest die Auffassung des Verfassers. Dies hat auch therapeutische Konsequenzen, zu beachten ist hier die Aussage von Herbert Marcuse:

"Wenn die Psychiatrie lediglich dazu beiträgt, den Patienten an eine kranke Gesellschaft anzupassen, damit er in dieser Gesellschaft wieder funktions- fähig wird, dann verfrachtet sie ihn von einer Krankheit in die andere." (Zitiert nach: Keen,S.; 1.Aufl., 1979; S. 56)

Abschließend bleibt insgesamt nur noch zu sagen, daß neben der positiven Bilanz (Erkenntnisse wurden gewonnen und ausformuliert), auch sehr deutlich wurde, daß viele Bereiche im Grunde einer wesentlich umfassenderen Darstellung bedurft hätten. Dies muß jedoch der Zukunft, bzw. anderen Arbeiten überlassen bleiben.

6. Quellenangaben

Benesch, H.; 1988; "dtv-Atlas zur Psychologie Bd.1"; München: dtv

Dörner, K. & Plog, U.; 3.Auflage, 1986 ; "Irren ist menschlich"; Bonn: Psychiatrie Verlag

Freiwillige Suchtkrankenhilfe e.V.; 1995; "Unser Angebot" (Faltblatt), Ludwigshafen: FSH

Fröhlich, W.D. & Drever, J.; 12. Auflage, 1978; "dtv-Lexikon Psychologie"; München: dtv

Fromm, E.; 6.Aufl., 1980,"Haben oder Sein"; München: dtv

Gibran, K.; 1.Aufl., 1988; "Gedanken des Meisters"; München: Goldmann

Gruhl, H.; -120 Tsd., 1980; "Ein Planet wird geplündert"; Frankfurt: Fischer

Holzgreve, W.; 1990, "Nachdenken vor dem Einschenken"; Hamburg: DAK.

Keen ,S. (Hrg.) 1.Aufl. 1979; "Stimmen und Visionen" Frankfurt a.M.:
Suhrkamp

Kreft, D. & Mielenz, I. (Hrg.); 3.Auflage, 1988; "Wörterbuch Soziale Arbeit",
Weinheim & Basel: Beltz Verlag

Kühne, N., Tiator, G., et alii; 1978, "Psychologie"; Köln: Stamm

Legewie H. & Ehlers W.; 1979; "Knaurs moderne Psychologie"; München/Zürich: Knaur.

Manz,W.; 1987; "Einstellungen und Einstellungsänderungen" ; Hagen: FU/GH.

Konzept Sendung Jugendalkoholismus

(RNF "Regionalfenster" über RTL)

(Der Autor B.Tomm-Bub war Studiogast)

Ursachen/Was kann man tun?

Haben ältere Kinder und Jugendliche die Möglichkeit etwas eigentlich verbotenes zu tun, so tun es auch viele wirklich. Das hat viel mit dem eigentlich normalen Prozeß des Erwachsen-Werdens zu tun. Man will zeigen, daß man jemand eigenständiges ist, man will Bereiche schaffen in denen man selber bestimmt, was man tut und was nicht, usw.

Im Falle des Alkohols sind damit aber teils erhebliche Gefahren verbunden: Entwicklungsstörungen des Gefühlslebens und der menschlichen Reifung zum Beispiel.

Weiter wird jedes zehnte, alkoholversuchende Kind später zum Alkoholiker, zum Süchtigen werden und -NIEMAND weiß, welches von den Zehn das ist!

Ursachen gibt es viele:

-das Suchtpotential der Droge Alkohol selbst (grob ca. 10%)

-vernachlässigende oder überbeschützende (!) Eltern

-Angst vor der Zukunft, Arbeitslosigkeit und Umweltzerstörung

(durchaus empfinden auch schon Kinder diese Bedrohungen!)

-gestörte oder zerstörte Familien

(Scheidungsdramen, Tod, schwerkranke oder süchtige Eltern, etc.)

-ein falsches Bild von Männlichkeit bei alkoholversuchenden Jungens

-traumatische Erlebnisse aller Art in der Kindheit (sexueller Mißbrauch, Verluste,...)

333

-falsche Vorbilder (Familie, Freundeskreis, Stars)

Bei alledem sollte man aber nicht vergessen: Aus ganz normalen Familien kommen ganz normale Suchtkranke!. Das bedeutet: Alkoholismus zieht sich in fast gleich hohem Ausmaß durch ALLE Gesellschaftsschichten!

Einen Punkt möchte ich noch besonders hervorheben:

  -In unserer Gesellschaft herrscht meiner Meinung nach ein Trend zum Passiven, zum rein konsumierenden hin. Wir wollen Genuß sofort und glauben zunehmend, das Unangenehmes zum Leben gar nicht dazugehört. Und was liefert -zunächst- Wohlbefinden auf Knopfdruck und verscheucht -zunächst, scheinbar- die Sorgen? Natürlich Suchtmittel wie der Alkohol.

Damit komme ich zu der Frage Was kann man tun?:

-Nicht abschrecken, keine Horrorgemälde malen, das macht erwiesenermaßen die Kinder erst recht neugierig, erhöht den Reiz das Verbotene nun gerade zu tun!

  -Wir müssen Kinder ernst nehmen, sie sachlich korrekt aufklären über Risiken und Gefahren von Suchtmitteln.

-Wir müssen alles bei ihnen stärken, was in Richtung Aktivität geht, in Richtung selber Leben! Etwas positives, das ich selbst geschaffen habe, macht mich viel glücklicher und zufriedener als jeder Rausch. Und wenn ich etwas Schlechtes erfolgreich ertragen habe, dann kann ich mit Recht stolz auf mich sein! Das müssen wir den Kindern nahebringen.

-Vielleicht am wichtigsten: Wir müssen jedem Einzelnen sagen: DU BIST JEMAND! DU BIST ETWAS WERT! Und zwar genausoviel wie jeder andere Mensch. Oft werden Menschen, auch Kinder und Jugendliche nur noch an dem gemessen, was sie LEISTEN können. Die Leistungsschwachen und die, die zu oft versagen: sie werden als nichts wert angesehen und womit sie sich trösten -ist klar!

                              +++++++

---Ende dieses Konzeptes.

THESENPAPIER

"Suchtprävention in der Schule"

von
Burkhard Tomm-Bub
Starenweg 4 A
67454 Hassloch

1998

INHALT:

1. Zunächst müssen einige Definitionen, bzw. Eingrenzungen getroffen werden. (Wobei derartige Festlegungen Vor- und Nachteile haben).
Zu definieren / operationalisieren sind:

1.1 "Schule":

Angesprochen werden sollen hier grundsätzlich alle Schulen, d.h. Grund- / Hauptschule, Gesamtschule, Realschule, Gymnasium, Sonderschulen, Berufsschulen und andere (verschiedener Ausrichtungen).
Dies impliziert, daß das Klientel sich koedukativ und altersheterogen zusammensetzt (Altersspanne ca. 6 – 19 Jahre). Der Intelligenz- und Bildungsstand ist hierbei als recht unterschiedlich anzusehen.

1.2 "Prävention":

• Etymologisch: lat. "das Zuvorkommen, Vorbeugung"
• Allgemeine Definition nach Grond aus sozialmedizinischer Perspektive:
"Begriffsbestimmung Prävention
Aufgabe der Prävention ist es, entweder Erkrankungen überhaupt zu verhindern, oder -wenn das nicht möglich ist- durch Früherkennung und Frühbehandlung die Auswirkungen einer Gesundheitsschädigung so gering als möglich zu halten. Aber auch umfangreiche medizinische, berufliche und psychosoziale Rehabilitationsmaßnahmen fallen nach heutigem Verständnis unter den Präventionsbegriff. Entsprechend diesen drei Aufgaben spricht die Weltgesundheitsorganisation von Primär-, Sekundär- und Tertiärprävention. Primärprävention bedeutet, krankheitsauslösende Faktoren zu suchen und auszuschalten bzw. so unwirksam zu machen, daß es erst überhaupt gar nicht zu einer Gesundheitsstörung kommen kann. ... Die Sekundärprävention dagegen beinhaltet alle Maßnahmen zur Früherkennung und Frühtherapie bereits vorhandener Störungen. ... Bei der Sekundärprävention geht es also vor allem um Hilfen für bestimmte Risikopersonen und Risikogruppen.
Die Tertiärprävention hat es sich zum Ziel gesetzt, bei manifesten Erkrankungen weitere Komplikationen bzw. Rezidive zu verhindern und eine bestmögliche Rehabilitation und Resozialisation zu ermöglichen." (Grond;1990,S.91/92)

2. Spezifikation der Präventionsarten

Spezifiziert man in Bezug auf Abhängigkeitserkrankungen, so läßt sich folgender-maßen zusammenfassen :
1) Suchtprävention wird in Primär-, Sekundär-, sowie Tertiärprävention unterschieden.
2) Primärpräventive Maßnahmen sind alle spezifischen (pädagogischen) Maßnahmen und Aktivitäten, die sich an nicht bzw. noch nicht konsumierende Menschen richten. Sie dienen dem Ziel die Entwicklung von Suchtkrankheiten und spätere Schädigungen durch Suchtmittel zu verhindern.
3) Sekundärpräventive Maßnahmen richten sich an suchtgefährdete und/oder schon abhängige Menschen. Die Manifestation von Konsummustern bis hin zur chronischen Abhängigkeit soll durch (psychosoziale) Hilfen abgemildert oder verhindert werden, bzw. die Suchtkrankheit soll (durch Hilfe zur Selbsthilfe) zum Stillstand gebracht werden. Diese Hilfen müssen sich zunächst nicht ausschließlich

am Ziel der Suchtstoffabstinenz orientieren, sondern sie richten sich sinnvollerweise nach den individuellen Möglichkeiten des Einzelnen, seiner momentanen Situation, seinen aktuellen Fähigkeiten, etc.

4) Tertiärpräventive Maßnahmen sollen den Wiederbeginn einer Konsumphase verhindern und zielen auf die Verminderung von Folgeproblemen bei bereits abhängig gewordenen Menschen (z.B. im Rahmen von begleitenden psychosozialen und/oder therapeutischen Hilfen, ambulanten Therapien, beruflicher Rehabilitationen, etc.).

Durch diese Unterscheidungen wird die Rolle, die Mitarbeiter in pädagogischen Einrichtungen wie der Schule spielen können, noch etwas klarer gemacht. In Bezug auf Kinder (also ca. bis 13 Jahre einschließlich) ist hier an fast ausschließlich primärpräventive Maßnahmen zu denken, Jugendliche können sich bereits in den Bereich der Sekundärprävention hinein entwickeln und der Bereich der Tertiärprävention schließlich bleibt fast ausschließlich anderen Institutionen vorbehalten.

Da die Ursachen von Sucht stets vielschichtig sind (evtl. genetische Dispositionen, familiäre Einflüsse, etc.) ist es sicherlich statthaft davon auszugehen, daß es keinen zu frühen Zeitpunkt für das Einsetzen primärpräventiver Maßnahmen gibt. Das impliziert, daß ein entsprechender Bedarf für alle in pädagogischen Institutionen sich bewegende Altersgruppen besteht und daß dementsprechend zu handeln ist.

3. Offizielle Vorgaben

Diesbezüglich soll nun eine recht aktuelle (April 1997), offizielle Verlautbarung des "Presse- und Informationsamtes der Bundesregierung" (PIB) zitiert und entsprechend kommentiert werden:

"Die 1990 unter der Schirmherrschaft des Bundeskanzlers und mit Unterstützung des Deutschen Fußball-Bundes gestartete Aktion "Keine Macht den Drogen" wird aufgrund ihrer großen Akzeptanz fortgeführt. Inzwischen beteiligen sich auch andere Sportverbände sowie zahlreiche Prominente an dieser Initiative, die 1994 hinsichtlich Bekanntheitsgrad, Verständnis, Akzeptanz, Relevanz und Verhaltenskonsequenzen intensiv geprüft wurde. Die repräsentative Mehrthemenbefragung von 5005 Personen aus der deutschen Wohnbevölkerung im Alter von 16 bis 69 Jahren ergab, daß die Aktion "Keine Macht den Drogen" sehr bekannt ist und überwiegend positiv bewertet wird.

Eine wichtige Zielgruppe sind Mitarbeiter aus der Jugendarbeit und Lehrer. Im Rahmen der Aktionstage „Bewußter leben" wurden in den letzten Jahren spezielle Seminare für diese Zielgruppen in den neuen Ländern angeboten. Außerdem wurde ein Fortbildungsangebot für Jugend- und Übungsleiter von Sportverbänden in Kooperation mit dem Deutschen Sportbund entwickelt. Auch hier kommt der Arbeit mit Kindern und Jugendlichen große Bedeutung zu. Das Kinder- und Jugendhilfegesetz schreibt den Jugendämtern ein umfassendes Beratungsangebot vor, um Kinder und Jugendliche präventiv-beratend zu unterstützen und jungen Drogenkonsumenten einen Ausweg aus ihrer Suchtkrankheit zu weisen Die Kultusministerkonferenz hat zur „Sucht- und Drogenprävention in der Schule" (Beschluß vom 03.07.1990) eine eigene Empfehlung verabschiedet, die richtungsweisend für die weiteren Aktivitäten der Länder geworden ist. Danach zielt schulische Suchtprävention auf

- die totale Abstinenz im Hinblick auf illegale Drogen,
- einen selbstkontrollierten Umgang mit legalen Suchtmitteln (z. B. Alkohol, Tabakerzeugnisse) mit dem Ziel weitgehender Abstinenz,
- den bestimmungsgemäßen Gebrauch von Medikamenten.

Die Lehrpläne der Länder geben konkrete Hinweise zur Behandlung des Themas in den Schulen. Die besonderen Ziele der Suchtprävention verlangen eine differenzierte Auseinandersetzung mit der Problematik. Die Auseinandersetzung mit den verschiedenen Drogen wird hauptsächlich in den Fächern Biologie, Chemie und Erdkunde durchgeführt.
Die Umsetzung allgemeiner Ziele der Suchtvorbeugung, wie z. B.

- Förderung der Ich-Stabilität,
- Umgang mit Konfliktsituationen,
- Erkennen eigener Stärken und Schwächen,
- Freude am Leben,

ist Aufgabe aller Lehrerinnen und Lehrer. Sie erfolgt alters- und problemsprechend, besonders in Fächern in denen Sinnfragen und Fragen der Lebensgestaltung eine Rolle spielen. Als wenig wirksam wird die punktuelle Behandlung dieses Themas gesehen. Fächerübergreifende Unterrichtsgestaltungen, handlungs- und erfahrungsorientierte Arbeitsformen werden besonders empfohlen. In einigen Ländern benennen die einzelnen Schulen eine Beraterin / einen Berater für Suchtvorbeugung, um die schulischen Maßnahmen zur Suchtprävention zu unterstützen." (PIB,1997,S.18/19)

3.1 Würdigung und Kritik
Hierzu sind aus Sicht des Verfassers einige kritische Anmerkungen zu machen:
-Ohne jemandem politisch oder menschlich zu Nahe treten zu wollen, scheint es keine glückliche Wahl, eine Person als Schirmherr einzusetzen, die ganz offensichtlich seit vielen Jahren an Übergewicht leidet (Bundeskanzler Helmut Kohl). Ein sich in Richtung Eßsucht bewegender Umgang mit Nahrung scheint hier nämlich keineswegs ausschließbar.
-Zur "Unterstützung des Deutschen Fußball-Bundes" ist zu sagen, daß die - zumindest im Leistungssport vorliegende- Fixierung auf "Sieg oder Niederlage", auf Höchstleistungen, etc. sicherlich genauso Bedenken weckt wie Reminiszenzen an Bandenwerbung für Alkoholika, an "Horden" betrunkener "hooligans" und an diverse Doping-Skandale.
-Die "intensive Prüfung" der Akzeptanz der Aktion "Keine Macht den Drogen" ergab, daß diese "sehr bekannt ist und überwiegend positiv bewertet wird." Nun ist eine Stichprobe von 5005 Personen zwar einigermaßen repräsentativ (eine Zahl höher 10 000 wäre es allerdings noch mehr gewesen), es ist jedoch nicht einsehbar, daß -anscheinend ausschließlich- aus diesem Grund eine solch` teure Maßnahme fortgeführt wird. Wesentlich wichtiger wäre doch wohl eine Prüfung von Effektivität und Effizienz einer derartigen "Veranstaltung" gewesen, d.h. eine Kontrolle der präventiven Wirksamkeit! (Zwar existiert eine Fundstelle, in der von "Verhaltenskonsequenzen" die Rede ist, nähere Angaben finden sich jedoch hierzu

nicht.)
-Als Ziel schulischer Suchtprävention wird u.a. angegeben:
   --die totale Abstinenz im Hinblick auf illegale Drogen,
   --ein selbstkontrollierter Umgang mit legalen Suchtmitteln (z. B. Alkohol,...) mit
dem Ziel weitgehender Abstinenz,...
Stellt man pointiert die Schäden und Spätfolgen sowie das Suchtpotential der
legalen Droge Alkohol (Bier, Wein, aber auch "Schnaps" und Rum) und der
illegalen Droge Marihuana einander gegenüber, kann die angegebene
Ausdifferenzierung der Ziele nicht nachvollzogen und nur als grob willkürlich
bezeichnet werden.
-Weiterhin findet sich folgender Satz: "Die Auseinandersetzung mit den
verschiedenen Drogen wird hauptsächlich in den Fächern Biologie; Chemie und
Erdkunde durchgeführt." (Unterstreichung vom Verfasser). Zwar mag für einige
Menschen die Strukturformel der Droge die sie mißbrauchen nicht uninteressant
sein und ähnliches gilt wohl auch für das Wissen über die Herkunftsländer des
"Stöffchens"... Dies jedoch als den "hauptsächlichen" Ort der Auseinandersetzung
mit Drogen zu benennen, scheint in präventiver Hinsicht recht unangemessen.
Anderen Aussagen (etwa der Benennung der allgemeinen Ziele der
Suchtvorbeugung und der Feststellung, daß punktuelle Aktionen wenig wirksam
sind) ist dagegen ohne weiteres zuzustimmen.
Diese exemplarische Auseinandersetzung kann sicherlich zeigen, daß die
Weiterentwicklung präventiver Ansätze noch an keinem (auch nur vorläufigem)
Endpunkt angekommen ist und des stetigen Bemühens um Verbesserungen bedarf.

4. Transfer auf schulische Gegebenheiten

Viele Differenzierungen und Konkretisierungen können sich an die bisherigen
Ausführungen anschließen.
Primärprävention im Suchtbereich hat in den letzten Jahren (ebenso wie
mittlerweile die Gewaltprävention, die ja auch in einigen Punkten deckungsgleich
ist) einen gewissen "boom" erlebt. Erfreulicherweise war hierbei ein
Paradigmenwechsel feststellbar.
In den siebziger Jahren unseres Jahrhunderts bedeutete Prävention fast immer reine
"Drogen"-Prävention mit einem starken Überhang gefahrenbetonter Botschaften im
Zusammenhang mit rauschauslösenden, illegalen Substanzen (wobei zum Teil
erschreckend schlecht recherchiert, bzw. sogar in Wort und Schrift die Unwahrheit
verbreitet wurde -was der Verfasser persönlich bezeugen kann). Legale Substanzen
wurden hierbei auch benannt, jedoch in der "Hierarchie der Schrecken" klar anders
(und somit unter-) bewertet. Unter anderem sicherlich aufgrund mangelnder
Erfolge, wechselte seit einigen Jahren die Perspektive und Herangehensweise in
Richtung der Förderung gesundheitserhaltender Anteile des Kindes, u.ä.
Literatur, Vorschläge für didaktische Einheiten und Projekte, teils auch Spiele und
Spielvorschläge sind demnach bereits verfügbar. Beispielhaft soll an dieser Stelle
hingewiesen werden auf Aktivitäten der "Deutschen Behindertenhilfe Aktion
Sorgenkind e.V. / Vorsorge-Initiative, Frankfurt a.M." die u.a. "7 Regeln gegen
Sucht" formulierte, die entsprechende "Kindergarten-Kits" herausgibt, etc., auf
verschiedene Aktionen der "Bundeszentrale für gesundheitliche Aufklärung -BZgA-

" in 51109 Köln ("Kinder stark machen"; "Informationstelefon Suchtvorbeugung 0221-89920"), sowie auf Maßnahmen der "Deutschen Hauptstelle gegen die Suchtgefahren (DHS)".

Es wurde mit dieser veränderten Herangehensweise ein Weg eingeschlagen, der als unbedingt positiv angesehen werden kann. Zu ergänzen ist, daß der mögliche und gravierende suchtbegünstigende Faktor "ein Elternteil ist Alkoholiker" dabei nicht aus den Augen zu verlieren und stets zu prüfen ist!

Der Bewußtseinswandel ist andererseits aber sicherlich noch nicht überall grundsätzlich vollzogen und daher weiter zu fördern.

4.1 Konzepte

Der Bereich primärpräventiver Maßnahmen in Schulen nimmt in der Forschung quantitativ einen großen Stellenwert ein. Die wichtigsten Konzepte und Evaluations-ergebnisse dazu (nach Bühringer,G.,1994, S.56 / Hrg.: DHS):

Evaluationsergebnisse zu verschiedenen Präventionskonzepten im Bereich der Schule:

"Konzept	Substanzspezifität	Effektivität	
Informationsvermittlung	spezifisch	Wissen:	+
		Einstellung/Verhalten:	- (+)
Affektive Erziehung	unspezifisch	Wissen:	entfä
		Einstellung/Verhalten:	0 (-)
Standfestigkeitstraining	spezifisch	Wissen:	+
		Einstellung/Verhalten:	+
Lebenskompetenz-training	spezifisch & unspezifisch	Wissen:	+
		Einstellung/Verhalten:	++
Alternativen zu Drogen	unspezifisch	Wissen:	entfä
		Einstellung/Verhalten:	0 (+
Gesundheitsförderung	spezifisch & unspezifisch	Wissen:	(+)
		Einstellung/Verhalten:	(+)

| Massenmedien-kampagnen | spezifisch | Wissen: | + |
| | | Einstellung/Verhalten: | (+) |

4.2 Alltagsbeispiele (Stichworte)

- -Konferenz zum Thema (Lehrer)
- -Gruppendynamische Übung "Blitzlicht" zu Stundenbeginn
- -Phantasiereise (Entspannungsübung)
- -"Vertrauensspiele"
- -Aktionswochen / Projekte (spezifisch/unspezifisch), z.B. "Verzicht auf Süßes"
- -Theater-AG`s
- -Klassenfahrten mit erlebnispädagogischen Akzenten
- -Elternabende (Thematisch und/oder Aufführungen von SchülerInnen).

4.3 Schulische Voraussetzungen effektiver (Primär)prävention

- -Adäquate Ausbildung, sowie Fort-/Weiterbildung der Lehrkräfte
- -Einsetzung einer Lehrkraft als Präventionsfachkraft / Drogenkontaktlehrer
- -Kontinuierliche thematisierung im gesamten Kollegium (z.B. Konferenzen)
- -Kooperation / Vernetzung mit anderen Institutionen (Drogenberatung, Krankenkassen, offene Einrichtungen im Stadtteil, etc.)
- -Aktive Elternarbeit unter präventiver Perspektive
- -Genug Zeit und Raum (Mittel) für die Lehrkräfte zur Bewältigung dieser Arbeit.

5. Resümee / Persönliche Stellungnahme

Folgende Haupt-Grundlinien primärpräventiven Handelns sind unterscheidbar:

1) Aufklärung/Information über Drogen (Neben-/wirkungen, Schäden, Folgen)
2) Stärkung/Förderung aller gesundheitserhaltenden Faktoren
   (physisch, geistig, seelisch)

341

Das aber sollte nach Ansicht des Verfassers folgendes bedeuten:

- -In Bezug auf Alkohol -wie auch auf andere Drogen- nicht abschrecken und keine "Horrorgemälde malen", denn dies macht Kinder erst recht neugierig und erhöht den Reiz, das Verbotene nun gerade zu tun! Die Kinder statt dessen ernst nehmen, sie altersgemäß und sachlich korrekt aufklären über die Wirkung, die Risiken und Gefahren von Suchtmitteln.
- -Alles bei ihnen stärken, was in Richtung Aktivität geht, in Richtung "selber Leben"! (Etwas positives, das ich selbst geschaffen habe, macht mich viel glücklicher und zufriedener als jeder Rausch. Und wenn ich etwas Schlechtes erfolgreich und ohne "chemische Krücke" ertragen habe, dann kann ich mit Recht stolz auf mich sein! **Das** müssen wir den Kindern nahebringen!)

Vielleicht am wichtigsten: Wir müssen jedem Einzelnen sagen: DU BIST JEMAND! DU BIST ETWAS WERT! Und zwar genausoviel wie jeder andere Mensch. Oft werden Menschen, auch Kinder und Jugendliche nur noch an dem gemessen, was sie LEISTEN können. Die Leistungsschwachen und die, die zu oft versagen: sie werden als nichts wert angesehen und womit sie sich trösten liegt relativ nahe: Suchtmittel sind für derlei Fälle ein "bequemer" Ausweg.

Angewand auf die pädagogische Einrichtung "Schule" scheinen dem Verfasser demnach folgende konzeptionelle Leitlinien, bzw. Maßnahmen sinnvoll:

- -Offenheit gegenüber allem, was die Kinder mitbringen sowohl im Hinblick auf ihre persönliche Geschichte als auch durch ihre Zugehörigkeit zu unterschiedlichen Kulturkreisen. Entwicklung und Pflege von Umgangsformen, die das Zusammenleben dieser unterschiedlichen Personen und Personengruppen ermöglichen, durch Gleichberechtigung aller Kinder und Jugendlichen in der Einrichtung. Vermeidung, sinnvolle Kanalisierung und wenn nötig aktive Verhinderung von Gewaltanwendung, Förderung gegenseitiger Rücksichtnahme.
- -Förderung gegenseitigen Verständnisses durch Gespräche und Hintergrundinformationen.
- -Aufzeigen von Grenzen und Aufstellen von Regeln, die für die Kinder und Jugendlichen einsichtig sind bzw. gemacht werden und deren Einhaltung durchgesetzt wird.
- -Förderung einzelner Kinder und Gruppen entsprechend ihren Bedürfnissen und den Erfordernissen ihrer Situation durch die Erweiterung ihres Gesichtsfeldes, ihrer Kenntnisse und Fähigkeiten.
- -Erweiterung ihrer Betätigungsmöglichkeiten durch vielfältige Angebote.
- -Stärkung des Selbstvertrauens, indem ihnen in jeder erdenklichen Hinsicht Erfolgserlebnisse ermöglicht werden.
- -Hilfe bei der Aufarbeitung von Entwicklungsdefiziten, Unterstützung bei der aktuellen Lebensbewältigung und der Überwindung von konkreten Schwierigkeiten.
- -Aufbau tragfähiger Beziehungen der pädagogischen Mitarbeiter zu den Kindern und Jugendlichen als Grundlage für eine erfolgreiche Arbeit.
- -Bereitschaft, sich mit der eigenen Person auseinander zu setzen.

Der Verfasser sieht an dieser Stelle keine gravierenden Unterschiede zu offenen Kinder- und Jugendeinrichtungen wie der, in der er beschäftigt ist und in denen die angeführten Leitlinien Grundlage der Arbeit sind.

Anzumerken ist hier sicherlich, daß mit diesen Leitlinien nicht nur spezifisch gewalt-/ und suchtpräventive Ziele erreicht werden und werden sollen, sie sind jedoch auch -und besonders- hier unverzichtbare Basis entsprechenden Handelns!

Quellen/Literatur

Al-Anon, Familiengruppen; "Tatsachen über Alateen / Nr. 708", Essen, © 1984.

Bundessozialgericht Grundsatzurteil vom 18. Juni 1968 (BSG 28,114; bzw. 3 RK 63/66).

Deutsche Hauptstelle gegen die Suchtgefahren (Hrsg.). "Suchtprävention" Lambertus Verlag, Freiburg im Breisgau, 1994.

Dörner, K.& Plog, U.; "Irren ist menschlich"; Psychiatrie Verlag Bonn,3.Aufl.,1986.

Feuerlein,W.;Dittmar,F., "Wenn Alkohol zum Problem wird", TRIAS Stuttgart,3.Aufl.,1989.

Feuerlein,W.; Krasney,O., et al., "Alkoholismus", DHS & BZgA/Achenbach Hamm,1991.

Fliegel,S.; Heyden,T.; "03289 Verhaltenstherapeutische Diagnostik" FU/GH Hagen,1992.

Gerber,C.; "Kind und Alkohol", Blaukreuz-Verlag Bern,1979.

Grond, E.(Hrsg.); "Einführung in die Sozialmedizin", vml Dortmund,1990.

Hülshoff,T.; "Jugenddelinquenz- und Suchtprobleme", FU/GH Hagen,1984.

Innerhofer,P.; "4001 Verhaltensbeobachtung und Verhaltensanalyse"; FU/GH Hagen,1984.

Knorr-Anders,E.; "Aus Angst im Schrank versteckt" in "DIE ZEIT-Nr.51- 13.12.1991".

Kreuzer, A.; "Kriminologie der Drogendelinquenz", FU/GH Hagen,1985.

Loviscach,P., Lutz,R.; "Drogenprobleme besser verstehen", FU/GH Hagen,1984.

Mann,K.,Buchkremer,G. (Hrsg.); "Sucht", G.Fischer-Verlag Stuttgart,1996.

Merfert-Diete,C. (Red.); "Drogeninfo: Alkohol und Schwangerschaft"; DHS Hamm,1997.

Ministerium für Kultur, Jugend, Familie und Frauen Mainz (Hrg.); "Drogenkonferenz
  1995"; Müller/Stieber Waldböckelheim,1996.

Ministerium für Kultur, Jugend, Familie und Frauen Mainz (Hrg.); "Kinder Suchtkranker",Müller/Stieber Waldböckelheim,1996

Ministerium für Kultur, Jugend, Familie und Frauen Mainz (Hrg.);
"Drogenkonferenz
  1996"; Müller/Stieber Waldböckelheim,1997.

Presse- und Informationsamt der Bundesregierung PIB (=Hrg./Red.: Schrötter,
H.J.);
  "Politik gegen Drogen"; Verlag Kettler Bönen,1997.

Rechtien,W.; "03273 Das nichtprofessionelle beratende Gespräch"; FU//GH
Hagen,1988.

Schneider, R.; "Die Suchtfibel", G.Röttger-Verlag München,1988.

Schmieder, A.; "Alkohol & Co", TRIAS/G.Thieme Verlag Stuttgart,1992.

Topware, CD-Service AG. (Hrg.); CD-ROM "D-Jure", Topware Mannheim,1996.

FACHARBEIT ALKOHOLISMUS

(von Frau J.S.)

Aus dem Jahre 2004 - AUSZÜGE

2.3 Bericht eines Betroffenen	

Vorwort

Der Alkoholismus in Deutschland ist ein weit verbreitetes Thema, solange es sich bei dem „Alkoholiker" um einen Star, wie zum Beispiel Harald Juhnke, handelt. Die Medien rissen sich praktisch um seine Geschichte, auch um seine Zeit in der Klinik etc. etc. Ab und an gerät auch ein Star mal in die Medien, der vollkommen betrunken von den Paparazzi irgendeiner Zeitung fotografiert wurde. Sonst aber gerät das Thema „Alkoholismus" eher etwas ins Hintertreffen. Niemand will etwas über „normale", also nichtprominente Alkoholiker wissen; die meisten Menschen möchten noch nicht einmal mit ihnen Kontakt haben. Was aber viele Menschen gar nicht wissen: Der Alkoholismus beschränkt sich nicht nur auf ein paar „Penner", auf Obdachlose die in den Fußgängerzonen um Geld betteln, sondern trifft viel mehr Menschen, als offensichtlich ist. Die Zahlen der Alkoholkranken in

Deutschland sind sehr hoch, aber nicht jeder muss ein „Penner" sein. Leute, die ganz normal jeden Tag zur Arbeit gehen und danach zu ihrer Familie zurückkommen können alkoholabhängig sein, ohne dass es jemandem „auf der Straße" beim Vorbeigehen auffiele. Dennoch sind auch diese Menschen alkoholabhängig und ziehen auch ihre Familie mit in ihre Probleme hinein, weswegen vielmehr Menschen mit Alkoholproblemen zu kämpfen haben, als es Alkoholiker gibt. Da ist es gut, dass sich verschiedenste Hilfsorganisationen um Hilfe bemühen, von der der normale Durchschnittsbürger meist gar nichts mitbekommt. Aber nicht nur der Alkoholismus generell ist ein großes Problem: Der Jugendalkoholismus, d.h. die Zahl der Jugendlichen, die alkoholabhängig sind, nimmt immer mehr zu. Diese Facharbeit soll Aufschluss darüber geben, wie gefährlich Alkohol wirklich ist, wieso die Jugendlichen in Deutschland immer mehr trinken, wie verschiedenste Organisationen dagegen anzugehen versuchen und wie ein ehemaliger Suchtkranker selbst die Sache sieht.

-

2.3 Bericht eines Betroffenen

Als ich abhängig wurde, war ich noch sehr jung, habe über Abhängigkeit nicht nachgedacht, dies „Bewußtlose" hat wohl einen großen Teil meiner Gefährdung ausgemacht. Im Nachhinein kann ich sagen, dass ich froh gewesen wäre, hätte ich ehrliche, klare Rückmeldungen von anderen Menschen bekommen, was meinen Umgang mit Suchtmitteln betrifft. Leider gab es nur wenige Reaktionen. Ich schaffte mir aber auch recht zügig lästige Menschen wie Partnerin oder Arbeitgeber „vom Hals", d.h. ich war meist Singel (inzwischen bin ich verheiratet) und arbeitslos, oder doch nur „Bummelstudent", u.ä. Ursachen für meine Sucht gab es wahrscheinlich viele, ich denke, da gibt es nie nur eine! Eine emotionale Vernachlässigung durch das Elternhaus mag mitgespielt haben (ich mache hierbei meinen Eltern keine Vorwürfe und schiebe keine „Schuld" ab; sie sind nun beide verstorben: ich habe seit einiger Zeit meinen inneren Frieden mit beiden gemacht). Soziale Ängste haben ganz sicher eine große

Rolle gespielt (Angst vor Menschen, Gruppen, Angst frei zu reden, u.ä.). Das ist übrigens heute VÖLLIG anders. Ich brauche keinen Alkohol mehr, um mit anderen Menschen zurecht zu kommen. Meinen ersten Kontakt zu Suchtmitteln hatte ich mit „Ende 15", „Schluß" war zwischen 30 und 32. Dazwischen wurde ich... irgendwann.... abhängig. Mein Suchtmittelkonsum hat sich eher langsam vermehrt, bzw. er wurde für mich sozusagen unmerkbar häufiger. Ich habe aber damals sehr viel konsumiert. Ich war Polytoxikomane (Mehrfachabhängig). Ich habe viel experimentiert. Nach wenigen Jahren war ich nur noch selten ohne Einfluß zumindest irgendeiner Substanz. Ich kannte Haschisch, verschiedene Medikamente, hatte einige wenige Kontakte zu LSD und sogar Heroin. In späteren Jahren konzentrierte es sich auf rezeptfreie Schlafmittel, Tranquilizer (wie Valium) und eben Alkohol. Eine nicht untypische Dosis für einen normalen Wochentag (nach langem Ausschlafen): 6 Halbliterflaschen Bier, 1 Minifläschen Schnaps, eine „Halbmond" (Schlafmittel) mit der letzten Flasche runtergespült. Das reichte zur Not. Ging aber nur wenn ich allein war und keinen Streß hatte. Ging ich z.B. am Wochenende unter Leute wurde es mehr (Kontrollverlust) und es kam evtl. auch mal anderes dazu (Wein, Valium, Haschisch - dies aber zunehmend seltener). Gar nicht mal „so wild" möchte man evtl. meinen, aber ansonsten hatte ich nur noch wenige Interessen und Kontakte. Ich habe damals nie über viel Geld verfügt, sodass ich mir später öfter mal billigere Sachen (Sarabande und „Treppenschmeißer" = 2 Liter - Flaschen billigen Wein, den habe ich dann oft gezuckert), kaufen musste, aus Kostengründen. Erst spät habe ich erkannt dass ich abhängig bin. Es ist schwierig sich das einzugestehen. Mit ca. 25 erhielt ich einen „Warnschuß" (Zwangseinweisung in Entgiftung) – keine echte Reaktion von mir. Mit ca. 29 hatte ich ein

Delirium – noch immer begriff ich nicht. Erst mit ca. 30 machte ich einen derartigen Blödsinn, das ich Angst bekam und mich auf den Weg in die zufriedene Abstinenz machte. Es hat demnach also nach dem ersten Suchtmittelkontakt 10 Jahre, nach dem ersten „Warnschuß" noch ca. 5 Jahre gedauert, bis ich Hilfe gesucht habe. Ich habe deshalb Hilfe gesucht, weil ich Angst den Verstand zu verlieren und Angst andere Menschen ernsthaft durch meine Handlungen zu gefährden hatte. Hilfe bekam ich dann bei einer Selbsthilfegruppe (BLAUES KREUZ, Marl –Danke, Freunde!) in der qualifizierten Entgiftung in Herten, in der Entwöhnung in Fredeburg (Herr Prof. Wernado, Herr Dr. Klein: Ihnen beiden Dank !). In anderen Selbsthilfegruppen (z.B. Freiwillige Suchtkrankenhilfe Ludwigshafen, BLAUES KREUZ HASSLOCH, etc.). Auch Psychotherapie nahm ich in Anspruch. Die Therapie war nicht einfach. Schwierigkeiten bereitete mir zum Beispiel endlich mal die Klappe zu halten, zu begreifen, dass es um MICH geht, nicht um die Gesellschaft, irgend jemand anderes, nüchtern mit anderen Menschen zu reden und zu meinen eigenen Gefühlen zu stehen. Eine Sucht kann man auch trotz Therapie nie im üblichen Sinne „im Griff" haben. Entweder man nimmt Suchtmittel oder man tut es nicht. Ein kontrollierter Genuß bleibt für Süchtige lebenslang unmöglich! Von der ersten Erkenntnis meiner Sucht bis zu einer Stabilität hat es bei mir etwa 2 Jahre gedauert. Aber danach war der Wiedereinstieg in mein „normales" Leben gar nicht so schwer. Es gab viel Verständnis, ich entdeckte auch meine eigene Leistungsfähigkeit wieder (wobei Leistung allein nicht das Entscheidende im Leben ist) und entwickelte verschiedene –teils neue- Interessen, das war positiv. Jetzt lebe ich seit ca. 14 Jahren durchgehend zufrieden abstinent und ohne Schlaf-, Beruhigungs- und Aufputschmittel (exklusiv 2 Tassen schwachen Kaffees morgens). Aber dennoch gibt es natürlich Folgen meiner ehemaligen Sucht, die ich seitdem zum Stillstand gebracht habe. Ich habe mich damals sozial, medizinisch und insbesondere emotional stark geschädigt und meine persönliche Entwicklung zum Stillstand gebracht. Meine Umwelt: die habe ich zumindest wohl oft und stark „genervt"; Menschen die mir näher standen habe ich wohl auch bekümmert und traurig gemacht, wenn nicht Schlimmeres. Klar muss ich natürlich sagen, dass die Möglichkeit, dass ich wieder in eine Sucht zurückfalle bis an mein Lebensende besteht. Wenn ich das vergesse, bin ich schon wieder halb auf dem Weg nach unten! Ich rechne andererseits nicht mit einem Rückfall: der Kampf ist vorbei- ich habe verloren: nun ist es Zeit zu leben. Ich wüßte nicht warum ich trinken oder Pillen einwerfen sollte. Generell muss ich sagen, dass es meiner Meinung nach keine Suchtpersönlichkeit gibt. Es gibt Gruppen die etwas gefährdeter sind, aber JEDE/R kann süchtig werden, besonders wenn nicht früh genug gegen eine mögliche Sucht angekämpft wird. So früh wie irgend möglich. Letztlich schon nach der Befruchtung: die werdende Mutter sollte keinen Alkohol trinken, das Baby braucht genug ehrliche Liebe, usw. Abgesehen davon finde ich, dass unsere Jugend zuviel trinkt. Sie hat trinken nicht nötig. Menschen sind stark genug, ohne Alkohol das Leben zu meistern. Die Jugend ist nicht unfähiger als die früherer Zeiten und die Zeiten: die waren auch früher schon mal schlecht (vielleicht noch schlechter als heute): also- kein Grund zu trinken. Was ich schlimm finde sind diese Alcopops. Da werden Grenzen verwischt, die klar erkennbar bleiben müssen (Genuß, Sport, Entspannung, Alkohol), diese Getränken gehören gesetzlich verboten! Abschließend bleibt zu sagen, dass ich auf absolut der Meinung bin, dass sich unsere Gesellschaft doppelmoralisch zum Thema Alkohol

352

verhält. Die Leistungsgesellschaft baut auf ähnlichen Prinzipien auf wie die Sucht, verurteilt diese aber. Weiterhin darf und soll jeder Alkohol trinken, Alkoholismus ist jedoch nach wie vor eher etwas Peinliches (nicht mehr überall ist es so-glücklicherweise). Abschließend möchte ich sagen, dass bei mindestens 5 – 10 % der Alkoholabhängigen in der Bevölkerung (und deren Angehörigen) die Regierung in Hinsicht auf das Thema Sucht zu wenig aufmerksam ist und sich zuwenig darum kümmert.___

Anhang

Fragen zu den Gesprächen

Fragen zu dem Online-Gespräch mit Burkhard Tomm-Bub

Vorneweg: Name, Vorname, Alter, Wohnort und Familienstand

1.) Hätten Sie vor ihrer Sucht geglaubt, dass Sie einmal abhänging würden?

2.) Was war die Ursache für Ihre Sucht?

3.) Ist Ihr Alkoholkonsum „langsam aus dem Ruder gelaufen" oder haben Sie plötzlich vermehrt getrunken?

4.) Wie alt waren Sie zum Zeitpunkt Ihrer Abhängigkeit?

5.) Welche Mengen haben Sie zu sich genommen (am Tag)?

6.) Was an Alkohol (Getränke) haben Sie zu sich genommen und hat sich mit der Zeit etwas an diesen Getränken geändert oder nur an der Menge?

7.) Haben Sie auch andere Drogen gleichzeitig konsumiert?

8.) Nach welcher Zeitspanne haben Sie erkannt, dass Sie abhängig sind?

9.) Wieviel Zeit hat es danach gebraucht, bis Sie sich Ihre Abhängigkeit eingestanden haben und Hilfe gesucht haben?

10.) Was waren die Gründe, aus denen Sie Hilfe gesucht haben?

11.) Wo haben Sie Hilfe gesucht?

12.) Was war während der „Therapie" das Schwerste für Sie?

13.) Wie lange hat es gedauert, bis Sie die Sucht im Griff hatten?

14.) War der Wiedereinstieg ins suchtfreie Leben schwer für Sie?

15.) Leben Sie jetzt abstinent oder trinken Sie kontrolliert (also nicht im Übermaß, aber trotzdem noch auf Feiern etc.)?

16.) Welche Reaktionen gab es aufgrund Ihrer Abhängigkeit von Ihrer näheren Umwelt (Familie, Kollegen etc.)?

17.) Welche Folgen hatte der Alkoholkonsum auf Sie und Ihre Umwelt?

18.) Besteht für Sie die Möglichkeit, wieder in die Abhängigkeit zurückzufallen oder haben die Erfahrungen während Ihrer Abhängigkeit Sie so stark geprägt, dass Sie nicht damit rechnen?

Zum (Jugend-) Alkoholismus allgemein:

1.) Denken Sie, dass es eine „Suchtpersönlichkeit" gibt?

2.) Wann finden Sie, sollte man mit Suchtprophylaxe anfangen?

3.) Finden Sie, dass die Jugend zuviel trinkt?

4.) Halten Sie „Alcopops" (z.B. Barcadi Breezer) für eine große Gefahr?

5.) Finden Sie, dass sich unsere Gesellschaft doppelmoralisch in Bezug auf das Thema Alkohol verhält?

6.) Finden Sie, dass das Thema Alkoholismus von der Gesellschaft/ Regierung zu wenig beachtet wird?

_____

Literaturverzeichnis

Hans Mohl, SUCHT Erfahrungen, Probleme, Informationen , Originalauflage, Materialien zu ZDF – Fernsehprogrammen vom 21. bis 25. Oktober 1984

Jahresbericht 2002 der Sucht – und Drogenberatung der Caritas Schwelm / Ennepetal / Breckerfeld , erschienen im Frühjahr 2003

Mader, Petra, Alkoholfrei leben Rat und Hilfe bei Alkoholproblemen , Infobroschüre der Caritas

Gespräche:
- geführt am 5.2.2004 mit Dirk Höllerhage vom Blauen Kreuz in Deutschland e.V.
- geführt am 11.2.2004 mit Anja Underberg und Matthias Peter von der Drogenberatungsstelle der Caritas
- geführt mit Burkhard Tomm-Bub, ehemaliger Betroffener,

_____

_____

_____

LEBENSBERICHT (Therapie, 1989)

Ich möchte hier wortwörtlich meinen Lebensbericht, den ich 1989 in der Fachklinik Fredeburg geschrieben habe zur Diskussion stellen.
Ungekürzt und unredigiert- würde ich das nicht so machen, wüßte ich nicht wo anfangen und wo aufhören mit dem "zurechtstutzen".

Verzeiht also Fehler, seltsamen Stil, komische Ausdrucksweisen, etc. Ich schrieb dies zu Beginn der Langzeittherapie und da ist man schon etwas angeschlagen, wie ihr wißt.
Ich setze hinzu die Kommentare aus der Großgruppe und der Kleingruppe, die ich auf den Bericht hin bekam- die sind sehr interessant und hilfreich, wie ich meine.

Uff, nun geht`s los:

"Lebensbericht
begonnen am 11.MRZ.1989
Ich wurde am 25.12.1957 geboren.
Während der Schwangerschaft erhielt meine Mutter bei einem häuslichen Unfall für mehrere Minuten einen starken Stromschlag.
Meine Geburt war für meine Mutter, laut ihren Angaben, lebensbedrohlich, sie hat sehr viel Blut verloren. Etwa in meiner Grundschulzeit erzählte sie mir auch mehrmals hiervon. Mein Eindruck war, das ich also schon durch meinen Geburt fast zum Mörder meiner Mutter geworden sei. Wie ich hörte, war ich als Baby in einer Kinderkrippe, oder ähnlich. Meine Mutter besuchte mich evtl. Mittags und holte mich Abends ab. Da meine Eltern berufstätig waren erzogen mich zunächst überwiegend die Eltern meiner Mutter, die in einem ans Haus meiner Eltern angebauten Haus wohnten.
An Kinderkrankheiten sind mir Keuchhusten (relativ langwierig) und Masern erinnerlich.
An meine Großeltern habe ich hauptsächlich gute Erinnerungen.
Ich erinnere mich allerdings, das ich morgens eine „Schnitte" essen musste, obwohl ich nicht mochte. Später in meiner Schulzeit war mein Opa relativ streng bei der Beaufsichtigung meiner Hausaufgaben.
An meinen einzigen Bruder habe ich aus der Kinderzeit kaum Erinnerungen. Er ist wesentlich älter als ich und verlies sehr früh das Elternhaus.
Ich erinnere mich das ich, als ich zum ersten Mal in den Kindergarten mußte, einen ziemlichen Trennungsschmerz verspürte.
Auch im Kindergarten war mein Essensverhalten auffällig. (Meine Mutter berichtete schon als Baby habe ich Babynahrung mit Fleisch ausgespuckt.) Im Kindergarten aß` ich das dortige Essen nicht, musste aber, vor einem leeren Teller sitzend, an der Mahlzeit teilnehmen.
In der Grundschule hatte ich Schwierigkeiten mit einem strengen Lehrer, der mich auch vor der Klasse erniedrigte. Meine Eltern sorgten dafür das ich in eine Parallelklasse umgeschult wurde. übrigens erinnere ich mich, das meine Oma einen großen Kasten mit allerlei Medikamenten hatte mit dem sie sich oft beschäftigte. Ein Mittel für jederlei Krankheit war darin.
Mein Vater war eigentlich immer abwesend. Entweder tatsächlich, räumlich, also z.B. beruflich bedingt (Bundesbahn) oder später, nach seiner Pensionierung, oft monatelang im Ferienhaus meiner Eltern, in der Nähe von Trier. Aber auch wenn er

körperlich anwesend war, innerlich, gefühlsmäßig schien er mir auch dann abwesend. Er war ruhig, sagte wenig, tat wenig. Allerdings fand ich ihn relativ schlau clever. Auch wirkte er auf mich recht zuverlässig, konsequent, im Gegensatz zu meiner Mutter war er verlässlich und ein wenig nahm er mich auch ernst. Meine Mutter erlebte ich dagegen als nahezu hysterisch, aufgedreht, aktiv, unzuverlässig, trinkend, mich entweder vernachlässigend (sie arbeitete als freiberufliche Reporterin, Fachbereich Gerichtsberichterstatterin) oder mich als unmündiges kleines Kind behandelnd, überbeschützend. Ich bekam von ihr und auch meinem Vater den Eindruck, ALLES ließe sich übers materielle regeln (Mutter: Schokolade; Vater: gute Schulzensuren wurden - nach einem genauen System finanziell belohnt, schlechte Noten bestraft - finanziell) (dies als Beispiele). 1965 starb mein Großvater mütterlicherseits, die primäre Bezugsperson meiner Mutter. Hatte sie vorher wohl auch schon mal etwas getrunken, so soff sie anschließend lange Zeit, was auch nach Jahren noch häufig vorkam. Es war nicht schön für mich. Ich hasste Bier in diesen Zeiten. 1970 starb auch meine Großmutter mütterlicherseits. 1965 - 1970 erzogen mich quasi meine Oma und meine Mutter, wobei meine Mutter noch arbeitete, trank und regelmäßig mit meiner Oma intensiv stritt. Ich versuchte zu vermitteln, meine Mutter anschließend immer zu beruhigen, meine Oma wieder "aufzubauen", nach jedem Streit. Ich war oft verzweifelt damals. 1970 etwa wurde dann mein Vater pensioniert (vorzeitig wg. Kriegsverletzung). Er war nun nicht mehr auf der Arbeit abwesend, sondern im Ferienhaus abwesend. Etwa in diese Grund- und Hauptschulzeit fiel auch meine erste persönliche Begegnung mit Bier. Tapezierer arbeiteten im Hause und gaben mir einen Schluck. Nach dem Geschmack gefragt, machte ich eine lustige Bemerkung und alle lachten freundlich anerkennend.

1970 kam ich überredet von meiner Mutter, ins Gymnasium, in die Quarta. Da ich erst nicht wollte, versprach mir meine Mutter, nach dem Unterricht etwas mit mir zu unternehmen, jeweils. Ein Versprechen, das sie nicht einhielt.

In der Quarta war ich der Klassenkaper. (Vorher in der Grund- und Hauptschule hatten mich alle verhauen, dort hatte ich zeitweise eine bezahlte „Leibgarde") An die Untertertia habe ich wenig Erinnerung. Irgendwann war da der erste Kontakt mit einem Mädchen, rein platonisch, Delia M., das war ganz schön.

Die Obertertia habe ich 2 X gemacht. Ich weiß nicht, ob es beim ersten oder zweiten Mal war, als es anfing.

In diese Zeit fiel nämlich meine zweite (bzw. erste richtige) Begegnung mit Alkohol. Ich war mit 2-3 Schulkameraden in einer Kneipe schräg gegenüber des Recklinghäuser Hauptbahnhofes. Dort trank ich ca. 1 1/2 Glas Bier. In der Music-box lief gute Musik, "back home" von golden earring z.B. Da war Kameradschaft und als wir nach draußen gingen, war der schöne, warme Sommertag noch mal so schön. Wir gingen dann zum Marktplatz. Dort traf ich ein Mädchen, das ich flüchtig von den Jesus peopeln her) kannte ((dort hatte ich mit ca. 13 Jahren für ein Jahr mitgemacht, aber nie den richtigen Kontakt gefunden)). Ich plauderte mit diesem Mädchen ein wenig, und irgendwann fragte sie mich, ob irgendwas mit mir los sei. Ich antwortete: "Och, hab ein bisschen Bier getrunken...." Darauf sie ganz lieb: "Ach, Du bist aber süß wenn Du blau bist !"

Irgendwie war's das wohl schon; ich glaube später habe ich dann genau das alles immer wieder im Suchtmittel gesucht: Freundschaft, Wärme, Kontakt und Beziehungen zu Frauen, Anerkennung, Gemeinschaft mit Gruppen von Leuten, lustig und originell sein, Verstärkung des Genusses beim Musikhören und Tanzen usw. Auch wollte ich Schmerz (seelisch), Enttäuschung, Leid, Zurück-gewiesen fühlen, Angst, Unsicherheit betäuben.

Wir gingen dann bald des öfteren nach der Schule auf den Marktplatz um dort Wein zu trinken. Meine Eltern merkten davon nichts. In meiner Klasse war ein Jürgen M., dem ich mich stark anschloss. Er war ein überlegener Typ, hatte die "coole Ruhe'* einerseits, andrerseits war immer was neues los. Mit ihm trank ich dann auch in den Pausen manchmal Wein. Auch Haschisch lernte ich durch ihn kennen. Haschisch habe ich aber nie gut vertragen, jedenfalls nicht ohne "Zugabe" meist Alkohol. Wenn ich nüchtern etwas rauchte hatte ich nahezu immer das Gefühl eines drohenden Unheils, unbestimmt, Angst jedenfalls.

Trotzdem schaffte ich die Obertertia im zweiten Anlauf, nach der Untersekunda mußte ich gehen, bekam aber - aufgrund eines Sondererlasses - noch die Fachoberschulreife. Anschließend wurde ich von meiner Mutter überredet die Höhere Handelsschule zu besuchen. Dort schaffte ich es nicht, war ca. 1/2 Jahr dort, bis ich mich abmeldete, weil ich inzwischen volljährig war.

Etwa in diese Zeit fielen wohl Versuche mit LSD, insgesamt nicht mehr als 10 "Trips". Zwar hatte ich nicht den bekannten "horror trip", aber der dünne, SEHR dünne Faden den ich in diesem Zustand noch zur Realität hatte, machte mir mit der Zeit Angst, so das ich damit aufhörte. In der Zeit Untersekunda/ Höhere Handelsschule war ich mit einem Schulkameraden, Monir T., oft zusammen. Mit ihm nahm ich Ephedrin und trank gern Altbier in der Kneipe, aber auch auf dem Marktplatz waren wir öfter, mit mehreren Leuten zusammen.

Als ich mich von der höheren Handelsschule abmeldete, hatten meine Eltern gerade das Haus verkauft (Sie zogen dann in eine Eigentumswohnung in Marl). Von daher schrieb mir mein Vater 1600,- DM gut, von denen ich, nach und nach etwas abholte, bzw. bezahlte er ein paar meiner Zimmermieten im voraus, ich war, nach dem Abbruch der Schule, mit einem Bekannten, Gernot T., in eine Wohnung über meine Stammkneipe gezogen.

Mein Wirt war dort also auch mein Vermieter. Wir tranken viel, nahmen Ephedrin (fast immer: wenn Ephedrin dann auch Alkohol, umgekehrt nicht unbedingt) und rauchten ab und an. 3 Tage versuchte ich es als Hilfskraft bei C und A, das klappte natürlich nicht. Ich half aber dem Wirt, Heiko S., bei allem möglichen, z.B. Keller entrümpeln usw. So hatte ich "frei trinken", während der Arbeit und jeden Tag ein paar Mark (30 - 40 DM) extra, ohne etwas von meinem Vater holen zu müssen. Doch auch das Geld von meinem Vater war irgendwann restlos abgerufen, auch fühlte ich mich nicht so gut, so das ich nach ca. 3/4 Jahr etwas anderes machen wollte. (In diesem 3/4 Jahr versuchte ich übrigens schon einmal mit dem Alkohol Schluß zu machen, das klappte, verzichtend, knapp 6 Wochen.)

Ich vereinbarte mit meinen Eltern, dass ich weiter "Schule machen" würde, wenn sie mir eine Wohnung und Taschengeld bezahlen würden. Damit waren sie einverstanden. Ich besuchte dann 2 Jahre die FOS - Sozialarbeit/Sozialpädagogik in Dorsten und schloss auch erfolgreich (Durchschnittsnote 2,8) ab. Während des ersten Jahres, als ich in Oer- Erkenschwick wohnte (wo ich das Kindergartenpraktikum - 4Tage in der Woche - machte), wohnten gute Bekannte in der Nähe und es bildete sich eine Gemeinschaft von "Freaks" wobei harte Drogen keine Rolle spielten. Wir trafen uns sehr oft mit 20 - 30 Leuten im Stadtpark und tranken, rauchten wohl auch, ich nicht sehr viel. Bei mir kamen nun schwerpunktmäßig Brom - Präparate hinzu (ABASIN, ADALIN). Im zweiten Jahr zog ich nach Dorsten, da nun die ganze Woche Schule war. Ich lebte dort ziemlich isoliert, nahm meist während der Woche wenig oder keine Gifte, - soweit ich mich erinnere- zu mir. Am Wochenende allerdings schlug ich in der dortigen "progressiven Kneipe" ('de godde Stowwe" o.ä.) Alkohol mäßig mehr oder weniger stark zu. Gelegentlich kam es auch vor, das ich während der Woche 1-2 Tage *"bläute" und zu Bekannten nach Recklinghausen fuhr, wo natürlich auch getrunken wurde, (übrigens war ich ca. seit meinein 16 Lebensjahr dann auch öfters in "progressiven Discos", wo ich dann auch öfters "abgefüllt" -allein- tanzte.) (Festivals: dito).

Nach Abschluss der FOS zog ich in die Nähe meiner Eltern, nach Marl und bemühte mich um einen Studienplatz für Sozialarbeit, den ich auch schnell bekam. Allerdings nicht, wie von mir gewünscht, in der Nähe, sondern in Mönchengladbach. Trotzdem behielt ich meine Wohnung in Marl und fuhr stundenlang mit dem Zug hin und her.

Allerdings zunehmend seltener. Ich kannte niemanden in Mönchengladbach und hielt mich lieber im Musikermilieu von Marl auf. Wir tranken viel und ich nahm mal diese mal Jene Tabletten. Nach einem Semester war mir klar, das ich es nicht schaffen würde und bemühte mich um die Aufnahme in die Fachschule f. Soz. Arb./ Soz. Päd. (Abschluss: staatl. anerk. Erzieher.). Ich wurde dort auch aufgenommen. Im ersten Jahr schaffte ich es ganz gut, wenn ich auch oft verspätet und/oder verkatert zur Schule kam, oder auch mal fehlte. Im zweiten integrierten Praktikum (a.d. Gesamtschule) lernte ich Birgit H. kennen. (Sie war in der Parallelklasse in die ich nach dem Praktikum überwechseln sollte (Man suchte aktive Leute).)

Im November 1980 entstand eine Beziehung. Um diese nicht zu gefährden, verzichtete ich ab Januar '81 völlig auf Alkohol, teilweise auch auf Tabletten. Wenn ich welche nahm dann wenig und selten. Ab und zu PERCOFFEDRINOL (=EPHEDRIN) und abends rezeptfreie Schlafmittel.

Bis zum Sommer 1982 dauerte dieser Zustand. 2 oder 3 mal trank ich Je einen Tag lang, weil es Streit (mit Trennungsabsichten ihrerseits) gab. Einmal zwischendurch 2 Wochen lang, als sie allein in Urlaub war. Im Sommer '82, am letzten Tag der Erzieherausbildung trennte sich Birgit H. endgültig von mir. Ich trank dann einige Wochen verstärkt, nahm auch Tabletten. Als im September 1982 mein Zivildienst auf einem betreuten Spielplatz begann, hatte ich mich einigermaßen gefangen. Die Arbeit machte mir auch Spaß. Über den Tag kam ich mit relativ wenig rezeptfreien Beruhigungsmitteln. Abends trank ich öfter oder nahm Tranquilizer. Der Zivildienst war Ende Dezember 1983 beendet. Bis August 1984 war ich nun arbeitslos. Etwa in diese Zeit fiel eine Erfahrung mit Heroin, wobei mir an einem Tag von jemandem etwas gespritzt wurde und ich am nächsten Tag eine Dosis schnupfte. Beides war von sehr angenehmer Wirkung, aber nicht so sagenhaft wie mir mancher berichtet hatte. Das Experiment war damit für mich ab- geschlossen. Von August bis November 1984 arbeitete ich in einem Erziehungsheim in Dorsten. Bei Nachtdienst trank ich, wie einige Kollegen I - 2 Flaschen Bier, nach der Arbeit ca. eine Flasche Wein. Ich konnte mich dort gegenüber den Jugendlichen nicht durchsetzen und wurde nach 4 Monaten entlassen. Ich stieg anschließend in eine Arbeitsloseninitiative in Marl ein. Am ersten März 1986 bekam ich dort auch eine ABM- Stelle als Erzieher, wir wollten einen betreuten Spielplatz einrichten. Das Projekt scheiterte allerdings. Im Herbst '86 lernte ich zwei Mädchen kennen, die am Tag bis zu 7 Flaschen Fleckenwasser der Sorte PERPLEX schnüffelten. Ich tat dies dann einige Wochen auch ab und zu in geringerem Maße, trank ansonsten Wein und nahm Tabletten, vorwiegend Tranquilizer, LEXOTANIL zum Beispiel. Ende 1986 war ich sehr fertig und meldete mich für die psychiatrische Abteilung in Kirchhellen an. Einige Tage bevor ich mich ohnehin dort hatte einfinden sollen, fiel ich in einen deliriumsähnlichen Zustand und wurde dort eingeliefert. Mitte Januar hatte ich mich soweit erholt, das ich das Krankenhaus gegen ärztlichen Rat verließ. Ich wohnte dann, in schlechtem körperlichen und geistigen Zustand bei meinen Eltern und war in Behandlung eines Neurologen. Ca. Sommeranfang 1987 zog ich wieder in meine Wohnung. Schnell setzte ich die mir verordneten ANTABUS ab, und begann zu trinken. Ich war ziemlich isoliert in diesem Jahr.

Meine durchschnittliche Alkohol und Tablettendosis betrug 7 Flaschen Bier, a 0,5 Liter, 1-2 Miniflaschen Schnaps (a 0,04 l) plus eine Schlaftablette, meist eine HALBMOND.) Meine Eltern merkten hiervon nichts und so stellte mir mein Vater ab Mitte '87 seinen Wagen zur Verfügung.

Mittlerweile hatte ich einige Skrupel verloren, ich hatte keine Bedenken mehr auch noch zu fahren, wenn ich (zwei oder drei Flaschen Bier) getrunken hatte. Im November 1987 passierte es dann. Auf dem Hof von Bekannten, bei denen ich zu Besuch war, setzte ich - unter Alkohol und Tabletten stehend, - nachts den Wagen meines Vaters in Brand. Glücklicherweise geschah niemand etwas, lediglich der Wagen brannte völlig aus. Im Dezember '87 ging ich dann zum ersten Mal bewusst in eine Entgiftung nach Herten.

Anschließend ging ich regelmäßig zur Suchtberatung, zu einem Psychologen von Herten und zu einer Selbsthilfegruppe des Blauen Kreuzes. Anfang '88 brauchte ich noch einen Rückfall mit einer Dose LEXOTANIL (also 50 Stück) um zu begreifen, das ich über meine Tranquilizereinnahme ebenso wenig Kontrolle habe wie über meinen Alkoholkonsum. Was nur Jahre vorher einmal vorgekommen war, passierte in dieser Zeit noch einmal: Jemand drängte mir ein kleines Päckchen Heroin auf, welches ich auch benutzte. Als die Wirkung nachließ war mir allerdings sehr elend. Anschließend an diese Vorfälle ging es allerdings dann doch bergauf. Ich legte mir einen Computer zu und lernte eine einfache Programmiersprache. Auch schrieb und veröffentlichte ich zunehmend Gedichte. Weiter wurde ich politisch aktiv bei den GRÜNEN, in der Redaktion der Parteizeitung. Dort lernte ich Birgit W. kennen. Es entstand bald eine Beziehung. Diese wurde ihrerseits allerdings so definiert, das sie keinerlei Verpflichtung mir gegenüber habe. Leichtsinnigerweise erklärte ich mich damit einverstanden. Als sie sich ihre Freiheit in sexueller Hinsicht nahm, und ich dies mitbekam, glaubte ich diesen gefühlsmäßigen Schmerz nicht ertragen zu können und baute einen Rückfall mit Alkohol.

Dies war am 11 Sept. 1988. Seit der anschließenden Entgiftung bemühte ich mich um eine Langzeittherapie. Nun bin ich hier.

* * *

RÜCKMELDUNGEN – KLEINGRUPPE

- Ich hatte Probleme deinen Lebensbericht nachzuvollziehen
- Ich bin erschlagen von der Fülle deines Lebensberichtes
- Mir ist aufgefallen, dass dir die Beziehung zu deiner Partnerin
noch sehr nahe geht
- Ich fand den Lebensbericht sehr typisch für dich, haargenau und bis ins kleinste Detail
* - Ich hatte das Gefühl, dass du es allen recht machen wolltest, so wie du es als Kind schon getan hast *
- Ich empfand deinen Lebensbericht sehr sachlich, nur zum Schluss kam Gefühl auf
- Ich hatte das Gefühl, Du wolltest Dich mit deinem Lebensbericht hervorheben

- Ich fühle mich wie erschlagen, ich kann im Moment nichts dazu sagen
- Dein Lebensbericht spiegelt dich wieder und passt zu Dir, Du bringst ihn nicht 100 % sondern 150 %
- Du selbst bist für mich in Deinem Lebensbericht nicht greifbar
* Es macht mich betroffen, ja ich bin erschrocken, was für ein Chaos sie hinter sich haben *
- Mir ist schwergefallen, ihnen zu folgen, weil ich nicht weiß wo sie waren
- Sie haben sich geschmückt mit Sachen, was sie alles genommen haben
- Ich kenne zwar ihren Lebensbericht, aber nicht sie selbst
- Ihr Lebensbericht hatte für sie einen gewissen Stellenwert in ihrem Leben
* Du bist nicht greifbar in Deinem Leben *
- Mir ist aufgefallen, dass Du Dich nie festlegst
- Der letzte Teil deiner Geschichte ist Dir sehr nahe gegangen
- Ich hatte das Gefühl, Du hast ein Buch über Dich geschrieben
- Ich find`s gut, dass Sie ihren Lebensbericht in diesem zeitlichen Rahmen geschafft haben.

RÜCKMELDUNGEN - KOMITEE

- Du hast ganz schön Mut und Courage gehabt
- Es klingt , als ob Du Dir durch verschiedene Drogenarten Zugang zu Menschen verschaffen wolltest
- Ich denke, Du hast versucht durch Übertreibung Selbständigkeit zu zeigen
* Mir kommt das vor, als ob Du irgendjemand bestrafen wolltest *
- Ich hatte Probleme, wie in der Kleingruppe, Dir zu folgen, weil es unwahrscheinlich viel war
- Ich finde, dass Du bei den ganzen Suchtmitteln auf der Strecke geblieben bist
- Ich glaube, Du hast Suchtmittel als Integrationsmittel eingesetzt, um Integration zu ermöglichen
- Ich denke auch, dass Dir gar nicht klar war, was diese Gruppe von Dir verlangte, als Du das getan hast, was die anderen taten
- Ich habe das Gefühl, dass Du Anerkennung und Zuneigung gesucht hast und Dein mangelndes Selbstbewusstsein stärken wolltest
* Ich glaube, Du hast unter dem Verhalten Deiner Mutter sehr gelitten *
- Ich glaube auch, dass Du Angst hattest nicht anerkannt zu werden
- Dein Leben war eine Flucht aus der Realität
- Deine Eltern haben trotz allem zu Dir gehalten
- Deine Eltern wollten etwas besseres aus Dir machen
- Deine Eltern haben Dich in eine Rolle gezwängt, in die Du nicht wolltest
- Ich habe das Gefühl, dass Du Dich selbst als Versuchskaninchen gesehen hast
- Dein Lebensbericht vermittelt mir den Eindruck großer Hilflosigkeit
- Deine Wünsche und Sehnsüchte stehen in krassem Widerspruch zur Wirklichkeit
* Du bist ohne Elternliebe groß geworden *
- Du fühltest Dich nur in einer Gruppe wohl, allein hättest Du versagt
- Ich bin der Meinung, dass Du Dich hast ausnutzen lassen
- Mir kommt es vor, als ob Du anderen helfen wolltest und dabei selbst hineingeschlittert bist
- Du vermisst den Kontakt zu Deiner Familie
- Ich glaube, Deine Eltern waren schon zu alt, um Dir zeigen zu können, wo es

langgeht
- Dir fehlt ein Ziel im Leben
- Du hast kein richtiges Familienleben gehabt, deshalb die Suche nach anderen Menschen
- Mir kommt das alles vor, wie ein schlechter Videoclip aus dem Drugstore.

* * *"

MfG
BukTom

[Editiert von Burkhard Tomm Bub am 25.08.06 19:55]

...editiert wurden lediglich zu arge Rechtschreibfehler.

** DER OFFIZIELLE LEBENSLAUF * *

Burkhard TOMM-BUB (geborener Tomm)

-Magister Artium / Diplom-Sozialarbeiter (FH) / Staatlich anerkannter Erzieher-

Adresse (ZWS):

Jakob- Binderstr. 22

67063 Ludwigshafen

Mail: ogma1@t-online.de

Geboren:

am 25.12.1957 in Recklinghausen (NRW)

Eltern:

Marie-Luise Tomm, geb. Plöger Gerichtsreporterin (verstorben)

Erich Tomm, Bundesbahnbeamter (verstorben)

Geschwister:

ein deutlich älterer Bruder (verstorben Dez. 2013)

Religion:

ehemals evangelisch

Beziehungsstatus:

kompliziert

Berufserfahrung:

Diverse Praktika im Kinder- und Jugendbereich

1982-1983 Zivildienst auf einem Aktivspielplatz (Stadt Recklinghausen)

8/1984 - 11/1984 als Erzieher im Westf. Jugendheim (Dorsten)

3/1986 - 2/1987 als Erzieher (ABM) bei Solidaritätsgemeinschaft arbeitsloser Bürger e.V. (Marl)

Seit 1992 Sozialarbeiter bei der Stadtverwaltung Ludwigshafen:

-ca. 3 Jahre auf der "Jugendfarm Pfingstweide"

-danach im "Kinder- Eltern- Haus"-seit Herbst 1999 hälftig in der JFS-Ruchheim

-dann (seit Mitte 2000) Ressort ``Hilfe zur Arbeit`` beim Sozialamt ("Sozialfachkraft", bzw. "Fallmanager")

-ab 2005 als selbiger in der GfA/ ARGE / jobcenter Ludwigshafen

- ab 2012 "z.b.V." bei der Betreuungsbehörde der Stadt Ludwigshafen.

- ab Mitte November 2014 "freigestellt unter Fortzahlung der Bezüge"
  (Grund: öffentliche Kritik an Hartz IV)

Ausbildung:

1964-1970 Hauptschule an der Westfalenstraße in Recklinghausen

1970-1975 Freiherr.-v.-Stein Gymnasium in Recklinghausen

Abschluß: Fachoberschulreife

1975-1976 Höhere Handelsschule in Recklinghausen

1976-1978 Fachoberschule für Sozialwesen in Dorsten

Abschluß: Fachhochschulreife

1978-1979 Fachhochschule Niederrhein (Studium der Sozialarbeit)

1979-1982 Hans-Böckler-Kollegschule (FS für Sozialpädagogik) in Marl

Abschluß: staatlich anerkannter Erzieher

3/1990-8/1992 Studium der Sozialarbeit an der FHS für Sozialwesen in Mannheim

Wahlpflichtfach: Gemeinwesenarbeit und Familienberatung

Abschluß: Diplom-Sozialarbeiter (FH)

1993-1998 Fernstudium der Erziehungswissenschaft, Psychologie und Soziologie in Hagen/Westfalen

Abschluß: Magister Artium (M. A.)

Fortbildungen unter anderem zu den Themen:

-SGB II / bFM --) ZFM

-Kinder- und Jugend- Hilfe- Gesetz

-Filmtechnik

-Konfliktlösung/Mobbing

-Gesprächsführung (im Rahmen der Systemtheorie)

-Fortbildungen für ehrenamtliche Suchthelfer

-Computer

Interessen:

Ehrenamtliche Suchtkrankenhilfe / Flüchtlingsberatung

Computer / Second Life (SL) / VR (virtual reality)

Lyrik schreiben und veröffentlichen

Philosophie und Religionen

STAND:Frühling 2021